Albert Slosman

La grande hypothèse

*Esquisse d'une histoire du monothéisme
de l'origine à la fin du monde*

ALBERT SLOSMAN
(1925-1981)

LA GRANDE HYPOTHÈSE

Esquisse d'une histoire du monothéisme
de l'origine à la fin du monde
1982

Publié par
OMNIA VERITAS LTD

ØMNIA VERITAS

www.omnia-veritas.com

1 LE HASARD EXISTE-T-IL ?..9
2 AVEC LE GÉNÉRAL VON STÜLPNAGEL 31
3 LE DESTIN S'ÉCRIT-IL AUSSI ? 45
4 LE GRAND CATACLYSME 65
5 L'ÂME ATLANTE N'EST PAS PERDUE ! 85
6 LES RESCAPÉS DE L'AHÂ-MEN-PTAH................................107
7 LA RÉSURRECTION DE PTAH À DENDÉRAH 133
8 À LA DÉCOUVERTE DU GRAND LABYRINTHE... 159

   Note concernant l'original de Diodore de Sicile (et les adjonctions faites par A.-J. Letronne)...................*181*

9 LE CERCLE D'OR 187
10 À LA DÉCOUVERTE DE DENDÉRAH................................213

   Note sur l'autodafé d'un livre de Champollion...................*238*

11 L'ÈRE DU TAUREAU EN ATH-KÂ-PTAH 243
12 L'ÈRE DU BÉLIER : MOÏSE LE REBELLE...........................261
13 DIEU OUBLIA L'ÉGYPTE : CAMBYSE LE FOU 285
14 L'ÈRE DES POISSONS : JÉSUS LE CHRIST 309

   Restitution du calendrier hébraïque (4726-4744) *336*

15 CE QUE J'AI VU ET COMPRIS 339
16 L'ÉTERNITÉ N'APPARTIENT QU'À DIEU 359
EN GUISE DE CONCLUSION 379

   POUR NOTRE TEMPS...379

     Pulsations harmoniques célestes................................*387*
     Liste des 36 décans « Égyptiens »..............................*391*

   NOTE NUMÉRO 1 397

     DATES CHRONOLOGIQUES D'APRÈS SIRIUS *397*

NOTE N° 2 401

THÉON D'ALEXANDRIE ET SIRIUS 401

BIBLIOGRAPHIE **407**

    A)   *AU TEMPS DE L'ORIGINE* 407
    B)   *AU TEMPS DE MOÏSE* 412
    C)   *AU TEMPS DE JÉSUS* 418

Sur l'œuvre d'Albert Slosman 423

Ce livre est dédié à la mémoire de celle qui m'apprit en premier la bonté et la fraternité avant toute autre considération, et qui en est morte, même si elle reçut la Légion d'honneur.

À Madame Odette Micheli, qui fut la présidente de la Croix-Rouge suisse en France durant l'Occupation et qui permit, par son courage et son abnégation, de sauver près de 100 000 enfants de la faim, du désespoir ou de la mort.

A.S.

Le temple de Dendérah, tout en nous faisant voir qu'à l'époque où on le construisait l'esprit de la vieille Égypte était encore vivant, nous prouve, cependant, que dans les deux siècles qui ont précédé et suivi l'avènement du christianisme, les germes étrangers qui devaient modifier si profondément cet esprit y étaient déjà déposés.

Ces remarques ne donnent que plus d'intérêt aux révélations que le temple va nous fournir lui-même sur sa propre antiquité. On finissait de bâtir le temple quand Jésus-Christ prêchait en Palestine. Mais c'est avec un profond étonnement qu'on suit les traces des temples antérieurs au temple actuel dans le passé le plus lointain auquel l'histoire de l'humanité ait pu jusqu'à présent atteindre, Un temple élevé à l'Hathor de Dendérah existait en effet sous Ramsès II, sous Thoutmès III ; on en rencontre des restes sous la XIIe dynastie, sous la VIe, sous la IVe qui est la dynastie contemporaine des Pyramides. Bien plus, au-delà de tout ce qu'on peut imaginer de plus reculé dans les siècles historiques, au-delà de Ménès et du fondateur de la monarchie égyptienne, apparaît déjà debout le dogme qui est la base du temple, c'est-à-dire la croyance philosophique au beau représenté et symbolisé par Hathor. Si jamais des débris de monuments antérieurs à Mènes se trouvent en Égypte, il est évident qu'on n'y découvrira rien qui rappelle la brillante culture du temps de Ramsès ou même du temps de Chéops. Mais il n'en faut pas moins noter comme un fait considérable qu'à cette époque éloignée l'Égypte avait déjà vu Dieu, et que, par conséquent, elle était déjà née à la civilisation. Au moment où, avec la science des études préhistoriques, l'attention se porte avec une ardeur si louable vers les origines du monde civilisé, il est curieux de voir l'Égypte reculer de plus en plus dans le passé le point où l'homme a cessé d'être précisément un sauvage.

Auguste Mariette

(Fin de l'avant-propos de l'important ouvrage en cinq volumes intitulé *Dendérah*, dont quatre sont consacrés aux planches dessinées recopiant tous les textes hiéroglyphiques du Grand Temple d'Hathor.[1] Édition originale de 1875.)

---

[1] Hathor, ou Cœur d'Horus. Il s'agit de la mère d'Horus, Isis, dont Hathor est le nom de déesse idéalisant la mère et l'enfant. Dendérah est donc le temple de la Triade divine : Osiris, Isis et leur fils Horus. (A.S.)

1

LE HASARD EXISTE-T-IL ?

Il n'y a pas un moment où Dieu crée, et un moment où les causes secondes développent. Il n'y a jamais qu'une action créatrice qui soulève continuellement les créatures vers le mieux-être à la faveur de leur activité seconde et de leurs perfectionnements antérieurs.
Pierre Teilhard de Chardin (Comment je crois)

— Tu es assis sur ce qui était naguère la Demeure de Dieu, Albert. Ton regard domine l'éternité du Grand Architecte de l'Univers...

— La demeure de Dieu ? Je ne comprends pas ?

— Tu ne peux pas comprendre, car aujourd'hui seuls les derniers enfants de l'antique tribu des Fakos connaissent cette vérité qui représente la première page d'histoire de l'humanité.

Je devais tendre l'oreille dans le vacarme ambiant pour saisir au vol l'ensemble des paroles de mon vieux compagnon de route. Aussi préférai-je attendre la suite sans poser de questions inutiles. Et elle ne tarda pas.

— Cette montagne, au sommet de laquelle nous sommes aujourd'hui, mesure environ quatre mille mètres. Mais il y a bien longtemps, elle avait plus du double en hauteur : c'était le seul endroit dans le monde qui pouvait se vanter de toucher le ciel ! « Fako », qui est le nom de ce sommet en dialecte douala, veut dire « sorcier ». Il avait plus de dix mille mètres alors et c'était de cet endroit que Dieu rendait Sa Justice. Il était le Créateur de toutes les choses et il punissait ou récompensait ses créatures sans distinction, selon qu'elles obéissaient ou enfreignaient Ses Lois !

— Mais Dieu n'était pas un sorcier, tout de même ?

— Certes non ! Mais un jour, dans une sainte colère dont il a le secret, Dieu décida de punir l'ensemble des humains devenus des impies et les pires des mécréants insensés.

— Que fit-il ?

— Toute la terre se mit à trembler, et il y eut un grand, un très grand cataclysme, qui engloutit presque entièrement un immense continent qui était situé au nord-ouest de l'endroit où nous nous trouvons. Ton regard aurait pu imaginer la vision des toits dorés de ses villes au bout de l'horizon, si cette mer de nuages en furie ne limitait pas notre vue à cette seule splendeur naturelle.

— Mais cela n'est écrit nulle part !...

— Non ! Parce que le destin ne peut pas s'écrire : il se raconte. Il se transmet de génération en génération sur toutes les parties de la terre, devenant des légendes issues de cette Vérité que je viens de t'énoncer et qui constitue le passé.

— Qu'advint-il ensuite, puisqu'il y a toujours des humains ?

— Dieu, dans sa clémence, décida de donner une nouvelle chance aux survivants du désastre en leur permettant de survivre dans un autre environnement où le soleil n'était plus à la même place. Mais pour montrer qu'il n'accordait encore aucun pardon, il fit exploser sa Demeure qui s'engloutit à son tour, mais en partie seulement afin que nul n'oublie que Dieu est Dieu ! C'est pourquoi cette montagne a seulement quatre mille mètres aujourd'hui. Mais tu sais que juste en face il y a l'île de Fernando Poo. Elle a surgi de la mer à ce moment-là, élevant une seule montagne jusqu'à plus de trois mille mètres ! Et Dieu repartit au ciel en l'attente du jour du jugement dernier : celui où l'humanité devra lui rendre ses comptes !

— Cela est passionnant ! Il y a quelques années déjà, Mme Micheli, présidente de la Croix-Rouge suisse pour laquelle je travaillais, m'avait parlé de semblables événements. Mais ils avaient trait à des récits racontés sur des papyrus égyptiens.

— L'Égypte a été une très grande nation, il y a bien longtemps, Albert. Nul doute que les survivants du cataclysme dont je t'ai parlé y soient parvenus. Je n'ai pas eu le temps d'étudier cette religion durant mes classes en Allemagne et en France, et à présent je suis bien trop vieux ! Mais toi tu le feras !... J'éclatai de rire.

— Il faudrait un tel hasard pour que cela se produise qu'il me semble qu'il n'y a pas une chance sur un million...

— Tu es très jeune. Ton avenir est devant toi et non derrière. Quant au hasard, je te prouverai un autre jour qu'il n'existe pas.

Cette phrase me laissa songeur car mes toutes jeunes années avaient été telles que je m'étais déjà posé cette angoissante question : « Le hasard existe-t-il ? » Comme en réponse, la voix de mon vieux compagnon me parvint, mêlée au vent :

— Comprends-tu que ce n'est pas un simple hasard qui t'a poussé vers ce pays, Albert ?

— Pas très bien, et les malheurs que j'ai eus jusqu'à présent ne sont pas faits pour m'éclaircir les idées sur ce problème épineux. Pourtant, c'est moi qui ai librement choisi de venir de ce côté du monde, plutôt que d'aller en Amérique ou en Asie.

— Il y avait une raison précise à cela.

— Laquelle ?

— Tu la découvriras toi-même lorsque tu y parviendras, mais probablement après bien des recherches et des déceptions.

— J'espère que non ! Pourtant, je me souviens que, lorsque j'ai choisi de venir au Cameroun, j'ai dévoré tous les livres qui en parlaient, y compris celui du voyage d'Hannon.

— Qui est-ce ?

— C'était un navigateur carthaginois qui voyagea six siècles avant le Christ. Il a écrit un récit de son périple, où il parle de l'éruption d'un gigantesque volcan, au fond d'un golfe qui serait précisément celui au fond duquel est construit Douala.

— Je n'en ai pas entendu parler, mais cela est intéressant. Lorsque nous redescendrons, pense à le demander à la bibliothèque de la mission pour moi. Le livre doit certainement s'y trouver.

— Je le ferai ; mais si j'ai lu ce texte à Paris, il n'y a là qu'un hasard. Il n'a pas influé sur ma décision de venir ici. Je reste sceptique.

— C'est donc que le moment n'est pas encore arrivé, fils. Le hasard n'existe pas, tu le comprendras le moment venu, car tu as une mission à remplir ici-bas.

— Au Cameroun ?

— Seul Dieu pourrait le dire, et Il n'est plus dans cette Demeure...

— Qu'il est bien difficile d'acquérir quelques connaissances !

— Il faut du temps, beaucoup de patience, et encore plus d'ouverture à la sagesse. Car pour que le monde reste notre monde, il faut que l'humanité s'assagisse.

— Sinon ?

— Sinon, elle courra à sa perte. D'ailleurs elle a déjà commencé, car la guerre qui vient de s'achever n'est que le prélude indispensable à celle qui suivra !

Un grand soupir m'échappa, emporté par le vent furieux qui balayait l'endroit où nous nous tenions arc-boutés, enroulés dans des couvertures. Nous dialoguions en toute sérénité, malgré les éléments déchaînés, attendant que la nuit tombe. Je contemplai en contrebas la mer de nuages qui rendait cette scène extravagante, encore plus irréelle que la nature ne la créait. Que de questions je me posais : étais-je en état de devenir un surhomme, ou bien un sous-doué ? Je me sentais bien incapable de répondre.

À cette époque lointaine, qui avait été l'un des points forts de mon existence, j'avais vingt-deux ans, et mon compagnon était quant à lui d'un âge indéfinissable, probablement plus près du *quadruple* du mien. Nous nous trouvions à plus de 4000 mètres d'altitude ; très exactement sur l'équateur africain ! Certes, cette situation peut apparaître tout à fait banale en 1981, mais elle ne l'était certainement pas en 1948 sur le sommet du Fako, culminant à 4 170 mètres, dans ce qui était encore à cette époque le Cameroun anglais.

Le vieil homme était un pasteur indigène, à la retraite depuis un certain nombre d'années. Il avait fait toutes ses études en Allemagne avant 1900, car le Cameroun, devenu en partie français et en partie anglais après la guerre de 1914-1918, était une colonie allemande auparavant. Puis il avait tout recommencé vaillamment, afin de reprendre sa place dans les missions protestantes françaises, où il était resté en poste jusqu'à la Seconde Guerre mondiale.

Étant arrivé dans ce pays avec ce qui m'apparaissait comme une sorte d'auréole, à la fois de saint et de martyr ayant vingt ans, je me rends compte aujourd'hui que pour certains je devais apparaître comme doué surtout d'une bêtise incommensurable ! Mais d'autres, comme cet être extraordinaire qui me tenait compagnie, avaient aperçu au-delà de mon ridicule une prédestination à jouer un rôle important dans des phases vitales d'un futur encore indéterminé à cette époque, auquel je serais mêlé. Je ne savais rien encore, et mon soupir marquait en quelque sorte mon exaspération et ma tristesse d'être placé devant un fait imprécis qui ne constituait plus une simple alternative. Je me rendais cependant déjà compte que les événements passés, ceux qui avaient si durement marqué ma jeune existence, n'étaient pas dus à de simples hasards plus ou moins heureux. Mais je me posais encore cette question : « Le hasard existe-t-il ? » Et cette terminologie d'un « hasard » prenait la formulation d'une entité concrète.

Le déroulement et l'enchaînement de mes actions s'étaient bel et bien produits sans que je puisse rien faire pour peser sur l'un ou l'autre des plateaux de la balance formant les actions du destin. Ainsi les « coïncidences » avaient pris une troublante pesanteur dans mon âme. Je ne pouvais déjà plus qualifier ainsi cette suite continuelle d'événements qui m'avait fait agir afin que je me retrouve à vingt-deux ans au sommet de la plus haute montagne du Cameroun ! Était-ce seulement un hasard ? Le vieux pasteur n'en était nullement persuadé... et je commençais alors à me poser sérieusement la question.

Avec le recul du temps, puisque trente-cinq années se sont écoulées depuis cette ascension mémorable, je m'aperçois que l'expérience personnelle est un leurre, puisque j'ai encore changé trois fois totalement de mode de vie par la suite, à mon corps défendant, avant d'être amené à entreprendre mes travaux actuels, dans des conditions physiques presque insupportables, puisque je suis, hélas, doté d'une carte nationale d'invalidité à plus de 80%. C'est-à-dire que je ne *devrais* me déplacer qu'assisté par une autre personne.

Le besoin farouche d'atteindre désormais le but que je me suis fixé dépend ainsi de ma seule volonté d'arriver au résultat avant que la mort ne me rattrape. Je sais que cette course contre le temps paraît très mélodramatique. Je répugne encore aujourd'hui à utiliser cette description très imagée. Mais il est patent que ma volonté dépasse présentement le cadre de ma vie, poussant mes forces restantes vers l'accomplissement de ce que j'ai entrepris, et ce, en parallèle avec une faible constitution physique dont je refuse de me préoccuper.

Avant de parvenir à cette résolution, deux graves accidents, où le hasard peut difficilement être incriminé, se sont produits. L'un en 1970 qui m'a valu quatre mois de coma pendant lesquels je restai totalement paralysé, suivis de vingt-deux mois d'hospitalisation. L'autre, où j'ai été cliniquement déclaré mort, en 1956, qui m'a valu de rester près de trois ans alité. Si l'on ajoute à cela le fait qu'avant de partir au Cameroun j'ai eu une vie hors du commun de 1942 à 1945, qui me mena directement à la Gestapo de Dole, dans le Jura, pour y être torturé, puis sauvé de façon quasi miraculeuse pour être transporté dans une clinique de Lausanne, où je passai de longs mois pour reprendre une apparence humaine, la rétrospective commencera elle aussi à prendre forme. Elle reste pourtant très incomplète, puisque des passages bien plus affreux se sont produits, entrecoupés d'épisodes presque fabuleux tellement ils me portaient haut î Ce qui n'empêcha pas ma carcasse humaine, ou tout au moins son apparence actuelle, de rester la plus anonyme au milieu des autres !

Aussi le plus simple est-il de remonter le fil du temps jusqu'en 1942, afin de commencer par le début, et de laisser le Cameroun arriver en son temps chronologique...

Autant qu'il m'en souvienne, la deuxième année de l'occupation allemande de Paris fut encore plus sinistre que les précédentes. Le mois de mars 1942 s'étirait interminablement sous un froid sibérien, alourdi par une neige que rien ni personne n'ôtaient des trottoirs parisiens. Je venais d'avoir dix-sept ans, et depuis trois jours je vivais en solitaire dans un appartement jouxtant le boulevard Bonne-Nouvelle, proche du grand cinéma *Le Rex*, devenu pour l'occasion le plus luxueux des *Soldatenkino*. Mes parents n'étaient plus là, et j'avais échappé, par mon absence à ce moment-là, à l'arrestation opérée par la Gestapo. L'occupation allemande faisait lourdement sentir son emprise sur tous, mais plus particulièrement sur les étrangers et les juifs. Or, ma mère était russe et mon père d'origine israélo-allemande. Ayant fait la guerre dès 1914 pour la France, donc contre l'Allemagne, il avait obtenu facilement la nationalité française ensuite. J'étais donc né français à part entière en 1925, à Paris. Mais, sous l'Occupation, toute la famille était condamnée d'office par les hitlériens.

Un frère de ma mère vivant à Genève, en Suisse, avait fait savoir depuis plusieurs mois à mes parents que, s'il y avait quelque problème nous concernant, il fallait s'adresser à lui par l'intermédiaire de la chancellerie de Suisse à Paris. Je me rendis donc, après quelques hésitations bien naturelles, à la légation qui en dépendait, rue de Grenelle. J'y fus extrêmement bien reçu et prié de téléphoner trois jours plus tard, pour connaître le résultat des démarches entreprises.

Le moment venu, je rappelai et j'eus en retour un nom et une adresse où me rendre à Paris, de la part de mon oncle, « afin de reprendre confiance dans l'avenir », m'était-il communiqué. Il s'agissait de la présidente de la Croix-Rouge suisse en France occupée, Mme Odette Micheli, qui s'occupait plus spécialement d'enfants victimes de la guerre, et qui, par conséquent, pourrait peut-être me prendre en charge d'une façon ou d'une autre. Les bureaux de cette œuvre occupaient tout un étage du ministère de la Famille, rue de Tilsit, prêté gracieusement par le gouvernement français à cet effet. Mais un « hasard » inouï était intervenu la veille de ce jour, puisque j'avais fait la connaissance de cette dame dans des conditions étonnantes durant une alerte, dans un centre d'accueil pour enfants ! Dès ce premier contact, il y avait eu comme un courant qui, pour n'être pas électrique, m'avait galvanisé en quelques secondes. Mme Micheli, d'une voix très spéciale, tout en m'insufflant dynamisme et optimisme, m'avait permis d'envisager l'avenir sous un autre jour, quels que soient les événements néfastes qui m'avaient amené à la rencontrer.

Aussi, le lendemain, lorsque j'eus son nom et son adresse, je ressentis un curieux choc pour cette « coïncidence » et le double enchaînement qui me poussaient désormais vers elle. Le hasard prenait une telle tournure que je trouvais cela très drôle ! Mais je ne cherchais nullement à approfondir l'événement, me contentant d'accepter le fait.

Par la suite, je me rendis compte en de multiples occasions de l'attraction quasi hypnotique qu'exerçait la présidente sur les personnes désespérées qui venaient la voir, et qui ressortaient de son bureau avec un baume apaisant au cœur et le sourire aux lèvres ; je pensais avoir été, moi aussi, uniquement sous le charme. En ce fameux jour de notre premier entretien, où elle me jugea en envisageant d'emblée mes possibilités pour l'avenir, Odette Micheli, sans hésiter, m'engagea pour l'assister dans les diverses tâches touchant directement à l'administration du poste présidentiel qui était le sien.

Si le nombre des secrétaires était important, elle n'avait en fait que deux adjointes et une assistante suisse à des postes de direction, où elles étaient manifestement débordées. La présidente était seule pour effectuer ses visites officielles, fort nombreuses. De plus, elle manquait d'aide pour l'organisation des centres d'accueil destinés à recevoir les enfants français provenant de tous les endroits du pays où ils attendaient leur départ pour la Suisse, pour une durée de trois ou six mois, renouvelable dans les cas graves. La Croix-

Rouge suisse avait pour agir ainsi une position privilégiée, non seulement parce que la neutralité helvétique était reconnue des Allemands, mais parce que justement, de ce fait, les Suisses avaient passé un accord avec le gouvernement hitlérien stipulant que, pour tant d'enfants français partant pour le pays de Guillaume Tell, autant d'enfants allemands s'y rendraient également dans les mêmes conditions et pour les mêmes causes.

Cette situation inattendue et inespérée me mettait non seulement à l'abri de toute poursuite, mais me procurait un travail intéressant, qui me redonnait goût à la vie. Pour la première fois, j'appris de la bouche de Mme Micheli que cette vie sociale pouvait m'ouvrir rapidement le chemin vers une compréhension qui ferait de moi un homme sage, doué de bien des pouvoirs. Si je ne compris point sur-le-champ la signification de cette phrase pour le moins prophétique, je me la rappelai fort souvent par la suite...

Naturellement, de nouveaux papiers d'origine helvétique m'accordèrent une autre identité et un âge plus élevé, ce qui facilita grandement mon insertion totale dans les rouages de l'œuvre. J'eus à peine le temps de me familiariser avec les divers services, que la présidente me demanda de me rendre à Vichy en sa compagnie, afin de l'assister lors d'un rendez-vous important qu'elle devait avoir avec le maréchal Pétain.

Pour bien comprendre ce qui va suivre, il convient de se replonger en cette période de mai 1942, où les Allemands avaient des tentacules presque partout en France grâce à une cinquième colonne efficace, et ce dans tous les domaines. Cependant, une œuvre telle que la Croix-Rouge suisse restait en dehors de leur espionnage, car elle rendait également un immense service à l'Allemagne en recevant des enfants victimes des bombardements anglais outre-Rhin. Ce qui n'empêchait pas les autorités d'occupation en France de « surveiller » les bureaux de la Croix-Rouge.

Le service d'aide se développant énormément, les petits centres d'accueil n'étaient plus suffisants, et la présidente recherchait une bâtisse bien plus grande, capable de recevoir un millier d'enfants d'un coup. Or, malgré toutes les enquêtes effectuées à Paris et dans la proche banlieue, il n'y avait qu'un lieu possible : une caserne désaffectée près du boulevard Henri I. D'autres organismes s'occupaient également de cette recherche : tels la Croix-Rouge française, le Secours national, l'Entraide d'hiver, etc. Cela pour expliquer que pas mal de personnes étaient au courant du besoin émis par la Croix-Rouge suisse à ce propos. Aussi, un matin, un homme était venu rue de Tilsit pour voir Mme Micheli, et la présidente avait pris un très gros risque en le recevant. C'était ce qu'elle m'avait raconté dans le train qui nous emmenait tous les deux vers Vichy... cette même nuit.

L'homme était un capitaine du Deuxième Bureau français expatrié à Lyon, encore en zone libre, et qui avait proprement risqué sa vie pour venir la mettre au courant d'une situation fort délicate, qui pouvait cependant lui permettre d'obtenir un centre d'accueil à Paris, à la mesure de ses espérances. Il s'agissait de l'École polytechnique elle-même, près du Panthéon, vide depuis l'armistice par le repli des polytechniciens sur Lyon, où ils étaient installés depuis.

Si cet officier faisait cette proposition, ce n'était évidemment pas dans le seul but de rendre service à la Croix-Rouge suisse, mais parce que le général von Stülpnagel, le chef d'état-major des armées allemandes en France, avait jeté son dévolu sur l'École polytechnique pour y installer son grand quartier général.

Or, tous les trophées des guerres passées se trouvaient encore dans les locaux parisiens, à la merci du pillage nazi, sans aucune possibilité de récupération au préalable. La seule espérance était donc que la Croix-Rouge suisse puisse en faire son centre d'accueil avant l'arrivée du général von

Stülpnagel, prévue pour le lundi suivant. Or, le capitaine était venu le jeudi matin pour nous expliquer que le maréchal Pétain était d'accord pour nous signer une réquisition valable à condition que nous soyons chez lui le lendemain à onze heures précises, moment où il pouvait intercaler notre visite à l'hôtel du Parc entre deux rendez-vous.

La présidente, n'entendant que la formulation du nom de la prestigieuse école, « oublia » instantanément l'autre motif formulé par l'officier venu de Lyon. Elle retint immédiatement deux places dans le train de nuit pour Vichy. Comme il n'y avait plus de wagons-lits ni de couchettes, nous eûmes le temps en discutant de préparer un plan extrêmement détaillé de l'occupation des locaux laissés entièrement vides. Toute la nuit, j'écrivis sous sa dictée, malgré la lumière bleue pour répondre aux consignes d'alertes aériennes, les besoins en matériel divers, en ravitaillement, et en personnel à prévoir, pour recevoir mille à onze cents enfants dès le dimanche soir, c'est-à-dire avant que les trois prochaines journées se soient écoulées ! Les directions de la Croix-Rouge française à Lille, au Havre et à Saint-Nazaire, qui s'occupaient de la préparation des dossiers des enfants victimes de la guerre pour leur région respective, avaient déjà été prévenues téléphoniquement durant l'après-midi. Chaque région devrait faire partir ses enfants par le train de samedi soir de chez eux. Quant à M. André François-Poncet, président de la Croix-Rouge française à l'époque, il avait mis tous ses services en alerte afin de tenir prêt, en accord avec le Secours national, tout le matériel nécessaire pour le samedi.

À Vichy, il n'y eut aucune difficulté avec le maréchal Pétain, assisté du Dr Ménétrel, pour obtenir la réquisition. Tout était prêt et aucune parole ne fit allusion aux trophées toujours cachés dans les sous-sols de la grande école. Le retour à Paris fut sans histoire, et ce fut dans la fièvre que toute une armée de bénévoles organisa les locaux, aménageant les dortoirs, les cuisines, etc.

Un livre ne suffirait évidemment pas pour décrire cette page d'histoire à peu près inconnue, mais véridique point par point. J'avais profité de ma longue convalescence de 1958 pour écrire un premier jet de cette épopée, puis de celles qui suivirent. Tout cela resta enfoui dans le fond d'une malle jusqu'en 1969, date à laquelle j'entrepris de mettre moi-même le brouillon sur machine à écrire. Et, afin qu'il en reste une trace, j'en remis la copie à un journaliste genevois de grande réputation[2]... trois semaines avant mon second accident. Il disparut donc à nouveau durant onze ans, avant que je demande de le récupérer, ce qui a été fait en pleine mise au point de ce manuscrit, courant mai 1981.

Les quelque neuf cents feuillets tapés à la machine feront plus tard l'objet d'une autobiographie. Mais parmi tous les épisodes encore inconnus de cette période importante de ma vie que je vais reproduire ici, afin que chacun comprenne mieux les divers échelons, hauts et bas, qui m'ont amené à écrire *L'Histoire du Monothéisme* et quelque vingt ouvrages parus ou à paraître, figure celui de l'École polytechnique de Paris. J'avais donc dix-sept ans, mais mes papiers faisaient de ma personne un citoyen suisse en comptant vingt-trois. Nous étions le lundi matin, à 8 heures. Cinq cents enfants prenaient leur petit déjeuner dans le réfectoire de la prestigieuse école : une immense salle aux longues tables dallées de marbre.

C'était la fin du premier service, et j'allais me lever pour donner le signal du départ, afin de ne pas retarder l'arrivée du deuxième groupe, mille enfants ayant dormi là la nuit

---

[2] Il s'agit de Martin Leu, qui fut reporter au journal *La Suisse*, à qui j'exprime ici toute ma gratitude.

passée, lorsque l'intrusion des Allemands venant occuper l'école se produisit. Ils dévalaient les quelques marches permettant l'accès du réfectoire...

Voici donc, recopiée textuellement, la partie du manuscrit écrite il y a plus de vingt ans et concernant l'École polytechnique et le général en chef des armées d'occupation allemandes en France...

... Nous fûmes encerclés et les mitraillettes se pointèrent sur nous. Nous étions en joue !... Tous les adultes étaient plus ou moins paralysés par l'effroi, et je dois dire qu'il en était de même pour moi. J'étais certain qu'au moindre geste prêtant à quiproquo ces gens tireraient sur nous sans sommation ! Je ne pouvais même pas tenter de rassurer, car le moindre prétexte serait bon pour provoquer un incident meurtrier. Ces soldats avaient l'air tellement mauvais, avec leur allure de bouledogues et leur énorme collier autour du cou, qu'il valait mieux se transformer momentanément en statue.

Un autre ordre, hurlé soudain, fit mettre tous les militaires dans un impeccable garde-à-vous, avec un claquement de talons impressionnant. Comme dans une opérette bien réglée apparurent en haut des marches de l'entrée du réfectoire des bottes reluisantes, plusieurs paires, suivies de pantalons vert-de-gris, aux teintes plus ou moins claires, chamarrés de longues bandes verticales rouges ou carminées, et surmontés enfin de tuniques constellées d'ors et de décorations. Les têtes, qui terminaient ces corps, finirent de démontrer, si besoin en était, qu'il s'agissait d'officiers supérieurs. Leurs casquettes ne m'apprirent cependant rien sur leurs grades respectifs.

Au bas des marches descendues lentement, ces messieurs s'écartèrent pour laisser passer un officier qui, par son allure, devait être un gradé de plus haut rang encore. Celui-ci était en pantalon, non botté, l'air hautain, les sourcils et la moustache bien fournis, mais l'allure générale était assez désabusée.

Les officiers étaient sept en tout. Ils venaient à notre rencontre, magnifiquement cadrés entre les mitraillettes de deux soldats qui se trouvaient, jambes écartées, devant notre table. J'avais l'impression de regarder une photo grandeur nature, ou une scène de film de guerre à laquelle j'étais incorporé ! Celui qui marchait seul devant était manifestement un général, comme je m'en rendis compte enfin à ses épaulettes. Les autres suivaient à distance respectueuse, copiant leurs mouvements à droite et à gauche sur ceux de leur supérieur. J'aperçus la croix de fer de l'homme de tête qui, à l'encontre de son escorte, ne portait aucune autre décoration. La moustache grise de l'homme, son allure aristocratique, son front haut sous la casquette ne me rappelèrent absolument rien ! Je ne savais pas qui était ce général...

Cette entrée fracassante aurait été pleine d'intérêt, et même divertissante, si nous n'avions pas été gardés militairement, et si des enfants apeurés ne risquaient pas d'en garder des traces ultérieures. Le claquement des bottes de tout à l'heure, et les soldats qui s'étaient figés dans une immobilité rigoureuse avaient calmé les enfants. Ceux-ci regardaient à présent silencieusement le groupe s'avancer par l'allée centrale jusqu'à nous, tout comme moi d'ailleurs qui me demandais anxieusement ce qui allait se passer sous peu !

Plus que quelques mètres nous séparaient lorsque je reconnus le colonel Oberg dans l'homme qui suivait directement le général. J'avais eu l'occasion de le croiser à l'hôtel Majestic à plusieurs reprises, et il était très identifiable, vu sa tournure. Soudain je sursautai !... Je me rendais compte que si lui se trouvait *derrière* le général, et si tous avaient une attitude déférente, c'était parce que l'officier supérieur ne pouvait être que *von Stülpnagel !... Der Militärbefelhshaber in Frankreich !...* Autrement dit le général commandant les troupes d'occupation en France, lui-même, marchait jusqu'à moi !

La pâleur s'accentua encore plus sur mon visage ! Je ne m'attendais certes pas, et la présidente non plus, à pareille invasion. L'occupation était là, omnipotente, personnifiée par son chef en France. Je ne me sentis plus du tout de taille à assumer la responsabilité de un entretien qui se préparait. Mais pendant que les derniers pas étaient franchis, je me rendis compte que personne d'autre ne pouvait prendre ma place. Ce n'était ni M. Grandjean, ni Mme Robelin qui nous tirerait de ce guêpier. Si j'avais su quoi faire, ou comment invoquer Dieu en cette ultime seconde, j'aurais rapidement fait une prière ! Mais le temps manqua... même pour tenter d'invoquer Dieu.

Le général venait de s'arrêter, contemplant majestueusement notre tablée. Le groupe des six qui le suivait s'immobilisa également à quelques pas en arrière. Seul un officier se détacha pour se faufiler devant l'occupant et venir jusqu'à nous. Les soldats qui nous gardaient s'écartèrent, pendant que d'une voix hautaine, en mots hachés, le gradé nous questionna dans un français correct, mais hésitant :

— Qui... commande... ici ?

Cette demande ridicule me rendit mon sang-froid. Je répondis d'une voix ferme, que j'espérais calme :

— Personne ne « commande » ! Ce n'est plus l'École polytechnique qui est ici. Vous voyez bien qu'il n'y a que des enfants autour de vous. Que signifie cette intrusion armée, qui constitue un véritable scandale ?

— Qui habite ici alors ?... Comment osez-vous... parler... comme ça devant le général *Herr von Stülpnagel ?...*
— Vous êtes dans un centre d'accueil *officiel* de la Croix-Rouge suisse, donc sous la protection du traité de neutralité qui unit votre pays au nôtre : la Suisse !

L'homme tombait évidemment des nues. Il murmura :

— *Schweizerisches Rotes Kreuz !... Mein Gott !*

La prononciation gutturale de cette constatation, selon laquelle il s'agissait de la Croix-Rouge suisse, ainsi que son invocation involontaire à Dieu valaient leur pesant d'or ! Mais je ne m'attardai pas à sourire de sa mine catastrophée. Je poursuivis assez haut pour que tous les officiers m'entendent, car j'avais vu le général cligner de l'œil lorsque j'avais parlé en français, et je le soupçonnais de parfaitement comprendre :

— Votre entrée aussi brutale oblige les infirmières, reconnaissables à leur uniforme par n'importe qui, à calmer des centaines d'enfants que vous avez ainsi terrifiés et peut-être rendus malades... Quel besoin ici de tous ces soldats avec leurs armes dirigées sur nous ? Nous prenez-vous pour des terroristes préparant quelque mauvais coup ?...

D'une voix indécise, moins assurée, l'officier rétorqua en matière d'excuse :

— Je... je suis... interprète, seulement...
— Eh bien, dites à vos supérieurs que je suis ici le représentant de la Croix-Rouge suisse, moi-même citoyen de ce pays.
— Mais... je... nous...

L'homme, bégayant, n'acheva pas sa phrase. Il se tourna vers le général, se remit au garde-à-vous, et traduisit fidèlement notre court dialogue. L'occupant, calmement, lui répliqua quelques paroles à voix basse, que je ne pus comprendre, mais que l'interprète, pivotant d'un autre demi-tour, me traduisit immédiatement :

— Le général von Stülpnagel... vient prendre... livraison de l'École... polytechnique... au nom du *Führer !*... Il demande ce que... vous faites et pourquoi... vous êtes ici ?

J'étais de nouveau dans mon assiette, ce genre de questions étant de celles que j'avais longuement mûries. La seule différence résidait dans la personne qui me les posait. Je répondis en me redressant :

— Nous accueillons des enfants victimes des bombardements anglais, et nous les envoyons en Suisse. Mais avant de continuer à répondre à d'autres questions, veuillez prier M. le commandant en chef de bien vouloir faire sortir tous les soldats, car ils terrorisent les enfants. Jolie gloire que celle-ci... vis-à-vis de la Croix-Rouge suisse, organisme neutre à double titre, rien ne justifie un tel acte d'hostilité, et qui constitue un abus de pouvoir inqualifiable dont je devrai rendre compte à notre présidente.

— Mais... Mais... je ne...

— Non ! Je ne veux rien écouter tant qu'il y aura dans ce réfectoire ces... soldats armés. Veuillez traduire mes paroles, s'il vous plaît, au général.

Désemparé, l'interprète ne savait que faire, car il était visible qu'il craignait une colère de son chef lorsqu'il entendrait la traduction ! La mort dans l'âme, après m'avoir regardé une autre fois et comprenant que je ne changerais pas d'avis, il se tourna de nouveau pour expliquer ce que je venais de dire. Il était cependant indéniable que le général avait compris. Je l'avais vu battre des cils en même temps que son interprète pendant ma tirade. Il avait ensuite esquissé un sourire rapidement dissimulé lorsque j'avais émis la prétention de faire sortir les soldats, ce qui n'était pas le cas du pauvre homme qui tentait d'arranger mes phrases d'une façon moins belliqueuse. Le général, qui avait eu le temps de préparer sa réponse, resta cependant silencieux en fronçant très ostensiblement ses sourcils broussailleux. Je me demandai tout de même avec anxiété comment il prenait mon désir. Il ne répondait en tout cas rien à son subalterne, qui restait planté là, au garde-à-vous, comme un piquet sous l'orage. Pourtant le cyclone ne venait pas : c'était le calme complet, ainsi que le silence total dans l'immense salle, à part quelques reniflements de gosses.

Après un temps assez long, le général finit par tourner légèrement la tête vers ceux qui étaient derrière lui, qui n'avaient absolument pas bronché et avaient pâli à la traduction de ma demande. Je crus avoir signé mon arrêt de mort lorsque je vis la bouche du grand soldat s'ouvrir. Il apparut qu'il parlait calmement et uniquement pour appeler son chef d'état-major :

— *Oberg !*

Le colonel s'avança vivement.

— *Ya, Herr General !*

— *Macht dass alles heraus kommt.* (Faites sortir tout le monde.)

Visiblement abasourdi par cet ordre, le colonel balbutia :

— *Aber... Herr General...* (Mais... mon général...)

Von Stülpnagel fronça encore plus les sourcils, avant de scander :

— *Al -les -he -raus ! (Tous -de -hors !)*

Pendant que le colonel Oberg claquait des talons et s'inclinait sous la répétition de l'ordre, le général ajouta :

— *Warten Sie in meinem Wagen.* (Attendez-moi dans ma voiture.)
— *Zu Befehl, Herr General !* (À vos ordres, mon général !)

Comme assommé, le colonel Oberg retourna vers les autres officiers de la suite. Même lui avait été prié de quitter les lieux, ce que je n'avais pas demandé. Il transmit l'ordre, d'une voix contenue, tremblante de fureur. Les officiers se précipitèrent, se rendant compte qu'il valait mieux faire vite. Ils crièrent bien inutilement, car les soldats avaient déjà baissé leurs armes en entendant le général parler.

— *Alles heraus ! Alles heraus ! Schnell !... Schnell !*

Ces hurlements furent cette fois les bienvenus. Les militaires se précipitèrent tous avec le même entrain vers la sortie, dans le même bruit de bottes, suivis par les officiers et le colonel Oberg. L'interprète seul était toujours à la même place, indécis et immobile, à deux pas de von Stülpnagel.

En moi-même je poussai un énorme soupir de soulagement. Me remettant de ce succès, je me levai afin de ne pas être plus longtemps impoli. Pour le remercier de ce simple acte humanitaire, je lui approchai une chaise au coin de la table, et l'invitai, en allemand, à y prendre place. J'ajoutai en surveillant bien mon accent :

— Vous accepterez bien une tasse de chocolat, mon général ? C'est du suisse...

Von Stülpnagel me dévisagea un court instant, un peu étonné de ma prise de position soudaine et, il faut bien le dire, changeante. Peut-être fut-il également surpris de mon allemand. Puis il sourit, inclina la tête et prit place. Il me répondit de sa même voix calme, mais en français :

— Avec plaisir, monsieur !

2

AVEC LE GÉNÉRAL VON STÜLPNAGEL

Là où ils ont fait un désert, ils disent qu'ils ont fait la paix...
Tacite (*Annales*)

Le général ôta sa casquette, regarda ce réfectoire où cinq cents petits visages le fixaient, surpris.

Madeleine comprit vite. Elle saisit un bol, souriante, et l'offrit à ce gradé à l'air distingué, avant d'aller à la cuisine chercher du chocolat chaud.

Je demandai à Mme Robelin, qui perdait ses couleurs, de faire sortir les enfants qui terminaient de déjeuner. Grandjean sortit aussi, c'était préférable.

Libérée, la jeune classe s'éparpilla. Les conversations et les bruits reprirent pendant leur sortie. Le général méditait, perdu dans ses pensées. Le silence devint pesant. Il me fixa et me sourit, vit son interprète, toujours semblable à une statue, et le pria sèchement de sortir :

— *Folgt auch den Kinder, Otto...*

L'officier claqua des talons et sortit. Le général, en français, sur le ton d'une conversation mondaine commença :

— C'est gentil les enfants, ils oublient très vite, heureusement.

Fronçant les sourcils, d'une voix forte, en allemand, il continua :

— Rien ne justifie votre ton avec mon interprète. Votre occupation est illégale et arbitraire. C'est très fâcheux.
— Pourquoi, mon général ?
— Je me serais bien passé de l'incident diplomatique qui va éclater.
— Je ne me plaindrai qu'en cas d'incident, comme je l'ai dit.
— Vous êtes ici illégalement. Mes soldats ont dû sortir de cette pièce, mais ne quitteront pas les lieux. Nous nous installons à l'École militaire selon les ordres du Führer.
— Nous sommes ici légalement, mon général.

Ses yeux ne formèrent plus que deux petites fentes, il répéta :

— Légalement ?

J'affirmai sans me laisser répliquer, il répondit d'un ton tranchant :

— La légalité en France, c'est moi.
— Euh ! je...

Devenu muet, je sortis mon portefeuille, en retirai délicatement l'acte de réquisition signé par le maréchal Pétain.

Le général me regarda curieusement. J'éveillais son attention. Conservant mon calme, impassible, je le lui remis.

— Cela est-il légal, mon général ?

Il accusa le coup. Ses lèvres, minces comme un trait, exprimaient la perplexité et la colère.

Madeleine, survenant et voyant la réquisition entre les mains du général, comprit. Son sourire apparut, enjôleur. Elle lui présenta le plateau où régnait l'arôme frais du cacao, détendant l'atmosphère en lui disant gentiment :

— Vous permettez ?

Cette question bloqua le général. Il acquiesça sèchement. Il se contenta de regarder son hôtesse nous servir. Sans nous être concertés, nous dégustâmes. Il huma et constata :

— La Suisse est un charmant pays lorsqu'elle exporte du cacao ! Pourquoi contrecarrer notre Führer et faire une vilaine action ?

Il souffla sur son chocolat un peu chaud. Pendant qu'il buvait, je répondis :

— Ce n'est pas notre intention, vous le savez bien, mon général.
— Cette réquisition est datée du 1er mai, vous avez occupé les lieux quelques heures avant nous. Ne faites pas l'innocent.
— En quoi la date change-t-elle nos intentions, mon général ?
— Vous ne voyez pas ? Trois jours avant, notre dossier part pour Berlin et revient signé lui aussi le 1er mai. Curieux, n'est-ce pas ?
— En quoi la Croix-Rouge suisse peut-elle être responsable de cette fâcheuse coïncidence, mon général ?

Celui-ci faillit s'étrangler. Il répondit en élevant la voix :

— Comment ! mais la collusion est manifeste ! Nos ennemis ne nous voulaient pas dans Polytechnique.
— Collusion, mon général ? Est-ce une tentative d'intimidation ou une traduction défectueuse du français ? Notre organisme ne peut être associé à vos « ennemis ». De plus, les Suisses sont strictement neutres, condition essentielle de leur action.

Le général soupira et me fixa attentivement. Doutait-il de ma sincérité ? Une telle coïncidence pouvait vraiment être fortuite. C'était une triste fatalité pour lui. J'étais dans mon bon droit. Notre présidente ne voyait qu'une aubaine providentielle pour ses enfants. Je ne mentais pas en affirmant le fait.

Avec une moue très sceptique, le général remarqua :

— Si vous n'êtes ici qu'avec une seule journée d'avance, le hasard n'y est pour rien.
— Mon général, demain un convoi de mille enfants part pour la Suisse, ce n'est pas, non plus, un effet du hasard.
— Mille enfants !
— Demain soir, mon général, venez les compter. Il y en aura mille deux cent onze exactement.
— Nous recevons nos enfants trois jours avant. Les loger, les nettoyer, les examiner médicalement et les vêtir nous demande ce temps.

S'agissant, jusqu'à présent d'une centaine d'enfants, notre petit centre était suffisant. Il est impossible, mon général, d'employer cette méthode pour mille. Le premier convoi partant le 3 mai a été prévu depuis deux mois. C'est la stricte vérité.

— C'est facile à dire, mais je penche pour beaucoup moins.

— Mon général ! Est-ce possible d'obtenir un train spécial de seize wagons en quelques jours ? Et l'autorisation de la Kommandantur pour cette formation ?

— Exact, à quelle date votre Croix-Rouge a-t-elle fait la demande ?

— C'était, je crois, en février, il y a trois mois.

— C'est peut-être vrai, mais il y a d'autres lieux que cette école, pour vous accueillir.

— Certainement, mais pas pour mille enfants. Voilà des semaines que nous cherchons un local. Notre présidente n'en dormait plus. Nous devions, *in extremis*, annuler notre premier grand convoi. À la dernière minute, elle a entendu parler de l'École polytechnique. Elle a fait des pieds et des mains pour l'obtenir à temps.

— Je le croirais si je n'étais si expérimenté dans toutes les ruses de guerre.

— Mon général, la présidente et moi étions à Vichy avant-hier. Le maréchal a signé parce qu'il s'agissait de mille enfants victimes des bombardements anglais. De plus, nous étions la Croix-Rouge suisse.

De glace, von Stülpnagel ne se rendait pas.

— Cela ne change pas mon impression, monsieur.

— Mais enfin, mon général, vous mêlez notre présidente à une tractation inavouable !

— Hum !

— Pensez-vous qu'elle se livre à l'espionnage et qu'elle soit au courant de vos projets ?

— Naturellement pas ! mais quelle coïncidence bizarre.

— Je ne lutte plus contre votre préjugé, mon général, mais trouvez-nous un local assez vaste, répondant à nos besoins, avec les mêmes avantages. Nous déménagerons sur-le-champ !

— Vous savez bien que c'est impossible.
— Je tenais à vous le faire préciser. C'est impossible et c'est la raison de la demande d'urgence, mais tout à fait légale. C'est pour des enfants, mon général, et pour rien d'autre !

Il hésita, finit son chocolat puis se décida.

— Votre point de vue peut s'admettre. Mais nous sommes joués, n'est-ce pas ?

Exaspéré, je m'énervai et, d'un ton véhément, je repris.

— Un jeu, mon général ! Faire de ce lieu un refuge pour des enfants qui n'ont plus de maison et souvent plus de parents !
— N'exagérez pas, monsieur !
— Demandez aux petits Havrais et Dunkerquois qui sont ici si je dramatise !
— Ils viennent de là ?
— Oui, mon général, vous êtes bien placé pour connaître l'état de ces villes. Quel est l'esprit de ces enfants, si l'on ajoute que ces villes étaient dirigées par l'administration allemande de Bruxelles ! Que ce soit le hasard ou non, votre Führer prêche tant l'unité européenne. N'est-il pas mieux d'avoir des enfants ici qu'une caserne ?
— Je suis un militaire. J'ai l'ordre d'occuper ces locaux. Je ne peux le faire puisque vous y êtes.

Je pris le temps de me calmer, décidé à ne plus me laisser intimider.

— Mon général, vous n'êtes pas sans savoir que des enfants allemands partent en Suisse dans les mêmes conditions. Comme neutres, tous ceux que nous pouvons sauver, grands et surtout petits, doivent l'être sur le même plan. Ce sont des victimes innocentes.

— Je suis au courant. Je sais ce que vous faites pour tous.

— Je ne sais pas dans quelles conditions nos collègues de Berlin tiennent leurs centres d'accueil, ce qu'ils ont pour faire le même travail, mais, si j'étais là-bas, je lutterais de la même façon pour avoir un centre comme celui-ci.

Von Stülpnagel poussa un profond soupir. J'ajoutai :

— Ne sacrifieriez-vous pas un casernement pour la même cause ?

Le général hocha la tête, se reversa du chocolat, pour se donner un temps de réflexion.

Oubliant que je m'adressais au général, avec l'inconscience de mon âge, je poursuivis :

— Mes collègues, à Berlin, se dévouent sans compter pour vos enfants, ce n'est pas un jeu, pour eux, ils font comme nous leur devoir d'entraide à tous les enfants pendant que leurs aînés jouent à la guerre au nom de je ne sais quelle liberté. Je m'échauffais et chaque parole m'entraînait à énoncer mes griefs. J'eus peur d'avoir été trop loin. Le général reposa brutalement son bol.

— C'est la guerre, monsieur, la liberté personnelle n'a rien à voir. Seule la libération de l'Europe et du monde compte.

Une grande amertume m'envahit.

— Oui, c'est la guerre ! Les hommes sont assez fous pour s'entre-tuer au nom de quelle liberté ? Cela les regarde, mais... les enfants. Leur terre est devenue un enfer ! Laissez-nous les sauver en paix.

Von Stülpnagel resta muet. Je repris, plus persuasif :

— Qu'ils soient allemands ou français ne change rien. Ces enfants feront la France et l'Allemagne de demain. C'est avec eux qu'il faudra compter, pas sur les adultes d'aujourd'hui. Leurs souvenirs seront les moteurs de leur comportement. Nous devons conserver ce centre pour sauver le plus d'enfants possible. Plus tard, peut-être vivront-ils réellement la main dans la main.

Le rouge de mes joues reflétait mon état d'âme. Je n'arrêtais plus. Devant un silence que je sentais moins hostile, je continuai :

— Ces enfants, plus tard, après la guerre, seront des hommes. Ils se marieront un jour, tout comme je le ferai avec mademoiselle...
— Vraiment, mes félicitations.
— Hélas, avec la guerre, nous devons patienter. Voulez-vous qu'après nos enfants, à qui l'Allemagne aurait refusé son aide, se souviennent ?
— Je vous répète, monsieur, c'est la guerre. Je n'en suis pas responsable.
— Dans votre esprit, mon général, cela suffit-il à couvrir tous les abus ? Les vaincus n'ont qu'à se taire et accepter, oui, mais nous sommes suisses, neutres, d'un pays qui accueille largement vos enfants.
— Vous êtes bien jeune pour me parler de cette façon.

Je poussai un soupir, pensant à une fin de non-recevoir. Je persévérai avec la certitude de ma perte au bout :

— J'étais sur les bancs de l'école, il y a peu. J'étudiais mes classiques. J'avais un faible pour les auteurs gréco-latins. J'ai ainsi appris la conduite barbare des Romains il y a 2 000 ans. Notre professeur nous a fait apprendre par cœur cette phrase de Tacite, qui fait dire par Galgacus, flétrissant la guerre : « Là où ils ont fait un désert, ils disait qu'ils ont fait la paix. »

— Je connais cette phrase !

— Ce titre de gloire sera-t-il le vôtre pour 2 000 ans, en remplaçant Romains par Germains ?

J'étais allé trop loin. J'avais oublié qu'en face j'avais le général en chef des troupes d'occupation. Je soupirai...

— Excusez-moi, mon général, je ne devais pas dire ce que j'avais sur le cœur.

— Pourquoi ? vous êtes neutre... mais trop jeune. Quel âge avez-vous ?

— Heu ! vingt-trois ans.

Il redevint songeur. Il murmura sur un ton lointain :

— *Ubi solitudinem faciunt, pacem appellant...* J'ai connu Tacite au collège, à Cologne. Comme c'est loin !

Le général sembla vieillir. Il me regarda plus gentiment.

— Je suis militaire, jeune homme. Mes responsabilités sont lourdes ! J'obéis aux ordres. Les problèmes de l'histoire ne sont pas les miens. Les historiens en parleront.

— Mais, c'est vous qui faites l'histoire !

— Comme militaire, digne de ce nom avant tout. On pourra parler de moi comme chef d'état-major général. Qui fera de l'Europe un désert ? L'histoire le dira.

— C'est vrai, mon général, seul le présent et les enfants m'intéressent. Si la postérité sait ce qui se passe ici entre l'occupant et la Croix-Rouge suisse, vous tressera-t-on des lauriers pour chasser mille enfants quand dans le même temps elle sauve les vôtres ?

— Je n'ai pas l'ordre de vous mettre dehors. Je dois occuper l'École polytechnique ce matin à 8 heures, c'est tout.

— Mais... nous y sommes avec une réquisition légale et signée.

— Dans mon rapport, il vaut mieux ne pas parler du maréchal et de ses manigances.

— Que comptez-vous faire, mon général ?

— Demander des instructions, Oberg n'aimera pas. Il se faisait une joie d'occuper ici.

— Ce qui veut dire, si je comprends bien, qu'aujourd'hui nous restons ?

— Probablement. Après aussi peut-être. Nous avons besoin de la Suisse. Craignez les réactions d'Oberg, il est tout-puissant. Nous, les militaires, ne l'aimons pas trop.

Ce rappel atténua ma joie, mais... on nous laissait ici. Je repris mon calme. Je parlai posément pour mettre le colonel Oberg en cause :

— Mon général, il savait que nous étions ici depuis deux jours.

— Je ne comprends pas ? Je regardai Madeleine.

— Veux-tu demander à Mme Robelin la liste signée des enfants, celle que lui a remise Mme Micheli ?

Elle approuva, clignant de l'œil pour me modérer. C'était mon intention. Le général semblait bien disposé. Je souris, décidé à ne parler que du colonel Oberg.

— Je suis surpris, mon général. Le colonel Oberg était au courant.

— Je ne crois pas. Il m'aurait évité cette situation ridicule. Je ne le lui pardonne pas de toute façon. Il ne se sert pas de la Gestapo pour ces choses. Il n'était pas au courant. Il ne pouvait pas vous savoir là.

— Le plus simplement, mon général. Notre présidente lui a fait signer hier matin la liste des enfants partants. L'adresse de l'accueil y était en entier. Il aurait dû le voir. Mme Micheli a spécifié qu'elle avait obtenu ce centre à la dernière minute.

— Non !

— Si, mon général. Deux exemplaires sont aux archives. Comme d'habitude, tout a été fait au grand jour. Ma secrétaire va vous rapporter un exemplaire signé du colonel.

— *Mein Gott !* (Mon Dieu !)

— La présidente était de bonne foi en venant ici avec les enfants. Si le colonel avait signé, c'est qu'il était d'accord.

Von Stülpnagel se taisait. Devant son silence, j'ajoutai :

— Pour moi, tout était en ordre. En venant, je n'ai vu aucun militaire nous interdisant d'entrer. Comment pouvais-je penser que vous n'aviez pas vérifié la veille la disponibilité des locaux ?

— C'est votre remarque la plus judicieuse, monsieur. J'en demanderai l'explication.

Le général se renfrogna. Il y aurait bientôt de l'orage à l'état-major. Le colonel ferait passer un mauvais moment à quelques autres. J'ajoutai innocemment :

— Même avec la réquisition, s'il y avait eu un simple soldat devant la porte, nous ne serions pas entrés.

Le général me regarda fixement. Il dut voir les lueurs malicieuses dans mes yeux. Il se détendit et sourit. À ce moment, Madeleine revint. J'eus le temps de reprendre mes esprits après cette douche écossaise. Je savais que nous restions, c'était l'essentiel. Ne se doutant pas de la solution survenue, elle me tendit la liste que je donnai au général. Pour la tranquilliser j'ajoutai :

— Nous restons, Madeleine, le général est d'accord.

Elle se tut, suivant des yeux les mouvements du général. La dernière page de la liste couverte de cachets à l'aigle nazi, avec la signature du colonel, le sidéra. Il éclata de rire et termina tranquillement son chocolat.

— Excusez-moi de me donner en spectacle, mais remettre le colonel Oberg à sa place ! Je vais lui montrer votre réquisition et surtout... sa signature, ornée de ses visas.

Il reprit d'un ton tranchant :

— Pour les prochains convois, conformez-vous aux règlements. Présentez vos dossiers au Lutétia au moins 20 jours à l'avance. Je veux vous éviter un nouvel incident vous exposant à moi directement. Est-ce clair ?
— Parfaitement, mon général.

Ayant retrouvé sa prestance, il remit sa casquette et me fit signe de l'accompagner. Poussant un soupir, il me dit :

— Voyons Oberg, écoutons-le. Attention dans l'avenir, ce sera votre ennemi.

Je ne répondis rien. Bien sûr, ennemi ou pas, je devais me méfier.

Il se tourna vers moi et ajouta :

— Compliments, vous êtes un ardent défenseur de la cause.
— Quelle cause, mon général ?
— La bonne ou la mauvaise, à votre choix.

Nous partîmes vers le portail d'honneur. Le général se raidit, reprit son allure martiale, à pas mesurés, vers une Mercedes. Tous les militaires étaient au garde-à-vous sur notre passage. Le chauffeur ouvrit la porte. Le colonel Oberg était assis devant. Il voulut descendre, mais son chef le stoppa. Le général lui tendit les papiers.

Il parla durement. Oberg devint cramoisi, fit de grands gestes, me montrant du doigt. Mes souliers me devenaient étroits, ma nervosité grandissait. La panique me prenait dans cette cour grouillante d'uniformes vert-de-gris. Il y avait six camions, quatre cars, deux chenillettes, trois voitures et la Mercedes. De plus, des side-cars et des motos un peu partout. Tous attendaient les ordres. Le colonel sortit brusquement, me jeta un regard noir et alla vers les autres officiers. Il donna rageusement quelques ordres avant de reprendre sa place. Ceux-ci, sidérés, se précipitèrent en criant. Tous bondirent dans les véhicules, les « colliers de chiens » enfourchant leur machine.

Les enfants s'éparpillèrent effrayés, rappelés par les infirmières. Puis le général m'appela, me rendit les papiers et d'une voix forte :

— Vous restez ici. Ne vous trouvez jamais en défaut avec les services du colonel Oberg, ni avec les miens, monsieur. Je m'inclinai. Von Stülpnagel monta, le chauffeur démarra aussitôt.

La voiture de l'officier interprète, en tête, démarra, suivie de tous les autres véhicules. Polytechnique était redevenue centre d'accueil. Les voisins d'alentour regardaient sans comprendre cet exode de l'Allemagne invaincue.

Maîtres des lieux, les enfants poussèrent un triple hourra, en toute innocence. Ils se sentaient victorieux... moi aussi...

3

LE DESTIN S'ÉCRIT-IL AUSSI ?

> *Il y a une grande différence entre une série de causes naturelles qui, de toute éternité, rendent certain un événement futur, et la connaissance fortuite que l'on peut avoir à l'avance de la certitude d'un fait, sans, pour cela, qu'il se rattache à une série infinie de causes naturelles.*
> Cicéron (*Traité du destin*, ch. XIV)

L'École polytechnique était sauvée du martèlement des bottes allemandes, et elle conservait ses trophées intacts dans ses caves. De plus, et c'était l'essentiel, elle permettait de recevoir et d'expédier encore plus d'enfants en Suisse. Comme il fallait un personnel considérable, outre celui fourni par la Croix-Rouge française et le Secours national, près de trois cents, nous eûmes à plusieurs reprises l'occasion d'y inclure des personnes ayant maille à partir avec l'occupant. C'est ainsi que je connus Francis Mazière, parmi d'autres jeunes gens venus chercher là un refuge sous l'aile protectrice de l'École polytechnique devenue une annexe de la Croix-Rouge suisse.

Si je n'ai plus jamais revu le général von Stülpnagel, il n'en a pas été de même avec le colonel Oberg, qui fut l'instigateur de ma « punition » à la Gestapo de Dole deux années plus tard ! Un destin implacable, semble-t-il, a imbriqué une multitude de hasards pour parvenir à cet événement qui a failli me faire succomber sous les coups et les tortures les plus diverses. Mais en définitive, Oberg est mort comme il le méritait, et le général eut une fin encore plus horrible. En effet, il participa au complot du 20 juillet 1944 contre Hitler. Au petit matin, il ordonnait l'arrestation de tous les sbires de la Gestapo de Paris, qu'il faisait incarcérer. Mais hélas, le Führer en réchappa. Von Stülpnagel, l'apprenant, partit seul dans sa Mercedes.

Il quittait clandestinement l'hôtel Meurice où était son quartier général, pour se rendre à Verdun. Dans le cimetière des héros de la guerre de 14-18, il se tira une balle dans la tête qui lui enleva l'œil droit, mais ne le tua pas. Ce fut évanoui sur une tombe que les S.S. lancés à ses trousses le retrouvèrent. Ils l'emmenèrent à Berlin où, comme les autres conjurés, il fut pendu à un croc de boucher sur la *Potsdammerplatz*. Ainsi finit le commandant en chef de l'armée allemande en France !...

Le destin est ainsi fait qu'il faut attendre plusieurs années avant d'en connaître les réels tenants et aboutissants. Qui aurait pu dire, en effet, lors de notre rencontre à Polytechnique, ce qui arriverait au général, et ce qu'il adviendrait de moi ! Personne n'aurait pu pronostiquer l'un ou l'autre de nos avenirs respectifs.

Seul le mien m'intéressant, je n'eus guère le temps d'approfondir ce problème à ce moment-là. Le restant de cette année, puis 1943 virent une progression intensive des départs, ce qui était naturel vu la cadence des bombardements anglo-américains sur la France. L'idée d'un débarquement sur les côtes françaises faisait son chemin dans les esprits, changeant la stratégie allemande en France, perturbant jusqu'au travail social de la Croix-Rouge suisse. En effet, celle-ci n'était plus totalement *persona grata*, et les voyages vers le lac Léman se restreignaient de plus en plus.

Aussi fallut-il rechercher en France, dès février 1944, des endroits susceptibles de recevoir les enfants qui continuaient d'affluer à Polytechnique. Deux points furent retenus : les départements limitrophes de la frontière suisse, avec un quartier général et une maison d'accueil à Saint-Laurent-du-Jura, près des Rousses, à vingt kilomètres de la frontière franco-suisse ; et la Normandie, avec Louvigné-du-Désert pour centre principal, à proximité... d'Avranches ! Il faut dire que personne n'aurait pu prédire à ce moment-là qu'il y aurait « le » débarquement de ce côté de la Manche ! Francis Mazière vécut là une épopée extraordinaire, dont peut-être un jour il rendra compte. Car, alors qu'il procédait au début de juillet 1944, avec Mme Micheli, à l'évacuation des enfants réfugiés en Normandie, pour les ramener vers la capitale dans des autobus parisiens dont les toits étaient peints d'immenses croix rouges, des avions mitraillaient indifféremment tout ce qui bougeait ! Les autobus étaient la proie des *Spitfire* qui pensaient peut-être à des convois allemands camouflés, et des *Messerschmitt* rageurs de se voir obligés d'évacuer des positions stratégiques ! Ce qui les amena, un jour, à se trouver sans savoir comment dans les lignes de défenses canadiennes et de se retrouver au commandement du général Clark, qui n'en croyait pas ses yeux !

Quant à moi, j'avais établi mon quartier général à Saint-Laurent-du-Jura, où la liaison entre les diverses maisons d'accueil était plus facile. Comme, de plus, la zone interdite empêchait tout rapport avec Paris, je faisais de fréquents passages en Suisse pour rapporter ravitaillement et médicaments de Genève, le tout le plus officiellement du monde.

Mais, à dix-neuf ans, la jeunesse est sans souci, et je me préoccupais peu d'un danger de plus en plus grand qui me menaçait. Notre centre de Saint-Laurent était dirigé par un couple français dont l'homme était devenu le chef du maquis de la région. Le poste officiel sécurisant qui était le sien lui servait de couverture idéale. Cet homme se sentait d'autant plus à son aise qu'il savait que j'étais passé à plusieurs reprises frauduleusement en Suisse à travers la forêt, non pas pour cacher quoi que ce soit, mais parce que cela allait beaucoup plus vite que de descendre par la route nationale jusqu'à Genève. Il fallait passer par le col de la Faucille, fortifié par les Allemands, et c'était toujours des queues interminables pour franchir le poste frontière de la Cure.

Enfin et surtout, à dix-neuf ans, avec la mentalité que m'avait forgée la présidente, je n'admettais pas que ce directeur profite de son double poste pour faire du marché noir avec de la viande obtenue par « réquisitions » opérées dans les fermes avoisinantes, et bien évidemment sans payer ! Très lucratif ce métier, certes, mais qu'il me déplaisait de voir effectuer dans une maison d'accueil de la Croix-Rouge suisse. C'est pourquoi une vive altercation m'opposa à lui, et je lui annonçai que j'allais tout révéler à la présidente lors de mon prochain passage en Suisse.

Cette occasion survint avec la visite d'un homme recherché par la Gestapo et qui désirait passer d'urgence de l'autre côté de la frontière. Je l'emmenai le jour même et laissai un message pour Mme Micheli avant de revenir avec des médicaments qui m'avaient été demandés pour un maquis F.T.P. de la Savoie. Je transportais souvent des colis de produits pharmaceutiques, pour l'une ou l'autre de ces troupes résistantes. C'était une façon d'aider la Résistance tout en continuant mon travail. En franchissant la zone frontière au Brassus, à quatre kilomètres de la Cure, j'ai été intercepté par une patrouille de S.S. sur le qui-vive, et amené au fort des Rousses avant d'être évacué sur le quartier général de la Gestapo, à la sous-préfecture de Dole.

Le premier épisode tragique se situe là, car cela se passait la fameuse nuit où les Rousses-en-bas furent incendiées par les S.S, et une centaine d'otages arrêtés et emprisonnés au fort des Rousses, à la suite d'un attentat ayant coûté la vie à deux motards allemands.

Au moment de mon arrivée au fort, le maire, le curé, le dentiste et d'autres membres du conseil municipal s'étaient portés garants pour la libération des otages, et, à l'aube du matin suivant, ils furent pendus au tremplin de saut de cette ville, qui est restée une station de ski réputée du Jura.

Transféré ce même matin à la Gestapo de Dole sur les ordres du colonel Oberg pour y être plus sérieusement interrogé, j'y fus retenu six jours ! Bien évidemment, le directeur du centre de Saint-Laurent que j'avais pu faire prévenir ne fit rien pour avertir Mme Micheli. Mais une autre bonne âme le fit, et je fus libéré. La présidente avait été voir le général von Stülpnagel et lui avait dit que, si je n'étais pas libéré immédiatement, tous les convois d'enfants en partance d'Allemagne seraient stoppés alors que les Allemands avaient tant besoin de cette aide. Elle avait demandé en outre que je sois transporté jusqu'à la frontière de la Cure, où une ambulance suisse m'attendrait. J'ai dû passer quatre mois dans une clinique de Lausanne pour me remettre de cet « interrogatoire » plus que pénible dû aux ordres téléphoniques d'Oberg, comme je le sus par la suite.

La Libération étant survenue entre-temps, je ne voulais plus utiliser mes faux papiers. Aussi, je décidai de rentrer en France, clandestinement, pour revenir à Paris et reprendre mon ancienne identité. Je fus de nouveau arrêté, mais par les services français du Deuxième Bureau stationnés dans le Jura, qui ne voulurent pas admettre ma version des faits. Ceci d'autant plus aisément qu'ils trouvèrent une fiche émanant d'un « commandant » de maquis me qualifiant de « déserteur devant l'ennemi ». Il s'agissait de l'ex-directeur du centre devenu le chef de son maquis. Autant par peur de moi que par représailles de mon rapport sur lui à la présidente, il avait trouvé ce moyen de me mettre hors de combat.

L'avait-il fait avant de savoir que les Allemands m'avaient torturé, ou bien après ? C'est en fait le seul point sur lequel je m'interroge encore aujourd'hui, car je n'ai plus jamais eu de ses nouvelles. Cependant, cette fois-là, j'eus vraiment mon premier malheur, car Mme Micheli n'était plus là pour porter témoignage. Elle avait fait une forte dépression et se trouvait dans une clinique spécialisée, où le calme le plus complet lui était imposé.

À vingt ans, chacun se fait une idée personnelle de sa droiture morale et de sa conscience. Je ne me suis point défendu de cette accusation de désertion, bien que je n'aie jamais porté un uniforme, et que je n'aie jamais été mobilisable. Là aussi, mon autobiographie rapportera mon calvaire à la prison de Dijon en l'attente de passer en cour martiale ! Ce fut à la suite de ce jugement que je m'expatriai au Cameroun. Mais je dois ajouter que la justice militaire étant la force des armées, je reçus un an plus tard, à Douala où je me trouvais, et sans que j'aie fait aucune réclamation, un magnifique livret militaire me gratifiant de dix-huit mois de lutte active comme « engagé volontaire dans l'armée française ». Il était accompagné d'un mandat impressionnant pour l'époque, totalisant dix-huit mois de solde d'engagé volontaire, la prime de démobilisation, et plusieurs autres primes ! Pour en terminer avec ce premier épisode lamentable, je partis donc au Cameroun, pour accomplir un autre travail, où la compagnie des missionnaires me fit moralement un bien énorme. Je repris momentanément un équilibre déjà très perturbé. Ce fut ainsi que je me liai d'amitié avec ce vieux pasteur camerounais à la retraite. Ma jeunesse et mes aventures, dont je ne m'étais pas caché, l'avaient passionné ! Ce fut lui qui me fit connaître la secte des sorciers du Fako, qui m'apprirent par la suite les prémices de ce qui me servit ensuite en Égypte. Mais j'étais loin de m'en douter à ce moment-là.

Les sept années que je passai au Cameroun feront partie d'un des tomes de ma biographie. Si je n'en parle pas plus longuement ici, c'est que cela tient plutôt du mélo historique du genre des *Tambours de bronze* de Jean Lartéguy, la seule différence étant que cela se déroule en Afrique noire au lieu de l'ex-Indochine où le héros, moi en l'occurrence, y perd sa femme dans des conditions dramatiques, car j'avais épousé la petite Madeleine de l'École polytechnique, et nous étions partis tous les deux, ivres de vivre cette aventure camerounaise.

Pour conclure cet épisode, lorsque j'appris là-bas le procès du maréchal Pétain, je ne pus rien faire pour témoigner à propos de Polytechnique, car, Mme Micheli étant morte entre-temps, je ne voulais plus parler de moi, ni de ce qui s'était passé. D'ailleurs la mort de cette grande dame s'était produite dans la lignée de ce qui précède, puisque la fatigue, les fortes pressions subies lors de tous les événements de cette guerre avaient eu raison de sa forte personnalité et de son dynamisme. Elle avait disparu ignorée pratiquement de tous.

Pour les mêmes raisons que ci-dessus, je sauterai pour l'instant d'autres épisodes forts de ma vie, car il faudrait plusieurs centaines de pages d'explications pour bien les comprendre et les situer dans le temps exact où le « destin » les fait intervenir.

Sautons donc plusieurs années, pour parvenir au camp secret où je travaillais pour les Américains sur une base de montage de radars. Je m'y occupais simplement des questions de sécurité civile : protection des ouvriers, sécurité-incendie, etc. J'étais le responsable du service avec le grade de capitaine, et je venais d'avoir trente et un ans, ce qui nous mène en 1956.

Réceptionnant des personnalités militaires importantes sur l'aéroport de la base, les pales de l'hélicoptère se détachèrent à cinquante mètres du sol. L'appareil, tombant comme une masse, explosa en touchant le sol. Il s'agissait d'un *Sikorski*, et non d'un petit *Alouette* ; aussi les dégâts tant en matériel qu'en hommes furent importants. Je fus grièvement brûlé, comme beaucoup de ceux qui attendaient au sol, et surtout j'avalai en abondance les produits d'extinction toxiques qui inondaient le lieu de la catastrophe. Ce fut donc l'intérieur de mon corps qui conserva les plus graves séquelles, dont je souffre encore aujourd'hui puisque je viens de subir deux interventions chirurgicales aux yeux, des suites de ces brûlures et projections de tétrachlorure de carbone.

D'hôpital en hôpital, j'aboutis à Paris, au service des tuberculeux de Bichat qui, bien que déjà réputé, était encore un établissement hospitalier des plus archaïques. Il n'y avait alors aucune salle pour accueillir les grands brûlés. Comme je n'étais somme toute qu'un « civil », il fallait bien me recevoir quelque part, et ce, dans des conditions d'hygiène et d'asepsie totales. Le seul endroit était celui situé près de la salle qui recevait trente malades pulmonaires, et qui était un petit espace vitré possédant deux lits, dénommé à juste titre l'*aquarium*. J'y fus installé seul, semblable à une momie, tellement j'étais enserré dans de multiples bandelettes. Fièvre perpétuelle, piqûres en tout genre, y compris de morphine, puisque j'étais censé être à l'article de la mort et qu'il convenait de me soulager.

Nous étions en 1956, je le rappelle, et un grand événement se produisit avec l'annonce de l'emploi de la cortisone comme reconstituant des chairs. Je servis de cobaye à haute dose avec cette pommade encore naturelle.

Aujourd'hui elle est produite en synthèse sans les désagréments qu'elle possédait à l'état naturel.

Ainsi, deux jours après, j'étais déclaré mort sans rémission à deux heures du matin !... La morgue de l'hôpital n'ayant pu me recevoir immédiatement, ce fut au petit matin que l'on vint me chercher. Fort heureusement, l'interne de service au matin, qui effectuait un stage dans cet établissement, mais qui se trouvait normalement au Val-de-Grâce, eut la curiosité de soulever le drap qui me recouvrait, pour regarder ce « civil » qui avait travaillé pour l'armée américaine. Et il éleva mon bras gauche... pour se rendre compte que celui-ci n'était pas atteint de la raideur cadavérique et que mon poignet était toujours tiède, avec un pouls presque normal. Alors, était-ce l'effet de la cortisone sur les drogues ? Nul ne connaîtra la cause de la défaillance cardiaque, ni même ne saura s'il y en eut une !

Un premier séjour de onze mois me permit de sortir de cette impasse dangereuse, après quoi je fus envoyé pour une cure de désintoxication à Divonne-les-Bains où, en même temps que mes nerfs, je retrouvai une vie plus normale puisque, au lieu et place de la drogue, je passai sous l'influence du palfium, nouveau venu dans le domaine et administré par pilules. De six par jour, je finis, au bout de quatre mois, par n'en prendre qu'une quotidiennement. Je repartis alors pour l'hôpital Bichat où je récupérai la même « chambre » pour quinze mois ! Tout mon organisme était à refaire et cela prit du temps.

À ma sortie, après une courte convalescence, la situation avait bien changé puisque le général de Gaulle, chef du gouvernement, avait renvoyé les troupes de l'O.T.A.N. ainsi que les bases américaines qui auraient pu m'employer de nouveau. Comme je ne tenais aucunement à partir en Belgique ou en Allemagne, je demandai à être recyclé et ce, dans un domaine particulier dont j'avais eu connaissance sur la base de radars où avait eu lieu mon malheureux accident. En effet, ce camp particulier fut le premier à recevoir un ordinateur, un *computer*, alors que cette machine n'était pas encore commercialisée, et qu'elle était expérimentale.

Étant chef de sécurité, il m'avait été permis de suivre en toute curiosité la marche effarante, en 1955, de cet ordinateur, qui, en langage binaire, effectuait 100 000 opérations à la seconde grâce à tout un appareillage fait de fils électriques et d'ampoules, dans un ensemble cliquetant de huit à dix mètres cubes !... Les spécialistes d'aujourd'hui comprendront aisément, et les lecteurs feront la différence, en sachant qu'une petite boîte d'un demi-mètre cube seulement est capable maintenant de faire douze milliards d'opérations à la seconde en un langage ultra-rapide et plus sophistiqué.

À l'époque cependant, j'avais admiré la vitesse des calculs qui permettait de modifier certaines pièces de brouillage en l'espace de trois heures, alors qu'il fallait avant l'arrivée de l'énorme calculatrice près de quatre mois à vingt ingénieurs pour effectuer le même travail !

Ce fut donc vers ce domaine plein d'avenir que je me dirigeai sans hésiter. Seulement, il fallait un doctorat pour parfaire les études et obtenir un poste de professeur à Genève. Or, il n'y avait encore aucune université française enseignant l'informatique. Mon cheminement fut simple, certes, mais il dépend là encore d'une sorte de prédestination qui fit remonter en moi une réminiscence. Pour la comprendre, il convient de revenir un instant à Mme Micheli, qui habitait rue Bonaparte et chez qui j'allais souvent. Dans cet endroit coquettement meublé, il y avait une importante bibliothèque, où la plupart des livres étaient traduits d'auteurs grecs antiques qui traitaient de la philosophie et des religions. De nombreuses discussions nous animaient et nous détendaient dans les rares moments de loisir. C'était là que je dévorais à l'époque tout ce qui concernait Pythagore, avant de me plonger dans l'Égypte.

C'est ainsi que je me rappelais, douze ans plus tard, la fameuse citation gravée sur le fronton de l'école philosophique de Crotone par Pythagore lui-même : *Dieu a tiré la Terre du Néant comme il a tiré le un du zéro pour créer la multitude.*

Or, dans le système binaire du langage de programmation informatisé en usage à cette époque, seuls le un et le zéro représentaient symboliquement le courant qui passe ou qui ne passe pas. Cette figuration m'inspira non seulement le départ de ma thèse, mais son ensemble, puisque avec ces simples nombres n'importe quel calcul pouvait s'effectuer sans encombre et très rapidement. Pour parfaire l'écriture, je me rendis en Égypte pour la première fois, afin de connaître les lieux où Pythagore avait été initié, et en quoi ce pays avait pu autant l'inspirer ! Je m'en suis longuement expliqué dans *La Vie extraordinaire de Pythagore.*[3]

Je commençais ainsi une nouvelle route dans l'informatique, qui me réinséra dans une condition normale apparemment, car aucune des séquelles de mon accident ne se voyait extérieurement. Mais moralement, j'étais toujours dans l'attente d'un bouleversement dû à un nouveau « hasard » changeant le cours de mon destin.

Et ce qui devait arriver survint un samedi après-midi, alors que je revenais de Genève à ma résidence française. Sur la route de Bonneville, seul en voiture, et doublant un camion qui allait vite, en tenant le milieu de la chaussée,

---

[3] Ouvrage paru aux éd. R. Laffont en 1979, suivi du *Livre des Lois morales et politiques*, le fameux *Biblion*, traduit pour la première fois en français et publié aux mêmes éditions en 1980.

j'accélérai l'allure. En le croisant, je klaxonnai rageusement afin qu'il se remette sur sa droite... et j'eus tort ! Le chauffeur du camion dormait au volant et je le réveillai. De surprise, au lieu de braquer à droite, il tourna le volant à gauche en un brutal réflexe, et il me percuta de plein fouet, m'envoyant dans le fossé à cinq mètres en contrebas... J'eus la colonne vertébrale brisée net entre la quatrième et la cinquième vertèbre cervicale.

Lorsque cinq mois plus tard les gendarmes purent venir me voir à l'hôpital pour me faire signer une plainte, ils me firent savoir que l'alcootest n'avait rien donné et que le conducteur avait reconnu s'être endormi au volant. Si je ne l'avais pas réveillé et l'avais croisé sans klaxonner, ce serait lui qui se serait retrouvé au fossé à ma place ! Son permis de conduire lui avait été retiré et son patron avait eu une forte amende, nonobstant le procès concernant l'accident puisqu'il y aurait dû y avoir deux chauffeurs dans ce camion qui venait de Paris sans s'être arrêté. Mais cela ne me rendrait évidemment pas l'usage de mon côté gauche, ni trois années perdues...

Les pompiers qui m'ôtèrent des décombres de ma voiture avaient fort heureusement l'habitude de ce genre d'accident et ils me posèrent sur une planche sans me remuer, s'apercevant que j'étais paralysé, sans être tout à fait mort ! Dès l'arrivée à l'hôpital, l'hémiplégie complète fut évidente et l'on vit que mon cœur cependant battait quelque peu. Rien ne put me faire remuer, ne serait-ce que les cils ! On me fit quatre trous dans le crâne, sans m'endormir puisque je ne sentais rien, afin de m'accrocher quatre poids de un kilo chacun qui devaient me redresser et maintenir la colonne vertébrale en ligne idéale de maintien. Un mois de ce traitement devait permettre de mettre ensuite un plâtre... provisoire. Si je n'étais pas encore mort à ce moment-là, on étudierait la façon de me faire un plâtre définitif jusqu'à la taille. Ce ne fut qu'au bout de plus de quatre mois qu'un beau matin j'ouvris les yeux, remuai le bras droit et déclarai à l'infirmière qui faillit s'évanouir : « J'ai faim !»

Quand les médecins réalisèrent que mon contact avec la vie courante était définitif, il était trop tard pour remettre la colonne vertébrale dans son état primitif. Le plâtre provisoire avait permis aux quatrième et cinquième vertèbres de se souder l'une à l'autre, aplatissant le disque intermédiaire et, surtout, pinçant la moelle épinière, ce qui empêcha tout mon côté gauche de retrouver son élasticité.

Quoi faire pendant que l'on est alité avec un énorme plâtre qui vous descend jusqu'à la taille, avec le seul bras droit de libre, alors qu'il est impossible de quitter l'hôpital ? Rien d'autre que manger... et écrire ! Ce que je fis. Tout d'abord en détaillant précisément ma vie sous l'Occupation. Cela me prit plusieurs mois de travail, créant, en une espèce d'apprentissage dans l'art de remplir quelques centaines de feuillets, ces deux manuscrits qui forment un ensemble intéressant, que j'avais confiés à l'époque à ce journaliste de *La Suisse*, fort connu pour une chronique journalière, et que j'ai récupérés depuis peu.

Puis, parlant à plusieurs amis venus me rendre visite de mes études sur Pythagore et de ma découverte de l'Égypte, petit à petit survint l'idée d'écrire une fresque sur l'histoire des religions égyptiennes et de leurs dieux. Je commençai dès lors l'approche d'un plan de travail général de l'ensemble. Je noircissais page après page sans en voir la fin ! Les semaines passèrent, puis les mois, réservant chaque moment à planifier les divers livres que je projetais d'écrire sur cette histoire des religions égyptiennes.

Ainsi naquit en mon esprit le besoin de compiler toutes les connaissances acquises durant ma vie jusqu'à ce jour. Si j'avais conservé intégralement l'usage du bras droit, ainsi que toutes mes facultés mentales, y compris ma mémoire, c'était uniquement en vue de cette écriture. Aucun travail semblable n'avait jamais été effectué, et il m'incombait de le faire. J'avais toutes les coordonnées pour réussir cette entreprise, qui m'était imposée par les événements. Ayant effectué à chaque occasion qui se présentait des voyages en Égypte, je me doutais que la hiéroglyphique n'était pas traduite aussi clairement que le laissaient entendre les égyptologues ; et cela me faisait hésiter sur la conduite à tenir dans la composition même de mes textes.

J'avais d'ailleurs eu confirmation du « flou » de la compréhension des papyrus pharaoniques en compulsant au Caire, au collège jésuite de la Sainte-Famille, les divers « dictionnaires » franco-hiéroglyphiques des pionniers, décrypteurs des textes sacrés. Or, aucun de ceux-ci ne donnait une signification identique pour un même idéogramme.

Souvent, ils étaient en opposition totale. Et j'imaginais alors de compulser moi-même les écrits traitant du sujet qui me passionnait et dont j'avais eu une splendide ouverture en visitant Dendérah, à huit cents kilomètres au sud du Caire : celui de l'astronomie et des combinaisons mathématiques en découlant. Mais au fur et à mesure que ce travail avançait, je m'apercevais qu'il m'emmenait fort loin du but poursuivi, puisque à l'origine il n'y avait sur les bords du Nil qu'une religion monothéiste et un schisme idolâtre émanant du frère cadet d'Osiris : Seth.

Je me passionnais dans cette recherche, me faisant parvenir plusieurs livres à l'hôpital, dont le *Manuel d'Archéologie* en dix volumes de J. Vandier, et l'*Histoire ancienne de l'Afrique du Nord* de Stéphane Gsell. Ces ouvrages furent une révélation, car ils me confirmèrent dans le fait que les ancêtres des premiers pharaons venaient d'ailleurs, et vraisemblablement de l'Atlantique, c'est-à-dire de l'Occident. Cette idée m'était déjà venue inconsciemment par des rappels de dialogues émanant de mon séjour au Cameroun. Le Dieu de l'Origine y habitait pour surveiller ses créatures vivant à l'endroit où seul restait aujourd'hui l'océan, et non dans les pays de l'Est où le soleil se lève. C'est ainsi qu'il me devint nécessaire d'aller voir au Maroc certains endroits, où les noms de lieux ressemblaient étrangement à ceux en usage dans la hiéroglyphique du *Livre des Morts* : la Douat, Ta Mana, et tant d'autres qui y reviennent sans cesse.

« Coïncidence », ou « hasard », ou nouvelle prédestination du ciel, après en avoir terminé avec mon plâtre et, à nouveau, un court séjour à l'hôpital Bichat, pour voir s'il n'y avait aucun moyen de rééduquer les membres de mon côté gauche qui traînaient dans leurs réactions à répondre à mes vœux pour les plus petits mouvements, j'eus l'occasion de passer ma convalescence au... Maroc ! Je me rechargeais physiquement grâce au magnifique soleil de ce pays accueillant, tout en participant à des séminaires informatiques et en effectuant les recherches nécessaires à l'entreprise que je m'étais fixée.

Et tout s'enchaîna dès lors pour me faciliter la tâche, comme si le destin voulait me faire signe de poursuivre dans cette voie. Des géologues marocains m'entraînèrent au sud d'Erfoud, dans le Sahara, pour y voir le lieu géodésique de l'ancien pôle Nord, ce qui prouvait qu'à un certain moment il y avait eu un basculement de la Terre. D'ailleurs, alentour, les tells représentaient, de par leur texture géologique, des glaciers littéralement éclatés sous l'effet de la chaleur subite qui les avait atteints. C'est dans cette même région, à Taouz, que je fis la découverte la plus impressionnante, au milieu d'un site funéraire sacré très étrange. Des Berbères qui m'avaient pris en amitié m'expliquèrent que ce lieu saint était celui où était mort un « géant » fils du Dieu Unique, avec tous les soldats qui l'avaient défendu contre un géant frère de sang, mais traître au Père, et qui l'avait assassiné à coups de lance.

Si Ta Mana, dans les textes hiéroglyphiques, signifie le « lieu du Couchant » et, par extension, le « lieu des Bienheureux », Ta Ouz veut dire « lieu d'Ousir », donc le lieu consacré à Osiris. Tamanar se trouve à soixante kilomètres au nord d'Agadir, ce qui sera vu dans un des chapitres suivants ; et Ta Ouz, à l'entrée du désert saharien, se trouvait enfin devant mes yeux ! J'étais tombé en plein lieu historique tout à fait providentiellement. Depuis des années, cet endroit était resté hors des circuits touristiques. Se trouvant à peu près au poste frontière, entre l'Algérie et le Maroc, il était considéré comme peu sûr. Aujourd'hui, il est même dans une zone interdite, le Polisario du Maroc ex-espagnol y faisant souvent des incursions.

C'est à ce moment que l'idée germa en moi, qu'il n'y avait au fond qu'un seul Dieu en Égypte et que ce que je devais écrire était une « Histoire du Monothéisme ». Tous mes travaux devraient avoir ce seul point fixe pour but : la survivance des créatures de Dieu.

L'histoire que les Berbères me narrèrent sur leur propre origine me fortifia dans cette opinion, car ils se racontaient, génération après génération, leur origine « divine ». Ils venaient d'un « ailleurs idyllique », qui se perdait dans la nuit des temps, alors qu'ils croyaient, justement, en ce Dieu juste et bon qui les commandait, mais qui les avait punis après leur désobéissance.

Aussi ce voyage, fructueux à tous les points de vue, me fit réviser l'ordre et le contenu des livres que j'avais projeté d'écrire, dès mon retour. Mais comment m'y prendre pour arriver à coordonner tous les morceaux ? Comment comprendre cette hiéroglyphique pour le moins ténébreuse ? Ce fut un nouveau voyage en Égypte qui m'en fournit les possibilités. J'obtins les papyrus mathématiques, dits de Rhind, et ma formation informatique me permit tout de suite de voir les importantes lacunes, les véritables gouffres d'incompréhension que contenaient les dictionnaires en usage. Tout cela est détaillé minutieusement dans un ouvrage qui paraîtra ultérieurement.[4] De réaction en réaction, je fus introduit, à mon retour, au grand centre des pères jésuites de France, à Chantilly. J'y poursuivis ma convalescence encore inachevée, et même perturbée par les efforts déployés au Maroc, tout en travaillant assidûment dans la plus importante bibliothèque privée d'Europe. Elle contient près de huit cent mille volumes religieux, philosophiques, scientifiques et… archéologiques ! Ce qui me permit d'avancer au maximum mes recherches tous azimuts concernant le monothéisme originel.

Ce furent trois années passionnantes, en ce sens que la fièvre de lire et d'écrire ne me quitta pratiquement pas durant tout ce temps. À peine de courts séjours en Égypte ou en Israël interrompirent-ils mes études. De plus, quelques pères s'étaient pris d'intérêt pour mes recherches, ils m'aidèrent beaucoup à avancer, bien que souvent ils ne soient pas d'accord avec le sens que je donnais à certains événements vitaux touchant la chrétienté.

En effet, c'était en définitif une « Histoire du Monothéisme des origines à la fin du monde » que j'étais en train d'écrire, en voulant démontrer que le Dieu des chrétiens était le même que le Créateur originel. L'Éternel était Yahvé, mais aussi Ptah. Dieu était celui de Jésus, de Moïse, d'Abraham, mais aussi d'Osiris. Et ce Dieu-Un avait déjà été l'unique Créateur de la Création, celui qui inspira la Loi à ses créatures ! *À chaque ère céleste correspondait un Fils de Dieu : un Messie.* Tel était le résultat de mes travaux.

---

[4] *La Mathématique selon les Égyptiens*, qui fera suite à *L'Astronomie selon les Égyptiens*, à paraître.

Ainsi, en 1975, le premier ouvrage était prêt, le pli était pris ; la rotative tournait, malgré tous les trous noirs qui en parsemèrent l'éclosion. Fera-t-il toujours aussi noir dans l'obscurantisme humain ? Fera-t-il toujours aussi noir dans mon cœur qui crie son pessimisme ?

Le noir deviendra-t-il apocalyptique à l'entrée du Soleil en Verseau en 2016 ?... C'est l'ensemble de l'*Histoire du Monothéisme* qui permettra à chacun de répondre à cette question angoissante.

Trois trilogies en formeront l'essentiel sous cette dénomination générique : « L'Éternité n'appartient qu'à Dieu. » Afin de faciliter les explications ultérieures et éviter des rappels, ou des notes fastidieuses, chacun des livres cités sera référencé dans le texte même sous une des notations ci-dessous :

A) LA TRILOGIE DES ORIGINES :
1. *Le Grand Cataclysme* -(paru en 1976) : livre A-1
2. *Les Survivants de l'Atlantide* -(paru en 1978) : livre A-2
3. *Et Dieu ressuscita à Dendérah* -(paru en 1980) : livre A-3

B) LA TRILOGIE DU PASSÉ :
1. *Moïse l'Égyptien* -(paru en 1981) : livre B-1
2. *Akhenaton le Divin Mortel* -(à paraître) : livre B-2
3. *Et Dieu oublia l'Égypte* -(à paraître) : livre B-3

C) LA TRILOGIE DU FUTUR :
1. *Jésus-le-Christ* -(à paraître) : livre C-1
2. *L'Apocalypse de la 8e vision*-(à paraître) : livre C-2
3. *L'Éternité n'appartient qu'à Dieu*-(à paraître) : livre C-3

D) LA TÉTRALOGIE DU SAVOIR :
1. *L'Astronomie selon les Égyptiens* -(à paraître) : livre D-1
2. *La Mathématique selon les Égyptiens* -(à paraître) : livre D-2

3. *La Médecine selon les Égyptiens* -(à paraître) : livre D-3
4. *L'Évangile selon les Égyptiens* -(à paraître) : livre D-4

4

LE GRAND CATACLYSME

Il traitait de l'exploit le plus grand, et qui eût justement mérité d'être le plus illustre de tous ceux que cette cité ait jamais accomplis. Mais par l'effet du temps et de la mort des acteurs, le récit n'est pas venu jusqu'à nous.
Platon (*Le Critias*)

Peut-être avez-vous entendu prononcer le nom d'Atlas, et celui de la race qui descendit de lui en nombreuses générations ? C'est, dit-on aussi, de lui que descendirent les nombreuses familles qui composèrent notre race.

Hélas ! Ce fut jadis une nation heureuse et chérie des dieux aussi longtemps qu'elle honora le ciel.
Jérôme Frascator (*Syphilidi*s, chant III)

Des centaines d'ouvrages, pour ne pas dire des milliers, ont traité de l'Atlantide plus ou moins sérieusement, afin d'en percer la réalité ou le mythe. *L'Histoire du Monothéisme* dont j'ai entrepris la rédaction détaille le contenu de textes précis. Elle fait état d'un continent englouti à la suite d'un bouleversement cataclysmique.[5] Il n'est donc ici nullement question de polémiquer sur son existence. Quoi de plus normal que d'appeler cette terre « Atlantide » en langue

---

[5] A-1 et A-2.

française, tout comme Platon l'avait fait à la suite du sage Solon qu'il tentait de traduire en prose !

Son nom hiéroglyphique : Ahâ-Men-Ptah, ou « Aîné-Couché-de-Dieu », a fourni une contraction tardive dans les textes attachés à l'ouvrage improprement appelé Livre des Morts : l'Amenta. Ce nom a cependant conservé une signification originelle, celui de « Pays des Morts », de « Pays des Bienheureux », de « Pays de l'Au-delà ».

Ce continent, avant de disparaître, et que son nom devienne Atlantide, ou Ahâ-Men-Ptah, ou encore Amenta, était représentatif de l'Éden terrestre décrit par la Bible. Les monarques successifs de ce pays enchanteur et paisible furent traditionnellement les Ptah-Ahâ, ce qui signifie en hiéroglyphique : « Aîné-de-Dieu. » En effet, tous les monarques descendaient en droite ligne du premier Fils de Dieu, donc l'Aîné.

Phonétisons tout de suite ces termes en français, pour une compréhension logique de la suite : *Ahâ* se lit : *Ahan* qui par extension est devenu Adam, qui reste ainsi l'Aîné. *Ptah* s'écrit aussi *Phtah* de par une phonétisation grecque, où Pi devient Phi. Ainsi, *Phtah-Ahan* fut phonétisé « Pharaon » qui d'Aîné-de-Dieu devint « Fils-de-Dieu ». Ainsi s'explique dès ce début les noms d'Ahâ-Men-Ptah (Aîné-Couché-de-Dieu) et d'Ath-Kâ-Ptah (Deuxième-Cœur-de-Dieu), qui est devenu en phonétisation grecque Aeguyptos, et Égypte en français.

Ahâ-Men-Ptah fut donc l'Éden original où vivaient les Fils de la Lumière, ou Enfants de Dieu, avant que la colère divine n'entraînât la perte totale du continent pour ne plus être qu'un Amenta. C'est pourquoi le premier tome de la vaste fresque historique, dont le titre sert de tête au présent chapitre, débute ainsi dans son introduction[6] : « L'Origine, avec un O majuscule, est l'Origine de chacun de nous, de tous, de tout : du ciel et de la terre, de leurs contenants et de leurs contenus ! Que nous soyons croyants ou athées, nos pensées, au moins une fois, se sont dirigées vers cette Origine commune, unique, et son Créateur, qu'il soit appelé Dieu, ou simplement « hasard », comme pourrait le décréter celui qui aurait vécu seulement une partie de sa vie sans aborder l'autre. Et qui serait plus habilité pour parler de cette Origine, que ceux-là même qui la vécurent et la racontèrent à leurs descendances, en la gravant, pour l'Éternité, dans la pierre ?... »

Pour remonter à cette Origine, il convient donc de parcourir à reculons la chronologie analytique du continent englouti. Et s'il paraît complexe de s'en retourner aussi lointainement dans le passé, la tâche n'en est nullement insurmontable ! Bien des écrits subsistent, remontant à la plus haute antiquité, qui narrent, même s'ils sont en hiéroglyphes anaglyphiques, les annales d'Ahâ-Men-Ptah.

Ces textes, dont les plus anciens se perdent dans la nuit des temps, sont légion, car tous les murs des édifices religieux étaient déjà recouverts de leurs inscriptions avant que la hiéroglyphique ne reprenne son droit sacré. Un livre à lui seul ne suffirait point à répertorier toute cette sainte écriture !

Tous cependant concordent en une seule glorification : celle de Ptah, ou Dieu. Et tous s'achèvent en forme de signal avertisseur, pour tenter d'éviter aux générations futures le renouvellement d'un grand cataclysme.

---

[6] En A-1.

La métaphysique tellement surprenante par sa clarté tant liturgique que théologique, qui se dégage de cette connaissance prédynastique égyptienne, fait qu'il est parfaitement logique de dire que leurs auteurs représentaient une civilisation supérieure. Arrivée là par suite d'un exode, elle descendait d'un peuple infiniment plus antique ayant vécu sur une mère patrie disparue, mais où l'humanité vivait heureuse.

Et les survivants de cet ailleurs voulurent graver dans la pierre impérissable leurs malheurs passés, afin de mieux convaincre ceux qui leur succéderaient des conséquences que leur désobéissance entraînerait immanquablement.

Cette notion de la divinité, telle qu'elle existait à cette époque fort reculée, nécessitait indéniablement un cycle de pensées abstraites dominantes autant que déterminantes, lequel était formé d'une longue addition d'observations, de réflexions et de méditations, qui s'étalait sur de nombreux millénaires. Ce qui explique en un certain sens que, le jour où fut atteint ce maximum d'intense spiritualité, une certaine force d'inertie bien humaine s'instaura, planant sur toute chose et tout acte de la vie quotidiennement répété. Les hautes pensées antiques qui reliaient l'âme à son Dieu furent submergées dès cet instant précis et cédèrent la place à un esprit purement raisonneur et des plus matérialistes. C'est ainsi, tout au moins, que je traduis les textes hiéroglyphiques.

Pour bien comprendre l'essentielle préoccupation animant les survivants de l'ancien peuple du continent perdu, il faut se replonger non seulement dans la signification primitive de la spiritualité, mais également dans une analyse rétrospective de leur psychologie. En effet, si l'on songe qu'aujourd'hui bien des gens sont obsédés, pour ne pas dire étreints, par l'angoisse de l'arrivée de l'an 2000, de la fin d'un temps, ou tout bonnement de la fin du monde, pourquoi ne pas admettre que ces ancêtres ayant vécu, eux, un Grand Cataclysme n'avertissent pas par tous les moyens en leur possession les générations de « cadets » à naître ?

Tout un peuple a vécu, bien des millénaires avant nous, un temps prévu et prédit pour arriver, s'il ne revenait pas à une meilleure façon spirituelle de vivre. Ce qui survint faute de reconnaître une plus saine conception de l'éthique divine. Les textes hiéroglyphiques anaglyphiques, donc à double sens et hermétiques pour les néophytes, ne s'adressaient, et c'est l'évidence même, qu'aux Égyptiens antiques, afin qu'ils les répètent jour après jour, qu'ils s'en imprègnent jusqu'au tréfonds de leurs âmes et puissent les répéter à leurs enfants.

Tous les textes annoncent pratiquement les mêmes formules liturgiques. J'ai choisi ceux gravés à Dendérah, et les ai groupés dans *L'Évangile selon les Égyptiens*. Cet ouvrage sera consacré à ce qui fut la spiritualité primitive. Je l'ai appelé par ailleurs la théologie tentyrite - de Tentyris, phonétisation grecque de Dendérah - car elle fait pendant à celle développée pour le culte d'Amon, le dieu solaire.

Ce site est un temple, dont l'actuel est la sixième reconstruction d'après les plans originaux. C'est à cet endroit précis que les arrière-petits-fils des rescapés de l'exode du Grand Cataclysme parvinrent en premier lieu. Cela sera amplement détaillé au cours de ce livre, le moment venu. Pour l'instant, grâce aux textes gravés là, revivons les débuts de ce peuple...

« Au commencement, ces paroles enseignèrent les Ancêtres, ces Bienheureux de la Terre première : Ahâ-Men-Ptah. Ils y vivaient pareillement aux Images du Cœur-Aimé : le Cœur-Aîné.

« Ainsi furent les premières Paroles : — Je suis le Très-Haut, le Premier, le Créateur du Ciel et de la Terre, je suis le modeleur des enveloppes charnelles, et le pourvoyeur des

Parcelles divines. J'ai placé le Soleil sur un nouvel horizon en signe de bienveillance et en gage d'Alliance. J'ai fait s'élever l'Astre du Jour sur l'horizon de mon Cœur ; mais pour que cela soit, j'ai institué la Loi de la Création qui agit sur les Parcelles de mon cœur afin de les animer dans ceux de mes Créatures. Et cela fut. »

Dès le préambule, des notions primordiales sont énoncées. L'Éternel est Dieu, et il est à l'Origine de tout. Il transmet non seulement la vie, mais son mode de vie par une prédétermination. Celle-ci permettra de choisir entre les notions du bien et du mal et prédestinera, de ce fait, les cycles de la terre jusqu'à ce que le mal soit éliminé, peut-être avec les créatures qui en sont les causes.

Ces rouages de la mécanique céleste portent le nom imagé de : « Combinaisons-Mathématiques-Divines ». Celles-ci sont les moteurs principaux, qui représentent les figures géométriques et les calculs mathématiques des mouvements célestes. Ceux « des lumières errantes par rapport aux lumineuses fixes ». De ces combinaisons non pas supputatives, mais qui dépendent d'une seule loi formant l'univers, l'harmonie cosmique se réalise. Elles forment la base fondamentale de l'action céleste sur les Parcelles Divines, ces âmes insufflées par Dieu aux enveloppes charnelles humaines par l'entremise des « Douze » qui sont les Douze Soleils des douze constellations équatoriales célestes. Leurs radiations arrivent sur la terre à la vitesse de la lumière (300 000 km/s) pour former la trame du canevas des douze souffles célestes (les Douze) qui frapperont le cortex du nouveau-né pour imprimer dans son cerveau la Parcelle divine, ou l'âme pensante humaine, qui sera essentiellement différente pour chacun, grâce à deux principes :

A) Les Douze, en parvenant sur terre, auront une position propre instantanée, vu la rapidité de frappe. Elles formeront des

« Combinaisons-Mathématiques » qui seront l'assignation d'une prédétermination native dans une destinée globale des humains prévue par le Créateur pour ses créatures.

B) *Ces Douze Souffles, qui forment l'équateur céleste en 360 degrés, sont surtout appelés dans la suite du texte « La Ceinture »*, et cette image se comprend sans être obligé de disserter longuement. Mais, de cette *« Ceinture »* émergent *Quatre Aînés*, qui sont les *Quatre Souffles* arrivant par les points cardinaux : les *Maîtres*, dont les *Quatre Fils d'Horus* sont les personnifications, et qui seront retrouvés très souvent dans plusieurs versets sous leurs propres noms. Ce sont eux qui impriment le schéma vivant principal de l'âme.

Ce fut ce préambule scolastique sacré et secret que les pontifes qui se sont succédé durant des millénaires dans la «Maison-de-Vie» attenante au « Temple-de-la-Dame-du-Ciel», à Dendérah, dispensèrent parcimonieusement aux seuls grands-prêtres.

Cette « École » antique, dont l'origine remonte à l'arrivée même des premiers rescapés, est authentifiée non seulement par des textes, mais par les sépultures mises au jour sous la colline des Pontifes, à moins de trois kilomètres du temple. Là « reposent » les « Sages parmi les Sages », les Bienheureux ayant eu la Connaissance de la volonté divine. L'un d'eux enseignait sous un « Maître » de la IIe dynastie au quatrième millénaire avant notre ère ; un autre sous Khoufou, le fameux Chéops. Le scribe royal de ce pharaon signale que le temple fut reconstruit par son maître suivant les données qui furent retrouvées dans les fondations originales, écrites sur rouleaux de cuir de gazelle par les « Suivants d'Horus », c'est-à-dire par les Aînés eux-mêmes, bien avant que le premier roi de la Ire dynastie ne montât sur le trône. Et là, nous remontons tellement loin que le vertige peut prendre ceux qui connaissent mal cette chronologie égyptienne.

Ce fut donc par ces descendants directs que fut transmise la Loi divine, dont les « Combinaisons-Mathématiques » devaient permettre aux humains de se diriger eux-mêmes dans la Justice et la Bonté. Pour comprendre ces données, il convient de remonter bien avant cette seconde patrie, quelque vingt mille ans auparavant, ce qui nous ramène en Ahâ-Men-Ptah et à sa désobéissance fatale et tragique.

Les ancêtres écrivaient encore : « Je suis Moi, né de lui-même pour devenir le Créateur des Images qui lui seront semblables après la sortie du Chaos. Elles sont les contenants des Parcelles divines qui feront d'elles, éternellement, les Bienheureux du Soleil levant s'ils conservent la stricte obéissance de ma Loi. Car je suis le Passé d'Hier qui prépare l'Avenir du Soleil grâce aux Douze. »

Pour les sages antiques, ces influences formaient le fil conducteur divin personnalisant chaque âme, qui était calculable avec précision puisque le canevas de base en était exactement reproduit suivant les mêmes coordonnées que celles ayant impressionné le cortex. L'âme humaine pouvait ainsi être en perpétuelle liaison avec l'âme céleste créatrice, si elle ne rompait pas elle-même l'accord préétabli dès la naissance.

Ainsi, cette phrase concise indiquant : « Je suis le Passé qui prépare l'Avenir » est également une forme d'ultimatum, qu'il ne convenait pas de prendre à la légère !

Les pontifes d'Ahâ-Men-Ptah avaient fort bien délimité le problème, tout en cernant avec exactitude les pouvoirs directs qu'ils accordaient aux diverses solutions combinatoires, ayant remonté fort loin dans le temps, pour étayer solidement leurs observations. D'où cette accumulation de précisions sur les pouvoirs des Douze.

Nous partirons donc d'une époque antérieure de dix millénaires au Grand Cataclysme pour l'expliquer succinctement. Il convient pour cela de se représenter cet Éden, de le visualiser dans son immensité au sein de l'Atlantique. Disons donc qu'à cette époque reculée du vingt-cinquième millénaire, le continent d'Ahâ-Men-Ptah était bien plus tempéré en son extrême nord, que ne le sont ces mêmes régions, tel le Groenland aujourd'hui. D'épaisses forêts recouvraient cette partie de territoire, où la glace n'apparaissait pas encore, et où la neige ne faisait que de timides apparitions. La trilogie platonicienne donne déjà bien des détails. Une luxuriante végétation croissait toute l'année, non seulement habitée par de paisibles humains vivant dans des clairières aménagées en villages, mais aussi par des grands singes d'un type complètement disparu ; ils ressemblaient par la taille aux gorilles actuels, mais au faciès non « épaté ». Il y avait aussi, çà et là, d'énormes mammouths végétariens et paisibles ; des rhinocéros de quatre mètres et, à quatre doigts : les acérothériums. Quelques vieux spécimens d'un gigantisme révolu et en voie de disparition se disputaient, entre eux uniquement, le droit de survivre.

Enfin, tout au sud de l'immense continent, la nature avait étalé ses trésors les plus précieux : des montagnes, certes ; mais plus encore, des plaines, des campagnes fertiles, d'où sortait spontanément tout ce qui peut faire les délices d'une humanité tranquille ! Ces vastes étendues, propices au peuplement et à la méditation d'une race ne demandant qu'à s'élever vers son Créateur, bénéficiaient en retour d'une abondance sans égale.

À l'horizon, les chaînes de montagnes n'avaient rien de redoutable, et les cônes pyramidaux des quelques volcans qui s'y mêlaient étaient éteints depuis si longtemps que la mémoire des hommes en avait perdu le souvenir. Les habitants ne voyaient là que des pentes recouvertes d'arbres toujours verts, dont quelques-uns étaient chargés de fruits pulpeux et juteux toute l'année.

Aussi, dans ces endroits, de véritables villes s'étaient édifiées, les murs étaient faits de troncs d'arbres à peine équarris, la boue séchée comblait les trous des futs de bois, et des feuillages secs placés en grosse épaisseur assuraient l'étanchéité du toit.

Ahâ-Men-Ptah eut à subir un premier bouleversement volcanique qui provoqua l'important affaissement de terre qui forma la mer du Nord, taillant d'innombrables brèches jusqu'à l'Islande actuelle. Une période de fortes gelées s'installa sur toute cette partie du monde, accumulant les glaces en une calotte polaire uniforme. La Sibérie elle-même, qui était alors une région assez tempérée, vit brûler sa verdoyante végétation et anéantir les mastodontes qui n'avaient pas pu fuir à temps le recouvrement par les glaces.

Après cet avertissement, et à partir de cette date, l'histoire d'Ahâ-Men-Ptah commença réellement, la chronologie se servant très logiquement de ce bouleversement que la mémoire humaine a entériné comme tel pour marquer les annales d'un début caractéristique. Les érudits de ces premiers temps, en effet, comprenaient de mieux en mieux les mouvements et les combinaisons célestes, ainsi que les phénomènes bénéfiques et maléfiques qui en résultaient. De ce jour, où une méthode graphique figurative fut instituée, ils observèrent attentivement, et notèrent méticuleusement la marche des planètes, du Soleil, de la Lune, leurs figurations et leurs configurations, ainsi que celles aux formes plus géométriques des douze constellations de l'écliptique équatorial céleste, et encore celles plus lointaines d'Orion et de Sirius, aux particularités singulières. Les répercussions des « Combinaisons » sur la Terre en découlèrent, tant en ce qui concernait le comportement des hommes que l'évolution de la nature.

À la suite du mini-cataclysme, la vie s'était regroupée plus au sud ; les villages se reformèrent rapidement, d'abord avec des cabanes de troncs d'arbres, remplacées en peu de temps par des huttes bien plus confortables, en brique crue et résistant mieux à la poussée animale que le bouleversement avait entraînée vers cette zone plus hospitalière. Les ours pullulèrent soudain, ainsi que des cerfs et des éléphants, sans parler des loups.

Un autre quadrupède fit son apparition, qui devint rapidement la plus noble conquête de l'homme : le cheval. Ce qui donna l'idée de domestiquer d'autres races : celles qui comprennent les rennes, les élans, les gloutons et les bœufs musqués.

Pour la chasse, dans le même temps, les silex de jet disparurent pour céder la place aux arcs et aux flèches, qui très vite furent dotées de pointes métalliques aiguisées sur le silex.

Car le fer avait été trouvé à même le sol, brunâtre, en plaques aux formes boursouflées plus ou moins grosses, amenant ainsi la recherche de matériaux semblables. Ainsi l'hématite de surface devint véritablement le fer. Elle provenait d'une mine couvrant plusieurs kilomètres de terrain, à l'extrême sud, juste au bord de la mer.

La découverte d'autres minerais et minéraux, et surtout leur utilisation rationnelle après quelques tâtonnements, changea complètement la physionomie de la vie des habitants de ce pays. Un nouvel âge commença avec le façonnage d'outils pour tailler les pierres et les assembler, comme l'habitude avait été prise de le faire avec les briques. Désormais, les habitations, bien qu'en pierres non polies assemblées encore rudimentairement, devenaient rapidement très « vivables », et donnèrent l'idée de construire des édifices religieux monumentaux afin que Dieu s'y plaise et vienne lui-même y trouver abri, tout au moins en esprit.

Une tranche de cinquante siècles s'écoula ainsi, paisiblement, parmi la population elle-même, surtout celle qui vivait dans la campagne. Pour elle les intentions de la Divinité étaient évidentes : toutes ses libéralités étaient étalées sous leurs pas ! Il y a tout juste à se baisser pour récolter et en profiter. Chacun y puise selon ses besoins, sans s'inquiéter si un autre en prend plus que lui !

Lorsque des voyageurs passaient, attirés par les on-dit concernant ce pays de cocagne, ils étanchaient leur soif à n'importe quelle source fraîche, sans aucun complexe, aidés tout au contraire par les autochtones qui leur offraient des cruches pleines d'un bon vin.

Durant ces longs siècles, cette nation douce ignora la haine, la guerre, la vengeance, et plus simplement le mépris. Elle exprimait sa joie le plus souvent possible par des fêtes populaires, où les danses et les chants s'extériorisaient au mieux. Celles-ci faisaient souvent suite à l'ensilage d'énormes montagnes de fruits et de légumes que les fréquentes moissons faisaient amonceler. Chacun venait y puiser à son aise sans avoir de comptes à rendre à personne.

À ce moment béni naquit le premier Ahâ, l'Aîné : l'Adam. Comment ? Les textes ne le disent point, probablement parce que cela était encore loin du cataclysme qui fit l'objet de tous les rapports circonstanciés, ainsi que des causes qui le déclenchèrent. Mais il est presque certain que l'histoire du couple royal de cette terre édénique, Nout et Geb, était, en ce qui concerne la façon dont fut conçu le dernier Ahâ, Ousir ou Osiris, le reflet exact de la naissance du premier Adam. C'est en somme le thème du livre A-1, qui l'explique dans tous ses détails. La prospérité régnant de plus en plus dans ce pays, depuis la venue de l'Ahâ originel, il n'y avait plus rien à apprendre aux hommes pour qu'ils se servent de leur intelligence et se forgent une âme à l'image de Dieu. Les céréales et les cultures y foisonnaient ; les métaux du sol, tels le cuivre et le plomb, étaient puisés à ciel ouvert ; l'étain et l'antimoine, dans des galeries à ras de terre ; le fer, l'argent et l'or, exploités rationnellement à plus grande profondeur. Les pierres fines étaient déjà recherchées par les femmes, et étaient artistiquement taillées après avoir été ramassées dans le creux de vals facilement accessibles. Quant aux pierres dites « précieuses », elles ne l'étaient pas pour leur valeur financière, mais pour leur pouvoir bénéfique : elles étaient porteuses d'influx émanant, pour chacune de ces douze pierres, d'un des douze soleils des constellations zodiacales dont elles seules captaient les émanations : les respirations. Elles provenaient pour la plupart de filons obliques, à la verticale de certains sols caractéristiques mais arides, et sur lesquels des troupeaux de moutons, d'aurochs et de paisibles bisons paissaient. Il y avait enfin certains minéraux rares, fort recherchés pour leurs propriétés symboliques, telle l'aurichalcite aux reflets verdâtres chatoyants, au sein desquels rougeoyait le « Brasier Ardent », le symbole d'Ath-Mer, où se renouvelait l'éternelle jouvence du cœur.

Les nombreuses forêts fournissaient pareillement toutes les sortes de bois nécessaires à la vie en société. Charpentiers et menuisiers, ébénistes et artistes utilisaient les bois durs aussi bien que les essences rares, les transformant en meubles délicats de formes, ou en galères et en embarcations de toutes catégories.

Seul le sycomore, du type « érable », était formellement interdit tant à la coupe qu'à l'usage particulier, sauf après un rituel de bénédictions très strict. Le sycomore était l'arbre sacré : l'*An-Auhi*, qu'uniquement un prêtre toujours pur pouvait approcher. Celui-ci devait en outre « lui ôter la vie » après un rituel fort complexe, afin d'en extraire « le cœur » dans toute sa longueur et en façonner les seize Tan-Auhi, qui devinrent par contraction : les Tau, ou les Croix-de-Vie, appelées aussi « croix ansées ». Il était de notoriété publique que les possesseurs de ces « tabous » personnifiant la Vie, et qui n'étaient propriété que de personnes « à la voix juste », étaient doués des bienfaits du Dieu Tout-Puissant !

Un territoire spécial, délimité par l'obliquité et le degré des rayonnements solaires qui y étaient dispensés, était consacré à la pousse du sycomore. Cet enclos sacré s'appelait le Nahi, et seul l'Ahâ en titre, toujours le Fils, en dehors des prêtres purs, pouvait y accéder pour y dialoguer à son aise, en tête à tête avec son Père.

La population, généralement lymphatique, ayant toutes ses aises, ne se préoccupait guère des dissensions intestines opposant l'Ahâ à ses voisins. En ce temps, le descendant de Dieu était bien assez grand pour rétablir la situation si elle était troublée, ce qui, par ailleurs, n'apparaissait guère dans la vie de chaque jour pour le commun des mortels ! Celui-ci avait même tendance à rire de bon cœur de cette opposition, sans se rendre compte qu'il serait le premier à en souffrir au moment d'un règlement de comptes éventuel.

La situation se dégrada petit à petit jusqu'à ce que naisse celui qui deviendrait le dernier souverain avant le Grand Cataclysme !

Ce fut Geb, avant-dernier Ahâ de cet Eden. Son histoire, par son étrangeté, rappelle fortement celle de la Bible à deux reprises. La première concerne Ève punie de sa curiosité en croquant la pomme, et la seconde Marie engendrée par Dieu, puisque Nout, l'épouse de ce Geb, fut dotée de son fils Ousir dans des conditions analogues à la jeune fille dont on parlerait en tant qu'épouse de Joseph.

Lorsque le pontife fixa la date du mariage de Geb et Nout, il ne restait plus que cinquante et un ans à la terre d'Ahâ-Men-Ptah pour subsister au-dessus de la mer ! Mais la veille du jour prévu, Nout, qui s'était déjà installée au Palais royal, et qui se promenait dans les jardins avec ses suivantes, parvint justement devant l'endos du sycomore sacré dédié au dialogue du Fils avec le Père. Curieuse, et pensant que son titre d'épouse du Fils, dès le lendemain, la mettait à l'abri de représailles, la princesse y pénétra seule, « pour voir ». Un peu asse, et étourdie par sa fugue, Nout s'assit contre l'écorce du sycomore...

Les annales qui nous sont parvenues par l'entremise des textes sacrés de Dendérah, ainsi que par des symbolisations de l'événement gravées dans les temples consacrés à Ptah, racontent :

« La princesse Nout appuya un peu sa chevelure contre l'écorce du magnifique tronc, si vieux et si accueillant. Du même coup, sa tête reposa contre l'arbre, et tout entière, corps et âme, elle connut instantanément la Paix avec le monde extérieur ; ses yeux se fermèrent sans qu'elle s'en rende compte !

« Sombrant dans un sommeil irréel, Nout n'eut pas le temps d'analyser ce qui se produisait, car son étonnement se changea en frayeur lorsqu'une clarté aveuglante, irradiante, l'enveloppa toute, la pénétrant de toutes parts à la fois. Ayant l'impression de se consumer, l'effroi le plus intense se saisit d'elle, mais elle ne put ouvrir la bouche pour hurler. Elle se réduisait en cendres, se liquéfiait, tout en vivant malgré elle le jour le plus radieux que la Terre eût connu depuis son Origine !...

« Malgré le calme qui curieusement l'habitait, elle tenta d'ouvrir les paupières ; elle ne pouvait pas même remuer les cils. Affolé d'être paralysée, elle se sentit sombrer dans l'inconscience, lorsqu'une voix, au fond d'elle-même, très ferme, mais infiniment douce et rassurante, lui dit " distinctement " : " Mon fils Ousir est désormais dans ton sein ; ne crains rien à ce propos, car tu es fille de mon premier enfant : tu es celle que j'ai choisie pour m'aider à sauver encore une fois les hommes malgré eux ! Ousir sera le signe de ma Puissance et de ma Bonté. Toi, Nout, tu en seras la mère vénérée ; tu apprendras à Ousir, par les paroles que tu prononceras, que mon Cœur est en lui, et que mon Âme sera toujours avec la sienne pour qu'il exerce son pouvoir souverain... Ainsi soit-il fait ! ". »

Geb, entre-temps, était prévenu par Dieu d'avoir à épouser malgré tout Nout, et d'attendre qu'Ousir soit né pour concevoir un autre fils, qui lui, serait né « de la terre », en fin de quoi il devrait s'appeler Ousit. Ainsi naquit l'aîné Ousir, puis, sept mois plus tard, Ousit, le cadet. L'un était fils de Dieu et l'autre fils de Geb. D'où l'antagonisme évident lorsqu'Ousir fut déclaré roi, successeur de Geb, alors que le vrai fils du souverain était Ousit, dont le nom dans la rébellion qui s'ensuivit devint Sit, donc Seth en grec. Pour que la famille soit parfaite et que les principaux pions prennent leur place sur l'échiquier qui allait être bouleversé, naquirent les jumelles Nek-Bet et Iset, autrement dit Nephtys et Isis.

Cette dernière épousa par amour Ousir, les augures annonçant que le Fils qui leur naîtrait serait le générateur de la nouvelle multitude issue des rescapés du Grand Cataclysme. L'enfant qui vit le jour fut effectivement un garçon et il s'appela Hor, ou Horus.

Ce fut peu avant que ce dernier ne prenne la succession de son père qu'Ousit attaqua la capitale d'Ahâ-Men-Ptah avec des troupes rebelles levées à cet effet, déclenchant ainsi le processus de l'engloutissement du continent, car, Ousir ayant été apparemment tué à coups de lance par Ousit, la colère de Dieu se déchaîna sur les créatures et sa Création.

Ce matin-là, l'astre du jour sembla absent du ciel... tout comme le ciel lui-même, car un épais brouillard, de clarté diffuse et rougeâtre, oppressant par son épaisseur, étouffait tout ! Il absorbait non seulement les bruits, mais également la clarté du jour et l'air, ce qui rendait soudain la respiration sifflante et difficile. Une odeur amère et piquante, semblable au natrum qui embaumait les corps des morts, flottait et faisait trembler tous les vivants qui reconnaissaient cette atmosphère fétide.

Dans la capitale, où personne n'avait fermé l'œil au cours de cette nuit sanglante, chacun sut que le jour était bien venu de régler les comptes avec Dieu, et que rien ne serait versé au crédit de cette humanité insouciante et inconsciente. Le sacrilège fratricide de la nuit allait trouver sa punition divine.

La panique qui s'ensuivit fut pratiquement indescriptible. Les annales la narrent en long et en large. En réalité, elle est semblable à n'importe quelle terreur engendrée par des circonstances aussi terrifiantes. Une grande partie de la population valide courut vers le Palais royal chercher un refuge auprès du « Maître » à qui tout était possible. Les pauvres gens ne se souvenaient même plus qu'ils se moquaient encore ouvertement la veille de celui dont ils recherchaient soudain la protection, et qui tentait quelques heures plus tôt de les décider à hâter des préparatifs d'exode.

Les temps étaient accomplis !

Dans sa toute-puissance, le Dieu de l'Éternité allait punir ses créatures des innombrables péchés qu'elles avaient commis, et lui, qui n'avait point su les en empêcher, subirait le même sort. Des craquements sinistres montèrent des profondeurs, faisant trembler les pieds puis, s'amplifiant, le corps entier ! Les pleurs, les cris de pitié, les hurlements, l'angoisse de toute une foule qui tentait d'implorer ce qu'elle avait bafoué et renié semblèrent suprêmement vains.

Des craquements sourds créèrent des perturbations dans la lueur rougeâtre qui avait tendance à s'éclaircir au-dessus des têtes. Leurs vibrations mirent à rude épreuve les tympans dont certains éclatèrent. Geb survint à ce moment, las et fourbu, mais tenant à faire acte de présence en l'absence de son fils, le Maître, vers qui le peuple se tournait pour attendre un secours. Des clameurs de satisfaction s'élevèrent à sa vue, car il apparaissait de nouveau comme un Fils de Dieu, donc comme le Sauveur. Mais il ne se sentait plus de taille à reprendre une autorité qui n'était plus la sienne, mais uniquement celle d'un dieu en colère. La situation aurait semblé invraisemblable, si ce dénouement tragique n'avait été prédit si souvent et si longuement mûri avant son accomplissement.

Dans la rade du port royal, des milliers de barques « mandjit », réputées insubmersibles, avaient été stockées et rigoureusement gardées, renfermant un équipement complet de survie : galettes d'orge, quartiers de viande séchée et salée, changés chaque année, cruches d'eau étanches. Le vieux roi envoya sur-le-champ des émissaires aux quatre arsenaux maritimes, afin que les portes en soient grandes ouvertes immédiatement et que les militaires prennent position pour que les départs aient lieu dans le meilleur ordre possible.

Le peuple, lui, descendait en se bousculant, en courant, essayant de traîner à sa suite un bric-à-brac invraisemblable d'ustensiles ! La panique s'emparait de tous ces pauvres gens qui, soudain, étaient devant une réalité si souvent tournée en dérision qu'il leur était impossible d'en comprendre encore la démesure réelle.

À une centaine de kilomètres de là, des volcans calmés depuis des millénaires se trouvèrent soudain pris de contractions. Les feux souterrains devinrent assez puissants pour se faire jour et leur pression devint telle, qu'ils lancèrent haut dans le ciel une véritable pluie de terre pulvérulente s'agglomérant au brouillard, et retombant jusque sur Ath-Mer. Une pluie solidifiée faite de petites roches et déchets de toutes sortes s'abattit sur la foule en marche vers les ports, écrasant les uns, assommant les autres ; et l'enfer se déchaîna partout.

Ce fut une ruée vers la rade, chacun abandonnant tout ce qu'il avait de précieux pour courir plus vite. Sur le port, une peur animale balaya tout sentiment humain ; les militaires, qui ne résistaient plus qu'avec difficulté à leur propre angoisse, furent soudain renversés, écrasés, foulés aux pieds par une horde prenant d'assaut les frêles embarcations de papyrus, tressées extrêmement serré, puis enduites de résine et enfin de bitume pour les rendre imputrescibles et indestructibles.

La terreur qui la tenaillait, et l'horreur de l'événement incroyable qui se produisait firent perdre à cette horde toute notion de sécurité. Au lieu de ne monter qu'à dix personnes ou, au pis, à quinze, les fuyards prirent les premières « mandjit » d'assaut, se battant mortellement, afin de s'y entasser à vingt ou trente. Si bien que la première flottille sombra avant de partir avec tous ses occupants. Quelques milliers de pauvres gens affolés périrent ainsi avant même d'avoir quitté le port de ce qui ne serait plus pour longtemps Ahâ-Men-Ptah !

Les volcans, de nouveau actifs, crachèrent la colère divine, recouvrant de lave les villages avoisinants. Les habitants, terrorisés, qui s'étaient calfeutrés dans leurs maisons, furent ensevelis en quelques secondes sous un fleuve incandescent.

Des milliers de tonnes furent vomies en quelques secondes par une dizaine de cratères fraîchement ouverts, se frayant mille routes nouvelles à chaque ébranlement. Les montagnes les plus solidement assises ne résistèrent plus aux secousses imprimées au sol ; des flancs se déchirèrent de toute part, d'autres éclatèrent et se volatilisèrent.

Il en alla de même au port royal. Le tumulte atteignit son paroxysme, car ce n'était plus quelques milliers de personnes que la terreur paniquait, mais plusieurs centaines de mille qui se pressaient, s'y étouffaient, se débattaient, s'entre-tuaient, plus aucun soldat n'assurant la moindre sauvegarde des biens publics, autrement dit des embarcations.

Mais le manque total de visibilité, qui stupéfiait la foule, ne l'en précipitait pas moins vers le bord de la jetée. Une poussée irrésistible se produisit, qui jeta les premiers rangs dans l'eau, les « mandjit » du bord ayant coulé de leur trop-plein de passagers. Les autres, réussissant à vaincre la marée humaine, embarquèrent loin du goulet d'étranglement, prenant leur temps afin de ne pas couler leurs frêles esquifs avant de détacher les amarres. C'était la fin de tous et de tout. La capitale et le continent tout entier s'affaissèrent rapidement sous l'eau !...

Ce jour fut le 27 juillet 9792 avant notre ère, et cette date est certaine grâce à la carte du ciel gravée au plafond d'une salle du temple de Dendérah, plus connu sous le nom de « Zodiaque » dès le moment de sa découverte par les savants qui accompagnaient le général Desaix et son armée du Sud, lors de la campagne d'Égypte, déclenchée par Bonaparte. Mais conservons l'ordre chronologique, pour en arriver à l'exode des survivants d'Ahâ-Men-Ptah, le pays désormais éternellement couché de l'Aîné de Dieu : l'Amenta, devenu également l'Atlantide platonicienne.

5

L'ÂME ATLANTE N'EST PAS PERDUE !

> *M. Flamand assimilait les béliers à sphéroïde à l'Amon-Râ des Égyptiens, car il y a une parenté certaine avec les figures gravées du Sahara. Mais Amon est aussi le dieu-Bélier de l'eau dans toute la Berbérie, où le mot berbère pour dire eau est : « amon », tout comme chez les Guanches des Canaries.*
>
> Raymond Furon (*Manuel de préhistoire générale*)

> *On exagère l'absence des changements matériels, parfois ; mais l'identité de l'âme berbère, à travers toutes les vicissitudes, est vraiment une force de la nature !*
>
> J. Célérier (*Histoire du Maroc*)

Je n'étais pas un rescapé de l'Ahâ-Men-Ptah et je n'avais encore pas fait le rapprochement entre l'Amenta du Livre dit des Morts et ce pays englouti, lorsque je parvins au Maroc en 1973, en convalescence des suites de la longue immobilisation due à mon accident. Certes la mort n'avait pas voulu de moi deux ans auparavant, mais rien ne m'indiquait alors que je serais amené à faire des découvertes d'une importance telle qu'elles influenceraient le tour pris par mes recherches égyptologiques. Comment aurais-je pu me douter que j'étais en quelque sorte « poussé » vers ce pays merveilleux, pour en repartir à la quête des Survivants de ce Grand Cataclysme d'il y a douze millénaires ? La teneur de certains textes des bords du Nil se rapportant au « Lieu du Couchant » ou Ta Mana en hiéroglyphique m'avait laissé supposer que cette terre était le Maroc, puisque ce nom ne lui était donné qu'en français, gardant sa signification arabe : « Moghreb el-Aqsa » ou le « Pays du Couchant ».

Tout en bénéficiant de soins attentionnés et de massages de mon côté gauche encore paralysé en partie, je préparai pour le compte du Centre culturel de Rabat une exposition sur l'informatique à l'usage des jeunes Marocains. Je devins dans le même temps un lecteur de la bibliothèque du ministère des Mines, tout proche. J'avais à disposition tous les livres complémentaires qui me manquaient lors de mes lectures des textes pharaoniques, tant au point de vue de la géologie que de la minéralogie et de la structure géophysique de certains terrains avoisinants, comme ceux des Canaries, ces fameuses « isles Fortunées ». D'autre part, des centaines de textes concernant les Berbères m'apprirent à mieux connaître ce peuple fort différent des Arabes, afin de pouvoir préparer une philologie comparée du langage berbère et de la hiéroglyphique, pour statuer sur certaines difficultés sémantiques.

Ce fut là que j'entendis parler en premier des particularités essentielles de Tamanar, un village situé à une soixantaine de kilomètres au nord d'Agadir, et dont un très vieux patriarche et prophète en faisait la renommée dans le Maroc tout entier.

L'énorme intérêt qui était le mien au sujet de cet endroit où les rescapés d'Ahâ-Men-Ptah auraient abordé, nul n'en avait pris conscience ! Ce village était situé à une dizaine de kilomètres en retrait de l'océan, mais, comme son sol sablonneux était constellé de millions de coquillages non fossilisés, il n'y avait aucune impossibilité pour que, plusieurs millénaires auparavant, cet endroit se trouve au bord de la mer et serve de lieu d'accostage et d'abri à des rescapés d'un naufrage 10 000 ans avant notre ère.

Pour Ta Ouz, il en alla de même, et les géologues autochtones qui m'expliquèrent ce qu'était ce lieu me donnèrent littéralement la clé du passé le plus antique ! Ta Ouz, situé aux confins du désert algéro-marocain, servait de point extrême à la frontière mouvante à cette époque entre les deux pays. Non seulement l'endroit était un site minéralogique exceptionnel où le fer jouait un grand rôle, et où l'état du sol prouvait qu'il y avait eu un énorme bouleversement géologique, mais Ta Ouz était aussi un « lieu sacré » où des centaines de tells étaient en réalité des mastabas, ou des nécropoles funéraires, dont l'antiquité se perdait dans la nuit des temps. Or, si Ta Mana avait conservé sa signification primitive jusqu'en Égypte, ce n'était pas le cas de Ta Ouz.

Si pour Ta Mana ma recherche avait été précise dès le premier instant, ce fut accidentellement que j'entendis parler de Ta Ouz par les géologues ! En effet, une équipe d'aventuriers allemands dans une camionnette équipée d'un matériel sophistiqué, dont un groupe électrogène, avait été interceptée pendant qu'elle découpait un morceau de paroi couverte de gravures rupestres d'une antiquité très reculée !... Au fur et à mesure de mes lectures sur cette localité et ses environs, mon intérêt s'était de plus en plus éveillé et mon esprit galopait déjà par avance en ces lieux que tout indiquait comme un site extraordinaire pour ma curiosité, et aussi pour le recueillement.

Naturellement, l'itinéraire pour y parvenir était ponctué d'autres endroits intéressants à plus d'un titre, comme Midelt, dans le Moyen-Atlas, entre Meknès et Ksar-es-Souk, où je pus me rendre compte de la vanité de la simple « parole » par rapport aux faits eux-mêmes ! C'est de cet endroit que je commencerai à parler, car il est significatif de la différence qu'il existe entre la réalité et le « mythe ». Je m'y étais arrêté pour une raison simple, que m'avaient expliquée les géologues. De tout temps, Midelt avait extrait de son sous-sol du plomb et du cuivre en très grosses quantités. Or, comme l'orichalque m'intéressait en tant que métal utilisé par les grands-prêtres de Ptah, il pouvait y avoir une affinité supplémentaire avec l'aurichalcite marocain, nom actuel de ce dérivé du cuivre, qui se trouvait en grande quantité dans les mines de la région. À Midelt, je rencontrai plusieurs familles berbères qui faisaient commerce de ces minéraux, dont une notamment qui semblait connaître bien des « légendes » traditionnelles. Il me fallut beaucoup de temps et une patience à toute épreuve pour entrer dans leur intimité réelle. Je dus loger chez elles et vivre selon leurs coutumes près de deux mois avant de réussir à parler d'autre chose que de la valeur mercantile de ce qui, pour les autres, ne restait que des « cailloux ».

Après une année de recherches le long d'une route truffée de gravures rupestres et de hauts lieux, de discussions avec les spécialistes et les autochtones qui se transmettaient fidèlement les traditions ancestrales, je parvins à ébaucher un tracé valable de l'exode des rescapés de l'Ahâ-Men-Ptah. Il me parut logique, parce que confirmé par les textes et les faits, que le pays qui devint le Maroc était à l'époque reculée antécataclysmique une sorte de colonie atlante. Elle était la terre la plus proche du continent disparu, devenant de ce fait Ta Mana. Voici une ébauche de carte, afin de mieux visualiser :

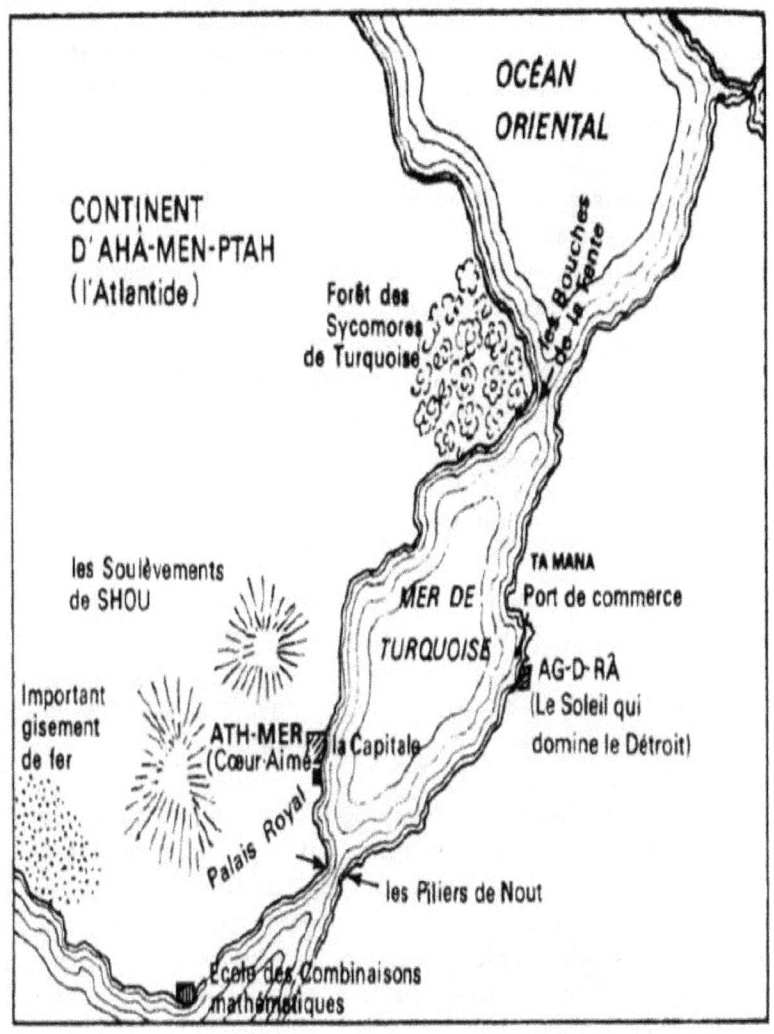

Continent d'Ahâ-Men-Ptah (l'Atlantide)

Les métaux jouaient un rôle primordial dans la vie d'Ahâ-Men-Ptah pour toutes les constructions et les outils nécessaires aux usages domestiques. Le plomb et le cuivre, surtout, étaient recherchés sur le territoire marocain, car ils étaient presque inexistants sur celui de la mère patrie. De même pour certains minéraux protecteurs contre les influences maléfiques des rayonnements astraux durant les aspects opposés des Combinaisons-Mathématiques-Divines en provenance des Douze.

Ces minéraux se retrouvèrent d'ailleurs dans la Bible à propos du pectoral porté par Moïse et qui lui permit, grâce aux influx dégagés, de conserver l'unification des douze tribus d'Israël. Mais si, à cette époque, Moïse n'avait pu récupérer en Égypte que quelques « pierres » bénéfiques originelles, les autres n'étant que des ersatz, il n'en allait pas de même du temps d'Ahâ-Men-Ptah. Les douze minéraux avaient réellement chacun une influence précise dont la réunion apportait « Longue Vie, Force et Santé » comme le précisent tous les papyrus lorsqu'ils parlent d'un pharaon, ajoutant à ses titres cette formule lapidaire de « Longue Vie, Force et Santé » qui lui étaient accordées par le port des gemmes en pectoral. Non seulement ceux de Ptah en conservaient un usage à la fois religieux et politique, mais ceux de Râ l'avaient acceptée sous une autre forme, tel Ramsès le Grand grâce à d'autres minéraux.

Une de ces pierres fut retrouvée tout à fait fortuitement par moi, à Midelt justement, grâce à une persévérance digne de ma logique informaticienne qui me faisait repousser toute solution irrationnelle et illogique. Ce qui me fit continuer dans ce sens. Mais voici comment les choses se passèrent, dans un contexte certes éprouvant pour mon physique encore partiellement dans le plâtre à l'époque.

Midelt est situé dans le Moyen-Atlas, sur un plateau à 1500 mètres d'altitude, cerné lui-même par de très hautes montagnes. Deux cols à plus de 2 000 mètres autorisent seuls l'accès de cet endroit au nord et au sud. Et si, actuellement, l'hiver, des chasse-neige forent un passage incessant dans une épaisseur de deux à trois mètres de neige, il est bien évident qu'il y a deux ou trois millénaires, pour ne pas dire plus, les chemins étaient inutilisables ! Voici, là encore, une carte qui montre mieux l'emplacement de Midelt entre les chaînes de l'Atlas, ainsi que ceux des quelques sites qui nous intéressent :

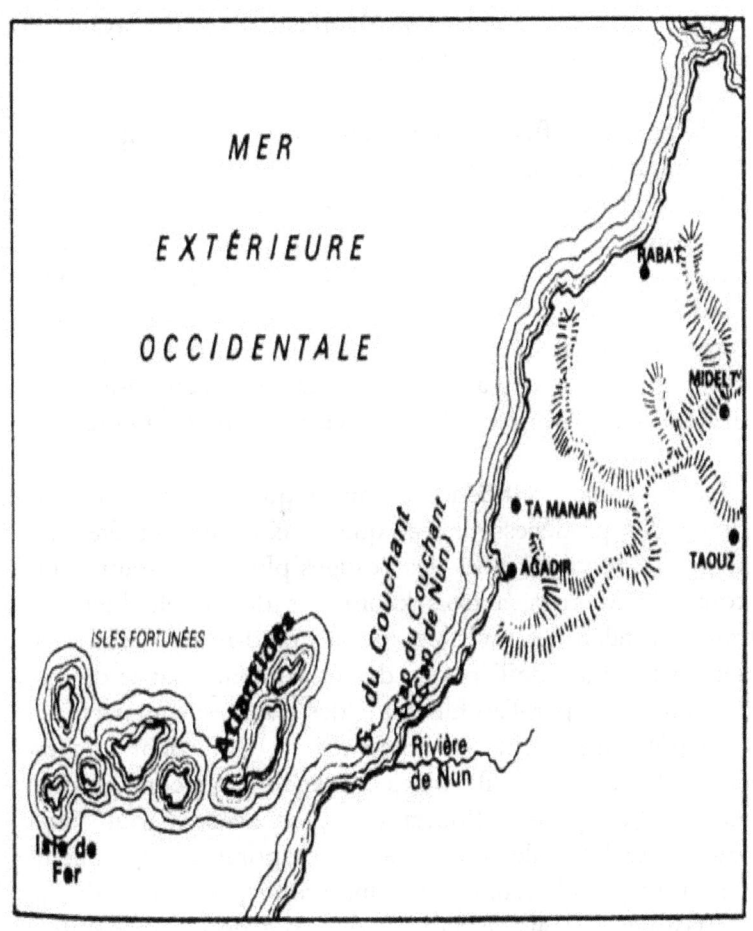

Or, lorsqu'enfin adopté par la famille berbère, je pus me préoccuper de ce qui était ma recherche et poser des questions, j'appris des choses fort intéressantes. Mais ce ne fut que petit à petit, en montrant à chaque réponse que je n'étais pas dupe d'une simplicité par trop évidente.

De quoi s'agissait-il ? De connaître l'origine des mines de plomb et de cuivre. En effet, les Français avaient foré les puits d'exploitation des minerais, mais il était évident qu'au XIXe siècle les chercheurs de cuivre et de plomb n'étaient pas parvenus en cet endroit déclarant en frappant du pied : « C'est ici qu'il faut creuser ! » Manifestement, il y avait eu avant eux des extractions en ce lieu.

Cela admis, je fus conduit à un endroit peu éloigné des mines actuelles, mais caché derrière une montagne. Là, d'autres puits désaffectés et bien plus anciens prouvaient que les Espagnols étaient passés par là pour débuter une exploitation rationnelle de plomb, notamment. Je dus cependant reprendre la même analyse logique qu'avec les Français : à savoir que les Espagnols, et, qui plus est, deux siècles auparavant, n'avaient pu arriver en ce lieu désertique et déclarer y trouver des métaux, précisément en cet endroit !

Une nouvelle confidence m'apprit qu'effectivement il y avait eu des prédécesseurs, et que ceux-ci avaient été des Romains !... Je visitai alors des vestiges plus intéressants, sur la route de Meknès, à trois kilomètres de Midelt, bien en retrait et totalement invisibles de la grand-route. Ces puits étaient bel et bien de l'époque des Césars, tant par le dessin des voûtes que par l'architecture des galeries souterraines. Des dépôts importants de minéraux se trouvaient encore entassés là, comme s'ils n'avaient aucune valeur puisque n'étant pas du plomb. Pourtant, il y en avait là toute une fortune pour les collectionneurs contemporains qui auraient ouvert tout grands leurs yeux sans croire à la réalité de ce qu'ils voyaient ! Mais ce n'était pas le but de ma recherche, ma préoccupation restant toujours nantie du même point d'interrogation : Qui avait conduit les Romains droit en ce lieu pour y extraire du minerai ? J'avais certes bien progressé dans ma remontée du temps, mais pas encore suffisamment pour être satisfait dans mes investigations.

Ce ne fut qu'après bien des tergiversations, des hésitations, et une peur irraisonnée de s'attirer une malédiction des plus graves que mes amis berbères m'apprirent qu'à l'origine, soit bien avant les Romains, étaient venus les... Géants pour organiser l'extraction ! D'où le nom d'Atlas donné aux montagnes, car leur roi était aussi haut qu'elles ! Et le mythe d'Atlas chef des Atlantes reparut à nouveau ; il fallait que je sache !

Après de nouveaux atermoiements sans nom, souvent près d'une fureur qui aurait tout gâché, je fus emmené bien plus loin, cette fois sur la route de Meknès. À une quinzaine de kilomètres de Midelt, la jeep et mes deux pilotes empruntèrent un chemin qui nous mena devant un énorme haut plateau que nous mîmes deux heures à contourner, avant de parvenir devant un paysage infernal et lunaire : la mine des Géants ! Il s'agissait d'une vaste plaine bouleversée d'immenses trous et de petits tells, le tout n'ayant qu'une teinte grise sur fond noir ! Il me sembla avoir changé brusquement de planète, et je me souviens d'avoir frissonné malgré moi ! Au fond de chacun de ces cratères creusés de main d'homme, des êtres, aux temps les plus reculés -alors que d'autres vivaient en France dans des cavernes enfumées en mangeant de la viande crue, revêtus de peaux non tannées -, extrayaient des minerais pour en faire des outils et des bijoux ciselés ! Je me trouvais en présence des vestiges d'une race éteinte : celle des rescapés d'Ahâ-Men-Ptah !... Chaque amoncellement en était une preuve bien palpable. Mais étaient-ce réellement des « géants » qui en étaient les auteurs ?

Ma volonté se fit jour instantanément : aller au fond d'un de ces puits qui, apparemment, avait une cinquantaine de mètres de profondeur. Pour faire tomber les hésitations, je dus discuter une bonne semaine. Le temps pressait cependant, car je ne pouvais plus attendre pour redescendre vers Ta Ouz, où tout était prêt pour me recevoir. Et ce ne fut que le dernier jour de ma recherche à Midelt que, devant ma tristesse, la dernière « palabre » enleva la décision favorable ! Une sorte de nacelle en osier fut tressée en moins d'une heure, et attachée solidement au bout d'un rouleau de gros cordage ! Tout était prêt pour ma descente.

L'équipée fut facile et son résultat bien décevant, en ce sens qu'au fond du puits s'ouvrait une galerie d'une hauteur de 1,70 mètre environ, car je dus baisser la tête pour y faire quelques pas ! Un géant n'aurait pas pu y avancer plus d'une jambe. Manifestement, les auteurs de ces travaux n'étaient pas des fils d'Hercule ou des Titans, même si leur intelligence était de beaucoup supérieure à la nôtre : ils devaient nous ressembler physiquement à tous les points de vue ! Mais cela méritait d'être vérifié, l'avait été, et je me sentais amplement satisfait puisque je pouvais désormais partir sur des bases solides : celles qui ont donné le thème des *Survivants de l'Atlantide*.

À Ta Ouz, tout était différent parce que en plein désert. Ou tout au moins le sable y avait tout recouvert de son manteau poudreux. Un petit village fortifié, abritant une compagnie de l'armée, indiquait qu'il s'agissait du point extrême sud-ouest de la frontière algéro-marocaine. Des défilés plus ou moins ensablés longeaient cette ligne invisible séparant les deux pays. Et au fur et à mesure que l'on s'enfonçait dans un de ces chemins, le paysage changeait. D'abord caillouteux, il laissa voir assez rapidement des blocs de roche noire, incontestablement d'apparence métallique : c'était du fer à l'état pur dans plusieurs formes minéralisées : hématite, magnétite, sidérite, etc.

En ce lieu où la boussole battait la chamade et ne servait plus à rien, l'atmosphère était très étrange. Bien sûr, il faisait près de 60° sous le soleil car il n'y avait point d'ombre nulle part ; bien sûr, l'odeur était très particulière, car tout ce métal chauffé depuis des millénaires renvoyait son propre rayonnement vers ceux qui le foulaient, mais il y avait autre chose d'indéfinissable. Là encore, les géologues qui m'accompagnaient me parlèrent du site funéraire qui se situait au bout d'un oued desséché parallèle au nôtre, et qui aboutissait à l'endroit où il y avait des centaines de gravures rupestres, là même où une patrouille militaire avait intercepté les vandales qui découpaient la roche pour l'emporter !

Nous y parvînmes après bien des difficultés, et là encore j'eus l'impression de pénétrer dans un autre monde ! Ici, plus de pierres, mais à nouveau le sable recouvrant tout... Des collines à perte de vue, plus ou moins grandes, apparemment composées de sable aggloméré. Au centre de ce site, l'une d'elles, beaucoup plus haute. Inconsciemment, les deux géologues et notre guide berbère avaient baissé la voix.

Comme eux je chuchotais, très impressionné. Nous étions sur le site funéraire, l'enclos sacré trois fois saint dans lequel il ne fallait pas pénétrer car les temps n'étaient pas encore venus. Et pour bien me montrer que chacune des collines était une tombe, notre guide prit une pelle dans la jeep et se rendit au hasard, au pied de l'une d'elles. Il creusa plus d'un mètre avant que n'apparaisse un amoncellement de roches et de pierres jointes incontestablement par des mains humaines. Après quoi, il remit le sable en place et s'empressa de remettre la pelle dans notre véhicule. Ce fut alors seulement que je me rendis compte d'un phénomène inexplicable qui ajouta à mon trouble : je recommençais de chasser les mouches importunes qui foisonnaient par dizaines de milliers ! Or, tout le temps où j'étais sur le site funéraire, aucun insecte n'avait été présent en cet endroit !

L'enclos fut contourné pour parvenir à l'est de ce panorama exceptionnel, là même où les rescapés de cette bataille avaient fui après avoir gravé dans les roches avoisinantes des dessins étranges et des textes. C'est par centaines que ces gravures existent, partout ! Même jusque sur le sol où des morceaux de roches dures affleurent. Et ce fut là-même que les vandales entreprirent d'enlever des morceaux entiers de l'histoire la plus antique de ce pays.

Il n'y avait aucun doute que, si Ta Mana signifiait le « Pays du Couchant », Ta Ouz voulait dire le « Pays d'Ousir » ; or le Fils de Dieu avait pour nom Osiris en phonétique grecque. La boucle était à nouveau bouclée. Il ne me restait plus qu'à me rendre à Tamanar, au nord d'Agadir, pour vérifier s'il s'agissait vraiment de l'antique Ta Mana des textes égyptiens, l'endroit où avaient accosté les rescapés de l'Ahâ-Men-Ptah.

Des problèmes de santé étant survenus durant cette longue équipée, il me fallut me reposer quelques semaines à Rabat, durant lesquelles je mis sur pied une exposition minéralogique avec les spécimens rapportés. Afin de bien faire les choses, j'avais même fait venir de Roumanie des minéraux précieux fort bien exploités dans ce pays, alors qu'ils étaient mal défendus au Maroc, pour ne pas dire pas du tout. Cette exposition eut un très beau succès de curiosité, où chez certains se mêlaient l'envie et la cupidité, car je présentais les douze « pierres » que les antiques assuraient être bénéfiques à ceux qui les portaient en harmonie avec leur date de naissance. Or, ces minéraux étaient pour la plupart ignorés du pectoral de Moïse qui avait remis en usage cette ancienne coutume pharaonique assurant la protection divine à son porteur.

Ce fut donc à ce propos que j'attirai l'attention gouvernementale par une interview retentissante publiée sur deux pages entières dans le *Maroc-Soir Hebdo* du dimanche 17 février 1974 et intitulée : « Des réserves inépuisables de minéraux précieux dans la région de Midelt. » Ce qui déplut évidemment à ceux qui voulaient y organiser un trafic fructueux ! Mais je n'en avais cure, car je partis alors pour Tamanar, au nord d'Agadir, sans me préoccuper des retombées possibles auprès des profiteurs trop avides et incultes en matière de minéraux bénéfiques. Car avec le peu de renseignements divulgués quant aux lieux d'extraction, les fouilles se firent aux endroits les plus inattendus.

Le Maroc est un pays merveilleux, où chaque panorama diffère de celui qui le précède. Mais le littoral a un charme tout particulier et vivifiant dans ce « Pays du Couchant ». Agadir est devenu tristement célèbre à la suite du tremblement de terre qui détruisit la ville presque à 100 %. Mais en 1974 c'était redevenu une localité agréable où les hôtels de luxe le disputaient en opulence à ceux des meilleures plages de la Côte d'Azur. Seules les mouches subsistaient, car les conserveries de poisson séché les attiraient toujours. Je logeai quelques jours près de la nouvelle municipalité pour y rencontrer des personnes auprès desquelles j'étais introduit. Là encore, j'appris des faits importants, avant de me faire conduire enfin à Tamanar, situé à une heure de voiture plus au nord.

Le rappel du tremblement de terre récent déliait évidemment plus facilement les langues de mes compagnes. J'appris ainsi, accessoirement, le contenu des « légendes » que se retransmettaient les indigènes. Un autre effroyable séisme avait changé la face du monde des milliers d'années auparavant, et le soleil lui-même, au lieu de se lever à l'ouest, s'y était couché subitement pour ne plus, depuis, réapparaître le matin qu'à l'est. D'où cette définition de « Pays du Couchant » pour le Maroc, donnée par les rescapés de cette aventure, après avoir accosté « là », tellement l'événement les avait marqués. Ce « là » était toute la région d'Agadir, et plus particulièrement au nord, dont Tamanar paraissait le véritable point central.

L'étonnant est que ces vieux Marocains racontaient ce récit, identique à ceux des textes égyptiens, sans les connaître, mais que leurs ancêtres perpétuaient oralement de père en fils depuis des temps immémoriaux. Aussi, lorsque je me décidai à partir pour Tamanar, l'un de mes nouveaux amis me chuchota en particulier que je ferais bien « de monter voir le Père de tous ». J'avais déjà entendu parler à Rabat d'un prophète, ou d'un très vieux patriarche, qui connaissait aussi bien le passé que l'avenir, mais qu'il était très difficile d'approcher. Seuls quelques familiers ou de très hautes personnalités comme le roi Hassan II pouvaient le rencontrer et lui parler. Je m'enquis donc de son adresse ; mais avec un léger sourire, celui qui avait cru me chuchoter une révélation me répondit que je n'avais pas à m'en faire à ce sujet. Si je devais le rencontrer, cela se ferait.

Ce fut avec une certaine appréhension que j'abordai ce lieu enchanteur, très vallonné, à la végétation exubérante, qui me rappela un paysage connu et déjà foulé, alors que je n'étais jamais venu en ce lieu. Bien que se trouvant à une dizaine de kilomètres du littoral, l'air de ce village y était indéniablement marin et salin. Dès que j'eus quitté la jeep sur le parking de la route goudronnée, le sable fin constellé de coquillages non fossilisés se laissa fouler agréablement sous mes pas. Des autochtones me regardèrent avec un regard noir, me sembla-t-il. Mais la présence des géologues marocains me tranquillisa. Il paraissait y avoir une opposition très nette de ces gens à accepter les recherches que je désirais y faire concernant les origines du village. Ce n'était ni de la peur ni de la malveillance qui paraissaient les habiter, mais une animosité silencieuse presque palpable, que je ressentis instantanément jusqu'au fond de mon âme ! Pourquoi étais-je considéré comme un ennemi alors que je n'avais encore interrogé personne ? Je n'allais pas tarder à le savoir !

La seule personne susceptible de me renseigner sur l'antiquité de ce lieu était le chef d'une famille berbère, dont les rides au front attestaient l'âge avancé. Mais il était parfaitement conscient de ce qu'il disait. Malheureusement, il ne parlait pas le français et je passai par mes jeunes amis géologues pour comprendre ses paroles. Son ton cependant laissait percer toutes les nuances des phrases, ce qui fait que je ne perdis pratiquement rien du sens primordial de l'ensemble de la conversation.

Pour simplifier ici, puisque tout cela a été détaillé dans le tome II de la trilogie, il était incontestable que la tribu des Berbères était la descendante de ceux qui, des millénaires auparavant, avaient accosté à cet endroit encore au bord de la mer. Pour des raisons évidentes, certaines familles s'étaient implantées sur ce territoire et y avaient fait souche afin d'assurer les arrières du reste des rescapés qui partaient à la recherche de « Ta Méri[7] », le « Cœur-Aimé ». Il fallait que les métaux et le ravitaillement suivent. Et lorsqu'il devint inutile d'envoyer tout cet approvisionnement, un deuxième point fixe ayant été établi bien plus en avant,[8] ceux qui étaient implantés à Ta Mana y restèrent. Non seulement parce que le climat était sain et la culture facile, mais l'extraction des métaux et des minéraux devait se poursuivre. La troisième raison, plus spirituelle, était que le site funéraire de Ta Ouz devait toujours être protégé, jusqu'à ce que les temps soient venus de révéler la Vérité avant qu'un cataclysme encore plus radical que le premier ne détruise toute la Terre !

Comme mon vis-à-vis savait que je revenais de la terre trois fois sacrée où gisait toujours l'Aîné, il ne me faisait somme toute aucune révélation, confirmant simplement l'ensemble de ce que je savais déjà. Des dizaines de questions me brûlaient les lèvres, mais je ne savais trop

---

[7] Ta Méri, comme Ta Mana, fait l'objet de plusieurs citations dans les papyrus des scribes Ani et Nebseni, que l'on a, à tort, inclus dans ce qui a été appelé le Livre des Morts. Il s'agit du Lieu Promis.

[8] Là encore, cette implantation devint sédentaire et donna naissance à la grande tribu des Kabyles.

comment m'y prendre pour les formuler, afin que la traduction ne les déforme pas. Mais le vieil homme prit les devants, en me signifiant qu'un autre, plus éclairé que lui, descendant des « Grands Voyants » de ses ancêtres, m'expliquerait très en détail ce que j'avais besoin de savoir pour avancer dans mes recherches. Lui n'était qu'une âme retrouvée parmi toutes celles qui s'étaient perdues !

Après nous avoir servi le thé à la menthe traditionnel, et expliqué au chauffeur géologue le chemin à suivre pour parvenir auprès du patriarche, nous partîmes dans cette direction. Mes appréhensions s'étaient arrêtées. Il ne faisait plus aucun doute que tout était prévu par une puissance supérieure afin que je persévère dans le chemin qui s'ouvrait devant moi, sans qu'il n'y ait plus aucune anicroche. Ma position de convalescent relevant de mon très grave accident, dont les séquelles étaient encore parfaitement visibles sans qu'il soit besoin d'être médecin, facilitait sans doute l'approche de l'homme hors du commun que j'allais rencontrer, car mes douleurs terribles, durant plus de deux années, avaient développé certaines facultés mentales et spirituelles.

En peu de temps nous fûmes au bout de la route goudronnée, puis du chemin de terre qui escaladait une colline. Il me fallut encore marcher puis gravir un sentier jusqu'à un monticule où « Il » nous attendait sur le pas de la porte de sa maison, appuyé sur une grosse canne. En un français parfaitement compréhensible, il me dit simplement : « Entrez », tout en faisant signe à mes deux amis d'attendre à l'extérieur. Ce qui se passa là, durant trois quarts d'heure, est probablement la chose la plus extraordinaire que j'ai vécue, mes deux accidents et les tortures allemandes n'étant comparativement que des événements banals !

Le début de l'entretien me mit tout de suite dans une ambiance si particulière qu'il me sembla devenir témoin d'une scène vécue douze millénaires auparavant ! En effet, à peine installé sur deux canapés bas à la mode marocaine, le Patriarche, qui n'avait cessé de me scruter, me dit sans aucun préambule :

— Tu te trouves ici même à l'endroit où le Fils a été ressuscité par ses deux sœurs, avec l'aide de Dieu, afin que la multitude renaisse, pour revivre dans l'obéissance de la Loi de l'Éternel. Dieu étant Dieu, sa colère seule est à craindre lorsque l'on tente de percer certains mystères qui ne concernent que l'avenir. Es-tu prêt à payer ton tribut à cette dure loi de l'existence humaine ?

— N'ai-je point assez payé ?

— Le Fils est ressuscité ici il y a 12 000 ans parce qu'il était le Fils. Ce n'est pas ton cas, quelle que soit la tâche que tu assumes. Ce n'est donc pas à moi de répondre à ta question, mais à Celui dont tu cherches à interpréter les actions. Il peut être pire de dévoiler l'avenir que de le garder caché.

— Mais je ne cherche pas à lire dans l'avenir ! Tout semble s'être ligué afin que je comprenne la vie passée d'un peuple. Si cela est, c'est afin que je le répète à ceux qui seraient heureux d'avoir cette connaissance essentielle pour leur survie.

— Dans ce cas précis, connaître le passé, c'est agir sur l'avenir. Seul Dieu est Maître de l'Éternité ; et à ce titre, tu t'attireras bien des haines, des jalousies, et des ennuis !... Te sens-tu assez solide pour affronter tout cela ?

— Puisque vous m'avez reçu, il semble que je doive l'être, sinon vous perdriez votre temps en me parlant.

— La difficulté n'est pas là, elle réside en toi, car les temps ne sont pas venus d'apporter toutes ces révélations. Il te faudra doser lentement leurs publications afin que tout soit prêt le moment venu.

— Dans ce cas, il n'y a aucune difficulté puisque je n'ai consulté aucun éditeur.

— Ce sera difficile au contraire, car si les débuts seront lents, et pleins d'aléas par rapport aux résultats que tu auras obtenus, lorsque tu seras à mi-chemin, le succès appellera le succès, et c'est à ce moment qu'il faudra que tu aies la volonté et la force nécessaires pour freiner la divulgation de la Connaissance.

— Mais pourquoi ?

— Chaque chose doit venir en son temps : avec le cycle qui lui permet de s'accorder à l'harmonie divine. Chaque ère a son rythme particulier. Celui du Taureau a eu Ousir, comme celui du Bélier a pris le Soleil pour se désolidariser de la Création du Créateur... L'ère des Poissons s'achèvera dans le Chaos à moins qu'il n'y ait un sursaut de l'Âme des humains, avec un nouveau Fils qui sera un nouveau Sauveur...

— Plusieurs prophètes l'annoncent déjà, et ce ne sont pas les livres que je publierai qui changeront quelque chose à cela.

— Ne sois pas trop modeste ! La réaction à tes ouvrages peut devenir fort cupide, mais aussi soudainement avide qu'elle est capable de rejeter les faux prophètes qui auront prédit des catastrophes qui ne se seront pas produites ! Cela a été le cas à plusieurs reprises depuis que l'homme existe, et tu t'en apercevras bien ! Même après Ousir, lorsque les prêtres du Soleil haussèrent le bélier tel un dieu en lui plaçant le globe sur le crâne, les idoles furent mises à bas par plus sauvages qu'eux.

Et Amon est devenu depuis ce temps mémorable le dieu de l'eau dans toute la Berbérie, car « amon », en berbère, signifie l'eau, donc l'espoir de vivre. Celui de conserver éternellement l'eau pour ses besoins, mais aussi l'espérance au cœur de ne plus jamais revoir le symbolisme du bélier en idole à la place de Dieu. Cela a été dans l'ordre des choses puisqu'un Messie est arrivé avec la fin de l'ère du Bélier. Il en ira de même dans quelques années avec la disparition de l'ère des Poissons. Dieu sera foulé aux pieds, renié, et tout le monde le suppliera le moment venu de ressusciter avec un nouveau Fils !

— Quand cela se produira-t-il ?
— Tu l'apprendras tout seul au cours de tes recherches.

Mais n'en annonce pas le temps trop vite !

— Dis-moi pourquoi, toi qui sais tout...
— Des êtres sans foi ni loi, que la cupidité poussera toujours vers le mal, tenteront d'utiliser cette Connaissance pour en dénaturer la Sagesse à leur seul profit. Il te faudra alors beaucoup te méfier.
— Tu es un vrai prophète et tu n'annonces que la Vérité. Je ne suis pas venu pour rien...

— Il me reste peu de temps à vivre ; ce n'est pas à moi d'enfreindre la Volonté de Celui qui a conduit tes pas jusqu'ici. Je vais te laisser seul dans la pièce d'à côté, le temps que tu le jugeras nécessaire pour y méditer. Tu peux y apprendre de grandes choses si tu le mérites, mais en pâtir au contraire si tu en es indigne ! Veux-tu y aller ?

— Qu'est cette pièce ?

— Une chambre nue, où il te faudra rester à terre. Mais c'est à cet endroit précis qu'Ousir a ressuscité. Il parle à ceux qui en sont dignes, mais punit les autres. As-tu le courage pour affronter le Fils ?

— Conduis-moi...

Le temps n'est pas venu de décrire ici les trois heures très étranges et presque surnaturelles que je passai là. La narration romancée de la *trilogie des Origines* en est une réminiscence. Elle a été critiquée par les « spécialistes » comme complètement inventée parce que dialoguée et qu'aucun texte ne pouvait fournir un tel luxe de détails, ni de précisions. S'il est bien vrai que les papyrus fournissent la trame véritable et essentielle de l'historique du continent englouti tout autant que de l'exode vers le « Deuxième-Cœur », l'Égypte, il n'en reste pas moins que cette publication a été rendue possible grâce à la forme donnée à l'ouvrage. Et ce qui a permis ce luxe de précisions ne fut pas des inventions d'un cerveau débridé, mais le résultat d'une concentration entre deux esprits qui se rejoignirent un jour, à Ta Mana, au lieu précis de la résurrection d'Osiris. Mes recherches bibliographiques intenses poursuivies ensuite à Chantilly ne firent qu'accentuer l'amoncellement des détails allant tous dans la même direction de ce monothéisme pour que l'Éternité, qui n'est qu'un éternel recommencement cyclique, n'appartienne qu'à Dieu.

Par une synthèse accélérée, que les lecteurs intéressés amélioreront en lisant *Les Survivants de l'Atlantide*, voyons ce qu'il advint, après la Résurrection d'Ousir, des rescapés de l'Ahâ-Men-Ptah, après qu'ils eurent accosté à Ta Mana, en débarquant de leurs « mandjit », ces barques insubmersibles qui les avaient portés jusque-là...

6

LES RESCAPÉS DE L'AHÂ-MEN-PTAH

> *Mais une autre supposition chimérique peut-être, mais par cela même séduisante, associe les Berbères à l'Atlantide, ce qui impliquerait une poussée d'Ouest en Est, et non le contraire !*
> E.-F. Gautier (*Le Passé de l'Afrique du Nord*)

> *Qui ne sait que vous êtes les complices de ceux que Dieu a fait mourir lors du Cataclysme ? Vous êtes de cette race de pharaons qui firent les rois d'Égypte ! Vous êtes de la race de Sodome et de Gomorrhe et de tous ceux qui ont lutté contre Dieu par incrédulité depuis le commencement !*
> Shenouda Le Mystique (Papyrus copte du Ve siècle)

Après les premières semaines d'hébétude, de souffrance, de recherches afin de retrouver d'autres membres de familles survivants comme eux, les rescapés de ce qui fut l'Ahâ-Men-Ptah commencèrent de s'organiser en Ta Mana pour survivre. Ce fut la première idée qui surnagea du cataclysme : vivre le temps d'avertir comme il le fallait les générations à venir qu'un pareil malheur pourrait survenir à nouveau faute d'obéir au Créateur de toutes choses, y compris les êtres humains qu'ils étaient !

Aussi les premiers Conseils des Anciens, qui réunirent ceux qui avaient échappé sur leurs « mandjit », grâce à Dieu, recherchèrent-ils les moyens les plus simples et les plus efficaces de retenir la leçon du passé pour préparer un avenir meilleur. Le pontife du Collège des grands-prêtres avait assez prédit ce qui était arrivé : à eux d'en tirer la dure leçon de leur égoïsme et de leur impiété.

Les signes divins n'avaient pas été suivis, et cela devait servir d'expérience, tant aux rescapés qu'à leur descendance pour toute l'éternité. Toute punition divine pouvait être rachetée, mais encore convenait-il de calmer la colère par une obéissance aveugle. Car la première vérité palpable pour eux, qui étaient en pleine « abomination de la désolation », c'était que Dieu avait voulu que les survivants comprennent enfin, « après », leur désobéissance envers ce Dieu qui était le seul Créateur de la Création.

Mais l'heure n'était plus au désespoir puisque la Renaissance pointait à l'horizon de chaque aurore, avec l'apparition du Soleil, *à l'orient*, et non plus à l'ouest, comme un éternel rappel du renouveau qui était survenu dans la même région des Douze : dans la constellation du Lion.

Ousir-le-Ressuscité avait siégé quarante-deux jours durant, afin d'asseoir la nouvelle multitude dans l'obéissance aux commandements de la Loi divine, représentée par son fils Hor qui deviendrait ainsi le premier descendant de l'Aîné. Il serait suivi par une liste ininterrompue de Pêr-Ahâ, si ceux-ci consentaient à rester les Fils-de-Dieu durant le long et pénible exode qui se préparait vers une « Terre promise » : Ta Méri. Ce lieu deviendrait, lorsqu'il serait atteint au bout de l'horizon de l'est qui rejoignit celui des Couchés : Ath-Kâ-Ptah, « le Deuxième-Cœur-de-Dieu ». Il unirait alors la Terre des Cadets au ciel des Aînés, pouvant ainsi renaître de ses cendres et de la poussière. Mais la Foi ne se perdrait-elle pas de nouveau, détruisant tous les efforts de ceux qui savaient que l'homme courait seul vers sa perte ? La force divine aurait beau imprégner les âmes, si quelques-unes s'insurgeaient et continuaient de se rebeller contre elle en s'agenouillant toujours pour le Soleil, nul ne pourrait survivre à la discorde qui en résulterait !

Avant de repartir à la recherche d'un nouvel Eden, et afin d'éviter un retour des calamités, les Anciens décidèrent de la forme générale à donner à la nouvelle religion qui serait celle de l'exode. Ils avaient dû, pour ce faire, survoler avec Horus les dizaines de siècles de marches incessantes et harassantes, et prévoir l'arrivée des nouvelles générations à Ta Méri. Qu'en serait-il alors ? Probablement l'oubli total du passé tragique qui obnubilait tant les Anciens qui le vivaient au Présent ! C'était d'une telle évidence que le Conseil faillit abandonner son objectif. Mais Horus sut remonter le moral de tous, car il était primordial que la race humaine survive puisque la Terre était sa possession. Il fallait donc que, dès ce jour, chaque être se sente surveillé par Dieu pour chacun de ses actes, et ce, par la variété des milliers de facettes de l'univers représentant la Création et qui seraient les reflets types de chaque variante de l'image divine. Ainsi toute sa vie durant, l'âme se sentirait épiée pour chacun de ses actes malveillants ou bienveillants, et jugée pour cela à la fin de sa vie terrestre, implacablement. Si elle avait failli, elle serait irrémédiablement rejetée, mais si elle était rentrée pure, elle survivrait éternellement.

Peu à peu, une éthique réglementa sévèrement les commandements de la Loi afin que le peuple des survivants qui se multipliaient tout au long de la route conserve sa droiture et sa foi en Dieu et en l'avenir. Il serait temps de tout réviser lorsque la multitude serait parvenue dans le Deuxième-Cœur-de-Dieu. Car, dès ce moment, l'humanité, devenant sédentaire, devrait posséder d'autres critères de croyance afin que la crainte en la colère divine subsiste.

Et le grand départ se fit au temps prévu par les configurations célestes, calculé par les Maîtres de la Mesure et du Nombre qui figuraient parmi les rescapés. Dès le premier matin, une grande cérémonie de remerciement eut lieu devant huit prêtres portant une « mandjit » sur un brancard de fortune à hauteur d'épaules. Un sanctuaire y était construit, qui contenait une relique d'Ousir ramenée de Ta Ouz, ainsi que ses vêtements. Symboliquement, les prêtres regardaient vers l'ouest, là où étaient couchés les « Bienheureux endormis » de l'Ahâ-Men-Ptah. Quant au pontife qui leur faisait face, au-devant de toute la multitude agenouillée en une action de grâce et de remerciement, il tenait dans ses mains un pot symbolique contenant des cendres d'une mandjit, dont la flamme ne s'éteindrait qu'à l'arrivée en Ath-Kâ-Ptah, le Deuxième-Cœur-de-Dieu et leur future seconde patrie :

Il devrait en aller ainsi, chaque matin où Ptah ferait apparaître Râ dans toute sa splendeur, avec l'or de ses rayons lumineux à l'est, obligeant tous ceux qui prieraient à fermer les yeux afin de ne pas être aveuglés. Cette ferveur serait la plus salutaire pour les dures journées que cet exode annonçait au travers de territoires bouleversés eux aussi, et qui se desséchaient irrémédiablement.

De même chaque soir, avant que le globe solaire ne disparaisse au-dessus de la mer qui avait fait un énorme linceul liquide de la mère patrie, la fervente invocation à Ptah devrait permettre à Râ qui disparaissait au-dessus des millions de morts de les réchauffer, tout en permettant aux vivants de reposer leurs âmes en paix avec Dieu.

Mais, bien entendu, lors de la prière du soir, le pontife et ses prêtres ne fixeraient plus le point idéal où ils trouveraient la Terre promise, mais regarderaient l'ancien continent, en lui présentant précieusement les cendres des Ancêtres, ranimées par la nouvelle flamme qui ne s'éteindrait que lorsque la nouvelle Alliance avec Ptah les aurait amenés sur la terre de la deuxième patrie ! Ainsi le souvenir toujours vivace de l'événement conserverait la crainte au cœur même des rescapés, jusqu'au tréfonds de leurs âmes, tel que le deuxième dessin ci-contre le montre par la position même du pontife fixant la gauche pour lui présenter l'urne funéraire avec sa flamme renaissante.

Le malheur, cependant, rôdait autour de ceux qui se considéraient à juste titre comme les descendants de Ptah. Il était personnifié, en l'occurrence, par les rebelles issus de Seth, qui eux aussi avaient échappé en partie au Grand Cataclysme. Ils avaient formé leur clan, plus au sud, et ils s'étaient préparés également au départ vers l'est à la recherche d'une nouvelle terre que les prophètes assuraient bénie du Soleil et de ses satellites, tout exprès pour eux. Et les luttes entre les deux tribus fratricides reprirent ainsi.

Les traces des dures batailles se retrouvent tout au long d'une route que j'ai parcourue et que j'ai appelée : « La Voie sacrée des Gravures rupestres ». En effet, comme à Ta Ouz, ce ne sont pas quelques dessins qui sont gravés dans la pierre, mais des centaines et des milliers tout au long de la ligne imaginaire appelée aujourd'hui le « tropique du Cancer » : disons entre le 25e et le 35e parallèle. Ainsi en fut-il à l'orée d'une contrée montagneuse désertique dont le seul passage frontière avec l'Algérie était le col de Zenaga. Là, les deux clans se rencontrèrent et luttèrent farouchement, laissant des gravures rupestres remarquables en souvenir de leurs passages et de leurs combats.

La carte suivante montre mieux la route parcourue par ceux d'Ousir-Ptah et ceux de Seth-Râ.

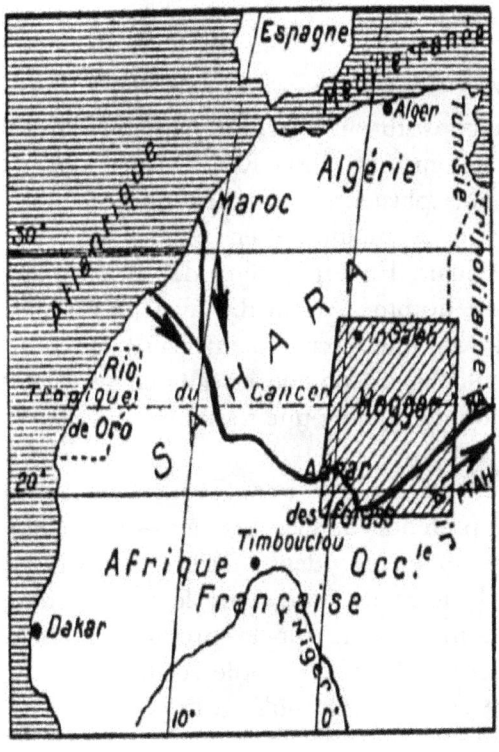

Il était donc assez aisé de retracer le récit des luttes titanesques qui eurent lieu, renaissant ainsi depuis le fond des âges connus, pour attester de ce duel fratricide et de la violence des choses qui opposèrent ceux de Seth à ceux d'Ousir, soit les « Manistiou » ou les « Forgerons d'Horus » contre les « Râ-Sit-Ou », ou les « Rebelles de Seth ». Sur les zones des combats, les gravures sont significatives. En maints endroits elles se superposent aux précédentes, prouvant que les premiers habitants furent dépossédés par des envahisseurs qui grattèrent les grès, les burinant de coups de silex rageurs, avant que ces mains n'y gravent leurs dessins d'une autre conception, plus rustique.

Ces surproductions sont presque de grandeur naturelle, dépassant le plus souvent un mètre de hauteur. Tous les corps humains sont porteurs de têtes d'animaux, de béliers ou d'oiseaux.

La zone du Hoggar est prolifique à cet égard, ce qui a permis une reconstitution exacte de certains combats et de leur environnement. Ainsi, les « Rebelles » étaient solidement implantés depuis plusieurs décennies, un peu plus au nord de l'endroit où la multitude en exode des descendants d'Horus cheminait. En effet, ceux de Seth, sous le règne assagi d'un roi nommé An-Sit-Râ, avaient proliféré en un endroit verdoyant qu'ils cultivaient paisiblement. Or, son successeur, Bak-Râ, tyrannique et sanguinaire, ne cherchait qu'une occasion de prendre une revanche guerrière !

Celle-ci lui fut donnée par l'avance de la « troupe » ennemie qui, prétendit-il, allait les détruire. Le double but qu'il se proposait était évident : faire renaître la lutte, puis repartir vers la terre promise « par le Soleil » devenant la « Terre de Lumière ». Il fut le premier à choisir pour emblème l'épervier dont le symbole éclatait à tous les yeux : prêt à fondre sur sa proie qu'il avait repérée de ses yeux perçants et à refermer sur elle ses serres, telles de puissantes tenailles qui broyaient tout.

Le village du chef et toute la peuplade étaient établis sur la rive sud de la Sa-ou-Râ, ou « l'eau brûlée par le Soleil », alors que ceux de Ptah avançant sur l'autre rive faisaient une halte à quelques journées de marche, au nord donc du fleuve et du campement rebelle.

À partir de là, deux types de gravures primitives permettent de se faire une juste idée des événements. Ceux d'Horus indiquent qu'au soir, alors que le peuple était repu de viande de buffle, le Soleil disparut derrière Ta Mana, vers l'endroit où reposaient les Bienheureux, dans l'Amenta. Ce qui fit dire au pontife que l'endroit où ils venaient d'arriver s'appellerait Ta Mentit, le « Lieu-Espéré-au-Couchant », qui mélangeait le lieu d'où ils provenaient et celui où ils se rendaient, Ta Mérit.

De même, ce fleuve impétueux et bouillonnant se nommerait, pour les annales futures, Sâ-Ou-Râ, l' « Eau-Brûlée-par-le-Soleil », qui était une subtilité de langage, ce liquide retrouvé semblant pris d'une fièvre débordante après la désolante sécheresse du Sâ-Ahâ-Râ. Cette eau représentait symboliquement le nouveau Soleil devenant le Maître de la Nature et inondant de ses bienfaits la nouvelle population.[9]

Dès le lendemain, le Per-Ahâ fit preuve d'un rare génie organisateur. La clairvoyance de son pontife l'avait comme vivifié, et il prit les décisions utiles qui s'imposaient. Il éparpilla les grands clans de son immense famille tout au long du fleuve, en remontant vers la source.

---

[9] Ces territoires situés entre 0° et 4° de longitude à la hauteur du parallèle du tropique du Cancer portent tous des noms berbères qui s'écrivent aisément à l'aide d'hiéroglyphes, ce qui est toujours facile à vérifier.

Ce fut ainsi que les avant-gardes des uns rencontrèrent les arrière-gardes des autres ! L'affrontement eut lieu, mais le combat fut assez inégal, la force des armes revenant aux «Manistiou». Mais si les armes des rebelles étaient redevenues primitives faute de métal, le silex et le quartzite avec lesquels ils assenaient leurs coups tuaient les bêtes les plus grosses. Comme à la robustesse des bras ils alliaient une certaine ruse développée lors des chasses aux animaux rapides comme l'autruche et la girafe, ils étaient restés des adversaires redoutables.

Les blessés revinrent réciproquement dans leur propre camp pour raconter la puissance dont disposait l'adversaire. Les Forgerons d'Horus fortifièrent leur campement, et lors de leur contre-attaque, bien plus tard, la chronologie se rétablit grâce à ces dessins, car des têtes d'hommes sont superposées en une troisième gravure aux précédentes, et, en guise de signature, cette même troisième main ajoute une queue de lion ceinturant la taille. Il est ainsi facile de rétablir les actes de propriété des lieux : en premier, ce fut un « Suivant d'Hor », puis il y eut un « Râ-Sit-Ou » adorateur du Soleil, et enfin, juste retour des choses, de nouveau un « Manistiou ».

À Ta Mentit, il a même été retrouvé plusieurs statues taillées dans les roches basaltiques du site, qui remerciaient Râ de la victoire des « Rebelles de Sit ». Une tête de bélier sculptée sur un tenon cylindrique est visible au musée d'Alger. Pour bien comprendre l'imbroglio hiéroglyphico-berbère, il faut savoir que le nom « sacré » de Sit, mort au couchant, fut Amen (d'Ahâ-Men, l' « Ancien-du-Couchant »), appellation donnée au bélier qui, par ses coups de boutoir, a symbolisé le premier « Rebelle » et ses victoires sur Ousir et Hor, comme si la force vive de Sit s'était réincarnée dans tous les béliers.

« Amen » devint l'espérance et la foi dans la puissance du Soleil pour tous les « Râ-Sit-Ou », s'augmentant au fil des siècles de la dénomination de l'eau par le même double son syllabique. Car ce fut Râ qui protégea les fleuves du désert afin que chacun se désaltère jusqu'à plus soif. Toute la Berbérie a conservé ce mot, « amen », pour désigner l'eau, encore aujourd'hui. Tout comme dans la Kabylie et chez les Touaregs. Cette route sinueuse a été scrupuleusement retracée par moi grâce aux milliers de dessins qui forment la Voie sacrée des Gravures rupestres, telle qu'elle est ci-contre dessinée.

Les combats des porteurs de lances et de haches contre les lanceurs de pierres, ou les chars fonçant sur des hommes nus sont aussi amplement détaillés sur les roches du Tassili-n'Ajjer, démontrant, dans la sobriété des gravures, la revanche que prirent ultérieurement les « Manistiou » sur les « Râ-Sit-Ou ».

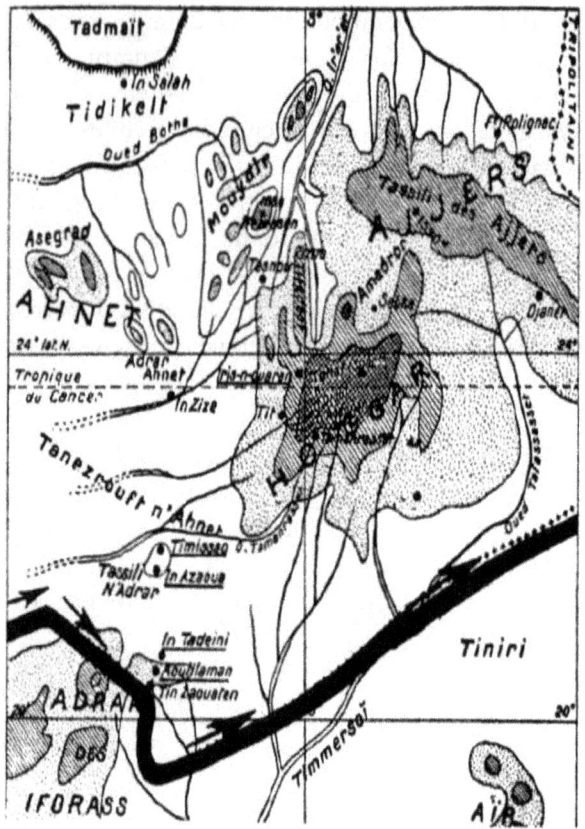

Cette seconde bataille fut très meurtrière car les deux camps se retrouvèrent également armés, les « Rebelles » ayant fait une ample moisson de pics et de haches lors de l'invasion précédente. Après ce choc très sanglant, les adorateurs de Râ furent à nouveau chassés plus avant vers l'est, dans un autre désert. Et l'avance de la multitude de Ptah reprit également vers l'orient où les implantations actuelles de Kabyles et des Targuis sont les justes rejetons des Aînés, au même titre que les Berbères. Ainsi naquirent les célèbres « Serk-Kers », les « ouvreurs de crânes ». Cette corporation de trépaneurs s'établit dans l'Aurès où elle exerce encore de nos jours, avec la même pratique et les mêmes instruments qu'il y a dix millénaires.

En cet endroit, où toute la population née d'Ousir séjourna plus longuement pour reprendre force, les gravures sont plus fines et mieux incisées. Le calme permit sans doute à cet art de se développer, car les « Rebelles », quant à eux, avaient fui jusqu'aux contreforts du Fez pour s'y installer et reprendre haleine.

Il y eut juste un petit événement, qui parut insignifiant à l'époque, mais qui, dans la suite, prit une importance primordiale. L'Hor-Vainqueur réussit à domestiquer un faucon. Pour rire, il prit le titre d'Hor-Deux-Fois-Vainqueur, car son faucon avait tué un épervier. Le faucon devint donc à partir de ce jour-là l'emblème du « Descendant ». Cela était dans l'ordre éternel des choses de s'allier à l'Harmonie céleste.

Profitant également de cette halte prolongée, les divers groupes scolaires oraux s'étaient remis à l'ouvrage, répétant sans cesse la partie du Savoir qu'ils avaient consciencieusement emmagasiné au fond de leur esprit, sans rien omettre, ni changer, bien qu'ils ne comprissent plus guère l'ensemble des phrases, celles-ci perdant déjà leur signification originelle dans la brume épaisse des matins nouveaux.

Le pontife, à qui était exclusivement réservée la classe des initiés adultes qui formeraient ceux qui légueraient aux générations postérieures les éléments sacrés destinés à rétablir le Collège de formation des grands-prêtres, répétait sans cesse à ses élèves les mêmes phrases accompagnées des mêmes arguments et commentaires, les ayant lui-même apprises de son père. Il ne réservait qu'un ultime chapitre pour son fils aîné, à l'exclusion de toute autre personne, comme cela s'était produit pour lui, et pratiqué pour tous les Aînés des pontifes qui l'avaient précédé depuis Ta Mana. L'enseignement prodigué ne valait pas celui des temps héroïques, certes, mais ceux qui portaient la robe blanche et avaient la tête rasée étaient dévoués à leur tâche ingrate de formation spirituelle des esprits hélas fatigués, et bien trop préoccupés par la marche hallucinante de journées qui semblaient interminables, pour s'occuper de la vie future de l'Au-delà de la Vie, pourtant plus importante.

Ainsi, l'unique élément secret consistait dans le guidage de cette immense population, selon un axe ouest-est intangible dont il fallait toujours conserver le cap, ou y revenir après avoir contourné des massifs montagneux, afin de parvenir à l'endroit promis par Dieu.

Il s'agissait d'un « appareil » simple, reconstruit en Ta Mana dès que l'idée de l'exode avait germé. Il était enfermé dans un chariot scrupuleusement gardé et dans lequel nul ne pouvait pénétrer hormis le pontife. Et il consistait en une large coupe, que l'on appellerait aujourd'hui une cuvette, pleine d'eau, dans laquelle nageait un « objet » en bois de sycomore : le *gô-men*.

Ce petit cylindre permettait de suivre un cap calculé à l'avance sans aucun risque de déviation ! Il détenait donc le pouvoir de conserver la route de la seconde patrie et la certitude d'y parvenir un jour ou l'autre. Le mécanisme était d'une simplicité désarmante, car les entailles qui y étaient faites étaient les repères infaillibles de toutes les destinations du monde connues de cette époque. Un parallèle percé d'un petit morceau de métal allongé permettait de faire le point fixe selon l'ombre portée tous les jours à midi. Cette ligne imaginaire est appelée aujourd'hui tropique du Cancer.

Ainsi le Sud algérien actuel vit-il l'implantation antique d'une nouvelle école médicale, chargée d'opérer les innombrables blessés à la tête durant les rudes batailles, par des coups de masse, de lance ou de hache. L'anatomie était à l'honneur, et nous possédons un traité de plus de trois cents feuilles, datant du fils de Ménès, le deuxième roi qui régna quatre mille ans avant notre ère, et dont la moitié du papyrus se trouve au musée de Berlin et l'autre au British Muséum. Des opérations telles que la trépanation, justement, et la césarienne y sont minutieusement décrites. Tous les gestes précis à effectuer afin de sauver des vies humaines dont le crâne a été plus ou moins gravement frappé, fendu ou cassé. Des outils spéciaux furent mis au point à la suite de divers essais réalisés sur des cadavres « ennemis », bien des rebelles tués au combat n'ayant pas été ramassés par les leurs. Cela devint rapidement d'une aisance si particulière que l'habileté des premiers « chirurgiens » se transmit de père en fils pour se perpétuer encore au début de ce XXe siècle, ainsi que l'atteste un écrit du Dr R. Verneau : *La Trépanation dans l'Aurès*, dont voici un extrait essentiel :

Il existe encore un petit peuple de trépaneurs aux mœurs médicales bizarres qui vient on ne sait d'où ; qui pratique cette singulière opération du trépan on ne sait depuis quand ; qui l'a apprise on ne sait de qui ; et qui, toujours sauvage et inaccessible aux idées modernes médicales, nous étonne par sa hardiesse opératoire et par les succès obtenus !

Voici les dessins de divers instruments retrouvés par ce docteur, qui ne devaient pas différer de nombre des originaux vieux de dix millénaires.

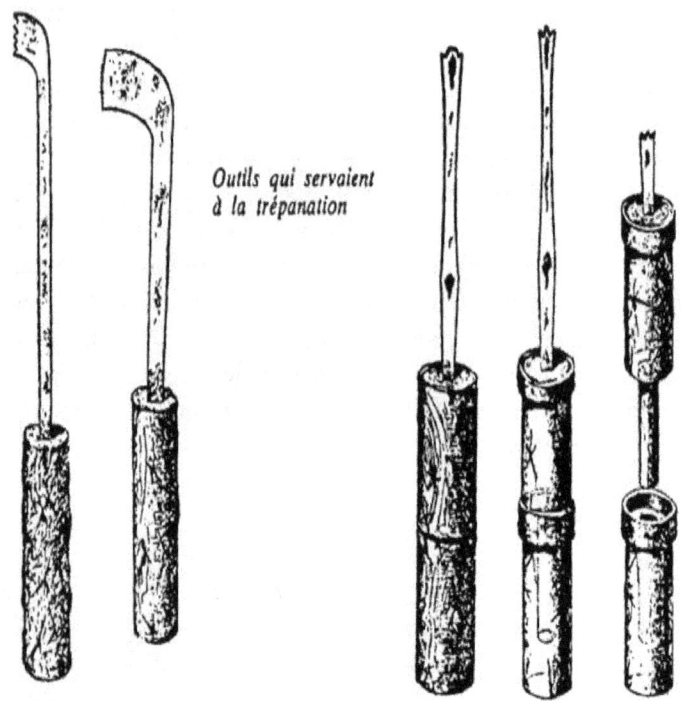

Outils qui servaient à la trépanation

De cette première école est certainement parti le grand principe de l'égalité de tous les blessés devant la souffrance. Les textes abondent pour préciser que nous sommes pareillement semblables devant la mort. Ce n'est qu'à partir de ce passage intermédiaire qui précède l'entrée dans l'Au-delà de la Vie terrestre que l'âme reprend sa valeur primordiale. De cet événement partent tous les grands thèmes du monothéisme. Ce ne sera que celui qui aura pleinement vécu dans la Justice et la Bonté, et en toute Pureté, qui se rendra directement chez les Bienheureux, possesseurs, et eux seuls, de la Vie éternelle.

De cette spécification est née « l'ouverture du dessus du crâne », afin de préserver les enveloppes charnelles douées d'une parcelle divine, qu'elles soient de l'un ou de l'autre clan, car elles sont susceptibles de continuer ou de commencer leurs bonnes actions sur la Terre. Une fois guéries, ces têtes pourront mettre leurs âmes en règle avec les Commandements divins ! Ainsi, seul Dieu restera apte à les juger.

Au fur et à mesure que les années passaient, puis les siècles, l'approche de la Terre promise se précisait, après avoir essaimé de-ci, de-là, des familles qui deviendraient de nouvelles tribus importantes. Chacune garde encore aujourd'hui sa propre originalité dans l'ensemble de la nation arabe. Mais dans d'autres endroits, comme dans le Fezzan, la lutte fut telle et le climat devint si éprouvant, que, hormis la très belle série de gravures rupestres, il ne reste rien que le désert. Pourtant, actuellement, une équipe d'archéologues italiens y mettent au jour des trésors, y compris de véritables momies, ce qui prouve qu'en parvenant aux portes de l'Égypte les rescapés avaient non seulement réintroduit la trépanation, mais l'embaumement. Les vestiges y étaient si importants déjà à l'époque où je m'y trouvais qu'il est facile d'en rétablir l'historique.

La lutte recommença aux portes du Fezzan où s'étaient réfugiées les familles rebelles après leur cinglante défaite passée. Ces familles s'étaient regroupées au fond d'un canyon, rayant d'une tache claire un gigantesque désert caillouteux noir. Ce fut au bout de cette terre morte que les exilés respirèrent à nouveau, trouvant là une oasis de fraîcheur, encore pleine de sable blanc, très fin. Des animaux de toutes espèces vivaient encore en cet endroit de quelques kilomètres de superficie, en bonne intelligence. Malheureusement, les humains étaient fort nombreux, et ils devaient manger...

Cette étape qui n'était que provisoire dans l'esprit des meneurs dura plus longtemps que prévu ; et les animaux en tout genre se raréfièrent, puis disparurent de cette oasis qui finit par se dessécher elle-même. Mais, avant de quitter ces lieux qui avaient été un enchantement, la nostalgie fit reproduire sur les parois la multitude des animaux qui avaient vécu là : éléphants, rhinocéros, girafes, crocodiles, etc., toutes ces gravures ayant environ deux mètres sur trois ![10]

Mais il était temps de tenter de ravir le « Deuxième-Cœur » à ceux qui prétendaient que cette terre leur était promise à eux seuls. Or, juste à ce moment-là, les éléments avancés des « Manistiou » parvinrent à l'entrée du Fezzan, à la recherche d'un campement pour une prochaine étape. Un choc terrible en résulta qui s'éternisa, bloquant les deux clans sur leurs positions comprenant une cinquantaine de kilomètres.

Les masses rocheuses qui foisonnent en ces lieux en sont là encore le témoignage impérissable. Sur les gravures, les personnages deviennent « animaliers », et les deux Géants sont définis par un épervier et un faucon. Les descendants du premier sont indiscutablement « Adorateurs du Soleil » et les autres « Forgerons d'Hor ». À partir de cette époque, les emblèmes des deux clans figurèrent par cette appellation qui devint vite mythique.

Les splendides sculptures gravées sur les rochers ont cette particularité à caractère sacré de se trouver situées sur les faces qui reçoivent les rayons empourprés du globe solaire couchant. Elles se trouvèrent, par conséquent, juste à l'opposé de l'horizon occidental, et cela fut si manifestement intentionnel que cette pratique se retrouvera sur tous les sites funéraires pharaoniques durant les quatre millénaires où ils s'étaleront en divers endroits du rivage occidental du Nil,

---

[10] Un défilé de 60 kilomètres, sinueux et presque infranchissable, interdit l'accès à la source de l'oued Mathendous. Ce fut là que les descendants prirent le nom de Garamantes, cher à Hérodote. Le lieu même, « Garamara » en dialecte local, a gardé sa signification, répétée par mon guide : « double lieu sacré du Soleil » !

là où le soleil s'endort sur les parois rocheuses qui les entourent, mais où la précession des équinoxes bouleversera les données.

La raison s'en comprend aisément lorsqu'on admet que les Ancêtres, ceux qui reposent « Bienheureux » dans l'Amenta, de l'autre côté, sur la rive occidentale céleste, et qui se réveillent lorsque l'astre du jour disparaît aux yeux de ceux qui vivent dans le « Deuxième-Cœur » de Dieu, voient, durant les quelques minutes où le globe flamboyant éclaire les deux hémisphères, les gravures prendre vie ! Car elles s'animent alors expressément afin que le lien harmonique entre les deux mondes soit constant. Ainsi est dessinée la vie de tous les jours, travaux des champs, pêche, chasse, comme les batailles et les victoires, afin que ceux qui sont au-delà de la Vie soient immédiatement au courant !

L'étranger de notre XXe siècle qui a la chance, comme moi, de s'être rendu sur place, et d'avoir pu assister à cet extraordinaire coucher de soleil, au sein d'une solitude étonnante, ne peut qu'en être bouleversé. Il contemple le cercle rougeoyant, qui semble de plus en plus énorme avant de s'enfoncer derrière les escarpements rocheux de ce Fezzan désertique, au-delà de ce haut plateau perdu dans l'immensité, et qui darde auparavant ses millions de flèches ensanglantées comme autant de traits magiques frappant les silhouettes gravées, les animant ainsi soudain d'une autre vie. Nos yeux de contemporains clignent à plusieurs reprises d'étonnement, car la mobilité de la descente solaire fait évoluer les ombres avec une rapidité déconcertante sur le grès, faisant revivre, se battre, et sortir réellement victorieuse cette armée qui resurgit ainsi, vivante par-delà la nuit des temps !

Mais ces instants inoubliables sont trop brefs, car la nuit, sous ce tropique du Cancer, s'abat rapidement. L'impression ressentie n'en demeure pas moins extraordinaire.

Ce qu'il est néanmoins très difficile de comprendre, dans ce dédale chronologique, c'est cette lutte fratricide qui opposa les deux membres d'une même famille issue de Geb et de Nout, durant les millénaires qui précédèrent l'arrivée en Égypte, et qui se poursuivit durant autant de temps, avant la destruction finale des deux camps, sous Cambyse, en 525 avant l'ère chrétienne.

Le mythe de Sit et d'Hor s'était si totalement intégré à la vie quotidienne qu'il s'était déjà changé en une légende épique qui se transforma, dès l'implantation en Ath-Kâ-Ptah, en un symbolisme religieux qui fait immanquablement penser à notre monothéisme chrétien en passe de devenir polythéiste. Étrangement, en ne le cherchant pas, la religion de Ptah qui fut rétablie à la naissance du premier roi de la Ire dynastie se rapprocha de la vérité ancestrale originelle. Mais elle obséda l'esprit des deux groupes rivaux, à tel point que l'univers de chacun fut d'une conception opposée à celle de l'autre. Et la distance séparant sur les rives du Nil, Dendérah pour ceux de Ptah, d'Héliopolis pour ceux de Râ, soit 800 kilomètres, ne fut pas suffisante, puisque durant quatre millénaires la lutte fratricide se poursuivit de plus belle !

L'opposition latente du Nord contre le Sud n'avait cessé d'opposer de nouveaux « Rebelles de Sit » à la famille régnante des « Suivants d'Hor ». Cette haine fut toujours vivace ; elle hanta et ensanglanta toutes les familles dans la lutte pour une accession au pouvoir divin.

L'écho s'en répercuta 2 000 ans plus tard, gravé sur les murs des temples de Karnak, d'Oumbos, d'Abou-Simbel et de Dendérah, les passions ayant été déchaînées par Ramsès Ier, usurpateur du Per-Ahâ régnant, qui institua la XVIIIe dynastie selon la chronologie de Manéthon. Son nom fut d'ailleurs Séthi, ou descendant de Seth. Ramsès II fut son fils, le premier d'une longue lignée qui comprit treize souverains portant le même patronyme.

Mais n'est-il pas étonnant de voir que, dans tous les domaines, un antagonisme si net sépara les deux parties ? Dès le début, il en fut ainsi. Lorsque Ménès, en unifiant les deux terres de Haute-Égypte et de Basse-Égypte, s'installa à la base du delta du Nil, il édifia en premier lieu l'Ath-Kâ-Ptah, le « Second-Cœur-de-Dieu », autour duquel s'éleva la capitale, que les Grecs appelèrent plus tard Memphis. Or, lorsque, à la dynastie suivante, un « Sit » reprit le sceptre et voulut garder le même nom, les prêtres du Soleil l'empoisonnèrent, mais il en réchappa et eut gain de cause. Ce qui fit que, quelques décennies plus tard, lorsqu'un « Hor » revint au pouvoir, il renia ce nom, pourtant de son clan, pour introduire celui de Ta-Nou-It, le « Lieu-du-Sycomore-de-Nout », qui devint un autre nom de l'Égypte : « Terre des Sycomores », dès la IIIe dynastie. De ce nom, les Grecs tirèrent en phonétique un autre nom célèbre : Danaos, qui image d'une autre façon le « naos » où était planté le Sycomore sacré, qui devait permettre la venue d'Osiris.

Le temps évoluant, ce ne fut plus alors Ptah contre Râ, mais Amon qui fut en lutte ouverte contre Aton, l'apogée en étant atteint par l'empoisonnement d'Aménophis IV qui, sous le nom d'Akh-en-Aton, voulut détruire Amon en construisant une autre capitale et en interdisant le culte de l'idolâtre Dieu Bélier. C'est pourquoi l'histoire pharaonique ne fut qu'un va-et-vient où s'extériorisa sans cesse un esprit revanchard par-delà le grandiose, dès la XVIIIe dynastie, le tout ne s'achevant que par l'envahissement de conquérants de tous acabits et la destruction non seulement de la civilisation présente à ce moment-là, mais également celle des temps passés ! Plus rien ne subsista de solide que le sable n'envahît à son tour, et ne fît disparaître des regards !

Mais bien avant cette épreuve définitive, la longue marche, qui avait duré quinze siècles ponctués de luttes fratricides, avait permis ce lent développement des mœurs. Ce fut presque à l'arrivée aux abords d'Ath-Kâ-Ptah qu'eut lieu le dernier grand combat, dans un épuisement généralisé des deux camps.

Les « Manistiou » et les « Râ-Sit-Ou » se retrouvèrent pratiquement nez à nez le long de la frontière actuelle égypto-libyenne, devant les contreforts qui permettaient l'accès vers la dernière oasis de l'extrême Sud-Est libyen, qui était pour chaque clan comme une bénédiction du ciel, dont il fallait tout naturellement s'assurer la propriété exclusive, que chacun tenta de s'approprier.

Ce furent les « Forgerons d'Hor », mieux équipés en armes, qui obtinrent la suprématie de haute lutte. Ils rejetèrent les « Râ-Sit-Ou » épuisés vers le nord, une haute chaîne désertique murant littéralement la route vers l'orient, l'oasis désormais occupée bouclant l'ouverture stratégique de l'est, par le sud.

Pendant que les Rebelles refluaient vers la mer, où ils se regroupèrent et gagnèrent à courtes étapes le delta du Nil, le Descendant qui fut le dernier à camper à l'étranger fut une femme ! Le Per-Ahâ, n'ayant eu que des filles, l'aînée, Mout-Pet-Ahâ ou la « Fille-de-l'Ancien-Scorpion », fut appelée à régner. Elle ordonna une pause bien méritée sur ce lieu apaisant en une palmeraie très étendue où l'eau coulait en abondance.

Lorsqu'enfin le moment tant espéré arriva, la foule immense s'ébranla derrière le chariot de tête, qui restait à tous les points de vue le pôle d'attraction puisque c'était de son intérieur bâché et strictement caché que venait l'indication de la route. Il contenait le dernier *gô-men* en date, certainement plus perfectionné que l'ancien et qui les menait tous à bon port depuis des siècles et des siècles.

Il semblerait toutefois que le pontife, en fin politique, prévoyant l'avenir, ait dépêché plusieurs estafettes en avant afin d'explorer les meilleurs passages, et qu'il ait attendu leur retour avant de se fier à l'ombre solaire de son appareil pour s'engager dans cet ultime itinéraire.

Toujours était-il que, le but à atteindre se trouvant sur le même parallèle, la longue caravane emprunta l'étroit goulet, légèrement au sud de l'oasis, reconnu à l'avance comme ouvrant la porte de la vallée désertique dont la traversée ne dura heureusement que quatre lunaisons.

Un soir, à la tombée de la nuit, le groupe de tête se trouva acculé à un rebord de falaise infranchissable, mais agréablement parsemé de palmiers et d'arbres divers ainsi que d'une source. Ce ne fut qu'au dernier moment, lorsque les hommes parvinrent devant le vide, qu'ils poussèrent des hurlements de joie. Au loin, illuminé par le soleil couchant, scintillait un très large serpentin qui, partant de l'horizon nord, barrait perpendiculairement tout le panorama jusqu'au sud : le don de Dieu, le Nil, était atteint !

En quelques siècles, la civilisation s'implanta tout au long de mille kilomètres du « Fleuve céleste », mais nettement séparée sous des sceptres. Les principales provinces émergèrent presque toutes ensemble durant ce laps de temps. Ce furent les « nomes », dus à une phonétisation hellène bien particulière.

Ce temps fit passer un soleil régulièrement rétrograde au zénith des « Fixes » jumelles. Leur clarté nettement différente semblait les opposer par les nuits claires, en un sombre présage. Et de fait, elles attisèrent les haines et les discordes qui constituèrent l'essentiel du drame de ces deux descendances ennemies : les Éperviers et les Faucons, durant encore plusieurs siècles.

Pour le « Royaume du Nord », celui de la Basse-Égypte, le delta du Nil était asservi par les « Rebelles de Sit ». La première localité dont le nom ait fait souche dès la première dynastie unifiée fut Pa-Ouet, située sur la côte de la Méditerranée, mais bien à l'écart de la zone marécageuse. Elle devint ainsi la résidence des premiers rois « Roseaux », en prenant plus tard le nom grec de Bouto.

La seconde fut Pa-Asit, dont la particularité fut surtout de s'appeler Pa-Ousir après l'unification, et où le temple du Soleil devint alors celui de Ptah. Son nom actuel est Abousir et, outre son temple des premières dynasties, on peut y voir trois pyramides aussi célèbres que celles de Gizeh.

Enfin la troisième ville prédynastique importante fut Pa-An-Râ, la localité sacrée des premiers prêtres officiels du Soleil, dont le Collège fut calqué sur celui du pontife du Sud, tout bonnement. Mais cette capitale prit un intérêt complémentaire lorsque le 32e « Roi du Nord » décida de s'y installer lui-même.

Cette ville devint alors Kemti, dont les Grecs firent Sais. La désaffection de Bouto provint de la présence nauséabonde des marécages, source de diverses maladies infectieuses et même de la peste. Mais il est également certain que la prédominance que prirent les prêtres dans toute cette région plus fertile incita le roi à venir y vivre lui-même. Le dernier d'entre eux fit sa soumission aux « Manistiou » du Per-Ahâ Shesou-Hor.

Ce traité de paix, le plus important de tous les temps, préluda de 217 ans l'entrée du Soleil en Taureau, « l'ère de la Résurrection d'Ousir ». Cette période fut consacrée par le Roi des deux terres, du nord et du sud, de l'Amenta à l'occident et d'Ath-Kâ-Ptah à l'est, donc le Maître des Quatre Temps de la Terre et de l'Univers, à faire en l'honneur du Dieu Unique Tout-Puissant qui avait permis cela, des réalisations colossales qui, en remerciant l'Éternel de ses bienfaits, uniraient le ciel et la terre, donc l'Humanité à la Divinité, en une Alliance qui devrait être indestructible.

L'histoire de ce peuple élu commence donc réellement à cette époque unifiée, environ deux siècles avant que Ménès n'ouvre l'ère dynastique en 4241 avant Christ.

Mais ces mélanges les plus divers ne formeront une seule nation derrière le Dieu Unique qu'à partir du jour où le porteur d'un seul sceptre imposera son pouvoir héréditaire, issu d'Ousir. Cette monarchie théocratique attendra donc dans l'expectative l'affirmation impérative d'un « Descendant », d'un Per-Ahâ venu du Sud pour unifier le « Deuxième-Cœur », royaume privilégié s'il en fut, par la promesse tenue dès l'arrivée sur les bords du Nil.

Le pontife et les prêtres, à la vue de l'énorme boucle effectuée comme en une intention précise par le Très-Haut, dans le cours de ce fleuve, reconnurent en ce lieu l'endroit trois fois sacré où se reconstruisait le Cercle d'Or qui fut englouti bien longtemps auparavant dans l'Ahâ-Men-Ptah. Ses rescapés étaient à pied d'œuvre et tous leurs enfants se mettraient à l'ouvrage immédiatement, afin que renaissent, dans la gigantesque construction dorée, les Combinaisons-Mathématiques-Divines.

7

LA RÉSURRECTION DE PTAH À DENDÉRAH

> *Personne ne prétend qu'une statue ou un tableau ne peut être créé sans sculpteur ou peintre ; et cette création n'aurait pas de Créateur ?... Garde-toi, mon fils, de priver l'œuvre de son ouvrier. Donne plutôt à Dieu le nom qui lui convient le mieux ; appelle-le : le Père de toutes choses !*
> Hermès Trismégiste (Livre I, chap. V)

> *Du nombre des ruines, la plus merveilleuse est Tentyris. Elle a 180 fenêtres, et le Soleil y pénètre chaque matin par une différente jusqu'à ce qu'il arrive à la dernière ; après, il retourne en sens contraire pour faire le même voyage.*
> El-Makrisi (*Description de l'Égypte*, 1 468)

Des milliers d'hommes, de femmes et d'enfants en générations compactes avaient passé des centaines et des centaines d'années à travers la gigantesque étendue sableuse. Ils venaient d'aboutir, après le désert de Libye, sur le plateau qui dominait au loin cette immense boucle du fleuve, à l'intérieur de laquelle croissait une si verdoyante oasis. Ce miracle devint le signe de l'Alliance avec Ptah : ce serait Dendérah !

Pour les grands-prêtres, la signification de cet événement ne faisait aucun doute : c'était là que devrait en tout premier lieu s'implanter la Double-Maison-de-Vie qui serait la détentrice de tous les Textes sacrés. Ceux-ci étaient devenus trop difficiles à conserver oralement dans leur intégrité et dans leur intégralité. Les morts rapprochées de ceux qui en avaient appris dès l'enfance un ou deux chapitres, mais qui n'avaient pu résister jusqu'au bout à l'énorme effort d'endurance qui consistait à arriver vivant sur la Terre promise, en étaient la cause. Aussi, bien avant de pouvoir jouir de la terre fertile et de l'environnement paisible, il fut demandé un autre effort prodigieux au peuple. Il lui faudrait ériger en ce lieu, béni incontestablement par Dieu, ce qui redeviendrait la gloire du nouveau pays après avoir été celle du continent englouti : le grand complexe qui permettrait à nouveau le calcul des Combinaisons-Mathématiques-Divines. Le Cercle d'Or serait rebâti sur cet emplacement idéal, scrupuleusement, méthodiquement, selon les plans recalculés d'après les positions planétaires débutant lors de la prochaine conjonction Soleil-Sirius. Ainsi, il remplacerait celui qui existait il y a des millénaires près de l'observatoire de la capitale d'Ahâ-Men-Ptah.

Le premier jour des travaux fut consacré à la cérémonie de consécration du lieu saint qui prit le nom de Ta Nout-Râ-Ptah afin de le placer sous la protection de Dieu et de celle qui lui avait servi à mettre au monde son « Aîné ». Ainsi cette demeure divine serait la Double Demeure du Ciel, où les Combinaisons-Mathématiques-Divines délimiteraient les calculs nocturnes de ceux relatifs à la journée.

Bien vite, une effervescence, inimaginable à notre époque, régna sur ce site. Le papyrus, qui poussait à foison dans le fleuve, avait permis de tresser de gros cordages. Ils servirent à délimiter avec précision le pourtour du mur de l'enceinte extérieure. Après quoi, des milliers de bras s'employèrent à aplanir l'endroit, cependant qu'une autre multitude active extrayait déjà des blocs de grès, de granit et des pierres les plus diverses. Un troisième groupe, et non des moindres, transportait les charges, les tirant sur des traîneaux mus par des rondins. L'énorme excavation pour construire les fondations souterraines du Cercle d'Or pouvait commencer !

Plusieurs dizaines d'architectes se partageaient l'implantation du gros œuvre, supervisés par le pontife lui-même, dont le souci primordial était d'inclure dans l'enchaînement du gros œuvre d'innombrables maillons imprévus qui serviraient de verrous infranchissables à ceux qui tenteraient de désobéir au cheminement prévu pour l'enseignement des futurs initiés. Tout était déjà compartimenté et structuré sur les plans ; il ne restait plus qu'à assembler chacune des parties apparemment désordonnées à la suivante, pour que le Cercle d'Or renaisse.

Les énormes blocs de granit devaient déjà être en train de se tailler, à quelques journées de navigation en amont sur le fleuve. Ce ne serait plus le même chef religieux qui serait à la tête du Collège des grands-prêtres lorsque ces masses de pierre parviendraient à Ta Nout-Râ-Ptah, mais le pontife savait que désormais la marche des travaux suivrait son cours, quoi qu'il arrive. En fermant les yeux, il voyait déjà les traîneaux robustes, à gros patins, tirés par des équipes sans cesse renouvelées, faire la navette entre la berge et ce lieu béni, grâce à une chaussée bien lisse à construire, et qui serait rendue glissante avec du limon gras du fleuve répandu sur le sol, qui collerait au sable en séchant.

Le Cercle d'Or serait un immense bloc rond de deux étages, d'un rayon de 7 200 coudées,[11] comme en Ahâ-Men-Ptah, puisque la boucle du fleuve le permettait largement. Il comprendra l'articulation globale de la voûte céleste avec tous ses rouages, ses mécanismes, sa géométrie variable, et donc ses calculs combinatoires extrêmement précis.

---

[11] 7 200 x 0,524 = 3 772,80 m, soit un diamètre de 7 545,60 m !

Dans l'observatoire qui se construisait par ailleurs sur la terrasse du grand temple, une voûte semblable, mais miniaturisée, se retrouvait pour avertir les générations à venir du Grand Cataclysme qui avait obligé toute une multitude de survivants à la colère divine à s'expatrier dans ce « Deuxième-Cœur ». C'était un planisphère dans tout son développement astronomique. Mais lors de son arrivée à Paris, les scientifiques qui l'étudièrent le qualifièrent de « Zodiaque » sans valeur. La cause profonde en était qu'en 1820 la Sainte Église était toute-puissante et que, dans ses dogmes, Adam était né 5 000 ans avant Christ et la Terre n'existait pas un millénaire avant. Comment faire admettre à ce moment-là une carte du ciel prouvant mathématiquement qu'un cataclysme avait bien eu lieu en 9792 avant notre ère ?

Il est donc bon, ici, de décrire cette gravure remarquable qui permet de mieux comprendre l'ensemble complexe du Cercle d'Or, dont le symbolisme figuratif du Lion est la base et le centre de l'interprétation qui fournira la clé.

La catastrophe eut lieu durant la présence du Soleil devant la constellation du Lion. Le cataclysme fut d'une telle violence que la terre pivota sur son axe et que le globe solaire qui avançait dans le ciel ne le fit plus, mais rétrograda, c'est-à-dire qu'il parut reculer alors qu'étant fixe c'était simplement la terre qui avait changé de rotation dans l'espace.

Mais le phénomène que retinrent les survivants de cette colère divine fut que le soleil ne se levait plus à l'ouest mais à l'est, et qu'il se couchait sur leur pays englouti depuis ce jour-là.

Il y a donc eu un phénomène de fin d'un monde suivi d'un recommencement : une nouvelle création dans un espace-temps en perpétuel redevenir. La ronde céleste ne sera donc pas un cercle parfait, mais une spirale. C'est ce que présente en premier le planisphère[12] de Dendérah, visible au musée du Louvre.

La première gravure est celle d'un lion sur une « mandjit » (la barque salvatrice), la douzième étant le Cancer, situé légèrement au-dessus de la crinière du royal félin.

Afin de mieux comprendre la description des douze constellations incluses sur ce planisphère, en voici la gravure complète.

---

[12] Voir dessin page 161 dans *Le Livre de l'Au-delà de la vie*, éd. René Beaudouin, 1979.

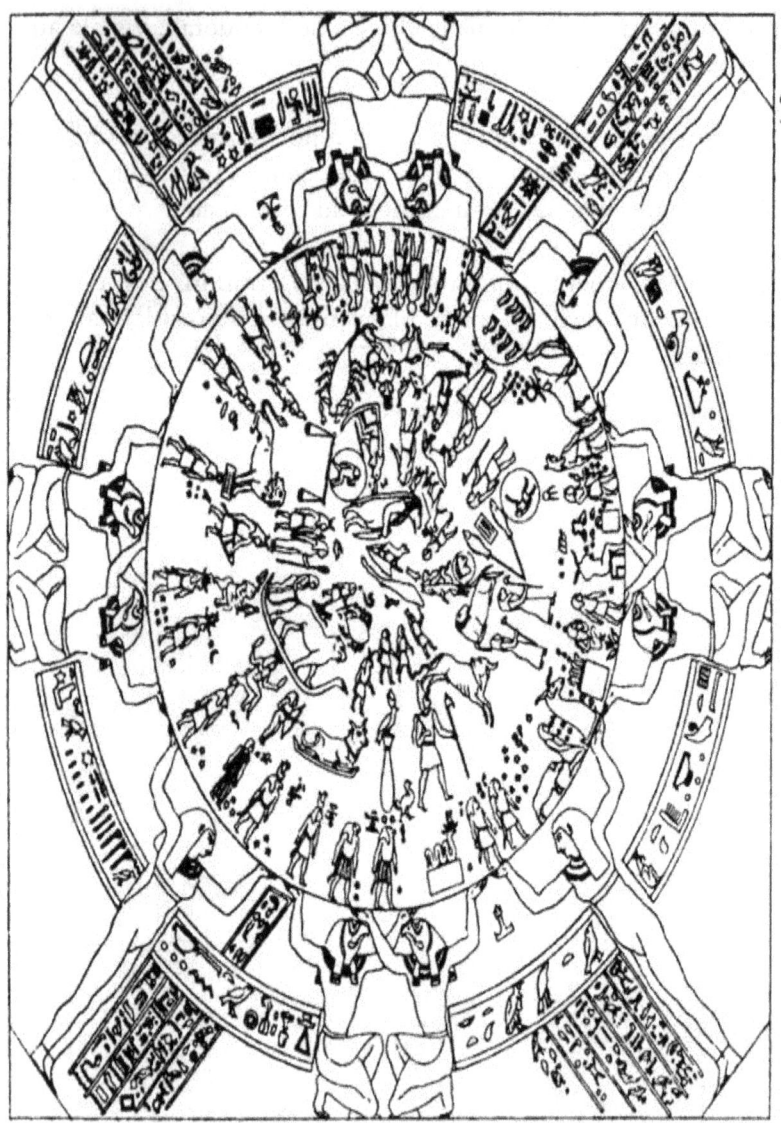

La première figuration est donc le Lion, qui se tient fermement sur une « mandjit » symbolisée par le serpent de l'ancienne multitude impie et portant sur sa queue recourbée, agrippée à ses poils l'image d'une petite femme figurant les cadets issus des survivants du cataclysme. Il s'agit bien entendu d'Iset, mère d'Horus, l'Aîné générateur de tous les futurs rescapés du Deuxième-Cœur.

Vient ensuite Nout, la Reine-Vierge qui donna naissance à Ousir et justifia de ce fait son intronisation sous le patronyme de la constellation de la Vierge. Elle tient l'épi de blé dans ses mains, symbolisant ainsi le germe divin qu'elle porte en elle, et qui la suit déjà comme son ombre, sous une forme humaine à tête de taureau. Le croissant du couchant, celui des Bienheureux endormis, est sur sa tête, et il tient dans sa main gauche le bâton à face de chacal, symbole de Set l'assassin soumis en dernier ressort à son Aîné.

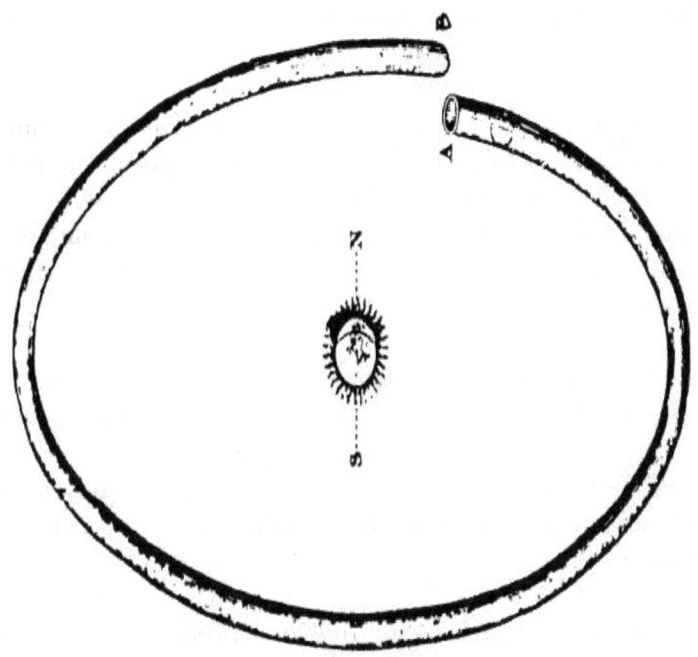

Ce dessin permet de mieux s'imaginer ce qu'est le Cercle d'Or emprisonnant notre système solaire. Vu l'échelle, il est impossible de reproduire ni la Terre ni aucune des planètes près du Soleil.

Le troisième dessin représente la Balance de la Justice divine. Elle seule peut peser les actes de chacun en toute équité. Ce fut grâce à elle que durant plus de deux millénaires, à la suite de cette première gravure, il n'y eut pratiquement aucune guerre, chaque conflit se réglant durant le mois consacré à la Balance ; devant une pierre consacrée à cet effet, et portant une balance d'or, autour de laquelle étaient assis vingt-deux juges.

Le Scorpion, qui lui fait suite dans le déroulement des Douze, doit son nom au dernier roi Nar-Mer qui permit l'unification des deux clans fratricides. Son temps étant un des plus courts de la Grande Année, il n'y a pas grand-chose à dire de plus sur cette constellation. Il n'en va pas de même pour la suivante.

Le Sagittaire, un monstre moitié animal, moitié homme, prêt à décocher une flèche de son arc, symbolise pour l'éternité l'avertissement divin contre les agissements des adorateurs du Soleil, les descendants de Sec l'assassin, sans aucune foi, et leur désobéissance envers la Loi du Seigneur Tout-Puissant de l'Éternité.

Le Capricorne, lui, fait suite, couché, mais sur le point de se remettre debout, comme il est aisé de le voir au port de sa tête et à la tension d'une des pattes prenant appui. Sur son dos se tient Horus figuré avec sa tête d'épervier présentant en vainqueur le bâton qu'il tient, insigne de sa victoire sur son oncle Set.

L'homme en marche qui arrive juste derrière incline dans chacune de ses deux mains un vase d'où l'on voit l'eau s'écouler en dents de scie. C'est le verse-eau, ou la constellation du Verseau. Les Maîtres de la Mesure et du Nombre symbolisent cette présentation avec l'image du Créateur ouvrant les écluses du ciel, soit pour noyer sa Création sous un second cataclysme, soit inonder les péchés du monde pour amener un âge d'or accessible à tous les survivants.

Quels seront ceux-ci ? Les descendants d'Ousir ou ceux de Set ? Les deux poissons parfaitement identiques qui viennent sur le planisphère, reliés ensemble par un cordon, mais séparés de corps par un idéogramme hiéroglyphique représentant trois lignes brisées, c'est-à-dire l'emblème du déluge, donnent une importante révélation : à savoir que ce seront ceux qui auront finalement respecté la Connaissance de la Loi qui auront la vie sauve, qu'ils soient descendants d'Ousir, ou simplement des suivants de Set.

Le Bélier, qui est justement le signe des usurpateurs adorateurs du soleil, symbole d'Amon l'exécré dont Thèbes fut la capitale durant près de deux millénaires, est représenté regardant en arrière, couché dans le sens opposé de sa marche historique, c'est-à-dire regardant l'orient et non du côté d'Ahâ-Men-Ptah et des Aînés, et les deux personnages qui sont immédiatement sous son corps n'arriveront pas à lui faire surmonter les innombrables difficultés restantes.

Le Taureau, qui caracole à sa suite, tourne nettement sa tête vers l'orient, présentant de cette façon la concavité de ses cornes vers le couchant où reposent les Aînés d'Ahâ-Men-Ptah. Ce taureau céleste est des plus animés, semblant s'élancer vers le nord et hors du cercle spiralé des Douze comme s'il était de tous les mondes vivants et au-delà.

Pour les Gémeaux, les Maîtres chargés du symbolisme ont présenté ici un tableau de quatre personnages dont les deux principaux se tiennent par la main, et sont Ousir et son épouse Iset. Les jumeaux, eux, sont relégués au bas de la gravure du Bélier, comme il l'a été précisé à la page précédente. Il faut voir dans cette substitution une volonté inébranlable de rappeler la honte des fratricides qui a duré près de cinq millénaires avant de parvenir sur la terre de la seconde patrie.

Enfin, pour achever, apparaît le Cancer juste au-dessus du Lion, comme il a été dit au début. Ce qu'il convient de savoir également, c'est que la première figuration de cette dernière constellation était un scarabée ; par la suite, il est devenu un crabe. Ce n'est qu'à l'époque gréco-romaine qu'il a pris le nom de Cancer.

Dans l'espace inscrit par les Douze, se trouvent un grand nombre de figures. La plus importante en est le personnage central, un très gros animal en partie crocodile, en partie hippopotame, animal que les égyptologues ont qualifié de « typhonien » car il symbolise le plus paisible, mais aussi le plus dangereux des dieux : Dieu lui-même. Ptah l'Unique. Il est dessiné tenant un grand coutelas, celui-là même qui servit à Set, mais ce n'est qu'une figuration vengeresse des graveurs, humains eux, par excellence ! Car dans sa bienfaisante harmonie Ptah n'avait en vue qu'un équilibre terrestre total pour ses créatures. Et c'est ce que précise la figuration centrale.

Deux autres séries circulaires de figures hiéroglyphisées complètent la description des Douze pour lui assurer une date précise, avec Sep'ti, notre Sirius, l'équivalent d'Orion de la Grande Ourse, et leur position respective calculée avec l'aide de l'un des trente-six décans décomposés au bas de la troisième série.

Quant au grand cercle extérieur, il est supporté par quatre groupes d'hommes à tête d'épervier, symbolisant les descendants des quatre fils d'Horus. Au milieu de chacun des intervalles d'un groupe à l'autre, Isis, debout, soutient le médaillon. L'explication en langue sacrée se lit le long de ses jambes, sur plusieurs lignes verticales. L'intéressant à noter est que, pour éviter durant son transport en France un poids supplémentaire important, M. Lelorrain avait juste découpé le planisphère, laissant sur place la figuration géante de Nout, donnant la direction astronomique du monument par ses mains tendues. M. Lelorrain a également scié dans les zigzags du dessin ci-après, ceux-ci n'ayant, comme il l'expliqua à son retour à Paris, aucune importance ! L'original avait donc la forme décrite de la gravure précédente.

Il est ainsi plus facile de comprendre ce que signifie la ligne dite en « zigzag ». En effet la ligne brisée signifie hiéroglyphiquement un mouvement d'eau. Lorsqu'il y en a trois, cela indique une crue pareille à celle du Nil avec de très hautes eaux. Cinq lignes brisées annoncent un déluge d'eau. Il est patent que huit ou neuf de ces lignes en « zigzag »

décrivent une grande catastrophe par l'eau : le Grand Cataclysme qui ensevelit le Cœur-Aîné, Ahâ-Men-Ptah, tel que cela est décrit dans la carte du ciel à Dendérah.

Si l'on admet que cette représentation en signe d'avertissement, destinée aux générations futures, est bien la sixième reproduction d'un original, il est incontestable que la science astronomique des promoteurs était à la hauteur de l'élaboration du Cercle d'Or et de son complexe hermétique.

Toute la boucle du Nil, orientée nord-sud, servait de base préparatoire à la gigantesque construction. Soixante-douze années, soit deux générations de prêtres, d'architectes et d'ouvriers, unis en un même élan pour une seule cause, avaient complètement changé l'aspect de cette aire sacrée.

L'axe ouest-est unissant les deux horizons les plus saints, celui que reliait le Passé de l'Occident à l'Éternité de l'Orient, étirait ses mille coudées[13] de Voie divine au milieu des superstructures apparentes. Celles-ci se profilaient déjà, donnant un avant-goût de ce que serait le complexe géant de cette « Maison de l'Univers », encore bien hétéroclite par la diversité surprenante des centaines de murets qui apparaissaient çà et là, de hauteur différente. Le tout paraissait élevé au hasard, mais son moindre détail mathématique et géométrique avait été mûrement étudié par toute une section de Maîtres de la Mesure et du Nombre.

La moitié inférieure de cette structure prenait forme et place avant d'être achevée et recouverte de la dalle du plafond, qui ferait le sol de la moitié supérieure, grâce à l'apport d'énormes pierres taillées, tirées à pied d'œuvre par

---

[13] 48 000 x 0,524 = 25,152 kilomètres. Cela n'a rien d'exceptionnel car aujourd'hui encore, à une soixantaine de kilomètres de Dendérah, se trouve la voie triomphale des Béliers-Amon, le dieu solaire, qui relie Karnak à Louxor et qui mesure à peu près la même distance.

des « convois exceptionnels ». Chacun d'eux consistait en cinq groupes de seize hommes qui peinaient sur des cordages gros comme une main, passés par-dessus leurs épaules.[14] Un chef des travaux scandait la cadence en modulant deux notes, tout en frappant sur un bois creux formant caisse de résonance. Deux autres hommes couraient au-devant du convoi extraordinaire afin de déverser leurs cruches pleines d'eau. Celles-ci étaient sans cesse renouvelées par d'autres porteurs de ce liquide précieux, faisant la navette jusqu'au fleuve.

Cette pratique avait le double avantage d'assurer une meilleure adhérence avec le sol sous les patins, et donc un glissement plus facile, tout en évitant que celui-ci ne produise des étincelles en provoquant la combustion des patins surchauffés par le poids de plusieurs centaines de tonnes du chargement.

Grâce à ces dalles disparaîtraient dans la nuit les chambres des « Combinaisons-Mathématiques-Nocturnes », que la Lune superviserait. Chacun des aspects astraux occupant une pièce différente sous le sol, reliée à sa suivante par un couloir, changeant et mouvant suivant les heures et les jours. Des souterrains multiples, ayant déjà reçu leur couverture de blocs de granit noir, étaient autant de trappes et d'attrapes pour ceux qui n'en observeraient pas les strictes lois mathématiques. Ainsi, ce qui se dirait à ce sujet éviterait certainement que des « curieux » ne s'approchent trop près. Tout au nord du complexe, le périmètre que formerait le Lac sacré apparaissait déjà. Il formerait, quant à lui, la perspective qui boucherait l'horizon occidental. Il était presque aussi important que le Cercle d'Or en cours

---

[14] Rappelons que ces cordages, dont plusieurs ont été retrouvés, sont effectivement plus gros que le poignet. Ils sont composés de fibres de papyrus étroitement tressées. Leur datation donne une antériorité de plus de 7 000 ans, datation effectuée par l'institut d'Égypte au Caire et confirmée par le Chicago Institute, à 240 ans près.

d'aménagement. Il formait une immense cuvette, dont le niveau inférieur avait été atteint. Son assise définitive se consolidait aux endroits prévus pour les deux fondations des « Aimés-vers-qui-descend-la-Lumière »[15] aux bases carrées. Là aussi, des myriades d'ouvriers semblables à des fourmis consciencieuses s'affairaient avec l'unique préoccupation de bien accomplir les tâches pour lesquelles ils avaient été formés. Cette mer intérieure parachèverait le véritable panorama de ce lieu saint, en lui redonnant un aspect antique de la civilisation antérieure, tout en permettant de domestiquer les eaux du grand fleuve et d'irriguer les terres par temps de sécheresse. Tous ces travaux avaient été rendus possibles par la renaissance de l'écriture sacrée.

Recréée d'après la tradition originelle, elle réapparaissait sous sa forme imagée, plus près de son Créateur. Elle ne tarderait pas, elle non plus, à être réintroduite officiellement lors de l'entrée du Soleil en Taureau, peu après la conjonction Soleil-Sirius. Le Fils étant devenu le Taureau céleste, il était normal que l'usage de la hiéroglyphique commence en ce moment précis, et par la gravure des textes vitaux. Les bâtisseurs et les ouvriers chargés de cet ouvrage saint s'imprégneront ainsi, en tout premier, de la Connaissance de cette Loi sanctionnée par les arrêts de Dieu qu'il est facile de traduire par-delà tous les idéogrammes en un récit contemporain :

Les Aînés et leur peuple devenu impie ont tous été noyés, engloutis sous la surface des eaux, par ce Créateur tout-puissant qui fut animé d'une juste colère farouche contre les cœurs de ses créatures terrestres qui ne battaient plus que pour faire le mal. Ptah s'en est pris aux enveloppes

---

[15] Il s'agit de la traduction réelle de la hiéroglyphique qui a reçu le nom de « pyramide », qui est un mot d'autant plus abstrait qu'il ne signifie rien, ni en grec, ni en hébreu, ni dans aucune autre langue.

charnelles, mais non aux Parcelles divines. Les Âmes sont allées au Royaume des Bienheureux, car elles n'avaient point été conçues pour un tel malheur. Mais les cœurs ne sont que des organes de chair, comme les oreilles, les yeux, ou les pieds qui nous portent. Ils devraient être faits pour battre à l'unisson les uns avec les autres, et non pour s'entre-déchirer. Car le cœur d'un homme est semblable à celui d'un bélier, d'une gazelle ou d'un taureau. Tous n'ont qu'une seule fonction identique, et dans le même sens irréversible : rythmer le déroulement de la marche de la Création suivant l'écoulement du temps pendant la durée de la vie sur la Terre. S'ils battent plus vite un jour ou l'autre, c'est sous l'effet d'une joie subite, ou sous l'impulsion d'une terreur. Alors, en quoi diffère l'homme de l'animal ? En la vitalisation des cœurs par les esprits. Et, là aussi, il devra y avoir une renaissance des Âmes, pour les rappeler à leurs devoirs.

L'être humain possède la pensée, donc une âme, qui est seule capable de lui permettre la survie céleste. C'est la seule différence, mais combien énorme, entre les bipèdes humains que nous sommes et leurs frères à quatre pattes. Lorsqu'une enveloppe charnelle parvient à son terme et que le cœur s'arrête alors de battre le rythme de la vie, seule celle qui possède une Parcelle divine, une âme, peut permettre qu'elle se fraye un chemin vers le Royaume des Rachetés ; et encore, suivant des rites bien précis, et des conditions de passage plus rigoureuses ! Vivre selon les commandements de la Loi du Créateur permet sans contestation possible de franchir sans dommages la frontière de l'Au-Delà de la vie terrestre. Ce n'est pas pour rien que les Aînés ont légué la Connaissance ! Et au travers de ce Savoir incommensurable, ils sont en liaison avec les Âmes actuelles. Il y a un véritable lien tangible qui s'est créé par-delà les deux terres : l'Engloutie et celle-ci, qui sera bientôt Ath-Kâ-Ptah : le Deuxième-Cœur ! C'est pour cette raison qu'il faut suivre l'enseignement des ancêtres, les Aînés, car les sages paroles qu'ils ont retransmises sont les fruits de la plus belle expérience vécue avant cette effroyable catastrophe, par les Parcelles divines elles-mêmes ! C'est pour cela qu'il faudra appliquer avec la plus extrême rigueur tous les préceptes de cet enseignement, en n'y changeant aucune des saintes paroles.

Le Cercle d'Or en sera le garant éternel parce qu'impérissable. Il deviendra ainsi pour les générations futures le pôle d'attirance pour sa recherche de la Connaissance. Même ceux qui n'en retiendront qu'une bribe de véridique hésiteront à mettre en pratique tout le reste qui ne serait que mensonge. Seuls les esprits malsains pourront semer la confusion chez des âmes encore plus faibles.

La salle d'étude proprement dite, où tous les textes primordiaux furent enseignés pendant la période des travaux titanesques qui durèrent près de deux siècles, jusqu'au jour de l'entrée du Soleil dans la constellation du Taureau, s'agrandit au fil des décennies, afin de pouvoir contenir tous les religieux destinés à devenir les Maîtres de la Mesure et du Nombre.

Une porte, à un seul battant de bois de sycomore épais, fermait l'accès de cette pièce, l'insonorisant totalement. Elle s'encadrait dans un linteau rectangulaire, sur lequel étaient gravées les trois scènes primordiales de la renaissance des survivants du « Premier-Cœur-de-Dieu » dont les mandjit, les barques sacrées, tenaient le premier plan.

La Triade divine était ainsi à l'honneur, pour toute l'abnégation dont elle avait fait preuve afin de permettre la renaissance de la multitude. Ce que consacrerait l'inauguration du Cercle d'Or.

La dernière phase des travaux était arrivée dans sa tranche finale. Le « Cercle » entièrement tapissé d'or entourait déjà les corps des bâtiments principaux, les emprisonnant comme le faisait la Ceinture céleste des douze constellations concentrant ainsi encore plus les influx rayonnants des douze « Cœurs », ces étoiles « fixes » qui régnaient en créant des milliers et des milliers de Combinaisons-Mathématiques-Divines, unissant ainsi le ciel à la terre. Et les textes, sans cesse, reprennent sous mille formes différentes les mêmes avertissements : « Seule cette Alliance avec l'Éternel, scellée par l'unification, assurera une vie universellement bonne et paisible. Car le bonheur et la perfection des créatures d'ici-bas sont nécessaires au Créateur pour assurer, lors de la fin de l'enveloppe charnelle sur son lieu de vie terrestre, le passage de sa parcelle divine au-delà de la frontière invisible mais réelle, vers le Royaume des Bienheureux rachetés de l'Amenta. L'homme des millions de générations futures continuera de douter de sa propre origine, s'il ne prend pas d'ores et déjà toutes les précautions indispensables pour se maintenir fermement dans la réalité intangible des dogmes et des commandements exigés pour conserver l'harmonie voulue par la Loi de la Création créée par l'Éternel. Le lien unique qui maintient si fragilement vivante sur cette Terre l'humanité ne subsistera qu'à cette seule mais vitale condition céleste :

Car Dieu nourrit le Ciel de son rayonnement ;
Car le Ciel nourrit à son tour les Douze ;
Car les Douze nourrissent les Parcelles divines ;
Car les Âmes de l'Ouest furent celles accordées à l'Humanité.[16]

À cette époque lointaine, un accès direct par des couloirs reliait le temple primitif au Cercle d'Or. Il était bien plus fastueux que la sixième reconstruction qui est celle que le

---

[16] Inscription située à l'entrée de la crypte nord-est actuelle, qui, par le phénomène équinoxial, se trouvait dans la première construction dans la crypte de l'ouest : celle des « Couchés ». Ce qui, à raison de un degré rétrograde tous les 72 ans, explique le pivotement énorme produit en plusieurs millénaires.

visiteur peut contempler aujourd'hui. Rien ne le relie plus actuellement au monument primordial, que le mythe appelé désormais « Le Grand Labyrinthe », et dont il sera plus amplement parlé au prochain chapitre. Mais la beauté du temple primitif peut s'imaginer facilement d'après celui qui est visible aujourd'hui. L'édifice consacré à la Bonne Mère de Dieu apparaissait alors dans toute sa plénitude sacrée. Rien qu'à le regarder, n'importe quel humain se rendait compte qu'il était parvenu au Saint des Saints originel, à la primordialité de Ptah, Seigneur Tout-Puissant. Les six piliers de l'entrée principale, circulaires mais d'un diamètre triple de celui d'un être humain, étaient surmontés d'une figure de la Reine-Vierge, devenue la protectrice de ce haut lieu de l'observation du ciel et des combinaisons qui y pullulaient.

L'imposante masse laissait tout juste pénétrer par plusieurs ouvertures judicieusement calculées la clarté solaire, afin que ses rayons fassent ressortir l'éblouissante blancheur des tuniques des prêtres en marche vers le Saint des Saints. Ces reflets éclairaient les parois des couloirs sombres ouvrant l'entrée de l'escalier du Couchant. L'accès était ainsi rendu facile vers la haute terrasse qui servait d'observatoire, et près duquel était gravé l'avertissement terrible : celui du jour de l'Anéantissement d'Ahâ-Men-Ptah.

Une prévoyance de tous les instants sur les événements à venir attestait bien de la formidable capacité de calcul des différents aspects géométriques de la Loi de ces Maîtres. Car il ne s'agit nullement de « visions » de voyance interne, ni de « prophéties » à phrases symboliques dont l'hermétisme permettrait toutes les interprétations, mais de simples calculs utilisant les configurations célestes dans leurs rapports les unes avec les autres, que la hiéroglyphique appelle si justement les Combinaisons-Mathématiques-Divines.

Il fallait habituer l'Âme de chaque être à se gouverner en elle-même, seule avec la Connaissance du futur, afin de s'autogérer dans les limites du Bien. Toute l'éthique prônée par les Aînés était contenue dans cette limite précise qui était voulue par Ptah. Ainsi, la Parcelle divine, affermie contre le côté maléfique des événements prévisibles, était susceptible de faire évoluer dans le bon sens l'ensemble des faits. Car les arrêts du destin ne sont pas immuables lorsqu'ils tendent à la nécessité du Bien et non du Mal ; car la Loi qui a créé l'Alliance entre le Créateur et ses créatures rend la chose possible. D'où l'axiome : « Le destin dirige mais point n'oblige », repris sous diverses formes par les « mages » chaldéens et babyloniens, qui ont vu dans l'astronomie selon les Égyptiens une belle affaire lucrative pour eux ; ainsi naquit l'astrologie ! Mais celle-ci n'avait plus rien à voir avec les réelles Combinaisons-Mathématiques-Divines.

Dans le Cercle d'Or, aucun obstacle, même le plus grand, ne pouvait être opposé comme imposition d'une nécessité absolue au libre choix des Parcelles divines de revenir en toute humilité dans la voie peut-être étroite mais nécessaire qu'il aura quittée un temps pour aller s'égarer sur une route trop aventureuse. Et s'il reste constant que les actions inférieures de l'homme changent par un désordre quelconque l'ordre préétabli, bien qu'elles prennent du ciel lui-même les premières causes de leurs changements, la liberté acquise dans la vie terrestre permet de rétablir une totale harmonie, avant toutefois que le déséquilibre n'ait bouleversé toute tentative de rétablir l'ordre.

De plus, du fait même de cette liberté terrestre, il se produit bien des phénomènes imprévus en raison de la constitution générale corporelle de l'homme, avec toutes ses complications et toutes ses imbrications, et non à cause de ses seuls actes naturels. Mais là aussi, la fatale nécessité ne peut être mise en cause. Le tempérament de chaque être doit évoluer dans le bon sens, puisque à l'évidence il est reconnu dès la naissance par des données caractéristiques. Il en va de même pour tout ce qui fait l'objet d'attentions célestes du

Tout-Puissant, dont les causes et les principes naturels reçoivent les influx des Douze : les minéraux, les végétaux, les animaux et tout ce qui vit en général. De toutes leurs maladies, toutes leurs incommodités, dont ils sont assujettis par une certaine nécessité, les remèdes de nos docteurs doivent les guérir. Tout est dans l'Un qu'est Ptah.

La partie du tout qui concerne les enveloppes charnelles est évidemment la Ceinture des Douze, c'est-à-dire la zone céleste centrale qui emprisonne notre Soleil, les Sept Errantes et notre Terre avec douze ensembles stellaires pratiquement reliés les uns aux autres en une large ceinture, d'où ce nom imaginé par nos ancêtres, et pleinement justifié. Ce sont ces Douze dont Dieu se sert pour envoyer sur la Terre l'infinité des Parcelles qui peuplent, seconde après seconde, toutes les nouvelles enveloppes charnelles. Afin de faciliter l'étude des Combinaisons-Mathématiques-Divines, de les rendre compréhensibles et de pouvoir retenir facilement tous les termes de cette mécanique céleste en perpétuel mouvement, les premiers Maîtres de la Mesure et du Nombre, ceux qui avaient dans leurs seuls esprits toutes les données de l'Univers, l'écriture n'ayant pas encore été rétablie à leur époque, durent trouver des noms et des images facilement repérables.

Ainsi, au premier jour de leur arrivée sur cette terre, au temps où ils la nommèrent Ta Mérit, ils virent le signe de Dieu de cette promesse envers eux par le fait que le Grand Fleuve, la nuit, était illuminé par la blancheur laiteuse du Fleuve céleste qui le dominait, et qui apparaissait aussi long et aussi large. D'où ce nom de Hapy, contraction d'Ahâ et de Ptah, concrétisée par la phonétisation de la dernière lettre. Hapy était donc le patronyme de remerciement au Fils Aîné, Ousir, pour son double bienfait ; le signe céleste et l'eau terrestre. Les premiers Maîtres ayant décidé avec juste raison d'implanter ici le site du Cercle d'Or tout autant que le Temple de la Dame du Ciel, il était évident que le nom générique de ce Fleuve céleste, qui avait accroché sur ses rives l'ensemble des Douze, devait être celui de la protectrice d'Ousir, celle qui l'avait enfanté : la Reine-Vierge Nout, bénie soit-elle. Et le fils étant devenu le Taureau céleste, sa mère devint la Vache céleste, Maître des Douze.

Ceci est la représentation à peine symbolique de la Vache céleste nourrissant de ses influx le Cœur des Douze.

La narration exemplaire de la vie de Geb et de Nout, ainsi que les naissances d'Osiris, de Set, d'Isis et de Nek-Beth sont autant de merveilles qui s'expliquent très bien si l'on admet la toute-puissance de Dieu. Les rapports que l'Éternel entretenait avec son peuple en Ahâ-Men-Ptah étaient d'un rare privilège. Ils se justifiaient par l'amour du Créateur pour ses créatures reliées à lui par les Parcelles divines. Le Mal, ayant triomphé dans la nécessité qu'il institua malgré lui, permit ensuite la régénération de l'humanité par la rédemption du genre humain avec Osiris. Tous nos Maîtres antiques, les conservateurs de la Parole, ceux qui nous l'ont transmise, n'ont pas connu nos hésitations, nos tergiversations, nos contestations, car ils avaient vécu ce qu'ils racontaient. Ils énonçaient des faits sans chercher à convaincre qui que ce soit de leurs réalités !

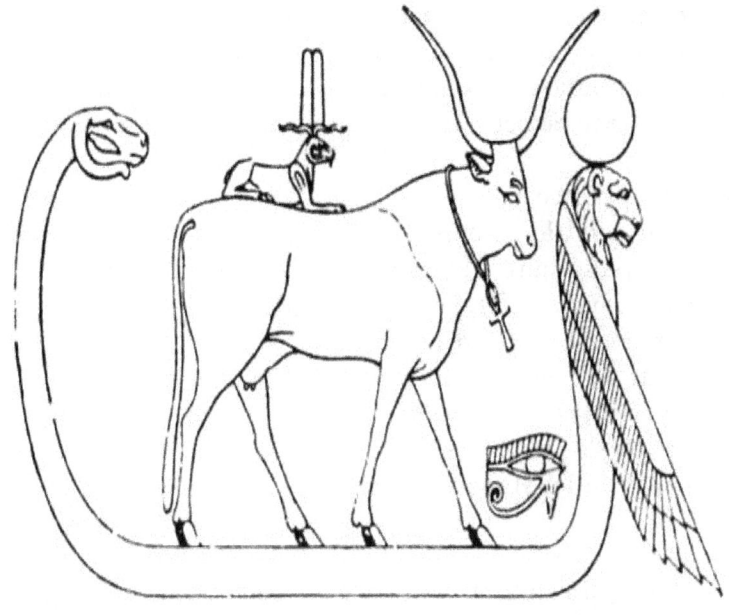

Autre représentation de la Vache céleste naviguant selon la nouvelle orbe commencée par le soleil en constellation du Lion et qui achèvera l'histoire de l'Égypte avec la fin de l'ère du Bélier.

Vouloir rechercher et trouver des mythes dans les Livres sacrés est une entreprise aussi peu fondée que le serait celle effectuée pour tenter de prouver que Râ est le seul aliment à notre intelligence ! Et si les Aînés ont perdu l'Eden qui était le leur en Ahâ-Men-Ptah, il ne faut y voir qu'un triomphe momentané du Mal, afin de le mieux combattre ensuite. Il tente, hélas, de renaître sous ses multiples formes hypocrites, et il faut le combattre de toutes les façons. Il est incontestable que l'existence du Mal moral est une des plaies de la Terre ! Tous les Maîtres antiques ont essayé d'expliquer ce douloureux phénomène et de le concilier avec le Bien. Si tout est Dieu, tout devrait être bon, c'est un fait, mais une des créatures humaines a été sollicitée par le Mal : Set ! La jalousie et l'envie l'ont emporté chez lui sur la nécessité de la Loi divine. L'Homme était créé pour vivre heureux, innocent et libre en Ahâ-Men-Ptah. Set a abusé gravement de cette liberté en attentant à la vie d'Osiris et de son fils Horus. En punition de ce péché, il a tout perdu, mais avec la possibilité de se racheter en une deuxième et ultime chance.

L'aide apportée par celle qui est devenue la Dame du Ciel, Nout, afin de parfaire et de consolider la rédemption, ne fait pas plus injure à la résurrection de son fils Ousir que la mort de son autre fils, Set, ne fait injure à sa divinité. Tout au contraire, en glorifiant sa sagesse, elle a attisé la miséricorde de Ptah. Les deux frères de la même mère n'ont agi qu'en tant qu'instruments de la puissance éternelle du Créateur sur la Terre. Si ce signe était renié malgré son évidence, avant le Grand Cataclysme, il est aujourd'hui d'une telle clarté qu'il faudrait être aveugle pour ne pas l'admettre.

C'est pourquoi la Parole peut être double, alors que la Loi est unique dans sa transcription sacrée. C'est pour cela que seule une élite particulière peut y avoir accès, après être passée par bien des initiations toutes aussi délicates ! Et malheureusement, ce nombre n'augmentera guère au fil des ans, car la Connaissance est semblable à une boisson très forte absorbée trop rapidement : elle enivre et brouille l'entendement. Alors, l'adepte se croit l'égal d'un faux dieu, et il devient capable des pires extravagances. L'intelligence est ainsi faite que peu de créatures résistent au vertige procuré par un Savoir immense. C'est pourquoi nos grands Sages des antiques temps de la Triade divine, puis de leurs

Suivants serviteurs ont délibérément adopté cette forme pour transmettre la Loi : par des symboles, des nombres et des paraboles, afin que le commun des mortels ne puisse y avoir accès.

Ainsi apparaît plus clairement la finalité de cette construction d'un Cercle d'Or à une échelle inhumaine : rendre palpable la Loi qui règle fondamentalement toutes les révolutions astrales en un gigantesque mouvement combinatoire calculable et prévisible, et dont le centre, le point O géométrique, n'est autre que le Créateur.

Lorsque ce Cercle d'Or dégagé apparaîtra dans toute sa splendeur, chacun des rouages de cette immense mécanique s'assemblera avec son suivant et tout redeviendra parfaitement clair, pour le plus grand bien de l'humanité. Ce n'est peut-être qu'un vœu pieux, car le Mal rend aveugle, et le Noir continuera toujours d'obscurcir les Âmes. En tous les cas, le « Grand Labyrinthe » sera redevenu le « Cercle d'Or », vers lequel je progresse très lentement, mais sûrement. Partons à sa découverte...

8

À LA DÉCOUVERTE DU GRAND LABYRINTHE...

Le labyrinthe est composé de douze cours environnées de murs, et une enceinte de murailles les renferme. Leurs appartements en sont doubles ; il y en a quinze cents sous terre et quinze cents au-dessus, j'ai visité les pièces d'en haut et j'en parle comme témoin avec certitude.

Hérodote (Histoire de l'Égypte)

Hérodote, au livre II, y contoit 12 salles et 3 000 chambres moitié sous terre, moitié au-dessus. Et s'il est une bévue pardonnable aux anciens autheurs, comme Pline et Méla, qui n'ont jamais mis le pié en Égypte, que penser d'Hérodote et Strabon, qui ont supposé qu'y ayant 4 labyrinthes, un seul fut dans ce Royaume ? Or, ici, le plus grand est indépendant des deux autres. Et s'il est naturel d'opposer l'authorité d'un historien au torrent des autres, mon raisonnement est sans réplique car j'ai vu moy-même les trois labyrinthes, dont j'ay visité le plus grand : c'était le 20 juillet.

Père CL. Sicard, s.j.
(Manuscrit inédit sur l'Histoire de l'Égypte, 1718)

Il est bien difficile de s'imaginer le gigantesque de la construction du Cercle d'Or tant qu'il ne sera pas mis au jour, mais il est fort vraisemblable que le monument, connu comme étant la Grande Pyramide, corresponde comme ordre de grandeur à celui d'une maison de poupée par rapport à un gratte-ciel de cent étages !

Seuls les travaux de déblaiement pourront rendre un compte exact de sa grandeur et de sa splendeur. Et ceux-ci ne pourront s'effectuer que sous certaines conditions, loin d'être remplies aujourd'hui encore, puisque les égyptologues ne s'intéressent pas aux questions astronomiques. Ils n'utilisent les fonds dont ils disposent que pour assurer la consolidation du temple actuel qui, il est vrai, en a bien besoin. Cependant, aux dernières nouvelles,[17] des fouilles seraient effectuées à quelques mètres hors du mur extérieur, près duquel quelques dalles soulevées ont permis de démontrer bel et bien l'existence du temple datant du pharaon Khéops. Mais assez polémiqué, car il existe bien des documents passionnants sur le Cercle d'Or, ainsi que sur les édifices religieux antérieurs à celui qui s'élève aujourd'hui au sein de cette boucle du Nil.

N'importe quel chercheur allant sur place aurait pu parvenir aux mêmes résultats après avoir lu Hérodote, puis compulser tous les ouvrages traitant de ce sujet du labyrinthe d'Égypte. Bien sûr, il y a, en plus, le manuscrit original écrit par le père jésuite Claude Sicard en 1718, qui se trouve à Chantilly et que j'ai compulsé, mais les bons pères m'ont avoué qu'il avait été plusieurs fois demandé, le dernier curieux en date ayant été le regretté Serge Sauneron, directeur de l'institut français d'archéologie orientale au Caire, peu avant l'accident de voiture qui lui coûta la vie.

Pour que le lecteur en arrive à la compréhension de la réalité du Cercle d'Or, qu'il entreprenne le même

---

[17] J'écrivais le présent manuscrit en mai 1981, et les fouilles dans le jardin devaient commencer le mois suivant, afin de parvenir dans le temple antérieur par un accès plus praticable que celui mis au jour dans la salle hypostyle actuelle.

cheminement, afin de suivre pas à pas, comme s'il y participait, pour parvenir à la découverte de ce qui est devenu le Grand Labyrinthe. Tout d'abord avec le fameux passage d'Hérodote le concernant, les commentaires et les pensées que m'a inspirés ce texte viendront à la suite :

« Ils décidèrent de laisser un monument commun en souvenir de leur règne et construisirent un labyrinthe, un peu au-delà du lac Mœris, près de la ville des Crocodiles. J'ai vu ce labyrinthe : il défie vraiment toute description. Même en additionnant toutes les murailles et tous les ouvrages que les Grecs ont pu construire, on n'arriverait pas au quart des dépenses et des travaux qu'a nécessités ce labyrinthe. Le temple d'Éphèse, le temps de Samos méritent déjà des éloges. Les pyramides soutiennent la comparaison avec les plus beaux monuments grecs. Mais le labyrinthe surpasse tout cela. Il comprend douze cours couvertes et contiguës, dont les portes se font vis-à-vis, six par six, le tout entouré d'un mur unique. L'intérieur contient trois mille chambres, la moitié au premier étage. J'en parle, du reste, en connaissance de cause. Je n'ai pu voir les chambres souterraines, dont la visite est interdite à cause des sépultures des rois et de celles des crocodiles sacrés qui s'y trouvent, aussi n'en parlé-je que par ouï-dire. Mais les pièces supérieures, que j'ai vues de mes propres yeux, découragent vraiment l'éloge. Toutes ces portes, toutes ces sorties, le nombre incalculable de couloirs, toutes ces allées et venues me plongèrent dans l'émerveillement. Je passai d'une cour dans une salle, d'une salle à un portique, je quittai un portique pour tomber dans une nouvelle salle, puis dans une nouvelle cour... Le toit de tout l'édifice est en pierre. Les murs sont couverts de bas-reliefs, et chaque cour bordée de colonnades en pierre blanche, d'un travail impeccable. Une pyramide de quarante orgyes se dresse à l'extrémité du labyrinthe. On y accède par une voie souterraine. »

Plusieurs non-sens dans le récit d'Hérodote démontrent que ce grand voyageur n'a pas été dans le labyrinthe et qu'il n'en parle que par ouï-dire. Deux notamment : la ville des Crocodiles est celle dont les ruines portent aujourd'hui le nom de Kom Oumbos, au sud de Dendérah, et où l'on peut encore « admirer » des momies de crocodile. Le second « on-dit » concerne le lac Mœris, du nom de ce Pharaon. Mais personne n'a encore situé exactement l'emplacement de ce lac, et encore moins la place chronologique de ce souverain dont le nom ne figure nulle part !...

Or, plusieurs travaux importants présentent les divers aspects philologiques du nom du premier roi de la Ire dynastie : Mena-Ahâ, devenu Ména, ou Ménès en grec, dans la table de Manéthon. Mais l'on retrouve encore ceux de Menkhès, Mendès, Ismendès et Osymandias, chacun d'eux étant l'auteur d'une formidable construction près de Thèbes, qui est au sud de Dendérah également.

Des précisions sont apportées par Pomponius Mêla, par Diodore de Sicile (livre I, chap. LXI), par Strabon dans son livre XVII, et par Pline dans son livre XXXVI : « Mendès ou Imandès fit bâtir le grand labyrinthe pour y être enterré. Ce roi s'appelait aussi Memnon. Il fit construire à ce titre les palais Memnonia de Thèbes et d'Abydos avant que ne soit achevé le grand labyrinthe où il fut enterré. »

Ainsi commence à se dessiner le schéma réel du seul roi promoteur de ce « labyrinthe » et de l'endroit où il se trouve. Les deux palais de Memnon ayant été construits au nord et au sud de Dendérah. Si l'on admet qu'il s'agit toujours du même Men-Ahâ, c'est-à-dire : l'Aîné du Couchant, il est facile de faire le rapprochement qui convient, le défaut d'écriture provenant de la phonétique grecque. Ména fut l'unificateur des Deux-Terres en tant que descendant d'Ousir, ou d'Osiris. La phonétisation hellène ayant totalement déformé la prononciation pharaonique (tel

Khéops pour Khoufou puisque Khéops devait se dire Kéophs, le « p » se disant « f »), Ménès devient Mendès descendant d'Ousir, soit Ousir-Mendès, donc Osymandias. Cela reste dans la logique des choses, tout comme ceux de Memnon ou de Marrhus que nous verrons plus loin avec Diodore de Sicile.

Les prêtres de Ptah et les architectes de Ména-Ahâ ont été à l'origine du rétablissement des Combinaisons-Mathématiques-Divines, ainsi que de la conception d'un immense lac artificiel attenant au Cercle d'Or, et ayant en son centre une pyramide contenant les reliques et les vêtements d'Ousir. C'était la façon imaginée pour que l'Aîné retrouve ses ancêtres engloutis eux-mêmes en Ahâ-Men-Ptah, tout en surveillant et en amenant par sa présence les rayonnements bénéfiques des Douze sur ce lieu trois fois béni.

Dès la première visite que j'avais effectuée à Dendérah, en compagnie de mon ami chirurgien, notre guide, avec un sourire entendu, nous avait dit que cet endroit s'appelait toujours en arabe : *Ahanas-el Berba* ce qui signifie « Mère des Ruines ». J'ai toujours été frappé du sens très imagé de la hiéroglyphique pour désigner les choses et les fonctions de l'univers, comme les Combinaisons-Mathématiques-Divines, les Douze, la Ceinture, etc. Et ce terme de « Mère des Ruines » était resté ancré dans ma mémoire par l'image représentée. Et plus j'avançais dans mes recherches sur le Cercle d'Or et son complexe d'édifices religieux, plus je m'apercevais de la réalité la plus antique ; il était vraiment le premier-né de toutes les constructions, donc la mère de toutes les ruines. Et je préfère de beaucoup l'étymologie arabe à la grecque, tout au moins pour ce qui concerne l'essence même de la tradition orale, à défaut d'une phonétisation approximative.

Diodore de Sicile, à propos de ce « labyrinthe » perdu, m'en fournit une autre preuve lorsque j'entrepris de l'étudier. Ce passage, secondaire certes par rapport à celui qui fera l'objet du prochain chapitre, est situé au livre premier, LXI :

> « À la mort d'Actisanès, les Égyptiens rentrèrent en possession de la souveraineté et élurent pour roi un indigène, Mendès, que quelques-uns appellent Marrhus. Ce roi ne fit aucun exploit guerrier, mais il se construisit un tombeau, appelé labyrinthe, moins étonnant par sa grandeur que par l'art inimitable de sa construction, car celui qui y est entré ne peut en trouver la sortie, à moins qu'il ne soit conduit par un guide expérimenté. Quelques-uns prétendent que Dédale, ayant admiré ce monument lors de son voyage en Égypte, construisit sur le même modèle le labyrinthe de Minos, roi de Crète, dans lequel séjourna, dit-on, le Minotaure. Mais le labyrinthe de Crète a entièrement disparu, soit par l'injure du temps, soit qu'un roi l'ait fait démolir, tandis que le labyrinthe d'Égypte s'est conservé intact jusqu'à nos jours. Après la mort de Mendès, il y eut un interrègne de cinq générations. Puis il y eut Kétès, puis son fils Rhemphis. Puis sept générations de rois fainéants et enfin le huitième qui fut Chembès, de Memphis, qui régna cinquante ans et éleva la plus grande des trois pyramides, mise au nombre des sept merveilles du monde. »

Ici, sans aucune contestation possible, nous voyons que ce Mendès est bien le Mêna ou Men-Ahâ, unificateur d'Ath-Kâ-Ptah, puisque, quels que soient les noms donnés par Diodore de Sicile aux pharaons, le constructeur de « la plus grande des trois pyramides mise au nombre des sept merveilles du monde » intervient chronologiquement à son emplacement historique exact après Ménès. Ce roi n'a donc absolument rien à voir avec celui que les historiens grecs postérieurs appelèrent Memnon pour personnifier Aménophis II, le huitième pharaon de la XVIIIe dynastie, auteur des deux fameux « Colosses » protecteurs d'un temple fabuleux construit derrière eux, à l'entrée de la vallée des rois de Thèbes, complètement détruit et disparu aujourd'hui.

Strabon, le grand géographe de l'Antiquité qui, comme Hérodote, dit avoir visité le labyrinthe, en parle d'une autre façon dans son livre XVII, au paragraphe 37 :

> « Indépendamment de ces ouvrages, citons encore le labyrinthe, monument qui, par ses proportions et ses dispositions étranges, égale presque les pyramides, et tout à côté du labyrinthe le tombeau du roi qui l'a édifié. Après avoir dépassé sur le fleuve de 30 ou 40 stades environ la première entrée du canal, on aperçoit un terrain plat en forme de table sur lequel sont bâtis un village et un vaste palais ou plutôt un assemblage de palais : autant en effet on comptait de nomes dans l'ancienne Égypte, autant on compte de ces palais, de ces *aulae*, pour mieux dire, entourées de colonnes, et placées à la suite les unes des autres toutes sur une seule ligne et le long d'un même côté de l'enceinte, de sorte qu'on les prendrait à la rigueur pour les piliers ou contreforts d'un long mur. Leurs entrées respectives font face à ce mur, mais se trouvent précédées ou masquées par de mystérieuses constructions appelées cryptes, dédale de longues et innombrables galeries reliées ensemble par des couloirs tortueux, dédale tellement inextricable qu'il serait de toute impossibilité à un étranger de passer d'une aula dans l'autre et de ressortir sans guide. Le plus curieux, c'est qu'à l'imitation des chambres, des *aulae*, dont chacune a pour plafond un monolithe, les cryptes sont recouvertes, mais dans le sens de leur largeur, de dalles ou de pierres d'un seul morceau de dimensions extraordinaires, sans mélange de poutres

ni d'autres matériaux d'aucune sorte, si bien qu'en montant sur le toit, lequel n'est pas très élevé, vu que l'édifice n'a qu'un étage, on découvre une véritable plaine pavée de ces énormes pierres. Et maintenant que l'on se retourne pour reporter sa vue sur les *aulae*, on voit se dérouler devant soi toute une enfilade de palais flanqués chacun de vingt-sept colonnes monolithes, bien que les pierres employées dans l'assemblage des murs soient déjà de dimensions énormes. À l'extrémité enfin de cet édifice, qui couvre plus d'un stade de terrain, est le tombeau en question : il a la forme d'une pyramide quadrangulaire pouvant avoir 4 phèthres de côté et autant de hauteur. Imandès est le nom du roi qui y est enseveli. On explique le nombre des *aulae* du labyrinthe en disant qu'il était d'usage anciennement que des députations de chaque nome, précédées de leurs prêtres et prêtresses, se rassemblassent en ce lieu pour y sacrifier en commun et pour y juger solennellement les causes les plus importantes. Or, chaque députation était conduite à l'*aula* qui avait été spécialement affectée au nome qu'elle représentait. »

Ce paragraphe recopié *in extenso* montre assez bien que cette description ne fait suite qu'à des narrations entendues ici ou là, et il n'est nul besoin de s'y attarder. L'intéressant à noter, cependant, est que ce passage a suscité bien d'autres interprétations accompagnées de dessins très originaux, tel celui ci-contre, datant du XVIIIe siècle, faussant les recherches des premiers égyptologues qui recherchèrent le bâtiment carré... à Thèbes !

En dehors de cette plaisante improvisation qui troubla bien des chercheurs dans leurs appréciations, il peut être retenu, par contre, la description de la vue au-dessus du sol, à l'époque la plus antique : « L'édifice n'ayant qu'un étage, on découvre une véritable plaine pavée de ces énormes pierres. »

S'il n'existait qu'un petit labyrinthe, il ne pourrait s'agir d'une véritable plaine. Ensuite et surtout, l'apport du sable du désert par les forts vents périodiques a fait un linceul de 80 à 100 mètres d'épaisseur à ce qui devint le labyrinthe perdu.

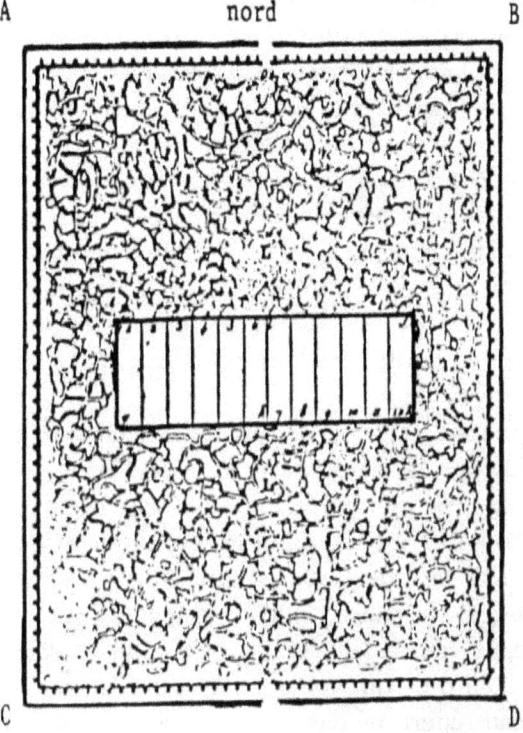

À ce moment de ma perplexité, fort grande, il me faut l'avouer, j'ai entendu parler du père Claude Sicard, au collège de la Sainte-Famille du Caire tenu depuis un bon siècle par les pères jésuites. C'était juste le matin de Noël 1976, et je crois que je n'ai jamais autant ri de ma vie !...

Deux cars s'arrêtèrent dans la grande cour de la célèbre école et des volées de touristes descendirent pour s'égailler en tous sens. À Noël, il fait très frais au Caire, et ce matin-là particulièrement puisqu'il ne faisait que 5° ! Le père supérieur survint, affolé, et apprit par le guide du groupe que celui-ci désirait faire un pieux pèlerinage dans la chambre qu'avait occupée là le père Teilhard de Chardin durant son séjour comme professeur.

Panique du père, car personne n'ayant eu cette idée jusque-là, nul ne pouvait dire où se situait cette chambre ! Je passe sur la colère des touristes américains. Mais, après la grand-messe, ils visitèrent les lieux et la bibliothèque où, incidemment, le père bibliothécaire montra la carte d'Égypte dessinée par le père Claude Sicard en 1717, et dont s'était servi le général Bonaparte près d'un siècle plus tard pour préparer sa campagne d'Égypte. Ce bon père avait sillonné toute l'Égypte avant de venir mourir dans l'hôpital du Caire en soulageant les pestiférés qui mouraient à longueur de journée durant la terrible épidémie de 1721.

Ces propos me travaillèrent durant la nuit, car je logeais dans une des pièces du corps professoral au collège de la Sainte-Famille -peut-être était-ce la chambre du père Teilhard ? Toujours est-il que, dès le matin, je m'enquis des travaux du père Sicard et de ses écrits. J'appris que peu de ses ouvrages subsistaient, que certains étaient peut-être conservés dans la nouvelle bibliothèque de la Pare-Dieu à Lyon, mais qu'il n'y avait aucune certitude. En revanche, un manuscrit était répertorié dans un « fonds » jésuite particulier se trouvant à Chantilly hors de la bibliothèque. Ce fut ainsi que j'en entendis parler pour la première fois. Lors de mon séjour suivant dans cet « antre du savoir » de l'Oise, il ne fut fait aucune difficulté pour que je le compulse. Il est toujours excitant d'avoir entre ses mains une pareille œuvre ! Pour ce qu'elle contient, bien sûr, mais aussi et surtout par ce qu'elle laisse pressentir. En effet, il s'agissait de feuilles d'écolier écrites d'un côté en un texte d'étudiant maladroit en version latine, plein de fautes corrigées par un sévère professeur, probablement le père Sicard lui-même, et de l'autre côté, l'écriture fine et serrée du narrateur écrivant le texte le plus intéressant que j'aie jamais lu.

Ce n'est pas à moi d'en dévoiler le contenu, la seule chose publiable ici étant ce qui concerne le labyrinthe. L'extrait imprimé en exergue au présent chapitre dit bien ce qu'il veut dire. Le père a vu le labyrinthe, et d'après ce que ses yeux ont perçu, Hérodote et Strabon se trompent ! En étudiant les dates et les lieux, sa découverte se situe entre Abydos et Thèbes, précisément là où est situé Tentyris, nom grec de Dendérah.

Voici un extrait du manuscrit concernant l'approche de Dendérah, en partant d'Abydos, qui prouve le sérieux du bon père, son souci de la vérité, et la minutie qui a présidé à toutes ses recherches. La longueur des lignes et la façon d'écrire ont été intégralement conservées dans la présentation ci-dessous :

Araba village à l'ouest et à 2 lieues et demie du Nil, à
4 lieues de Girgé, et à huit ou 9 de Menehiet el nédér *au Sud, à*
8 ou 9 lieues de Hou, *et à 17 ou 18 de* Dendéra *au Nord, sur*
les
ruines d'Abydus. Je le prouve : Ptolémée au L. 4, ch. 5 met
Abydus à l'ouest du fleuve, ensuite Diospolis
parva, *c'est tout, et* Tentyra, *c'est Dendéra*
Pline L. 3, Cap. 9 posa cette ville à 7 500 pas du
fleuve vers la Libye ou le couchant, entre Tentyris, *Dendéra,*
et Ptolemais, nenekiet el nédé.
Strabon et Antonin la placent entre Diospolis parva *et*
Ptolemais.
Araba est au pied d'un mont de sable que les Coptes
nomment Afud *ou* Afodos. *Le « F » changé*
en « B », c'est Abydos dans leur martyrologe le 26 août

*en parlant de St Moyse ermite qui fit pénitence
dans le désert proche* Abydus.

Abydus olim civitas maxima vidatur fuisse 2a
post Thebas, *dit Strabon L. 17. Des ruines sont encore
de plus de demie lieue de long du nord au sud et un
quart de lieue de large de l'est à l'ouest.
Voicy les restes d'Abydus que j'ai visités le 8 may 1715 ;
1° un vieux monastère de l'Abbé Moyse, de
méchantes briques au couchant du village au pié du mont Abydos ;
2° au sud du monastère est un étang salé. Toute
l'année il y a de l'eau. C'est peut-être là le fond* in
quem patem fornices descenditur in Forcipem Flenos
*selon Strabon ;
3° au sud de l'étang se présentent les ruines du
Temple d'Osiris,* in quo, *comme dit Strabon,* non licet
nec comtori, nec Tibicine, nec est havoudo, facum Sicom
aud picavi quem ad modum mos est abis deis. *Élien dans
L. 10, ch. 28, assure que le bruit des trompettes
était insupportable aux Abydéens. Ces ruines sont un enclos
d'environ cent pas de long sur 50 de large. Tout est de
pierre granité. Il n'en reste plus qu'une vingtaine
encore entières. Entre autres une grande quarrée avec
des jéroglifes très beaux. L'oracle du dieu Béka dont
parle Ammien Marcellin, et les Sépulchres des grands
seigneurs qui affectaient de se faire enterrer au pied
d'Osiris comme le rapporte Plutarque, L.* « de Isid et Osyrid »,
*n'étaient pas le moindre ornement du temple. Peut-être
que l'oracle de Béza était dans un temple à part.
À Abidus, l'oracle du dieu Béza prédisait l'avenir, certaines
consultations que l'on disait dans ce sanctuaire furent causes
des noirs soupçons qu'en conçut Constantin. Et d'un horrible... qui
s'en suivit à Sezthopolis dans la Palestine Ammien L. 19 Cap.
71 ;
4° au sud du temple, à 2 traits d'arbalète, le palais de
Memnon, fils de l'Aurore, le même apparemment que celui
qui*

alla secourir Troye assiégée in qua a Mnemosis Ragia
mividice lapide *Strabon L. 17* Abydus Memnosis
Regia et Osyris templo inclytum *Pline L. 5 ch. 9 Et Selin C. 35.*

> *Le Memnonium à environ 200 pas de long sur 100 de large.*
> *On voit d'abord un bâtiment quarré d'environ 75 pas de*
> *long sur près de 35 de large. Le plancher est de pierres*
> *quarrées de 6 ou 7 pas de long sur trois ou quatre pieds*
> *de large et d'épaisseur. Il est soutenu par 50 à 60 colonnes*

ou

> *piles soudées en plusieurs pièces de 6 palmes de diamètre,*
> *enserrées la plus grande partie dans le sable, toutes*
> *couvertes de très profonds jéroglyphes aussi bien que le*
> *plancher et les murailles. Les colonnes sont 10 en long et 5,*
> *ou 6 ou 7 en large, d'une à l'autre 5 pas de distance.*
> *Et en large 13 pas. Le sable nous a dérobé la porte*
> *et la largeur du bâtiment.*

Ce passage qui peut paraître touffu est cependant plein d'enseignements. Non seulement Bonaparte s'est servi de ses travaux, mais plusieurs savants qui éveillèrent d'ailleurs l'intérêt de l'impétueux général corse qui piétinait d'impatience de partir en Égypte. En effet un mémoire lu à l'institut de France le 28 floréal de l'An 5, justement à propos du grand labyrinthe, par un de ses distingués membres : le « citoyen » David Le Roy, rend un vibrant hommage au père jésuite. Et lorsque l'on sait qu'en ces années-là toutes les têtes des prêtres tombaient, que les églises brûlaient et qu'il n'y avait plus que des « citoyens », il fallait un certain courage, et même un courage certain, pour lire un mémoire si élogieux, dont voici l'extrait concernant le grand labyrinthe et la félicitation au père :

« Ce monument était bien digne de piquer la curiosité de nos voyageurs modernes. Deux grands savants ont tenté d'en retrouver l'endroit. Ce sont d'Anville et Gibert. Ainsi ils ont profité de la carte précieuse que nous devons au père

Claude Sicard. J'ai profité de même de leurs écrits ; peut-être d'autres chercheurs profiteront-ils de mes recherches. »

Avant d'achever ce cheminement à la découverte du « labyrinthe », il reste, à tout seigneur tout honneur, à parler des écrits de Diodore de Sicile qui le premier éveilla en moi, noir sur blanc, l'écho du Cercle d'Or.

Cet auteur fort connu de l'Antiquité en parle longuement, surtout dans son premier livre de la description de l'Égypte. Mais j'en avais tant lu que j'étais un peu désabusé et que je m'étais toujours gardé de le lire. Mais à propos du tombeau d'Osymandias et du labyrinthe qu'il fallait traverser pour y parvenir, je pris connaissance d'un mémoire de l'honorable helléniste A.-J. Letronne, lu à l'Académie des Inscriptions et Belles-Lettres, sur Osymandias. Le texte intégral est bien trop long pour que je le reproduise, mais il fait état de la première à la dernière ligne des écrits du premier livre de Diodore de Sicile ! En voici des extraits, dont le premier est le tout début de la communication savante, lue à la séance du 11 juillet 1842 :

« La description du monument d'Osymandias, que Diodore a insérée dans son ouvrage, a été mise au nombre des renseignements les plus précieux qui nous soient restés sur l'ancienne Égypte. Les proportions colossales de l'édifice, la richesse de sa décoration, ses dispositions extraordinaires, tout, dans cette description curieuse, semble se réunir pour exciter l'admiration et donner la plus haute idée des ressources de l'Égypte à l'époque très reculée qui vit s'élever ce monument prodigieux.

« Les premiers voyageurs modernes qui portèrent leur attention sur les ruines de Thèbes s'empressèrent de chercher celles du monument d'Osymandias. Mais les reconnaître n'était pas facile, supposé même qu'elles y existassent encore ; car, pour se faire une idée exacte du plan et de la disposition d'édifices tels que ceux de Thèbes, il faut des connaissances d'architecture dont la plupart des voyageurs sont dépourvus, »

Le deuxième extrait qui faillit me faire sortir les yeux de la tête parle du Cercle d'Or, et c'était la première fois que je voyais ce terme en français en dehors de ma traduction hiéroglyphique des inscriptions du temple de Dendérah, notamment dans la « Salle du Trésor ». Voici ce second passage qui termine presque la longue communication de M. Letronne, où l'on remarque nettement que lui aussi s'est laissé influencer par des similitudes relatives à des constructions séparées par plusieurs millénaires, et par des confusions de noms de lieux apparemment identiques mais usurpés. Je veux faire allusion à An-du-Sud, qui primitivement fut celui de Dendérah, et repris sous la XVIIIe dynastie par les prêtres d'Amon-Râ pour justifier le complexe de Thèbes.

S'il est vrai que ce fameux édifice fut détruit longtemps avant le règne de Ptolémée fils de Lagus, on ne peut s'empêcher de concevoir quelque doute, non pas sur l'existence d'un tombeau quelconque d'Osymandias, mais sur celle d'un monument conforme à la description. On pourrait dire, à la vérité, que cet édifice aura pu être détruit à une époque déjà ancienne, comme ces vieux monuments dont les débris sont entrés dans la construction de quelques parties des édifices de Karnak. Mais une circonstance de la description même s'y oppose. Les prêtres thébains, en disant aux voyageurs grecs que le fameux Cercle d'Or avait été pillé *par Cambyse, prétendaient bien qu'au temps de l'expédition des Perses le tombeau était encore intact. Or, on ne comprend guère qu'un si prodigieux monument eût totalement disparu dans l'espace de deux siècles ; et quand on viendrait à dire que Cambyse, à qui les Égyptiens ont prêté beaucoup de ravages qu'il n'a pas pu faire, aurait dirigé toute sa fureur sur le tombeau d'Osymandias, et l'aurait fait démolir pièce à pièce, ce qui est incroyable, au moins l'emplacement d'un édifice égal en surface aux principaux monuments de Thèbes réunis eût offert un monceau énorme* de ruines et de décombres qui, déposant de la grandeur et de la magnificence du monument détruit, eussent été montrés avec orgueil par les prêtres ; on ne conçoit pas alors que Diodore ne l'ait pas vu dans son voyage à Thèbes, et l'on conçoit encore moins le silence de toute l'Antiquité sur ce monument extraordinaire.

Qui n'apercevrait dans de tels récits l'intention d'élever outre mesure la puissance et la richesse de l'antique Égypte ? Ramessès était un grand prince ; les annales égyptiennes en faisaient foi ; et le Ramesseum en était une preuve vivante. Mais, huit ou dix siècles auparavant, Osymandias était beaucoup plus puissant et plus riche encore ; il fallait bien que son tombeau surpassât à lui seul tous les édifices que Ramessès avait fait construire.

Sans parler de la salle des procédures, et d'autres détails qui présentent plus ou moins ce caractère fantastique, terminons par le fameux cercle d'or placé sur le toit de l'édifice. Il avait trois cent soixante-cinq coudées *(ou environ deux cents mètres)* de tour, et une coudée d'épaisseur. À chaque coudée était marqué un des jours de l'année, avec l'indication du lever et du coucher des astres pour ce jour, et les pronostics atmosphériques qui s'y rapportaient, selon les astronomes égyptiens. On a beaucoup et fort inutilement disserté sur ce fameux cercle d'or, dans l'intention d'en faire quelque chose d'au moins vraisemblable ; et l'on s'est donné la peine d'inventer des hypothèses qui tombent toutes devant l'examen pur et simple de la description.

Les difficultés qu'il présente sont relatives à sa grandeur, à sa matière, à son usage.

Quant à sa grandeur, on a tâché d'en écarter la difficulté en conjecturant que le mot coudée désigne non une mesure absolue, mais une division relative, analogue à nos degrés. Par ce moyen on pourrait en réduire indéfiniment la grandeur, et en faire, si on le voulait, un cercle de trois pieds de circonférence. La conjecture n'est pas à beaucoup près aussi heureuse qu'elle est commode ; car elle est détruite de fond en comble par la circonstance que le cercle avait une coudée d'épaisseur : *le mot* coudée *est donc ici une mesure absolue ; , il s'agit bien réellement d'un cercle ayant* trois cent soixante-cinq coudées *de tour et une d'épaisseur*, Or, un cercle d'environ six cents pieds de circonférence ne peut absolument se placer sur la couverture d'un monument égyptien, quelque vaste qu'il soit, parce qu'on sait que la surface du toit y change de plan et s'abaisse à chaque division, en allant du commencement à l'extrémité.

Si un pareil cercle est impossible par sa grandeur, il l'est encore par sa matière. Pour diminuer l'excès de l'invraisemblance, on a supposé qu'il était simplement doré et non pas d'or. *Je ne nie pas que l'expression n'ait été parfois employée dans ce sens ; mais je ne voudrais pas qu'en reproduisant cette opinion on eût été jusqu'à prétendre que c'est là son véritable sens, et que les bons écrivains n'emploient pas ce nom quand il s'agit d'exprimer qu'une chose est d'or massif.*

Au reste, je ne m'attache pas à cette expression équivoque. J'ai dit et je répète encore que toutes les circonstances de la description prouvent qu'on a voulu parler d'un cercle d'or, *et non pas seulement* doré. *Est-ce sur une mince feuille d'or qu'on aurait gravé d'une manière durable toutes les figures et signes qui ornaient le fameux cercle ? En disant qu'il avait trois cent soixante-cinq coudées de tour et une d'épaisseur, c'était annoncer que la matière en était précieuse. À quoi bon parler de son épaisseur, s'il eût été de pierre ? Enfin les prêtres ne se sont pas contentés de dire que Cambyse avait détruit ce cercle, ils ont dit qu'il l'avait* pillé *comme il avait* pillé *l'or et l'argent du grand temple de Karnak. Une telle circonstance exclut l'idée de simple dorure. Le moyen de croire que Cambyse, ayant à sa disposition tant de richesses, se fût amusé à gratter des pierres ! L'identité d'expressions pour le pillage du cercle et celui de l'or et de l'argent montre clairement l'idée qu'on a voulu rendre, celle d'un objet extrêmement précieux, d'un cercle d'or, en un mot. Ce cercle est prodigieux sans doute ; mais il ne l'est pas plus que d'autres circonstances de la description. Il y a même ici quelque chose d'assez singulier. Le volume est de trois cent soixante et un à trois cent soixante-deux coudées cubes en nombre rond, environ cinquante-trois mètres cubes, dont le poids est de quatre millions cent soixante-dix mille deux cent quatre-vingts marcs d'or ; ce qui à raison de la proportion 13, qui est celle dont parle Hérodote, revient aux cinquante-trois millions de marcs d'argent qu'Osymandias retirait du seul produit des mines de l'Égypte. La coïncidence est assez remarquable.*

Quant à l'usage d'un pareil cercle, on n'a jamais pu dire en quoi il pouvait consister. Ce dont on doit être sûr, c'est qu'il n'était bon à rien. Pour moi, je n'y vois qu'une invention bien maladroite, puisqu'elle se trahit au premier coup d'œil. Selon les prêtres, on avait marqué sur ce cercle le lever et le coucher des astres, et les phénomènes atmosphériques *qu'ils annonçaient pour chaque jour : c'est là tout justement le caractère de ces* parapegmes *qu'on exposait dans les villes grecques depuis la réforme de Méton ; c'étaient, comme on sait, des tables des levers et couchers des astres pour chaque jour de l'*ennéadécaétéride*, accompagnées de l'indication des changements astronomiques, qu'on croyait s'y rattacher. Mais il se présente une difficulté, c'est que le cercle d'or, avec sa division en trois cent soixante-cinq coudées, ne pouvait représenter qu'une année vague, tandis que l'indication du lever et du coucher des astres* pour chaque jour de l'année, *et les pronostics météorologiques qu'on en tirait, marqués également pour chaque jour, ne peuvent avoir d'application constante que dans une année fixe solaire ou luni-solaire, comme était alors celle des Grecs, régularisée par Méton.*

L'invention de ce fameux cercle, impossible tout à la fois par la place que les prêtres lui assignaient, par la matière dont ils le prétendaient formé, par sa division même, réunit à elle seule tous les traits qui déterminent le caractère de la description entière du monument. Elle achève de prouver que l'intention des auteurs de cette description a été précisément celle que le plus simple bon sens suffisait pour leur attribuer, c'est-à-dire de donner aux Grecs une idée extraordinaire des travaux des plus anciens rois égyptiens, et de leur faire croire que l'Égypte n'était plus, même sous Sésostris, aussi riche et aussi puissante que huit ou dix siècles auparavant.

*Un nom royal assez semblable à celui d'*Osymandias, *qui se trouve écrit sur plusieurs monuments, annoncerait l'existence d'un ancien roi de ce nom ; et c'est peut-être, comme l'ont pensé plusieurs* *critiques, le même que l'Ismandès auquel, selon Strabon, on attribuait le grand labyrinthe, et qui était censé avoir sa sépulture dans la pyramide située près de cet édifice mystérieux. Cette dernière circonstance, si toutefois l'identité des personnages est réelle, prouverait combien était vague et incertaine la tradition sur le lieu où cet Ismandès, c'est-à-dire Osymandias, avait eu son tombeau, puisque sa dépouille mortelle, selon les uns, était enfermée dans une pyramide, selon les autres, avait été déposée dans un magnifique monument qu'il avait construit à Thèbes tout exprès. Ce qui montre encore la confusion extrême de tous ces souvenirs historiques qui changeaient peut-être de temple à temple, c'est que ce nom désignait, selon quelques-uns,* Memnon *ou* Aménophis II. *Il n'y a rien à tirer de toutes ces contradictions. Il est possible que, parmi les édifices sépulcraux dont on avait montré les restes à Diodore de Sicile sur le penchant de la montagne libyque ou dans la plaine, il y ait eu jadis un édifice bâti par l'ancien roi Osymandias, peut-être plus beau ou plus grand que les autres, mais détruit longtemps avant l'arrivée des Grecs, comme ces vieux édifices dont les débris sont entrés dans la construction de certaines parties de ceux de Karnak.*

Avant de commenter cet extrait, écrit en 1842 je le rappelle, voici les deux courts passages du livre I de Diodore de Sicile qui intéressent le plus les lecteurs. Le premier est celui qui a fait situer ce labyrinthe d'Osymandias à Thèbes :

« *1) Les prêtres disaient donc, d'après les livres sacrés, qu'il se trouvait (à Thèbes)[18] quarante-sept tombes royales, mais qu'au temps de Ptolémée, fils de Lagus, il n'en restait que dix-sept, dont la plus grande partie était en ruine à l'époque où nous arrivâmes en ces lieux (dans la CLXXXe olympiade).*

«*2) Cela n'est pas seulement raconté par les prêtres, d'après les livres sacrés, mais encore par beaucoup des Grecs qui, étant venus*

---

[18] Voir les notes de ce paragraphe à la fin de ce chapitre, car ce sont à ces endroits précis que les textes ont été interprétés.

sous Ptolémée, fils de Lagus, et ayant rédigé des descriptions de l'Égypte, s'accordent avec ce que nous venons de dire. »

Le second extrait est celui qui parle du Cercle d'Or et qui a été écrit il y a deux millénaires par Diodore de Sicile :

«16) Que tout autour de cette pièce était disposée une multitude de chambres où étaient parfaitement peints tous les animaux consacrés en Égypte.

«17) Que de ces chambres on montait sur le (toit du)[19] tombeau entier ; que, quand on y était parvenu, l'on voyait sur le monument un cercle d'or de trois cent soixante-cinq coudées de circonférence, et d'une coudée d'épaisseur ; qu'à chaque coudée on avait inscrit et distingué les jours de l'année, en y marquant les levers et les couchers des astres et les phénomènes atmosphériques qu'ils annonçaient, selon les astronomes égyptiens : on disait que ce cercle avait été pillé par Cambyse et les Perses, lorsque ce prince s'empara de l'Égypte. »

De ce passage, il ressort deux points importants, dont le texte original en grec est porté en annexe à ce chapitre, afin qu'il n'y ait aucune obscurité.

En premier lieu, dans le paragraphe 1, « à Thèbes » a été ajouté là par M. Letronne puisqu'il lui semblait couler de source de l'ensemble du texte. Or, il est indiscutable que si Diodore alla à Thèbes, ce sont les prêtres et de nombreux auteurs grecs l'ayant précédé en cet endroit qui décrivirent le tombeau d'Osymandias. Mais aucun d'eux ne situera exactement l'endroit ! Parmi ces auteurs, il convient de citer la fort belle description effectuée par Hécatée d'Abdère, mais où nulle part il ne cite précisément l'endroit où il se trouve. D'où les auteurs modernes en ont déduit que puisqu'il en parlait à Thèbes, celui-ci était forcément à

---

[19] Voir la note précédente.

Thèbes. Or, pour les prêtres qui en parlèrent, il était à « An-du-Sud » qui désignait « la Première-du-Sud », c'est-à-dire Dendérah et non Thèbes qui usurpa ce nom à partir de la XIIe dynastie. Le second point fort litigieux, qui faussa l'interprétation de l'endroit où était situé le Cercle d'Or, se trouve dans le paragraphe 17, où M. Letronne a ajouté l'expression « sur le toit » qui ne figure nullement dans le texte grec, ainsi que cela peut être vérifié dans l'original reproduit en annexe à ce chapitre. Ce qui déforme totalement le sens donné par Diodore, avouons-le !

M. Letronne pressentait la vérité lorsqu'il parle d'une similitude de nom avec celui d'un ancien roi, mais manifestement il a reculé devant toute recherche complémentaire, car cela l'aurait amené à une énorme difficulté qui l'aurait immanquablement fait chuter : à savoir qu'il lui aurait fallu remonter chronologiquement à une date de beaucoup antérieure à celle consacrée par la Sainte Église à cette époque, pour la naissance d'Adam, et peut-être celle de la Terre elle-même, puisque la prétention, en 1840, était que notre globe avait été placé là par Dieu 6000 ans avant notre ère !

Or, la chronologie, mise au point par Champollion avant que le jeune égyptologue ne s'abjure, mettait précisément l'avènement du premier roi Ménès, ou Mendès, en 5785 avant Christ, c'est-à-dire bien avant la naissance du premier homme : Adam... Quant au Cercle d'Or, les prêtres parlaient de douze millénaires...

Dans le tome I de ma *Trilogie des origines : Le Grand Cataclysme*, paru en 1976, je cite un passage des annales gravées à Dendérah sur ce sujet. Il est caractéristique de la confusion des auteurs qui placèrent le cercle « sur le toit ». Car là encore, il y a eu, dans le complexe traitant des configurations célestes, le Cercle d'Or réel, tout en or dans son pourtour, pour être éternellement identique à lui-même par rapport aux rayonnements des Douze, diffusés par Râ « l'or du ciel » et un cercle bien plus petit, sur une terrasse, servant à des usages initiatiques, telle la présentation d'un nouveau-né au Soleil qui était le bras de Ptah.

À la page 164 du *Grand Cataclysme*,[20] cette description ne laisse place à aucun doute sur ce second « Cercle d'Or » :

> « Les Annales décrivent en détail la Tradition antique de cette cérémonie. Le processus rituel retenait la parution des premiers rayons solaires sur le Cercle d'Or pour débuter l'Office. C'était un premier signe bénéfique évident, assurant une longue vie dans la Justice, la Paix, et la Bonté à celui qui en bénéficiait. Cette circonférence était incrustée d'or pur, massif, qui rendait encore plus immaculé, si cela était possible, le marbre blanc recouvrant l'esplanade. Elle était disposée de telle façon que, chaque matin, les premiers rayons de l'astre diurne s'y reflétaient directement sur une seule partie. Par le phénomène de la rotation de la Terre, ils variaient chaque jour un peu de leurs positions de la veille, en deçà, toujours sur le cercle, touchant ainsi, l'un à la suite de l'autre tout au long de l'année, les douze blocs monolithiques de granit noir recouverts d'une matière cristalline très spécifique. Chacun symbolisait l'une des douze constellations qui ceinturaient l'équateur céleste au long de la Voie Lactée, harmonisant ainsi la Terre au Ciel. »

Celui-ci se trouvait sans aucun doute reproduit sur la plus haute terrasse du temple de Dendérah, et il est fort possible que Cambyse l'ait totalement pillé, comme cela sera vu lorsque le volume : « Et Dieu oublia l'Égypte » paraîtra, et

---

[20] A-1, éditions Robert Laffont, 1976.

qui sera sommairement développé au chap. 13 du présent livre.

Quant au véritable Cercle d'Or, celui dont le rayon est de 7 000 coudées, soit huit kilomètres de diamètre, je laisse pour l'instant le soin au lecteur de rêver, tant sur son « épaisseur » que sur sa qualité « ès métal » !...

Il faut bien comprendre que si, au temps d'Hérodote, de Strabon, et de Diodore de Sicile, il était relativement aisé de parvenir à Thèbes, objet de toutes les curiosités, il était presque impossible d'aller jusqu'à Dendérah, par ailleurs totalement ensablée et protégée par des campements misérables jusqu'à ce que les armées de Bonaparte surviennent, dix-huit siècles plus tard, pour découvrir le temple tout à fait fortuitement. Alors que dire du Cercle d'Or, qui gît encore sous 80 mètres de sable ?...

Arrivons-y un peu plus en détail !

NOTE CONCERNANT L'ORIGINAL DE DIODORE DE SICILE (ET LES ADJONCTIONS FAITES PAR A.-J. LETRONNE)

Le présent texte original est extrait du premier tome des œuvres de A.-J. Letronne, « mises en ordre » par E. Fagnan et éditées en 1881 à Paris par Ernest Leroux.

Les caractères grecs imprimés à gauche gardent leur exact emplacement du manuscrit original. La traduction française à droite est celle de M. Letronne lui-même. Les parties de phrases entre parenthèses n'existent pas en grec, et sont donc dues à l'adjonction seule de M. Letronne. Dans le premier paragraphe, il y a, à la troisième ligne : (à Thèbes) et à la fin : (dans la CLXXXe olympiade). Tous les commentaires du mémoire du savant auteur pour contredire l'écrit de Diodore sont basés sur le fait absurde de prétendre que cette énorme construction est située à Thèbes. Or, il n'est pas question de l'emplacement du tombeau à Thèbes, alors que les autres descriptions y sont. Il s'agit là, sans aucun doute, de la nuance humoristique apportée par les prêtres égyptiens parlant de « l'An-du-Sud », une fois qualifiant Dendérah, et l'autre Thèbes. Dans le deuxième paragraphe, de même, il y a un commentaire : « au nombre desquels est aussi Hécatée », qui prouve bien qu'il s'agit d'un autre additif de M. Letronne.

TEXTE GREC.	TRADUCTION LITTÉRALE.
α'. Οἱ μὲν οὖν ἱερεῖς ἐκ τῶν ἀναγραφῶν ἔφασαν εὑρίσκειν ἑπτὰ πρὸς τοῖς τετταράκοντα τάφους βασιλικούς, εἰς δὲ Πτολεμαίου τοῦ Λάγου διαμεῖναι ἑπτακαίδεκα μόνον, ὧν τὰ πολλὰ κατέφθαρτο καθ' οὕς χρόνους παρεβάλομεν ἡμεῖς εἰς ἐκείνους τόπους…	1. Les prêtres disaient donc, d'après les livres sacrés, qu'il se trouvait (à Thèbes) quarante-sept tombes royales, mais qu'au temps de Ptolémée fils de Lagus il n'en restait que dix-sept, dont la plus grande partie était ruinée à l'époque où nous arrivâmes en ces lieux [dans la CLXXXᵉ olympiade].
β'. Οὐ μόνον δ' οἱ κατ' Αἴγυπτον ἱερεῖς ἐκ τῶν ἀναγραφῶν ἱστοροῦσιν, ἀλλὰ καὶ πολλοὶ τῶν Ἑλλήνων, τῶν παραβαλόντων μὲν εἰς τὰς Θήβας ἐπὶ Πτολεμαίου τοῦ Λάγου, συνταξαμένων δὲ τὰς Αἰγυπτιακὰς ἱστορίας (ὧν ἐστι καὶ Ἑκαταῖος), συμφωνοῦσι τοῖς ὑφ' ἡμῶν εἰρημένοις.	II. Cela n'est pas seulement raconté par les prêtres d'après les livres sacrés, mais encore par beaucoup des Grecs qui, étant venus à Thèbes sous Ptolémée fils de Lagus, et ayant rédigé des descriptions de l'Égypte (au nombre desquels est aussi Hécatée), s'accordent avec ce que nous venons de dire.

Dans le paragraphe 17 reproduit ci-dessous, tout le sens a été déformé par l'adjonction abusive de (toit du) à la deuxième ligne. Il ne fait aucun doute que le tombeau de Menés, ou Ismendès ou Osymandias qui n'a jamais été retrouvé, se trouve sous le Cercle d'Or. Ce premier roi, véritable Per-Ahâ, donc le « Descendant de l'Aîné », est enterré au centre même de la circonférence, comme il se doit au Fils de Dieu. Et cela change toute la traduction réelle du texte raconté par les prêtres à l'origine, et déformé par-delà les millénaires, jusqu'à ce que Diodore l'écrive :

ις'. Κύκλῳ δὲ τούτου πλῆθος οἰκημάτων κατεσκευάσθαι, γραφὴν ἐχόντων εὐπρεπῆ, πάντων τῶν καθιερωμένων ἐν Αἰγύπτῳ ζώων·

ιζ'. Ἀνάβασίν τε ἀπ' αὐτῶν εἶναι πρὸς ὅλον τὸν τάφον· ἣν διελθοῦσιν ὑπάρχειν ἐπὶ τοῦ μνήματος κύκλον χρυσοῦν, τριακοσίων καὶ ἑξήκοντα καὶ πέντε πηχῶν τὴν περίμετρον, τὸ δὲ πάχος πηχυαῖον· ἐπιγεγράφθαι δὲ καὶ διῃρῆσθαι καθ' ἕκαστον πῆχυν τὰς ἡμέρας τοῦ ἐνιαυτοῦ, προαναγεγραμμένων τῶν κατὰ φύσιν γινομένων τοῖς ἄστροις ἀνατολῶν τε καὶ δύσεων, καὶ τῶν διὰ ταύτας ἐπιτελουμένων ἐπισημασιῶν κατὰ τοὺς Αἰγυπτίους ἀστρολόγους· τοῦτον δὲ τὸν κύκλον ὑπὸ Καμβύσου καὶ Περσῶν ἔφασαν σεσυλῆσθαι, καθ' οὓς χρόνους ἐκράτησεν Αἰγύπτου.

XVI. Que tout autour de cette pièce étaient disposées une multitude de chambres où étaient parfaitement peints tous les **animaux consacrés en Égypte;**

XVII. Que de ces chambres on montait sur le (toit du) tombeau entier; que, quand on y était parvenu, l'on voyait sur le monument un cercle d'or de trois cent soixante-cinq coudées de circonférence, et d'une coudée d'épaisseur; qu'à chaque coudée on avait inscrit et distingué les jours de l'année, en y marquant les levers et les couchers des astres et les phénomènes atmosphériques (12) qu'ils annonçaient, selon les astronomes égyptiens : on disait que ce cercle avait été pillé par Cambyse et les Perses, lorsque ce prince s'empara de l'Égypte.

La justification du nom de « An-du-Sud » attribué primitivement à Dendérah, et conservé par la hiéroglyphique Tentyrite, est donnée dans la crypte n° 9 de ce temple qui, je le rappelle, est la sixième reconstruction effectuée sous les Ptolémée au IIe siècle avant le Christ :

« Pour ce qui est du lieu promis par les premiers Aînés, c'est la ville de An, c'est le siège d'Hathor, la bonne mère d'Hor qui est la maîtresse de cet emplacement. An reçoit le

Soleil qui l'éclaire depuis le premier jour du commencement... »

Ce très long texte étant étudié au prochain chapitre, cette justification de l'usurpation du nom d'An par Thèbes est assez démontrée pour l'instant.

9

LE CERCLE D'OR

Il semble que la mer roule au fond de l'abîme pêle-mêle avec la foudre et l'ouragan, à la recherche d'os encore vivants !

Et là-bas, dans Ath-Mer, un bain pourpre tourbillonnant, recouvre de sang le Cercle d'Or du Temple-Dieu qui n'était plus qu'idolâtrie !
Chibet d'Ahou (Annales du Scribe d'Ahou)

L'étude des lieux ne nous renseigne pas sur la destination matérielle des cryptes. Les textes, heureusement, jettent un peu de clarté sur cette intéressante question. Dès qu'on pénètre dans les cryptes, ce qui frappe avant tout l'attention, ce sont les mesures et les mentions de matières précieuses qui sont placées à côté de la plupart des images de divinités sculptées sur les murs.
Auguste Mariette (Description de Dendérah, 1875)

La question n'étant pas de savoir si le Cercle d'Or existe ou non, mais quand et comment y pénétrer, voyons de plus près ce qui en prouve la réalité sur place, et qui permet son approche.

La première chose concerne la destination première du site de Dendérah. Ceux qui ne l'admettent pas officiellement aujourd'hui condescendent cependant à avouer qu'il pourrait avoir un lien avec l'astronomie. Même en laissant de côté le planisphère et la dénomination sacrée des lieux : « Temple de la Déesse du Ciel » ou « Maison de l'Univers », la découverte de douze cryptes situées en des endroits cardinaux précis démontrait, si besoin en était, la validité de ce qui est plus qu'une simple présomption.

Aussi, commencerons-nous par parler de ces cryptes puisqu'elles forment l'une des clés de la compréhension de la finalité du Cercle d'Or, et du moyen d'y parvenir. Mais s'il y en a effectivement douze, une anomalie patente saute aux yeux immédiatement : neuf sont entièrement gravées de hiéroglyphes et de sculptures, et trois sont complètement nues, ressemblant ainsi plutôt à des caves ou à des dépotoirs qu'à autre chose. D'autre part, elles sont disposées sur trois étages...

Reportons-nous au dictionnaire, comme je le fis à cette période de mes comparaisons, et il y était écrit : « du latin *crypta* emprunté au grec *kruptos* qui signifie « caché », comme la partie souterraine d'une église où l'on enterrait autrefois les morts ».

Si l'on compulse les notes d'Auguste Mariette, l'on peut y lire : « Les cryptes de Dendérah sont au nombre de douze. Six sont souterraines ; les six autres circulent à travers les murailles qui enveloppent la partie postérieure du temple.

« Les cryptes découvertes pendant le cours de nos travaux sont les deux cryptes de la salle A, la crypte de la chambre O, la crypte n° 4 et la crypte n° 7, en tout cinq cryptes. Les autres étaient plus ou moins encombrées, plus ou moins accessibles ; mais elles étaient connues. »

Et aussi ce passage caractéristique :

« Les douze cryptes ne sont pas toutes revêtues d'inscriptions. Les deux cryptes de la salle A et la crypte de la chambre O en sont dépourvues ; mais on remarque dans les neuf autres la profusion de tableaux et de textes qui distingue en général le temple de Dendérah. Il résulte de là que toutes les cryptes n'ont pas pour nous un intérêt égal. Aussi, abandonnerons-nous désormais les trois premières pour ne nous occuper que des neuf autres.

« Pour ne rien omettre des généralités concernant les cryptes, j'ajouterai que, selon toute vraisemblance, les constructeurs du temple n'ont pas accordé à toutes les cryptes une importance égale. Les cryptes de l'étage souterrain sont les vraies cryptes. Seules elles ont leurs jours de fête ; seules aussi elles étaient meublées d'emblèmes et de statues de toutes sortes. Les cryptes de l'étage moyen méritent encore l'attention ; mais les textes n'y ont déjà plus la même précision et les tableaux qui les décorent peuvent être transportés d'une crypte à l'autre sans rien perdre de leur clarté. Quant aux cryptes de l'étage supérieur, on peut les regarder comme une décharge dans la maçonnerie. Les tableaux y sont cependant aussi nombreux qu'autre part. Mais on n'y trouve rien de local et il n'est pas un de ces tableaux qui n'aurait sa place ailleurs, en quelque partie du temple que ce soit. »

De cette lecture, et avant que je n'étudie sérieusement sur place les fameux textes hiéroglyphiques, il en ressortait une impression de malaise indéfinissable. Comme si quelque chose avait été bâclé afin de prouver que les douze cryptes avaient été découvertes, et qu'il n'y avait plus rien à chercher ! Or, il apparaissait, tant au sens littéral qu'au sens normal du mot « crypte », que cinq seulement avaient été mises au jour. Qu'il y ait eu des cachettes secrètes dans les étages n'en faisait nullement des cryptes ! Je me penchai donc tout d'abord sur les textes hiéroglyphiques gravés dans les niveaux supérieurs, faciles d'accès malgré leur appellation de « crypte ». Telle celle dotée du numéro 3, qui se trouve sous le haut du grand escalier qui mène sur la haute terrasse, comme il est facile de le voir sur ce plan fait par A. Mariette :

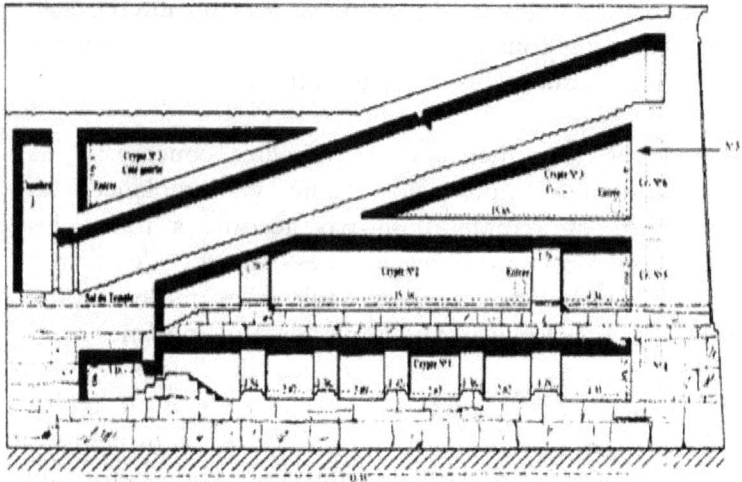

La chambre 3 est entièrement recouverte de textes gravés, dont la dédicace est significative de sa destination qui n'a rien à voir avec une cache secrète ou une entrée souterraine. En voici la reproduction *in extenso* (illustration suivante).

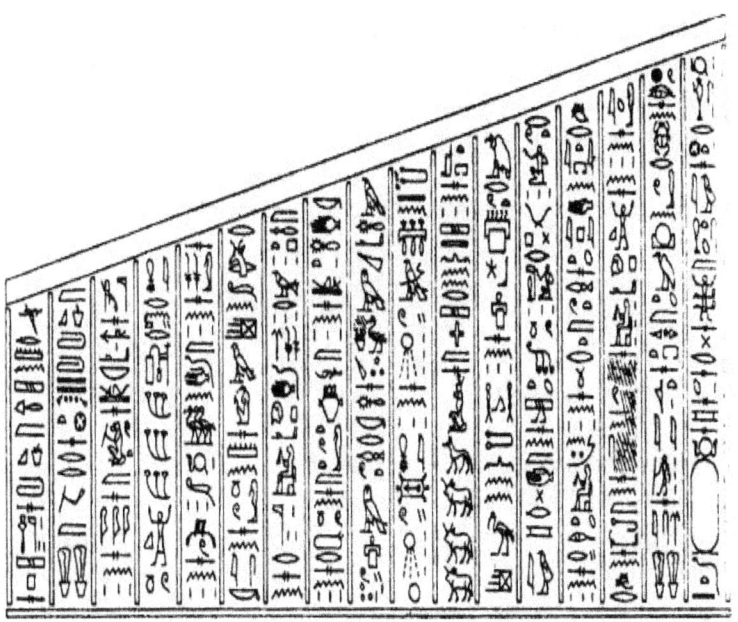

Le début de la traduction permet de comprendre la destination de cette salle. Il est difficile, dans le cadre de ce livre, d'aller plus loin, car cela nécessiterait un bon millier de pages supplémentaires.

« Cette salle est consacrée par le Dieu de l'Univers, celui dont le Nom ne s'écrit pas, qui est le Maître des Parcelles divines comme des Enveloppes charnelles, et de toutes choses sur la terre. Tous les Juges chargés de faire respecter Sa Loi sont représentés autour de la bonne mère d'Hor, fils de l'Aîné de Dieu, Ousir. Chacun d'eux est figuré selon les prescriptions précisées par les livres sacrés. Chaque dessin correspond aux paroles prononcées par les descendants des Aînés. Le mobilier est exécuté en bois de sycomore, les sculptures en métal précieux... »

Cela démontre qu'il s'agit bien là d'un sanctuaire dédié à Isis, caché certes, dont l'entrée était secrète, mais qui n'a rien à voir avec une crypte.

Certains mystères ne devaient pas être dévoilés. Celui concernant la Triade divine en était un. Horus, fils d'Isis et d'Osiris, étant l'Aîné direct de Dieu par sa naissance, nécessitait un enseignement complémentaire, accessible qu'à ceux qui connaissaient les Combinaisons-Mathématiques-Divines et qui en pratiquaient les commandements.

Cela est encore plus vrai un niveau plus bas, pour la chambre numéro 2... Il s'agit d'une pièce de grandes dimensions, comme il est aisé de le voir sur le plan de la page précédente, située sous l'escalier menant à la terrasse.

La particularité de cette salle est qu'elle narre dans sa presque totalité l'histoire du peuple ancien dont les descendants sont venus s'établir en Égypte. Cette pièce est la justification de la trilogie du Passé, tout autant que de l'autorité qui se dégage de la Connaissance stellaire antique. Sur l'extrait ci-dessous, les six principales actions diurnes combinées par Ptah par l'entremise des 7 Errantes et Fixes de notre système solaire (Soleil, Lune, Mercure, Mars, Vénus, Jupiter et Saturne) qui sont le reflet des 12 « cœurs », émanations des douze constellations qui forment « la Ceinture».

Ici, toutes les sculptures sont peintes de couleurs traditionnelles, alors que les hiéroglyphes et les gravures sont restés à leur état primitif de relief ou de creux dans la pierre. Contrairement aux parties manquantes dans des chambres du temple, la plupart du temps martelées sauvagement lors des intrusions d'usurpateurs de Râ, les pans de murs disparus ont été découpés au ciseau, soit à la fin du XIXe siècle, soit entre 1970 et 1973, par des « vendeurs d'antiquités » !

Mais le travail du graveur y est partout remarquable, tant dans la démonstration de l'hypocrisie de Set, l'assassin au couteau, de son frère Ousir, dont la tête s'est transformée en serpent symbolique. Il est représenté tourné à gauche sur le mur nord, et donc regardant au couchant vers Ahâ-Men-Ptah, la terre engloutie par la colère divine à la suite de l'assassinat. Sur le mur septentrional la même scène est reproduite regardant vers la droite, donc vers l'Égypte, le « Deuxième-Cœur », où les hiéroglyphes révèlent que si l'antagonisme des Deux-Frères se perpétue ce sera la fin de la « Deuxième-Patrie ».

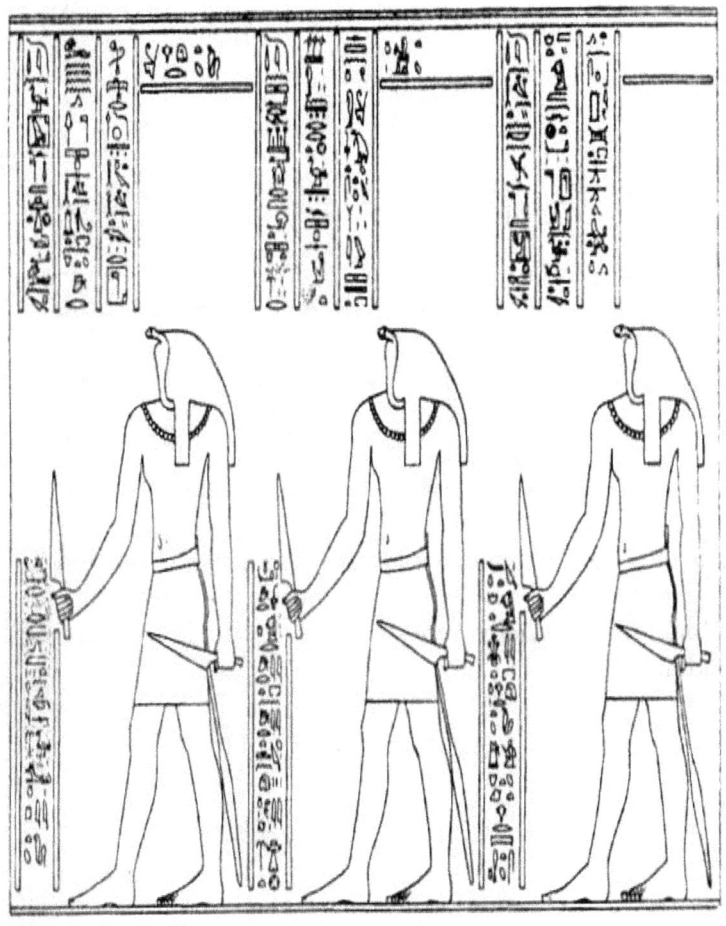

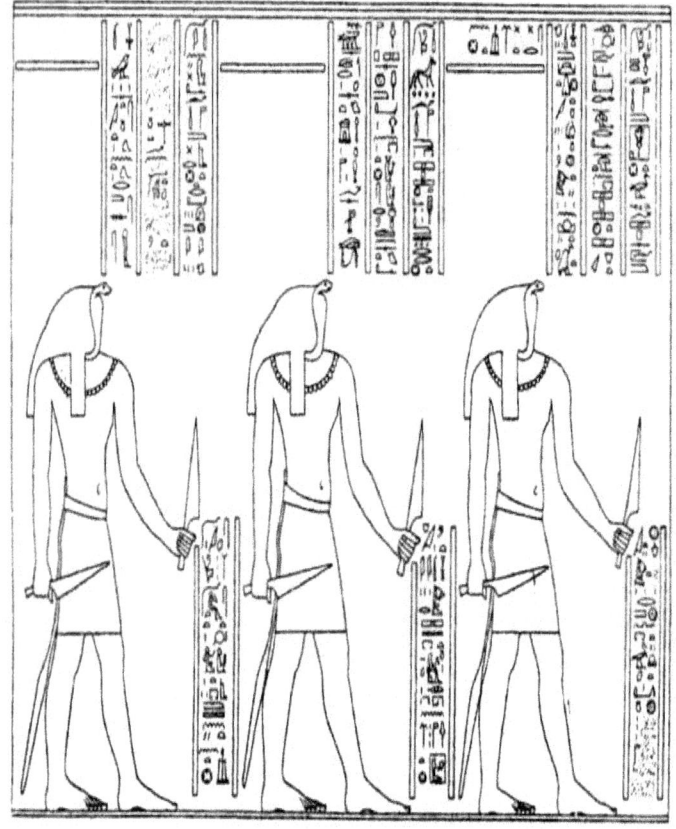

Ou bien encore, une remarquable scène, qui est gravée tout juste après la représentation des douze des Combinaisons-Mathématiques-Divines dont le dessin est reproduit ici :

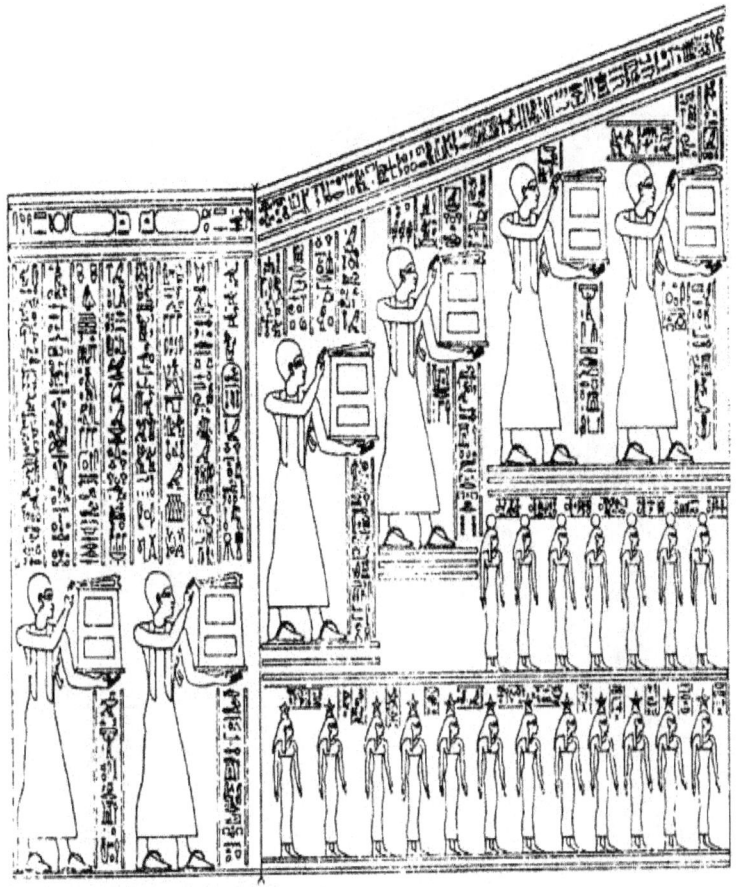

Ici l'on voit les six possibilités pour la Justice divine de s'exercer sur les Âmes ou de se mettre en colère, si la stricte observance des Commandements n'est pas réalisée : ce sera un nouveau déluge. En somme, l'Apocalypse redéfinie par saint Jean ou l'Âge d'Or, les deux symboliques représentées par les urnes prêtes à être basculées sur la Terre ! Voici donc cette figuration si expressive qu'elle n'a presque pas besoin des commentaires qui précèdent.

Il serait, certes, intéressant de passer la revue de détail des sept chambres qualifiées de « cryptes » par les égyptologues et qui n'en sont guère, car elles justifient le thème de mes ouvrages sur le monothéisme, prouvant sa véracité dans le moindre des détails, même lorsqu'il apparaît sous forme dialoguée. Il n'est jamais romancé. Mais je cherchais dans ce temple un certain Cercle d'Or, ou tout au moins son entrée, et ce n'était pas à sa surface ou dans les étages supérieurs que j'aurais pu la trouver. Aussi, était-ce dans les cinq véritables cryptes découvertes que je concentrais mes recherches... avant de partir à la découverte des sept manquantes, puis de l'entrée du Cercle d'Or, et de l'étude des rayonnements cosmiques !

Car il était incontestable qu'il y avait douze cryptes, non seulement parce qu'elles représentaient toutes les variantes des quatre points cardinaux par rapport au lent mouvement équinoxial qui faisait varier angulairement l'obliquité des rayons en provenance des douze, laissant ceux-ci de trente degrés en trente degrés toujours en harmonie. Ces douze cryptes permettaient de conserver un lien permanent entre la Terre et le Ciel, autant qu'un accord éternel entre le Créateur céleste et ses créatures terrestres. J'en eus la conviction absolue en étudiant les cryptes véritables !

Voici tout d'abord le plan de base du temple avec l'emplacement de ces cryptes souterraines :

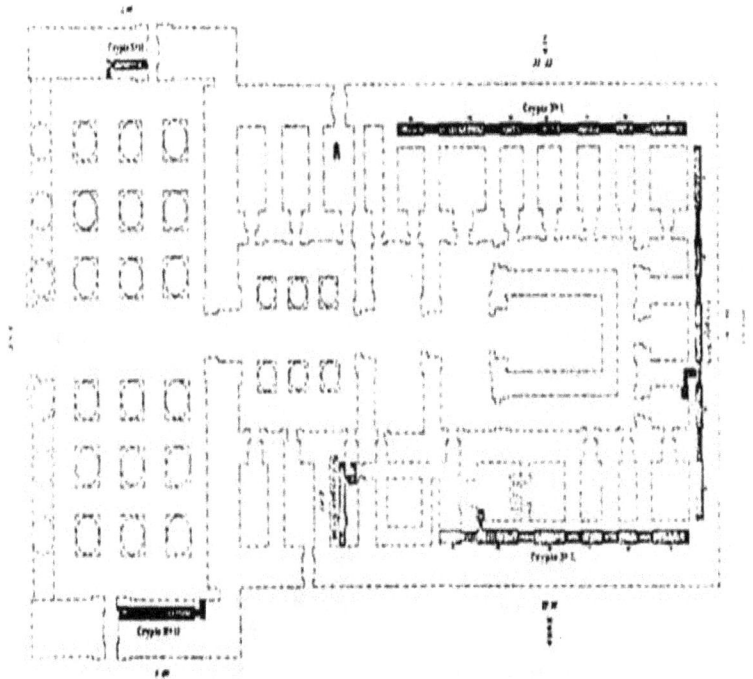

Laissons de côté la crypte 1, qui présentement ressemble plus à une longue enfilade de petites caves aux murs presque totalement endommagés, aux sculptures détruites, et dont les sols ont été violemment bouleversés et fouillés, laissant en évidence d'énormes trous en forme de puits, mais au fond desquels, manifestement, rien n'a été découvert par les profanateurs qui ont cherché là « quelque chose » à une époque fort lointaine. Ce n'était qu'une sortie d'oubliette. Les inscriptions encore visibles, qui bordent la partie supérieure des tableaux gravés et détruits, parlent uniquement des formules incantatoires de malédictions contre ceux qui tenteraient de percer le secret de la déesse Isis, ici désignée sous son nom de « Vache blanche ». En effet, Osiris étant le Taureau céleste, son épouse la pure Isis ne pouvait être représentée que sous la figuration d'une vache blanche.

La crypte désignée sur le plan comme étant le numéro 4, en revanche, est très jolie et pleine d'enseignements ! Elle regroupe cinq pièces reliées par des corridors. Toutes les gravures y ont leurs couleurs remarquablement conservées. Et si le mobilier précieux a disparu bien avant sa découverte par Auguste Mariette, une momie de vache en décomposition s'y trouvait encore. Et la première pensée qui frappe n'importe quel esprit logique est de se demander comment un tel volume a pu pénétrer dans cette crypte dont la seule entrée apparente est un petit escalier par lequel un homme moyen doit se baisser pour pénétrer en cet endroit souterrain ?... Pour plus de compréhension, voici le plan des cinq chambres, des couloirs les reliant et de l'escalier permettant d'y accéder.

La frise qui domine l'escalier à hauteur du plafond indique :

Entrée de la Demeure de la Mère des mères, la Pure Vache céleste, qui est l'œil droit du soleil et la grande maîtresse du ciel. Elle est la fille de Geb, le dernier roi des bienheureux endormis du continent englouti par la colère de Celui dont le Nom ne s'écrit pas, qui a permis le rachat des Rescapés en lui donnant son Fils pour époux.

Il serait bien trop long, dans le cadre de cet ouvrage, de faire figurer tous les textes hiéroglyphiques dessinés, car rien que pour l'explication des cryptes, même en petits caractères, cela ferait quelque cinq cents pages ! Cependant, le texte primordial de la frise du premier corridor, celui qui apparaît une fois l'escalier descendu, vaut la peine d'être reproduit, car le lecteur y reconnaîtra, entre autres, le caractère signifiant : « Combinaisons-Mathématiques-Divines, le ciel, la terre, et l'astronomie en général. »

Toi qui entres purifié dans ce sanctuaire secret de la Vache blanche pour accéder dans la Demeure d'Hor-le-Pur, le vengeur de son père, n'aie aucune crainte, car tu es à partir d'ici sous la protection de la Déesse du Ciel et des Combinaisons-Mathématiques-Divines. Tu apprendras à te soumettre aux commandements célestes qui ont racheté les âmes couchées par la faute de Set le fratricide.

La Vie et la Connaissance te seront dévoilées, ainsi que le Passé et l'Avenir, grâce à ta compréhension des données contenus dans le Cercle d'Or. Alors tu approcheras de la Vie Éternelle et de l'Éternité Bienheureuse.

L'escalier étant décentré sciemment et délibérément, puisque rien n'est laissé au hasard dans cette construction, il était normal de visiter tout d'abord la partie de droite, puisque, suivant les descriptifs équinoxiaux, ce mur de l'Ouest décalé était à l'origine de ce côté. Dans la pièce traversée se trouve la plus fameuse gravure, et sans doute la plus célèbre : celle d'Isis donnant le sein à son fils Hor ! N'était la coiffure, cette reproduction ferait immanquablement penser à « La Vierge et l'enfant Jésus ».

Je ne polémiquerai pas ici sur les multiples réminiscences religieuses, car elles seront détaillées dans *Jésus-le-Christ* qui paraîtra en 1984-1985. Mais toute cette pièce fourmille de tableaux retraçant la vie et l'initiation d'Hor, depuis sa naissance jusqu'à sa mort, où il apparaît comme juge des Deux-Terres : Ahâ-Men-Ptah et Ath-Kâ-Ptah, avec une tête d'épervier et les insignes de sa divinité.

Vient ensuite le couloir reliant cette pièce à la seconde, la dernière de ce côté droit du souterrain. Il est remarquable pour plusieurs raisons, dont la principale est qu'il définit la bibliothèque du Cercle d'Or de Dendérah, ainsi que les cinq disciplines dont les enseignements y sont prodigués.

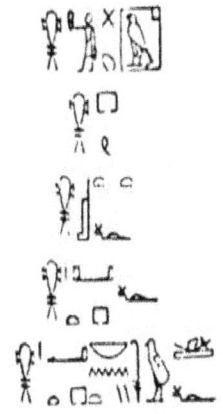

L'enseignement de l'Ahâ fils d'Hor (c'est-à-dire de Têta ou Thoth).

L'enseignement de la Parole dans la Demeure

L'enseignement de la Loi Divine

L'enseignement de la Parcelle Divine dans son corps

L'enseignement issu des Survivants pour assurer le futur des générations de Cadets.

Dix grandes gravures ornant le couloir en assurent en quelque sorte la clé, car elles représentent, deux à deux, la protection de chacune des parties de la bibliothèque, les unes le jour, les autres la nuit. Ce qui saute instantanément aux yeux est le premier enseignement, celui diffusé par les livres de Têta le trois fois béni, car ce fut lui qui rétablit la hiéroglyphique et donc Dieu, le calendrier et donc le temps, la médecine et donc la vie. Or, ce Têta, a été phonétisé en grec par Thoth, devenu Hermès Trismégiste, ou le trois fois grand !

Nous savons par Clément d'Alexandrie, dans ses *Stromates*, au livre 6, que cet Hermès-là avait introduit en tout trente-six livres, en Égypte, qui contenaient toute la Connaissance. Huit traitant de la hiéroglyphique, quatre des Combinaisons-Mathématiques-Divines avec les phases du soleil et de la lune, du mouvement des cinq autres planètes, et de la cosmographie de l'univers ; dix de l'enseignement sacerdotal, de la Loi et de ses commandements ; deux livres réservés au culte de Ptah et douze traitant de l'anatomie et de la médecine. Il y avait donc à Dendérah, et il existe peut-être encore enfouie dans le Cercle d'Or, une bibliothèque dont l'origine se perd dans la nuit des temps, si l'on admet que le tombeau de Ménès ou Osymandias se trouve en son centre. Car ce Têta, ou Thoth, ou Hermès, est bel et bien le fils de Ménès, le deuxième pharaon de la première dynastie.

C'est donc un saut dans l'espace-temps fantastique qui s'accomplit là, car nous nous retrouvons six millénaires dans le passé, alors que le temple n'a que deux mille ans d'existence. Il est donc manifeste qu'au-dessous existent les vestiges d'un autre temple plus ancien qui communique lui-même, par ses cryptes astronomiques, avec les couloirs menant au Cercle d'Or.

Voici quelques-uns des protecteurs de la bibliothèque avec leurs dédicaces significatives, qui protègent efficacement l'entrée du Cercle d'Or, deux à deux, nocturne et diurne :

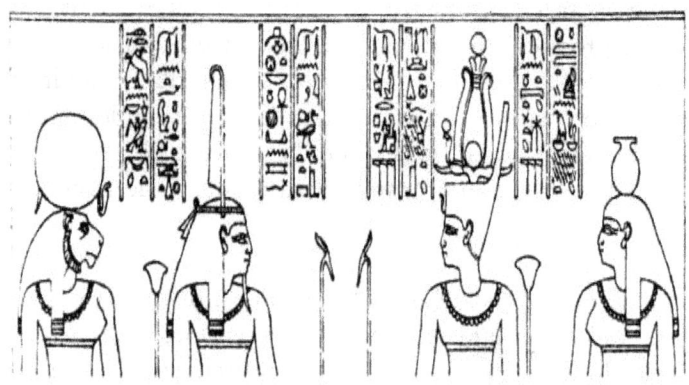

La crypte numéro 7 apportait en quelque sorte la consécration de toutes les célébrations initiatiques ayant lieu dans le temple, car elle indique l'emplacement du trésor contenu dans le Cercle d'Or.

Consécration est bien le terme qui convient, car tous les 1 460 ans Dendérah célébrait la grande fête du Nouvel An, qui durait 365 jours pleins, puisqu'une nouvelle année de Dieu, personnifiée par Isis, déesse du Ciel, débutait par une conjonction Soleil-Sirius, tous les 1 461 ans solaires.

Le calendrier complet de cette fête qui durait une année est précisé par chaque point de détail dans la grande salle du temple. Et durant les 365 jours, les croyants venaient de toute l'Égypte et des pays environnants, chargés d'offrandes et de cadeaux somptueux, dont la liste est largement commentée, tant sur les deux côtés extérieurs du temple que dans la crypte 7.

Toute une partie du temple était réservée à la célébration de la grande panégyrie de la Triade Divine, les barques sacrées d'Horus et d'Osiris, venant d'Edfou et d'Esné pour rejoindre celle d'Isis. Au centre était la « Chapelle du Nouvel An » et la pièce attenante était la « Salle du Trésor » qui communiquait par un couloir à la crypte 7 et, de là, partait vers le centre du Cercle d'Or.

Dans le tome 3 de la *Trilogie des origines : Et Dieu ressuscita à Dendérah*, je n'ai pu qu'aborder cette fête, car là aussi plusieurs centaines de pages seraient nécessaires pour décrire ces fêtes et les fastes qui en résultaient. Peut-être, un jour, l'intégralité de ces livres sera publiée. Revenons donc à cette crypte 7 qui, apparemment, est d'une conservation médiocre, et n'a suscité ni engouement ni recherches particulières ! Les égyptologues n'y ont vu qu'un développement de plusieurs fêtes durant les jours épagomènes des années vagues et rien d'autre. Pourtant, rien que la vue des figures des douze protecteurs aurait dû les inciter à méditer, même si la hiéroglyphique, ainsi que l'écrit Auguste Mariette dans son *Dendérah* à la page 259, « est tellement fruste que nous avons renoncé à la copier ».

Or, dans la ligne tracée pour l'étude du monothéisme et la découverte du Cercle d'Or qui en découle, le symbolisme des gravures de cette crypte est si évident qu'il n'y a presque pas besoin d'explications. La description des douze y est effectuée en détail, livrant aux initiés parvenus jusque-là le code nécessaire à la compréhension générale de l'implantation des divers bâtiments du complexe. Ci-contre, six des figures caractéristiques.

Le premier des douze est évidemment le Lion, avec le Soleil sur la tête, qui en fait le guide de la nouvelle « navigation » céleste. Viennent ensuite, en rétrogradant, le Cancer (qui était caractérisé par le Scarabée ou la nouvelle vie), les Gémeaux, le Taureau, le Bélier et les Poissons.

Restaient à trouver les emplacements des autres cryptes qui apporteraient les chaînons manquants à une pénétration sans risque des couloirs donnant accès à ce qui est devenu le « Grand Labyrinthe ». Le meilleur moyen de procéder logiquement était de partir de la Chapelle du Nouvel An, de la salle du descriptif du calendrier des fêtes de l'Année de Dieu, pour aboutir à la crypte 7. Ce que j'ai fait méticuleusement après avoir étudié, hiéroglyphe après hiéroglyphe, toutes les inscriptions. Et si je n'ai pas encore parlé de la crypte appelée numéro 10, qui fait suite à la 7, mais perpendiculairement au mur Nord et non parallèle à celui-ci (voir le plan de base du temple), c'est que la logique voulait qu'en face il y ait « quelque chose ». Or, le mur septentrional était coupé là par une porte, et tous les sondages effectués dans les recoins par les égyptologues qui se sont succédé à Dendérah avaient été négatifs. Seulement, lorsque l'on consulte le plan extrêmement précis, dressé par les architectes, il est facile de voir que le temple de la Dame du Ciel est compartimenté du haut en bas, de la haute terrasse aux souterrains, en une multiplicité incroyable d'alvéoles qui en fait une ruche ou une termitière ! En quatre endroits précis, des nouvelles cryptes furent mises au jour, et surtout, en août 1979, deux dalles de plusieurs tonnes ayant été soulevées, puis retirées de l'emplacement marqué A, juste à l'ouverture du mur Sud, les vestiges du temple de Khoufou, le Khéops célèbre des Grecs, se sont révélés par le haut de colonnes, dans toute leur splendeur. Juste là où j'avais calculé qu'il devait se situer, vu l'axe ancien de cette troisième construction qui n'était pas du tout le même, à cause du recul de la terre dans l'espace par le phénomène de l'attraction des planètes, appelé précession des équinoxes.

La mission égyptologique française, dont le chef était François Daumas, n'était pas à Dendérah de façon permanente, surtout en ces dernières années. Aussi des Égyptiens furent-ils à l'origine de cette découverte dont j'avais abondamment parlé avec eux auparavant, leur démontrant que l'endroit était situé idéalement pour y découvrir non pas une crypte, mais l'accès supérieur d'un autre temple.

Étant présent sur place, j'ai informé immédiatement M. Daumas, par courrier, de l'intérêt de cette découverte, lui proposant de mettre à sa disposition tous mes travaux. Il n'y a aucune modestie de ma part dans cette affaire, car ce n'est que tout à fait accessoirement que je me suis intéressé à la hiéroglyphique, puis à Dendérah et à son Cercle d'Or.

La réponse manuscrite qui m'est parvenue par retour de courrier, tout en étant très gentille, était en quelque sorte une fin de non-recevoir. Ces recherches n'intéressent pas les égyptologues français qui préfèrent utiliser les fonds à leur disposition pour consolider et nettoyer le temple actuel. Certes, il en a bien besoin, le pauvre mais il me semble qu'un terrain de conciliation aurait pu être trouvé pour faire *également* les recherches qui sont bien plus importantes que le reste.

Voici le début de la lettre de M. Daumas, reproduit *in extenso* :

Cher Monsieur,

Je regrette aussi que nous ne nous soyons pas rencontrés. Néanmoins, votre découverte tentyrite m'intéressera beaucoup. Bien loin de penser que Dendara a dit son dernier mot, je suis sûr qu'il y a encore des fouilles très prometteuses à faire. Toutefois, publier d'abord le temple, nettoyé par Mariette entre 1860 et 1870, me paraît s'imposer au premier chef. Il se détruit un peu plus chaque jour. Voilà pourquoi j'ai remis les fouilles sine die. Mes successeurs les feront.

Lorsque l'on connaît le dynamisme des recherches américaines en Égypte et la valeur des égyptologues allemands qui se penchent sur mes travaux, la consternation qui est la mienne est parfaitement compréhensible ! Dans le même temps que je recevais la réponse de M. Daumas, je réceptionnais un long courrier de Washington, émanant d'une maison d'édition qui m'expédiait un contrat en deux exemplaires, déjà signés par le président-directeur général, qui m'allouait un acompte de 20 000 dollars (vingt mille) dès que j'aurais renvoyé un exemplaire signé par moi, afin que je lui expédie mon manuscrit comprenant l'ensemble de mes recherches à Dendérah...

Il n'en était évidemment pas question, et je remis à l'époque un exemplaire de ce contrat aux Éditions Laffont, n'ayant rien à cacher à mon éditeur. Mais, d'une part, les Américains sont ainsi faits qu'il ne leur serait jamais venu à l'idée que je refuse une telle offre aussi alléchante et, d'autre part, un délégué de cette maison d'édition était déjà parti pour Le Caire attendre une équipe de la chaîne de télévision ABC qui devait se rendre à Dendérah, à pied d'œuvre, dans l'attente de mon arrivée. Car le contrat précisait que dès la réception de mon exemplaire signé je recevrais un billet d'avion pour partir en Égypte.

Tout cela était bien trop précipité, et sentait un désir de publicité trop évident, pour que cela ne tourne pas à une simple commercialisation d'un phénomène qui sera certainement beaucoup plus important et explosif lors de sa mise au jour : le Cercle d'Or ! Car si la sixième reconstruction du temple d'Isis, à Dendérah, fut décidée sous Ptolémée XI, et terminée sous l'empereur Tibère, il y a la certitude absolue que la conception de l'édifice religieux en lui-même, tant au point de vue de ses dogmes que de sa liturgie, remonte aux savants architectes des « Suivants d'Horus », c'est-à-dire les Aînés qui précédèrent le fondateur de l'Égypte. Il convient donc de se reporter avant la construction des pyramides, avant que les plus anciens tombeaux n'aient vu leurs nécropoles s'organiser, voir les premiers Maîtres de la Mesure et du Nombre prendre possession du site sacré de Dendérah pour en faire un énorme complexe à la mesure des rouages de l'Univers avec lequel ils désiraient se mettre en harmonie. Mais le temps et l'usure n'ont plus laissé de traces qu'au travers de la hiéroglyphique.

C'est pourquoi, si en un premier temps les égyptologues français condescendaient à admettre que le terme de déesse Hathor signifie bien « Mère d'Horus » et non la déesse de l'orgie à l'instar d'Aphrodite, il y aurait un commencement de compréhension qui permettrait d'assimiler les clés majeures ! Les gravures d'Isis allaitant Horus, dont une se trouve dans le temple ptolémaïque et l'autre dans une nouvelle crypte souterraine que six millénaires séparent de l'autre, apporteraient la connaissance sur la façon d'accéder à l'un des couloirs menant au Cercle d'Or. J'ai présenté ces diapositives uniques et inédites à plusieurs reprises, et certains spectateurs ont posé les questions qu'il fallait pour résoudre le problème !

De même, les tableaux représentant la mort et la résurrection d'Osiris, avec les différences notables qu'elles démontrent par-delà les millénaires, et l'endroit même où ils se trouvent placés, permettent de comprendre comment se fait l'accès au Cercle d'Or.

Mais pour cela, il faut non seulement admettre, mais s'imprégner de la certitude que ce temple d'Hathor est bien celui d'Isis, la Dame du Ciel, la patronne des Combinaisons-Mathématiques-Divines. Car ce temple n'existerait pas et n'aurait jamais été conçu à son origine, si Hathor n'était pas la mère d'Horus, logiquement et fondamentalement. Le dogme essentiel est personnifié par la Triade divine. Il n'a tenu que parce que toute l'éthique, la spiritualité et la philosophie pharaonique étaient fondées sur ces préceptes.

Ce fut d'ailleurs parce que ce concept de Ptah était remis en usage en Ath-Kâ-Ptah que se redéveloppa l'antagonisme des descendants de Set. L'opposition de deux grands principes érigés en notions du Bien et du Mal marqua les quatre millénaires de vie fratricide dont les luttes incessantes au travers des notions d'Amon-Râ et de Ptah finirent par faire oublier l'Égypte monothéiste et la rayer de la carte des grandes nations !

Les Combinaisons-Mathématiques-Divines réglaient toute la marche du temps de cet énorme complexe. L'année de Sirius, donc d'Isis, appelée en hiéroglyphique l'année de Dieu, réglait en 1 460 ans un mécanisme immuable parce que parfaitement rodé. Et durant une année solaire de 365 jours, le temple s'ouvrait en grand à toute l'Égypte pour de fastueuses fêtes. Car en dehors de ce court laps de temps - par rapport aux quinze siècles environ qui existaient entre deux « Nouvel An » -l'enceinte entourant l'édifice religieux restait rigoureusement fermée au public. Même les habitants du village de Dendérah ne voyaient que les deux portes monumentales qui trouaient le haut mur extérieur.

Tout respirait la sérénité spirituelle, rythmée par le lent mouvement de l'année de Dieu. L'intérieur du temple était entièrement conçu pour la dévotion envers la Triade divine et la Bonne Mère Isis. On trouvait dans diverses salles des statues assez nombreuses qu'on habillait et qu'on déshabillait ; il y avait aussi des autels, des tables d'offrandes, des enseignes mises en dépôt, des coffres dans lesquels certaines images sacrées étaient cachées à tous les yeux, d'autres coffres où l'on mettait soit les vêtements sacrés, soit les ornements destinés à parer les statues et les ustensiles du culte. Trois grandes barques sacrées étaient enfermées dans une des salles du temple, le Saint des Saints, tandis que dans d'autres salles on emmagasinait les essences et les huiles odoriférantes fabriquées sur place. Les édicules des terrasses devaient avoir eux-mêmes leur mobilier sacré, et il est probable qu'on y conservait les trente-quatre représentations célestes, les statues des protecteurs, les petits obélisques, les enseignes qui servaient dans les cérémonies de la résurrection d'Osiris. Quant aux cryptes, les statues et les emblèmes qui y étaient tenus en dépôt étaient aussi riches que variés et nombreux.

La dernière chose importante, décidée par les égyptologues pour éviter les fouilles, était que ce temple, exceptionnellement, était construit à même le sable du désert sous quelques assises assez fragiles ! Lorsque l'on contemple l'ensemble du temple, il est difficile d'admettre cette fragilité, tout autant que son manque d'assises, surtout lorsque l'on voit le hiéroglyphe signifiant Cercle d'Or surmonté de son carré représentant le domaine d'Isis :

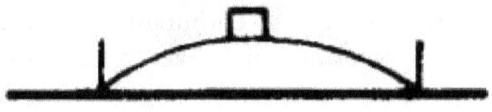

Pour clore ce chapitre vital, je soumets à l'attention du lecteur la gravure ci-dessous, extraite de la crypte n° 7, où l'on peut voir la résurrection d'Osiris opérée par Isis et Nephtys, grâce au rappel de sa Parcelle divine selon les préceptes bénéfiques du Cercle d'Or primordial. En effet, le hiéroglyphe *inversé* de celui-ci se trouve au-dessus des têtes des figurants de cette scène. Et s'il est inversé c'est que le Grand Cataclysme était passé par là avant sa reconstruction à Dendérah.

10

À LA DÉCOUVERTE DE DENDÉRAH

Il est temps de ne plus étudier seulement pour eux-mêmes ces renseignements enlevés au hasard à un tombeau ou à un temple, mais de rechercher la raison de leurs présences, la place relative qu'ils occupent, le lien qui les réunit entre eux ; en un mot d'analyser la pensée qui a composé les monuments qui les renferment.
L. De Rochemonteix (Rapport au ministère de l'instruction publique, mai 1878)

Dendérah ! Ce nom évoque chez tous ceux qui ont fait le pèlerinage classique de l'Égypte en felouque sur le Nil la première vision réelle de la beauté la plus pure et la plus antique qu'ils aient eue d'un temple égyptien.
G. Maspero (Extrait d'une lettre du 27 juin 1900)

Dendérah est le pivot central de l'*Histoire du Monothéisme*, aussi le temple qui en constitue l'élément essentiel mérite-t-il de s'y arrêter longuement pour au moins quatre raisons importantes :

1. Le temple actuel est la sixième reconstruction de l'édifice originel, qui remonte aux « Suivants d'Horus », donc aux rois prédynastiques.
2. Ce temple avait la seule école enseignant l'astronomie dédoublée dans une *Double-Maison-de-Vie* : l'une pour le jour, l'autre la nuit.

3. Son Planisphère, ou « Zodiaque », reste le monument le plus controversé découvert en Égypte, depuis que des mises au jour archéologiques sont faites.
4. Les Combinaisons-Mathématiques-Divines gravées sur les parois du temple content l'histoire d'un peuple originel dirigé par Osiris, Horus et Isis, la Triade divine, dont justement le Zodiaque est la justification, puisqu'il représente la carte du ciel du jour du Grand Cataclysme qui eut lieu il y a douze mille ans environ.

Dès mon premier voyage en Égypte, alors que je préparais une thèse sur Pythagore, tous les Coptes auprès de qui j'avais été m'informer me parlèrent abondamment du temple de Dendérah, infiniment mystérieux, secret et sacré. Les pères jésuites du Caire en avaient fait tout autant. C'était un lieu où la mathématique et l'astronomie jouaient un grand rôle. Si je voulais comprendre l'initiation de Pythagore à la Connaissance, c'était en cet endroit privilégié que je devais me rendre en premier. Là encore, un concours de circonstances bizarre fit que j'entrai de plain-pied dans un « mystère » impressionnant.

Dendérah est à soixante kilomètres de Louxor, la grande cité touristique actuelle, dont le nom antique était phonétisé Thèbes par les Grecs. C'était évidemment de cet endroit que j'avais fait mon quartier général. Non seulement pour des questions de confort, mais parce qu'en cette période le président Nasser ne laissait pas circuler librement ceux qui s'aventuraient dans cette région. Le quartier général des troupes soviétiques était à cinq kilomètres du temple de Dendérah ! Comme, par ailleurs, ma santé m'obligeait encore à des soins intensifs, la présence de l'hôpital à Louxor, avec des médecins et surtout un chirurgien-chef compétent qui avait fait ses études médicales aux États-Unis et en Grande-Bretagne, me rassurait pleinement. Si je parle de ce docteur, c'est qu'il est à la retraite depuis quelques mois, et que nous sommes toujours d'excellents amis. À notre première rencontre, il fut très étonné de voir un Français, malade et handicapé de surcroît, s'intéresser à des « pierres » qu'il considérait comme n'ayant qu'un seul intérêt, rapporter des devises à l'Égypte par l'entremise de ceux qui perdaient leur temps à venir les voir !...

Néanmoins, n'étant jamais allé visiter les ruines, il m'y conduisit dans sa voiture ! La première vue que j'ai eue fut comparable à celle de E. de Villiers du Terrage, qui écrivait déjà en 1798 dans son *Journal de l'Expédition d'Égypte, de 1798 à 1801* :

« La seule vue des monuments de Dendérah suffit pour nous dédommager des peines et des fatigues du plus pénible des voyages, quand bien même on n'aurait pas l'espoir de visiter tout ce que renferme le reste de la Thébaïde. »

Le site est en effet grandiose ! Non pas par sa surface imposante comme celle qui comprend les temples de Louxor, ni par sa somptuosité, comme celle qui englobe les constructions de Karnak. Ici, c'est un sentiment de respect qui se dégage en premier, suivi d'une fierté sans nom d'appartenir en définitif à la race humaine, puisque c'est elle qui en a conçu les plans et construit les murs.

À cette époque, et ce grâce au chirurgien, notre guide me fit un cours complet sur la Triade divine... en français. À cette époque, l'égyptologue en charge des recherches était le regretté M. Chassinat, qui avait formé une remarquable équipe, même si ses travaux n'allaient pas dans le sens pressenti par le vicomte Emmanuel de Rougé et Auguste Mariette. Comme mon nouvel ami le chirurgien était considéré comme un sorcier par tous les indigènes, car il opérait et recousait avec dextérité tous les accidentés ou malades graves, je bénéficiai d'une leçon d'où toute notion d'intérêt était exclue. J'étais persuadé que notre guide n'attendait pas de « bakchich » pour ce qu'il m'enseignait, et lui savait que je ne me servirais pas de ce qu'il m'apprenait dans un but lucratif.

Dès cette première visite, je compris l'originalité incontestable qui ressortait de ce monument par toutes ses murailles, toutes ses galeries, ses colonnes, ses plafonds, ses escaliers intérieurs couverts d'inscriptions hiéroglyphiques, de ses cryptes souterraines ou cachées dans les épaisseurs du sol lui-même, et enfin de ses chambres initiatiques nichées sur la terrasse supérieure, tout comme le planisphère devenu Zodiaque qui en est l'élément dominant. L'entrée dans ce temple s'effectue après la traversée d'une vaste esplanade entourée d'un haut mur d'enceinte, percé en son centre sud par un portique impressionnant.

Il n'est nul besoin d'être une lumière dans les disciplines égyptologiques pour comprendre qu'il est illogique de prétendre que ces splendides constructions couvertes de gravures et de hiéroglyphes soient uniquement le fait d'ouvriers travaillant sur l'ordre d'architectes des Ptolémées, alors que ni les uns ni les autres ne pouvaient traduire la langue sacrée, belle et bien perdue !

Mais en préliminaire à l'étude des quatre points qui m'ont mis sur la voie, voyons le détail majeur dénigrant l'antériorité de la construction du portique Sud, car ici commence l'imbroglio sur l'origine des constructeurs de l'ensemble saint de Dendérah. Les controverses qui ont animé tous les spécialistes au début du XIXe siècle en font foi ! En effet, l'inscription dédicatoire de cette porte monumentale, écrite en grec, définit bien son époque :

« Pour la conservation de l'empereur César, fils du dieu César, Jupiter libérateur, Auguste, Publius Octavius étant préfet, Marcus Claudius Postumius étant épistratège, Triphon étant stratège, les habitants de la métropole et du nome ont élevé ce propylone à Isis, déesse très grande, et aux dieux adorés dans le même temple, la XXXIe année de César du mois de Thoth, le jour d'Auguste. »

D'où le nombre impressionnant de « Mémoires » publiés par les savants entre 1810 et 1840 pour réfuter l'antiquité du temple de Dendérah construit à la même période, et qui par là même ôtait, assuraient les détracteurs, toute valeur au fameux Zodiaque transporté à grands frais à Paris au musée alors impérial, avant de devenir celui du Louvre.

Si ce portique était ptolémaïque, il ne faisait aucun doute que le zodiaque du temple l'était également ! Nous savons aujourd'hui, papyrus à l'appui, que cet édifice religieux dédié à Isis était la sixième reconstruction fidèle sur l'emplacement de l'original, conçu et érigé, cinq ou six millénaires auparavant. L'avant-propos dû à Auguste Mariette et figurant en exergue dans cet ouvrage le laissait déjà présager il y a un siècle.

Ainsi, Auguste César, ayant approuvé la continuation de la sixième reconstruction du temple, a décidé d'y participer à sa façon pour se concilier les bonnes grâces d'Isis : il fit construire le portique Sud et y fit mettre sa marque, afin de s'attirer la bénédiction sur son règne. D'ailleurs, tous les empereurs agirent de même, de façon plus ou moins détournée, à Dendérah. Dans la grande salle, les cartouches d'Auguste, de Tibère, de Caligula, de Claude et de Néron figurent parfaitement le souci des empereurs de s'attirer les bienfaits de la Déesse-Mère. Jusqu'à Cléopâtre qui se fit représenter sous la forme d'Isis, mais avec son portrait à elle, pour recevoir tous les bienfaits qui lui avaient été accordés par Osiris, et notamment quatre enfants.

Mais en cette première visite, avec le docteur et le guide, j'enregistrai plusieurs faits essentiels :

— Neuf seulement des douze cryptes découvertes étaient gravées de hiéroglyphes, alors que les trois autres ressemblaient plutôt à des caves aux murs nus, servant plutôt à entreposer des produits.

— Des sondages dans les fondations du temple ont démontré que des pierres gravées ou sculptées antérieurement pour construire les temples plus anciens démolis avaient été utilisées pour assurer la solidité des soubassements. Même à l'intérieur de l'édifice actuel, comme dans le plafond de l'escalier sud, figurent des pierres massives en grès provenant de la construction remontant à la XIIe dynastie, c'est-à-dire deux millénaires auparavant. En d'autres endroits, des figurations présentent des rois de la VIe dynastie apportant des offrandes à la bonne déesse Hathor, présents qui étaient conservés dans la crypte spécialement dédiée à Isis. De même pour Thoutmosis III, qui apportait son tribut d'or à la Triade divine, et qui était entreposé dans la Salle du Trésor, avant d'être emporté dans les souterrains menant au Cercle d'Or, pour y être placé sous la protection de Ptah et destiné à un usage propre. J'eus bien d'autres sujets de rébellion en cette visite !

— Comme en ce qui concerne l'orientation du temple lui-même. Alors que cet édifice consacré à Isis comme Dame du Ciel, et que sa « Maison-de-Vie » enseignait l'astronomie et les « Combinaisons-Mathématiques-Divines », l'orientation du bâtiment ne correspondait pas avec les données inscrites sur les murs ! C'était tout au moins ce que disaient et écrivaient les spécialistes des fouilles et des relevés topographiques. En effet, l'axe longitudinal du grand temple incline de 16° vers l'Est, du Nord vrai, alors que les textes hiéroglyphiques ne sont pas en accord avec cette ligne, puisque dans la chambre elle y est gravée comme étant au Nord, celle-ci est plein Ouest. Ailleurs, et en trois endroits différents des murs d'une autre pièce, celle-ci est donnée comme se trouvant au sud, alors qu'elle est aujourd'hui à l'Ouest.

La deuxième chose incompréhensible pour moi a été, une fois encore, de m'apercevoir de l'ignorance de ceux chargés de décrypter les textes. J'ai cherché à rétablir la vérité, car tous n'ont fait qu'émettre des hypothèses sans queue ni tête afin d'expliquer le manque « d'intelligence » des architectes et des promoteurs de l'Antiquité. Pourtant la seule explication logique est parfaitement compréhensible par le phénomène dit de « la précession des équinoxes », qui fait rétrograder la terre sur son axe dans l'espace. Le recul de Dendérah par rapport au Nord vrai a été de 50 secondes d'arc par an, soit d'un degré toutes les 72 années, donc de 16 + 90 = 106°.

Cette date est facile à retrouver mathématiquement puisque : 106°x 72 ans = 7 632 ans. Si l'on retire 2 100 environ jusqu'à la dédicace de Ptolémée XIII, cela laissait une antériorité qui donnait le vertige au néophyte que j'étais, puisque j'obtenais 7 632 — 2 100 = 5 532 ans ! Ce fut alors que le guide me fit part de documents entreposés au musée du Caire et faisant état du roi Khoufou[21] qui avait ordonné la troisième reconstruction de Dendérah, en fournissant à son architecte royal des plans écrits sur peau de gazelle et remontant aux « Suivants d'Horus ». Ce fut ainsi que j'entendis parler pour la première fois de ces rois prédynastiques, parvenus sur les bords du Nil vers le sixième millénaire avant notre ère et qui construisirent aussi un Cercle d'Or, disparu quant à lui, s'il fallait en croire le guide durant cette première visite.

Inutile de préciser que le docteur commença sérieusement à s'intéresser à Dendérah et à devenir aussi fébrile que moi. Mais je n'étais pas encore au bout de mes surprises, et mon étonnement fut grand en parvenant sur la

---

[21] Il s'agit du Roi Khéops de la IVe dynastie et dont tous les détails sont fournis dans A-3.

haute terrasse, à l'endroit où était *la copie* du planisphère emmené à Paris plus d'un siècle et demi auparavant. S'il était assombri comme le reste du plafond par le dépôt de la graisse des chandelles et du noir de fumée, il n'en restait pas moins la grande énigme et le haut lieu de ce temple considéré toujours comme l'endroit le plus sacré, dépositaire de tous les secrets d'Isis !...

Ce fut ce jour-là que j'appris que l'original se trouvait au musée du Louvre où il avait été apporté par un Français. Comme depuis 150 ans ce furent toujours des égyptologues de notre pays qui fouillaient à Dendérah, tous les fellahs et les adjoints travaillant au temple parlaient plus ou moins notre langue, ce qui était parfaitement le cas de notre mentor. Il n'avait certes pas connu Mariette-Bey en personne, mais il travaillait étroitement avec M. Chassinat, dont la plus forte préoccupation était d'écrire pour le compte de l'I.F.A.O., un énorme travail de plusieurs volumes sur Dendérah, qui serait la plus complète transcription faite à ce jour.[22] Mais l'origine du temple, le pourquoi de ceux qui l'avaient précédé, la signification de ce « Zodiaque » ainsi que de celui peint dans la salle hypostyle, et qui est rectangulaire, ne semblaient pas l'émouvoir. Et comme l'égyptologue était en France lors de notre visite, je ne pus m'enquérir du pourquoi de ce manque de curiosité. Mais je m'imprégnais le plus possible de ce monument qui semblait m'hypnotiser et m'intimer l'ordre de le décrypter par tous les moyens.

Comme je l'ai abondamment expliqué dans d'autres textes,[23] disons simplement qu'il reproduit sans conteste la

---

[22] Cet ouvrage, intitulé *Dendérah*, comporte aujourd'hui 8 volumes dont les deux derniers sont l'œuvre de M. François Daumas, qui a continué le travail de M. Chassinat après la mort de celui-ci.

[23] Notamment dans A-l, et surtout D-l, qui présentera les figures de tous les calendriers tentyrites.

carte du ciel d'un jour précis d'un temps passé. Les douze constellations y figurent avec, comme pilote, celle du Lion. En effet, elle se trouve symbolisée par le roi des animaux, majestueusement debout sur une barque. La femme, qui représente la constellation suivante, en l'occurrence la Vierge, lui tient la queue ; et ainsi de suite jusqu'à celle du Cancer qui se trouve en retrait, au-dessus du Lion, bien qu'étant la dernière des douze. La figuration présente ainsi non un cercle parfait, mais plutôt une spirale, afin que cela parle mieux à l'œil. Le Lion est donc la constellation la plus importante de la représentation zodiacale puisqu'elle débute un nouveau temps et une nouvelle ère. Le moindre détail compte ici, et il faut être un astronome averti afin de déchiffrer chaque idéogramme céleste.

Bien des travaux ayant été écrits sur ce sujet, je me suis, plus tard, plongé dans ces lectures, afin de me faire une idée générale du sujet et d'entreprendre mes recherches personnelles. Là encore, la bibliothèque des jésuites de Chantilly m'a permis de gagner du temps, tous les ouvrages spécialisés se trouvant sur place, dont l'étonnant travail de Jean-Baptiste Biot, intitulé « Recherches sur plusieurs points de l'astronomie égyptienne, appliquées aux monuments astronomiques trouvés en Égypte ». Il parut en 1823 et fit l'effet d'une bombe, car son auteur n'était pas un farfelu inconnu ! Parmi ses titres figurent : membre de l'Académie des Sciences, astronome du Bureau des Longitudes, professeur de mathématiques au Collège de France, professeur de physique expérimentale à la Faculté des Sciences de Paris, membre des Académies de Saint-Pétersbourg, de Londres, de Stockholm, de Berlin, etc. Il ne s'agissait donc plus là, incontestablement, d'une amusette, ni d'un passe-temps destiné à faire parler inutilement du « Zodiaque » de Dendérah.

Bien que ne connaissant pas encore cet ouvrage passionnant, ce fut l'esprit en ébullition, et quelque peu abasourdi, que nous redescendîmes dans les salles inférieures où la belle physionomie d'Isis, au gracieux sourire paisible reproduit sur les 24 piliers, m'incita par ses mille facettes à retrouver mon calme.

Ce fut ainsi que je connus une première mouture concernant la Triade Divine : Osiris, Isis, et leur fils Horus, qui était vénérée en premier dans ce temple en la personne d'Isis, deux autres édifices proches adorant Osiris à Esné et Horus à Edfou. La Déesse-Mère aux mille noms, Isis, recevait les reliques de son époux et de son fils lors des grandes fêtes religieuses, faisant de Dendérah le temple initiatique le plus sacré de tous, et, comme notre guide nous montrait dans une salle la scène consacrée à la résurrection d'Osiris renaissant pour enseigner les générations à venir, mon étonnement fut grand ! Car enfin, même si l'on niait toute antiquité à ce temple, sa construction remontait au minimum à un siècle *avant* la naissance de Jésus !... Or, il y avait là tout le symbolisme gravé en hiéroglyphique de la Sainte-Trinité et de la résurrection du Christ... sans parler du symbole de la croix inhérent à la croix ansée pharaonique, ou croix-de-vie, que je ne connus en détail que plus tard !

Ce n'était pas le moment d'épiloguer sur cette ressemblance pour le moins frappante dès le premier abord. Il me fallut encore plusieurs voyages plus ou moins hâtifs, selon le temps libre dont je disposais entre mes cours d'enseignement, pour me faire une idée générale de la conception de ce monothéisme originel de l'histoire de l'Égypte, qui bientôt devint l'objet de toutes mes préoccupations.

Hélas ! je butais à toutes les pages des livres que je lisais sur des « traductions » hiéroglyphiques de plus en plus absurdes. Car ayant vu les monuments sur place, il m'était impossible de croire à ce polythéisme idolâtrique, décrit longuement et avec luxe de détails grotesques, comme pour appuyer sur la sauvagerie de ce peuple pharaonique dont aucun des auteurs ne niait cependant la grandeur des constructions.

De toutes mes lectures, deux cheminements parallèles prirent corps. Le premier concernait les textes se rapportant à l'adoration et la vénération de tout un peuple envers Ptah, dont Ousir (Osiris) était le Fils. L'autre avait Râ, ou Amon-Râ, pour promoteur de la nature, cela étant rapporté par les Scribes des descendants de Sit (Seth). Ousir et Sit étant les demi-frères d'une même mère : Nout, mais de deux pères différents : Ptah et Geb.

Pour pénétrer plus avant dans la compréhension des textes originaux, il fallait que je me procure les principaux dictionnaires hiéroglyphiques, ainsi que la grammaire de Champollion, qui étaient les ouvrages les plus essentiels, tout au moins le pensais-je, pour me permettre de redémarrer dans une voie plus logique. Mais cela était très difficile, car tous ces ouvrages étaient quasi introuvables dans le commerce. Le seul endroit où j'aurais pu les consulter était la Bibliothèque nationale de Paris, mais elle n'était pas d'un accès facile.

Comme par un « hasard » miraculeux, en parlant avec des ecclésiastiques des travaux auxquels je désirais me consacrer complètement désormais, l'un d'eux m'indiqua le centre culturel « Les Fontaines » à Chantilly, qui recevait les chercheurs, et qui m'accueillerait volontiers. Dès que j'y fus accepté, je me rendis compte de la chance que j'avais eue ! Mais était-ce simplement une coïncidence ? Non seulement les livres dont j'avais besoin étaient là à ma portée ; mais également il y avait un exemplaire complet de la « Description de l'Égypte », un monumental ouvrage effectué par la Commission scientifique de Bonaparte. Il y avait également bien des ouvrages concernant Dendérah et Champollion, dont plusieurs livres qui me permirent sans aucun doute de mieux cerner la personnalité de « décrypteur » des hiéroglyphes, comme avec « Les Lettres inédites de Champollion le Jeune à son frère », publiées par le marquis de Brière en 1842, et qui démontrent, entre autres, que le grand savant ne devint un génie qu'à partir de dix-sept ans, moment où il s'intéressa à l'archéologie orientale qui, grâce à ses travaux, fonda par la suite l'égyptologie.

« Les Fontaines » étant un grand complexe hôtelier dont les 140 chambres étaient fort éloignées de l'imposante bibliothèque en forme de blockhaus, les pères jésuites acceptèrent de transformer mon petit lieu d'habitation en une annexe de la salle de travail. Ils y posèrent des étagères et je pus avoir à ma disposition, sans bouger de ma chambre, de jour comme de nuit, tous les ouvrages dont j'avais besoin, qui étaient fort peu demandés, il faut bien le dire, dans un endroit où la spiritualité était le centre de la plupart des études.

Avec ravissement, je me plongeai dans l'étude des « dictionnaires » en une première étape. Ma surprise fut grande, car aucun des cinq ouvrages sérieux n'accordait la même signification à un idéogramme identique. J'avais là le *Dictionnaire allemand* de Brugsch notamment, en 3 volumes, deux anglais, un français et un autre allemand. En consultant un idéogramme, indiquant par exemple la couleur noire dans l'un, il figurait la rouge dans l'autre, ou la verte dans un troisième ! Et encore dans ce cas, tous les trois parlaient de l'idée d'une couleur, ce qui n'était pas le cas pour d'autres hiéroglyphes.

Il me fallait donc repartir dans un autre sens. Puisque Champollion était à l'origine de la découverte de l'alphabet et de la « compréhension » de la Langue sacrée, je me mis à tenter de cerner la raison de telles différences qui rendaient impossible toute lecture réelle de la hiéroglyphique. Et je m'aperçus avec stupeur que notre savant français était mort jeune, ayant laissé ses travaux inachevés ; ils furent édités par son frère qui prit le nom de Champollion-Figeac à cet effet. Certains archéologues de l'époque s'emparèrent alors des « résultats » pour composer une égyptologie à leur usage qui leur permettrait de se lancer hardiment dans une science qu'ils ne maîtrisaient aucunement. Ce n'est pas moi qui le dis, mais plusieurs savants et sommités de cette époque même qui tiraient ainsi la sonnette d'alarme. Monseigneur Affre, archevêque de Paris, écrivit une lettre à l'Académie pour attirer l'attention de ses honorés membres sur la façon dont « certains orientalistes utilisaient les travaux du regretté Champollion pour créer une science à laquelle personne ne comprendrait rien et uniquement dans le but d'obtenir des chaires d'égyptologie à 5 000 livres par an » !

En des termes plus diplomatiques parce que étranger et membre de l'Académie des Sciences de Moscou, M. Alexis de Goulianof écrivit dans le même temps, en 1839, dans son livre *Les Éléments de la Langue Sacrée des Égyptiens* :

« Le vague où le savant français M. Champollion a laissé les éléments de sa doctrine a dû, nécessairement, jeter les archéologues dans le champ des hypothèses plus ou moins arbitraires et les autoriser en quelque sorte à substituer leur opinion aux données équivoques du fondateur de la théorie. »

Que s'était-il passé en réalité dans cette conception de la hiéroglyphique ? C'est qu'en tout état de cause personne n'avait rien compris à la conception première de l'écriture idéographique de ce langage divin de l'Origine. Champollion était près d'y parvenir lorsqu'il mourut prématurément.

Reprenons brièvement l'historique de la « découverte » de Champollion avec le processus qui l'amena à créer de toutes pièces son *Alphabet des lettres phonétiques hiéroglyphiques*.

La « Pierre de Rosette », trouvée par les soldats du génie de Bonaparte, était écrite en trois langues : en grec, en démotique ou langue populaire égyptienne antique, et en hiéroglyphique, le langage sacré des prêtres pharaoniques. Dans la partie grecque, le nom de Ptolémée était répété à trois reprises, dans la partie hiéroglyphique, trois ensembles idéographiques étaient enfermés dans un ovale, ce qui donna l'idée à Champollion de croire que le contenu de ces « cartouches » signifiait « PTOLÉMÉE ».

Consultant des centaines de copies de documents représentant des cartouches, le savant tomba sur ceux de Cléopâtre, provenant d'un obélisque bilingue de Philae. Or, le P, le T, le O et le L de Ptolémée étaient semblables à ceux contenus dans le nom de « CLÉOPÂTRE ». Partant de cette similitude, Champollion composa un alphabet. Ici se situe l'erreur, car il ne s'agit que d'une phonétisation approximative qui n'a rien à voir avec l'écriture elle-même !

Nouvelle « coïncidence » : alors que je me perdais en conjectures sur le non-sens que je pressentais intuitivement à cette alphabétisation abusive qui ne se retrouvait d'ailleurs pas dans les dictionnaires, un distingué Japonais arriva au Centre des pères jésuites. Il s'agissait de M. Takeno, le recteur de l'université Sophia de Tokyo, qui venait achever là un travail important sur Pascal. Cette université catholique de la capitale nippone compte 40 000 étudiants et ce monsieur occupait donc un poste très important. Son érudition était telle qu'un jour où nous déjeunions à la même table je lui parlai en détail du sujet de cette énigme hiéroglyphique, pensant que les idéogrammes japonais pouvaient me venir en aide. Ce fut en effet le cas, à ma grande joie. L'exemple pris est très simple, mais il permettra à n'importe quel lecteur de bien comprendre puisqu'il s'agit de celui de la traduction du Nouveau Testament en japonais.

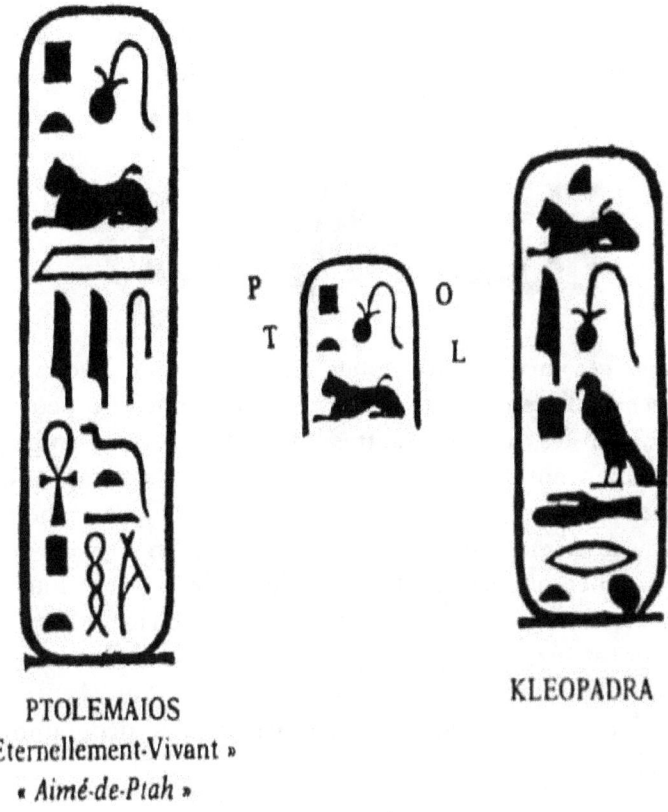

PTOLEMAIOS
« Eternellement-Vivant »
« Aimé-de-Ptah »

KLEOPADRA

Qu'il ait été traduit dans cette langue en partant du grec, de l'araméen, ou même du français importe peu, puisque les noms et prénoms japonais n'ont aucun comparatif dans ces langues. Lorsqu'il s'est agi de traduire, entre autres, le prénom de la Sainte Vierge : « Marie » ou « Maria », non seulement aucune concordance dans la phonétique japonaise n'existait, mais de plus, le son « r » ne pouvait être rendu, ou écrit, puisque son écriture n'existait pas ! Il fallut donc utiliser un subterfuge linguistique, comme des centaines d'autres en cours de traduction, et effectuer un assemblage hiéroglyphique des plus précaires, et incompréhensible en japonais, pour obtenir « Maria » !

Trois caractères phonétisèrent une consonance verbale sensiblement identique dans une même catégorie de sons : « MA-LI-YA », donc Malia le plus approchant phonétiquement de Maria, soit :

Mais ces trois hiéroglyphes ne veulent en aucun cas signifier Malia en japonais, car ces trois signes ne peuvent s'accrocher les uns aux autres ! En effet, cet assemblage hétéroclite vient uniquement phonétiser un nom étranger qui doit être lu tout haut ou bien prononcé tout bas, comme pour soi-même. Et sa prononciation n'a pas plus d'importance que sa signification réelle. Le seul but louable est d'en faire reconnaître un son approchant lorsqu'un étranger est susceptible d'écouter d'une oreille attentive.

En dehors de cela, que signifiaient ces idéogrammes japonais ?...

MA = JASPE

LI = BENEFICE

YA = DEUXIEME

Ces trois sons caractéristiques d'un prénom étranger, phonétisant la Vierge de Nazareth, la Mère de Jésus, « Maria», ne peuvent strictement qu'imiter, en japonais, les sons européens pour assurer la continuation de la lecture du texte sacré ! Cela ne veut rien dire d'autre qu'un ensemble inexprimable autrement, et surtout pas « Marie », puisque les trois hiéroglyphes, en japonais, accolés les uns aux autres, ne signifient rien. Il y a donc une impossibilité patente à ce qu'alphabétiquement ils deviennent : M, L, et I.

Pour la petite histoire, j'ajoute qu'avec un sourire malicieux le distingué recteur de l'université Sophia m'avoua que cette phonétisation de Maliya avait déjà été utilisée pour désigner le nom d'un tyran sanguinaire du XIIe siècle, ce qui en faisait pour les érudits bouddhistes un anaglyphe hiéroglyphique des plus amusants !...

C'est pourquoi une traduction hiéroglyphique fondée uniquement sur l'alphabet issu des principes émis par Champollion en partant des sons de remplacement utilisés dans les cartouches royaux et impériaux gréco-romains ne peut vouloir dire quelque chose de sensé, surtout ayant été conçus par des prêtres de Ptah qui ne pouvaient admettre ces envahisseurs « barbares ». Enfin, ce serait comme si, de nos jours, nous voudrions écrire en latin des mots à sens inconnu il y a deux mille ans : pommes de terre frites, électronique ou antenne de télévision ! Seule une imagerie suggestive permettrait de retransmettre au travers de n'importe quelle époque un sens, intraduisible autrement !

Ce travail effectué par Champollion dans l'engouement de ses trente ans, juste avant sa mort prématurée, n'eut certainement pas la conclusion logique qu'il aurait dû avoir. S'il avait vécu ne serait-ce que quelques mois supplémentaires, la « traduction des cartouches » se serait véritablement transformée en un travail solide et durable. Car il avait à sa disposition une masse de documents originaux, hélas aujourd'hui disparus, qu'il avait vus lui-même tout au long du Nil ![24]

Et, de nouveau, je repartis à la conquête d'une explication *logique* du sens des textes gravés, car rien ne s'éclaircissait ! Il fallait que je comprenne... Je suivis donc une nouvelle voie : celle des auteurs antiques ayant traité de la hiéroglyphique ! Ne dormant que très peu, et disposant des précieux ouvrages dans ma chambre, j'absorbai Horapollon, Chérémon, le moine Tzétzés, Aristote, le père Kircher, Clément d'Alexandrie, et nombre d'érudits des premiers siècles qui ont écrit à ce propos avec plus ou moins de bonheur.

Chérémon, qui fut le compilateur du *Savoir par la Hiéroglyphique*, restera pour la postérité celui qui fut le premier à rendre publics des éléments de ce qui s'appelait la « Langue Sacrée des Égyptiens ». Or, cet érudit savait de quoi il parlait, puisqu'il était non seulement l'un des hiérogrammates les plus assidus à la fameuse bibliothèque d'Alexandrie, bien avant que Jules César, jaloux, ne donne l'ordre de la brûler. Chérémon était, en plus, le gardien-préservateur de la « Tradition-Originelle », celle écrite sur les manuscrits en peau, et qui était précieusement conservée en la bibliothèque du Sérapéum d'Alexandrie, qui ne se trouvait pas dans le quartier du Bruchium, totalement détruit par l'incendie, mais dans le Rhacotis où aucune maison ne fut touchée par le désastre, et où par conséquent restèrent intacts tous les documents.

Malheureusement, seules quelques bribes éparses de la traduction grecque de cet ouvrage nous sont parvenues. Elles étaient relatées par des auteurs latins, tels que le moine

---

[24] Voir la note importante à la fin de ce chapitre concernant les avatars qu'eut Champollion de son vivant avec la Sainte Église, et qui sont peu connus, à rencontre de ses ennuis politiques.

byzantin Tzétzés, dans son livre *Aegytiaca*. Cela est d'autant plus regrettable que ce travail resta unique dans les annales de l'histoire. Car il ne faut pas compter parmi les travaux sérieux celui effectué par Horapollon, au Ve siècle de notre ère. Son traité intitulé « Hiéroglyphica » fut d'ailleurs rejeté par tous les érudits dès sa parution, et il est de fait qu'une imagination débridée a surtout présidé à sa composition. Curieusement, ce sera Champollion qui le sortira de l'oubli, en le citant élogieusement en référence à ses propres travaux ! Probablement fallait-il à notre éminent égyptologue français une caution pour assurer son incertitude quant à ses découvertes personnelles.

Dans le langage hiéroglyphique des Égyptiens, les figures géométriques élémentaires étaient les formes réduites de tout ce qui existe sur Terre, ou non. Elles représentaient les prototypes des choses significatives par leur essence. La croyance était que ces éléments formaient la base des formes primitives de la Création, exprimant la Parole pour toute chose mesurable, comme le Nombre exprimait n'importe quelle quantité. L'angle fut un bras recourbé, figuration qui exprimait le serviteur ; il devint, par extension, et sous d'autres formes figuratives, une expression soulignant l'infériorité ou, tout au contraire, la Puissance divine comme instrument de vengeance.

Bien des mots français trouvent une analogie identique entre des figures géométriques ou des nombres, et des idées d'un tout autre ordre ; tels circulation, circonvenir, circonspect ; et aussi tort, travers, incliné... Ces termes sont des mots abstractifs s'exprimant à l'aide de hiéroglyphes, puisqu'ils se traduisent bien mieux par la simple lecture dessinée.

Il en va de même pour œil, main, bras, jambe, bouche, tête, et tous les organes humains. Les animaux, les phénomènes de la nature sont aussi la source d'une quantité de hiéroglyphes compréhensibles. Ils formaient les principes universels des choses et des êtres.

L'exemple le plus frappant qui nous soit parvenu de cette thèse est celui du « Traité de la Philosophie selon les Égyptiens », attribué selon les spécialistes à Aristote. En tous les cas, quel que soit son auteur, celui-ci connaissait parfaitement la Langue sacrée de l'Égypte. On peut lire notamment :

« Je vais considérer l'universel ou l'intellectuel, selon l'esprit de ceux qui ont enseigné, par des figures mystérieuses et des notes difficiles à exprimer ; or, penser, c'est former des images. La pensée de l'homme est variable, suivant la nature des objets spirituels et célestes ou bien terrestres dont elle prend les formes, devenant presque le même qu'eux. Si les formes, dans notre âme, n'étaient pas semblables à celles des choses, nous ne connaîtrions pas ces choses en vérité, puisque la vérité d'une chose est la chose elle-même. Mais ce sont les vraies formes invariables, intellectuelles, que l'homme doit s'efforcer d'atteindre, afin de leur assimiler ses pensées et son âme, l'élevant par ce seul moyen vers son origine. »

C'est cette élévation de l'âme, par l'étude des causes premières, qui fut le but recherché par ceux qui tentèrent l'initiation dans les « Maisons-de-Vie » de l'Égypte. S'il y eut peu d'élus, beaucoup tentèrent l'expérience et en retirèrent une grande sagesse. Ils y apprirent à employer ces images géométriques propres à démontrer la valeur des idées et à formuler les plus hautes pensées, bien mieux que ne pouvaient le faire les mots de la langue populaire.

Aristote écrit encore dans le même traité :

« Les Égyptiens, ayant connu les formes spirituelles, s'expliquaient par une doctrine intellectuelle et supérieure aux méthodes humaines. Ils gravaient ces conceptions sublimes par des figures ornant les pierres des murs des temples. Ils en usaient de même pour toutes les sciences et pour tous les arts, afin d'indiquer que l'esprit immatériel avait tout créé d'après les modèles particuliers de chaque être. »

Ces figures expliquent comment l'homme mesure le monde d'après les Textes sacrés. Ce sont là les objets imitateurs des formes élémentaires de la pensée de l'homme, formes qui ont leurs moules dans les choses, et qui retracent ces moules. Elles existent, ces formes élémentaires, et c'est en vain qu'on recherca une langue universelle de signes, avant d'avoir saisi ces éléments ; comme en vain on eût cherché un alphabet, avant d'avoir analysé les sons que les caractères représentent.

De tous les temps, cette hiéroglyphique fit l'objet d'une considération respectueuse, car ces images curieuses de par leur étrangeté ne pouvaient qu'être porteuses d'un message céleste : celui de la Science divine. Sa signification symbolique ne pouvait être que mystique et initiatique, nul n'en doutait.

Cela revient à dire, tout d'abord, que les hiéroglyphes ont une base idéographique, hautement spirituelle, et qu'à cause de cette raison majeure ces signes ne sont pas compréhensibles du peuple. Ce qui signifie, en second et en toute logique, qu'il existait une écriture populaire autre qui se lisait à haute voix et qui, par conséquent, était parlée. C'est ce qui fut appelé plus tard le langage démotique. Cela laisse supposer que la hiéroglyphique n'était qu'un langage écrit, destiné à la conservation de la Tradition originelle.

Clément d'Alexandrie, qui fut un des pères de l'Église au IIIe siècle de notre ère, tenta de remettre cette écriture en usage, afin que la compréhension de cette iconographie religieuse, gravée sur les murs de tous les temples des Pharaons, ne se perde pas. Il la tria, et la classa ordre par ordre, dans ses *Stromates*. Ce sera le seul apport de valeur réalisé depuis Chérémon, qui fut conservé dans le texte grec. Comme le passage primordial a été la plupart du temps commenté en version latine, il est bon de le remettre ici dans la mémoire des lecteurs, en cette excellente traduction française due à M. Letronne. Voici l'essentiel du chapitre quatre, au livre cinq des *Stromates* de Clément d'Alexandrie, que bien plus tard Champollion reprendra pour convaincre ses détracteurs et en extrapoler arbitrairement quelques parties qui lui convenaient, laissant dans l'ombre celles qui le gênaient :

« Ceux qui, parmi les Égyptiens, recevaient de l'instruction apprenaient avant tout un genre de lettres égyptiennes appelé épistolographique ; en second lieu l'hiératique dont se servaient les hiérogrammates et enfin la hiéroglyphique. La hiéroglyphique était de deux genres : l'un, cyriologique, employait les premières lettres alphabétiques, l'autre n'était que symbolique.

La méthode symbolique se subdivise en plusieurs espèces : l'une représente tous les objets en propre par imitation ; l'autre les exprime d'une façon tropique, soit figurée ; la troisième les exprime entièrement en allégories par certaines énigmes.

Ainsi, d'après ce mode, les Égyptiens voulaient-ils écrire Soleil, ils dessinaient un cercle ; la Lune, ils traçaient la figure d'un croissant. Dans la méthode tropique, changeant et détournant le sens des objets par voie d'analogie, ils les exprimaient en modifiant leur image, soit en lui faisant subir divers genres de transformations.

C'est ainsi qu'ils employaient les anaglyphes, quand ils voulaient transmettre les louanges des rois sous la forme de mythes religieux.

Voici un exemple de la troisième espèce d'écriture hiéroglyphique employant des allusions énigmatiques : les Égyptiens figuraient les autres astres par des serpents, à cause de l'obliquité de leur course ; mais le Soleil était figuré, lui, par un scarabée. »

Il convient donc de nous arrêter ici pour bien expliquer la méthode décrite par Clément d'Alexandrie, et qui ne fait aucun doute, puisque c'est elle qui m'a permis d'orienter vers sa solution le décryptage complet à Dendérah. La traduction de M. Letronne ne fait l'objet d'aucune méprise puisque les intentions de Clément se sont révélées indiscutablement exactes :

« Cette tournure, en utilisant la première lettre, était souvent employée par le grand Platon qui l'avait ramenée d'Égypte. On l'y retrouve dans son *Politique* à la page 541, E ; dans *Le Sophiste* à la page 176, D ; enfin à une vingtaine de reprises dans le *Théétète*, où cette articulation "première" était la même : "son primitif", "élément primaire", "première lettre", etc. »

La réalité des dires de Clément quant à cette première lettre se trouve gravée sur les murs du temple de la Dame du Ciel de Dendérah, notamment dans le texte si touchant par sa ferveur, et qui est appelé : « La Prière d'Isis ». De quoi s'agit-il ?

Ce temple de Dendérah a conservé la totalité des textes traditionnels en hiéroglyphique pure, par-delà la nuit des temps. Il est le monument actuel bâti sur les fondations successives des cinq édifices l'ayant précédé qui n'a pas encore pu se répertorier dans sa totalité ! Les gravures sacrées s'étagent sur plusieurs kilomètres de longueur en les mettant bout à bout ! Or, le premier de ces textes est une prière fondamentale : celle de la maîtresse du lieu, Iset, ou Isis, qui a obtenu de Dieu le retour à la vie de son époux, par sa prière d'intercession. Cette prière est plus connue du nom fallacieux que lui ont donné les égyptologues : « les litanies d'Hathor », Celle-ci est la mère d'Horus, donc Isis, et non une autre déesse, je le répète, car c'est nécessaire, afin de bien s'imprégner de cette vérité.

Sur cette gravure, les titres de la Dame du Ciel sont bien rangés en groupes, mais ils ont la particularité de définir chaque titre de groupe par la même image, donc par la même première lettre. Si cette concordance n'était qu'un trompe-l'œil sans importance, elle ne se reproduirait pas avec cette constance tout au long de ce dédale de pièces dédiées à la Dame du Ciel ! Il y a trop de subtilité dans tous ces figuratifs, pour qu'il ne soit pas indiscutable qu'un système d'allitérations préside à la compréhension de la hiéroglyphique ! Il est même poussé si loin dans sa recherche, que chaque mot ou presque commence par la même première lettre pour fournir l'alphabet complet. L'utilité d'une telle organisation saute aux yeux, surtout qu'elle apporte en plus la signification de certaines consonances divines, cela expliquant le terme « anaglyphe » avancé par Clément d'Alexandrie, et qui signifie : hiéroglyphe à double sens.

Il y aurait sans aucun doute là matière à dissertation ! Mais le problème est ici différent, car le passage des *Stromates* qui suit immédiatement démontre que c'est parmi les procédés employés pour préserver l'esprit même de la forme symbolique qu'il faut classer l'écriture hiéroglyphique. Voici des exemples typiques, tel le premier, qui, dans un sens ou dans l'autre, indique la façon de lire le texte :

Ce qu'il faut comprendre, c'est que les *Stromates* forment un ouvrage qui traite de la foi chrétienne, et que juste avant ce chapitre sur la hiéroglyphique, ce père de l'Église parlait de la différence entre l'ordre de la foi et celui qui nourrissait la science. Clément s'attachait à démontrer que le premier était stricte et indépendant, alors qu'au second s'attachaient des mystères aux dogmes sacrés, qui, pour les antiques égyptiens, n'étaient que des objets de foi et surtout un moyen d'exprimer la pensée.

Ce moyen divin exprimé par la Parole et le Verbe devient en hiéroglyphique : le mouvement, la forme, la géométrie, la mathématique : LE NOMBRE !...

Il convenait donc que mes recherches se tournent directement vers les papyrus mathématiques dont j'avais déjà entrevu toute l'importance en préparant ma thèse sur Pythagore. Ainsi, avec toute ma logique informaticienne, je pus retranscrire les deux tiers des idéogrammes de calcul dans leur contexte hiéroglyphique épistolaire. Cela sera amplement développé dans D-2.

Avec une passion renouvelée, je travaillais jour et nuit, encouragé par les pères, malgré des divergences importantes dans le domaine de la foi et du dogme ; onze mois après, le manuscrit du premier tome d'une longue série dont l'ensemble s'appellerait *L'Éternité n'appartient qu'à Dieu* était prêt à être édité. Fin 1976, *Le Grand Cataclysme* sortait dans toutes les librairies, tronqué d'une bonne moitié, car il était trop volumineux, mais parfaitement compréhensible sous cette forme. Ce qui me laissa un peu le temps non pas de souffler, mais de me plonger avec délices dans l'étude du monothéisme tentyrite de sa Loi de la Création, et des

Combinaisons-Mathématiques-Divines qui la régissent en la régularisant...

Note sur l'autodafé d'un livre de Champollion

Dans l'autodafé d'une jeunesse studieuse figure cette triste page peu connue. Champollion publia, dès 1812, à Grenoble, un petit in-folio devenu d'autant plus rare que son auteur le retira très rapidement de la circulation, afin de brûler tous les exemplaires possibles ! Il s'intitulait *De l'écriture des Anciens Égyptiens*. Ce petit chef-d'œuvre disparut des étals des libraires quelques mois seulement après son édition, sous le prétexte « qu'il pouvait blesser les personnes pieuses » !

Cet argument provenait du fait que Champollion faisait remonter les dynasties pharaoniques à l'an 5285 avant Christ, c'est-à-dire avant la naissance présumée d'Adam. Car en 1815, la Sainte Église faisait remonter la naissance d'Adam à 5 000 ans seulement avant Jésus-Christ et l'apparition de la Terre un millénaire auparavant ! Ce qui, sous peine d'être excommunié et réduit à la famine, l'obligea à brûler cet écrit et à faire acte de contrition.

Ce ne fut que par hasard, ayant retrouvé un exemplaire au collège jésuite du Caire, que le passage essentiel me sauta aux yeux, car il contredisait sans réplique les données essentielles défendues alors par l'Église.

Dès qu'il n'y eut plus trace apparente de cette « faute de jeunesse somme toute pardonnable », tout rentra dans le giron liturgique de la Sainte Église.

Ce qui permit à l'abbé Ancessy, dans l'avant-propos de son livre *L'Exode et la traversée de la Mer Rouge*, de citer intégralement la lettre de Champollion où il se brûle lui-même pour survivre à son texte, indiquant le premier roi pharaonique comme remontant à 5285 avant Jésus-Christ.

Voici *in extenso* la note et la lettre dans leur intégralité.

Voici la lettre remarquable qu'écrivait Champollion en 1827 sur l'accord de ses découvertes avec la Bible ; les élèves qu'il a faits, et qui continuent ses travaux, devraient avoir toujours sous les yeux cette déclaration remarquable :

> *Paris, le 23 mai 1827, À Monseigneur Testa, au palais de Monte Cavallo.*
>
> *Monseigneur,*
>
> *C'est depuis peu de jours qu'on m'a remis la lettre tout aimable que vous avez bien voulu m'écrire au commencement de cette année : comme les enfants d'Israël, elle a erré plus de quatre mois, de bureau en bureau, et m'est enfin arrivée à ma grande satisfaction. Je m'estime beaucoup que vous me conserviez les sentiments d'affection dont il vous a plu de me donner de si obligeants témoignages pendant mon séjour à Rome. Et j'y tiens d'autant plus que vous trouverez toujours en moi l'attachement le plus respectueux et le plus dévoué. Je vous remercie de l'intérêt que vous portez à mes études : elles marchent et se consolident. J'aurai l'honneur de vous adresser sous peu de jours une brochure contenant le résumé de mes découvertes historiques et chronologiques. C'est l'indication sommaire des dates certaines que portent tous les monuments existant en Égypte et sur lesquels doit désormais se fonder la véritable chronologie égyptienne.*
>
> *MM. de San Quintino et Lanci trouveront là une réponse péremptoire à leurs calomnies, puisque j'y démontre qu'aucun monument égyptien n'est réellement antérieur à l'an 2200 avant notre ère. C'est certainement une très haute antiquité, mais elle n'offre rien de contraire aux traditions sacrées, et j'ose dire même qu'elle les confirme sur tous les points ; c'est, en effet, en adoptant la*

chronologie et la succession des rois données par les monuments égyptiens que l'histoire égyptienne concorde admirablement avec les Livres Saints, Ainsi, par exemple : Abraham arriva en Égypte vers 1900, c'est-à-dire sous les Rois Pasteurs. *Des rois de race égyptienne n'auraient point permis à un étranger d'entrer dans leur pays, C'est également sous un roi pasteur que Joseph est ministre en Égypte et y établit ses frères, ce qui n'eût pu avoir lieu sous des rois de race égyptienne, Le chef de la dynastie des Diospolitains, dite la XVIIIe, c'est le* Rex no vus qui ignorabat Joseph *de l'Écriture sainte, lequel étant de race égyptienne ne devait point connaître Joseph, ministre des rois usurpateurs ; c'est celui qui réduit les Hébreux en esclavage. La captivité dura autant que la XVIIIe dynastie, et ce fut sous Ramsès V ou Aménophis, au commencement du XVe siècle, que Moyse délivra les Hébreux. Ceci se passait dans l'adolescence de Sésostris, qui succéda immédiatement à son père et fit ses conquêtes en Asie pendant que Moyse et Israël erraient pendant quarante ans dans le désert. C'est pour cela que les Livres Saints ne doivent point parler de ce grand conquérant. Tous les autres rois d'Égypte nommés dans la Bible se retrouvent sur les monuments égyptiens, dans le même ordre de succession et aux époques précises où les Livres Saints les placent. J'ajouterai même que la Bible en écrit mieux les véritables noms que ne l'ont fait les historiens grecs. Je serais curieux de savoir ce qu'auront à répondre ceux qui ont malicieusement avancé que les études égyptiennes tendent à altérer la croyance dans les documents historiques fournis par les Livres de Moyse. L'application de ma découverte vient au contraire invinciblement à leur appui. Veuillez agréer, Monseigneur, la nouvelle assurance de mon tendre et respectueux attachement.*

J.-F. Champollion.

Il n'y a aucun commentaire à faire sur le contenu inédit de cette funeste « mise au point », Nul ne peut dire ce qu'il ferait en pareille alternative : devoir brûler un travail que l'on sait exact ; ou bien perdre son emploi et toute possibilité de poursuivre ses recherches en Égypte et ses travaux fascinants de défricheur d'une nouvelle science ! Galilée en avait tâté bien des décennies auparavant à propos de la rotondité de la Terre tournant autour du Soleil...

Puisse l'Église comprendre à temps qu'il est inutile de feindre de ne pas croire à la Loi de la Création telle que les Combinaisons-Mathématiques-Divines la démontrent comme existante tangiblement.

11

L'ÈRE DU TAUREAU EN ATH-KÂ-PTAH

Sa mère Nout tend les mains vers lui pour le saluer, en disant :
— Les Impérissables t'adorent et t'invoquent : Salut à toi, ô Taureau Céleste !
Tu surgis de l'océan du ciel pour venir au secours de tes cadets.
A. Scharff (Aegyptische Sonnenlieder)

Si quelque jour, un homme doué de talent réunit aux connaissances astronomiques l'érudition de l'antiquité, cet homme apprendra à son siècle bien des choses que la vanité du nôtre ne soupçonne pas.
François de Volney (*Voyage en Égypte*, 1787)

De la masse des documents compulsés, tant en Égypte que dans plusieurs bibliothèques françaises et étrangères, un autre point d'interrogation appelait une réponse précise : celui de la date du commencement de la 1re dynastie pharaonique. Une telle divergence de vue existe sur cette question vitale entre tous les éminents égyptologues, là tout comme pour la hiéroglyphique, il me fallait effectuer des recherches personnelles, en partant uniquement d'un calendrier astronomique puisque Têta, le fameux Thoth, ou Athothis, disait dans les annales de son temps avoir rétabli l'ère calendérique en partant du jour de la conjonction Sirius-Soleil. Ici comme dans tout ce qui précède d'heureuses « coïncidences » firent que ma formation mathématique vint à bout de ce délicat problème. La dernière configuration céleste de cette importance, connue et répertoriée, se produisit le 21 juillet de l'an 139 de notre ère.[25]

Partant de cette date précise, en remontant dans le temps, il y avait avant Jésus-Christ quatre possibilités mathématiquement et astronomiquement valables : 1322 - 2783 -4244 et 5705. Il semble que seule la vue de bâtiments en ruine, et la chronologie mise en place par la Sainte Église, inspira les chercheurs, car aucun compte n'était tenu des dates précitées. Malgré certaines velléités de sortir de l'ornière, l'astronomie fut laissée de côté, les égyptologues anciens et modernes énonçant des dates présumées qui n'avaient aucun rapport avec la motivation annoncée par les Textes Sacrés, à savoir l'avènement du Taureau Céleste et l'Année sothiaque, soit :

---

[25] L'explication de cette date précise est fournie à la fin de ce livre en note numéro 1.

Champollion	5867	avant J.-C.
Lesieur	5773	- -
Bœckh	5702	- -
Africanus	5619	- -
Pochant	5558	- -
Sir Flinders Petrie	5546	- -
Hensy	5303	- -
Lenormant	5124	- -
Mariette et Maspero (selon Manéthon)	5004	- -
de Saulcy	4717	- -
Brugsch	4455	- -
Meyer	4244	- -
Borchardt	4186	- -
Lepsius	3892	- -
de Bunsen	3623	- -
Weigall	3407	- -
Moret	3315	- -
Junker	3300	- -
Leclant	3000	environ avant J.-C.

Comme il est facile de le voir, le créneau est énorme, puisque la différence entre la plus longue chronologie et la plus courte est de près de 3 000 ans ! Cela n'est évidemment qu'un petit échantillon parmi ceux des savants qui ont travaillé sur les annales égyptiennes pour effectuer leur compilation chronologique. Actuellement, il existe encore deux écoles chronologiques chez les égyptologues, dont l'officielle est la plus courte. C'est celle-là qui est justement représentée par J. Leclant, le célèbre traducteur des « Textes des Pyramides », dernier nommé de la liste ci-dessus.

Le drame pour tous ces savants, dont je ne mets aucunement l'érudition en cause, mais l'illogisme patent, est qu'une fois pour toutes, pour eux, tout ce qui est antérieur à l'an 3000 avant Christ est la préhistoire et non l'histoire. Or, si cette conception est exacte pour le pays qui fut la Gaule, plus tard, elle ne l'est absolument pas pour les bords du Nil ! L'exemple typique en est fourni dans l'introduction du livre, par ailleurs remarquable, de Drioton et Vandier, *L'Égypte* :

« Pendant longtemps, à la suite d'Ed. Meyer, les égyptologues avaient admis que le calendrier égyptien avait été institué *en pleine époque énéolithique*, entre 4245 et 4242. On avait supposé, en effet, que cette institution n'avait pu être créée qu'au début d'une période sothiaque, et, comme le calendrier existait certainement en 2785-2782, on avait conclu qu'il fallait faire remonter sa création à la période sothiaque précédente, *donc en pleine préhistoire*. Le premier, Neugebauer (Acta orientalia) s'éleva contre cette opinion, démontrant que les connaissances scientifiques des Égyptiens *de l'époque énéolithique* étaient certainement trop rudimentaires pour qu'on eût pu, à un stade aussi ancien de la civilisation, créer une année de trois cent soixante-cinq jours, en se fondant exclusivement sur l'observation de la révolution sothiaque. »

Les trois passages ont été mis par moi en italique, afin d'accentuer les commentaires des deux auteurs, destinés à fausser la réalité d'un fait spécifique. Car si c'était l'*époque énéolithique* en France, cela ne l'était plus depuis deux millénaires en Égypte ! De même pour : « et donc en pleine préhistoire », il aurait fallu ajouter « sur les bords de la Seine, mais non ceux du Nil ».

Mais nous nous heurtons à nouveau là au fait que M. Drioton était chanoine et qu'une certaine conception de l'antiquité primait.

Ainsi qu'il a déjà été dit, les textes bibliques annonçant la naissance d'Adam cinq millénaires avant notre ère, il était difficile de faire partir la chronologie des rois pharaoniques avant la naissance du premier homme ! Pourtant, certains prélats de notre Église catholique du XIXe siècle émirent quelques hésitations, tel monseigneur Meigrant, évêque de Chalons, qui écrivait dans un ouvrage révolutionnaire pour son temps, *Le monde et l'homme primitif*, paru en 1869 :

> *Nous devons le reconnaître néanmoins, les conclusions auxquelles sont arrivés les égyptologues, jouissant en France et en Allemagne d'une grande autorité : Lepsius, Bunsen, Brugsch, Bœckh, ne sont point tout à fait en rapport avec les chiffres des années que la chronologie relève dans la Bible depuis Adam, jusqu'à Abraham.*

Encore ceux cités par le vénérable évêque étaient-ils, à part Bœckh, dans une honnête moyenne ! Mais Maspero et Mariette, qui suivirent la chronologie de Manéthon, ne sont même pas dignes du plus petit intérêt. Pourtant Auguste Mariette qui, dans ce même temps, continuait ses recherches à Dendérah, venait de publier un « Abrégé de l'histoire ancienne de l'Égypte », en 1867, dans lequel il faisait part de ses méditations à ce propos, simplement à la vue des constructions.

« Il n'y a personne qui ne soit frappé de l'énorme total des années auquel l'addition des dynasties nous fait arriver avec Manéthon. Par la liste du prêtre égyptien, nous remontons jusqu'aux temps qui passent pour mythiques chez tous les autres peuples, mais qui sont ici, certainement, déjà de l'histoire. »

Une fois de plus, je me devais de débrouiller seul l'écheveau particulièrement emmêlé formant l'ensemble de la chronologie, afin de partir sur des bases solides ! Le plus simple était donc de commencer par délimiter chacune des ères astronomiques, puis de calculer leurs composantes et leurs rapports avec l'année de Sirius, sans me préoccuper de ce qui s'était dit ou écrit précédemment. Après seulement, je tenterai de placer mathématiquement le commencement de l'ère du Taureau, pierre angulaire qui permettrait véritablement de connaître la date de naissance d'Ath-Kâ-Ptah, le « Deuxième-Cœur-de-Dieu », protégé par Osiris, devenu le Taureau Céleste.[26]

Une nouvelle fois la chance me sourit, car dans les livres que j'avais lus quelques mois auparavant à propos du Maroc se trouvait l'étude remarquable de M. de Morgan sur l'origine des peuples. Cet éminent savant revenait d'une mission au Caucase et partait en 1892 comme directeur du service des Antiquités du Caire, bien que n'étant nullement égyptologue. Ce fut lui qui reprit, par ses méthodes personnelles, l'étude de la préhistoire pharaonique, au point où Mariette, en désaccord avec le reste de ses confrères, l'avait laissée. Ce livre m'avait passionné, car il remettait en cause le canon chronologique de la Bible, dont le principal extrait, ci-dessous, est significatif :

« J'ai réuni tous les documents épars, recherché dans un grand nombre de localités, acheté presque tous les instruments en silex qui se trouvaient chez les marchands. C'est ainsi que peu à peu je me suis trouvé amené à penser que, s'il est possible d'admettre que quelques silex taillés appartiennent à l'époque historique, nous devons attribuer à la plupart une antiquité beaucoup plus reculée et que les témoins du véritable âge néolithique sont dans la vallée du Nil plus abondants qu'on ne le pense généralement. »

Ces recherches précises de Jacques de Morgan trouvèrent leur apogée dans la fabuleuse découverte qu'il fit à Négadah, *tout à côté de Dendérah*, de tombes prédynastiques, à tel point que ce savant crut être parvenu tout d'abord à la nécropole de Ménès, le premier roi de la Ire dynastie. En fait, les

---

[26] Pour bien comprendre ce phénomène exceptionnel que fut la résurrection d'Osiris grâce à la peau de Taureau dans laquelle il fut emprisonné et laissé pour mort, il convient de lire ou relire *Le Grand Cataclysme*.

tombeaux étaient encore de beaucoup antérieurs à celui-ci, ce qui reculait l'antiquité de l'Égypte d'au moins un millénaire supplémentaire à la naissance de Ménès ! Or, près de ce cimetière où les corps momifiés avaient leurs bijoux et les parois couverts de hiéroglyphes tricolores (blanc, noir et ocre, les seules couleurs naturelles en ce temps reculé), furent retrouvés des squelettes à même le sable, près desquels étaient des outils de pierre. Il fallut donc alors admettre qu'une race indigène différente vivait là en cette période très reculée, tout près et en bon voisinage, avec une civilisation au stade le plus élevé de la Connaissance !

Il me fallait donc aborder l'ère du Taureau et l'avènement de Ménès, avant de focaliser l'année sothiaque, celle de notre Sirius.

Le calcul informatisé des différentes ères donne la date du jour du Grand Cataclysme comme survenu en juillet 9792 avant Jésus-Christ. Les différentes positions stellaires montrent que la rétrogradation laissa le Soleil en Lion durant 1 440 ans avant d'aborder le Cancer, puis les Gémeaux, et enfin le Taureau.

La dimension des constellations n'a jamais été de 30°, comme dans l'astrologie de beaucoup postérieure à l'astronomie égyptienne. Elle était délimitée de la façon suivante dans le ciel, tout comme elle l'est dans le Cercle d'Or :

Vierge et Lion	36°	2 592 années	× 2 =	5 184 années
Cancer et Gémeaux	26°	1 872 –	× 2 =	3 744 –
Taureau et Bélier	32°	2 304 –	× 2 =	4 608 –
Poissons et Verseau	28°	2 016 –	× 2 =	4 032 –
Sagittaire et Capricorne	34°	2 448 –	× 2 =	4 896 –
Scorpion et Balance	24°	1 728 –	× 2 =	3 456 –
La Grande Année précessionnelle				25 920 années

Le reste n'est plus qu'une simple opération de calcul élémentaire. Des 9 792, il faut retirer 1 440 ans du passage solaire rétrograde devant la constellation du Lion, puis 1 872 devant le Cancer, puis 1 872 devant les Gémeaux, avant d'entrer à reculons dans le « Taureau Céleste », soit :

1 440 + 1 872 + 1 872 = 5 188 ans.

Il restait donc pour entrer dans la constellation du Taureau :

9 792 - 5 188 = 4 604 ans.

L'ère du Taureau Céleste commença donc en 4604 avant la nôtre. Ce fut à ce moment-là que redoublèrent les combats fratricides entre les descendants de Set et d'Horus, la suprématie définitive de l'un ou l'autre clan ne pouvant survenir que par l'arrivée de la Dame du Ciel dans la réunion céleste avec son époux. Or, mathématiquement le prochain début d'une année sothiaque était pour 4241, c'est-à-dire qu'il restait 4 604 - 4 241 = 263 révolutions solaires pour parvenir à l'unification sous un sceptre.

Ces longueurs de temps hérissent toujours certains lecteurs qui se piquent de logique, car depuis notre révolution de 1789 à ce jour, *il n'y a pas encore deux siècles*, et pourtant, historiquement parlant cela paraît si lointain !

C'est là même que réside la bonne logique, car la science et la conscience des anciens Égyptiens dépassent les stades de la compréhension de notre intelligence bornée vers un seul objectif : bien vivre sur la Terre. Or, en ce temps-là, la vie terrestre ne durait que 72 ans, c'est-à-dire à peine une seconde d'éternité par rapport à l'au-delà de la vie terrestre ! Et pour bien aborder l'éternité, il convenait d'en connaître son mécanisme et le moindre de ses rouages, pour se conformer à la rigueur de ses commandements.

Ce n'est donc pas simplement la crue du Nil, comme l'ont déclaré certains égyptologues, qui a fait débuter l'année normale le 1er du mois de Thoth, mais bel et bien le lever sothiaque annuel à l'horizon.

À l'aube du 20 juillet actuel, dans le ciel de l'observatoire du temple de Dendérah, Sirius apparaissait à l'est, après une occultation de 72 jours, due à sa conjonction annuelle avec le Soleil. Ce qu'il faut bien comprendre, de plus, c'est que Sirius, tout en étant une étoile apparemment fixe, possède un mouvement qui lui est propre. Nous savons aujourd'hui que deux étoiles A et B, invisibles parce que petites et dans l'ombre de Sirius, perturbent grandement son orbite. Mais les antiques connaissaient le rayonnement spécifique qui se dégageait de cet ensemble, qui « coïncidait », d'une part, avec le décalage annuel de 6 heures dans sa première apparition par rapport à celle de l'année précédente, et qui « coïncidait », d'autre part, avec le commencement de la crue du Nil.

Et Dendérah était particulièrement bien située pour observer les divers phénomènes célestes. De nombreux savants, non égyptologues, les ont décrits en long et en large. Tel Jean-Baptiste Biot, de l'Académie des sciences, professeur de physique mathématique au Collège de France, et astronome au Bureau des longitudes, qui s'est beaucoup intéressé au planisphère de Dendérah. Parmi les quelque deux cents mémoires que suscita ce monument exceptionnel dans les diverses académies du monde entier, celui de J.-B. Biot, effectué en 1823, fut l'un des plus écoutés et des plus contestés par les égyptologues et les gens d'Église, bien évidemment !

Sa description de Dendérah pour faire comprendre à ses collègues de l'Académie toute l'antiquité réelle de ce moment, mérite d'être rapportée ici, car après l'avoir vu maintes fois sur place, je ne pourrais faire mieux :

« Ce n'est point, en effet, une conjecture arbitraire que j'ose soumettre ici sur le monument de Dendérah, ni une nouvelle appréciation de son antiquité fondée sur l'interprétation plus ou moins libre des emblèmes ou des signes astronomiques mobiles qu'il présente. C'est la tentative d'une restitution rigoureuse de la signification, conclue par des mesures géométriques prises sur le monument lui-même, en vertu de laquelle chaque étoile reparaît à sa place dans l'emblème qui la renferme. Celle du Lion, celle du Taureau dans le Taureau, Orion dans Orion, le Verseau dans le Verseau, et ainsi de toutes les autres, non seulement en direction relative, mais en position absolue et en distance dans les cas assez nombreux où les positions et les distances sont spécialement marquées.

Peut-on rien imaginer qui ressemble mieux à un observatoire, avec une carte céleste sculptée à côté ? Et quel qu'ait été le but des observations, quand même on supposerait qu'elles eussent pour objet des constructions astrologiques ou des déterminations d'époques religieuses, plutôt que l'étude même de l'astronomie comme science, il fallait toujours que le tableau sculpté indiquât, avec une fidélité suffisante, les relations de position simultanée des différents astres, auxquelles on avait pu joindre, soit à l'aide de figures emblématiques, soit par l'emploi de caractères que nous ne savons plus lire, l'explication des conséquences astrologiques, civiles ou religieuses, qu'il fallait en inférer. Ces réflexions, en nous confirmant d'une manière générale la nature astronomique du monument, nous font voir que, pour l'interpréter dans ce qu'il a de réellement scientifique, il faut s'attacher d'abord à discerner parmi les figures qui le couvrent, celles, ou du moins quelques-unes de celles qui peuvent être vraisemblablement considérées comme placées en situation réelle, et celles qui ne sont que des signes emblématiques d'usage, ou de phénomènes propres à certaines époques de la période annuelle, à laquelle, au premier coup d'œil, les douze signes du zodiaque paraissent devoir se rapporter. »

Ainsi, un calcul partant d'une Combinaison-Mathématique-Divine a trouvé son usage bien particulier avec l' « Année de Dieu » comprenant 1461 années solaires. Le décalage d'un jour bissextile se retrouvait lors de la conjonction exacte Soleil-Sirius par l'adjonction de 365 jours supplémentaires aux 1460 ans : ceux de la fête du « Nouvel An ».

Or, ces dates formelles sont 139 après Christ, et 1322 - 2783 -4244 et 5705 avant notre ère. La liste manéthonienne ayant été rétablie dans son intégralité avec la durée de chaque règne, ainsi que cela a été imprimé dès la fin du troisième tome de la *Trilogie du Passé*, la seule date possible est celle préconisée par E. Meyer il y a cent ans, et dont le chanoine Drioton ne voulait aucunement entendre parler : 4244 avant notre ère ! Cette date est, par ailleurs, la seule en concordance avec l'entrée du Soleil en Taureau. Tout le complexe de Dendérah en fait foi, et pas seulement le Zodiaque, comme l'a laissé pressentir J.-B. Biot. Mais ni lui, ni Drioton, ni Vandier, ni même Mariette n'ont eu une vue plus totale encore, englobant la haute terrasse, le zodiaque rectangulaire, les textes des caches du niveau 1 et ceux des cryptes, où toute la hiéroglyphique prenait son sens le plus combinatoire de la mathématique ! Pour pénétrer dans le Cercle d'Or, il fallait non pas aborder l'étude des Combinaisons-Mathématiques-Divines, mais les posséder dans leur intégralité : être passé par tous les degrés de l'initiation comme nous dirions aujourd'hui. Et à défaut d'avoir étudié tout cet enseignement originel en ce temps lointain, il convient de réétudier tout ce qui concerne la Langue Sacrée et qui a été retranscrit en grec, comme les livres d'Horapollon, par exemple, qui expliquent le symbolisme des dessins et des formes. Cela ouvre des horizons certains pour la compréhension du planisphère et de ses données astronomiques, tel que l'a si bien vu J.-B. Biot.

Dans son premier livre *Comment les Égyptiens figurent un cœur :* Horapollon décrit ainsi le 36e hiéroglyphe :

« Lorsqu'ils veulent indiquer un cœur, ils peignent un ibis, animal qui est consacré à Mercure, le régulateur du cœur et de la raison, car l'ibis par lui-même est en grande partie semblable à un cœur. »

La signification de cette interprétation me semble n'offrir aucun doute : lorsque l'ibis abaisse son cou sur sa poitrine, ou le cache sous ses ailes, les sommités de celles-ci s'élevant en saillie des deux côtés de son corps ovoïde composent avec lui une forme absolument semblable à celle par laquelle est figuré un cœur.

De même Têta, ou Thoth, au commencement, personnifia l'emblème de l'Égypte, Ath-Kâ-Ptah, ou de « Deuxième-Cœur-de-Dieu », par une coupe pleine de braises fumantes surmontées de ce cœur pour symboliser le deuxième cœur ressuscitant de ses propres cendres.

C'est un cœur hiéroglyphisé semblablement qui se trouve à l'endroit précis des groupes stellaires visibles à l'œil nu, qui forment la « Ceinture des Douze ». Sans aucun doute possible, chacun des cœurs représente le Soleil de chacune des constellations, tel Régulus du Lion, Antarès du Scorpion ou Aldébaran du Taureau, ainsi que nous les appelons de nos jours, au sein de leur configuration céleste respective. Chacune des positions est méticuleusement annotée et suivie tout au long de sa navigation durant une Année de Dieu, par rapport à la position sothiaque. Cette année était également appelée « Année du Chien », ou année caniculaire par les Grecs. C'est d'ailleurs de là que vient l'homonymie du mot torride avec caniculaire, pour désigner la chaleur du mois d'aout qui annonçait le début de l'année sothiaque.

Des textes existent qui permettent de faire la liaison avec cette antiquité si reculée que des savants continuent à la faire paraître comme mythique. Notamment dans le folio 154 du manuscrit original 2390 de la Bibliothèque nationale, qui est constitué par une règle mathématique copiée par Théon d'Alexandrie, en grec évidemment. Cet écrit est intitulé « Règle pour le lever héliaque du Chien » :

« Par exemple, si nous voulons obtenir l'époque du lever du Chien pour la centième année de Dioclétien, nous comptons d'abord les années écoulées depuis Ménophrès, jusqu'à la fin d'Auguste : elles donnent pour somme 1 605 ; et leur ajoutant, depuis le commencement de Dioclétien, 100 années, on en aura en tout 1 705. De ce total, nous prenons le quart qui est 426 ; à quoi, ajoutant 5 jours, nous avons 431. De là, nous ôtons ce qu'il y avait alors de tétraétérides écoulées, c'est-à-dire 102 en laissant 21 (années). Le reste est 329 jours. Répartissez ce nombre, à compter de Thot, en prenant 30 jours pour chaque mois, vous trouvez le lever du Chien au 29 épiphi de l'année dioclétienne. Opérez de même pour toute autre époque donnée. »

Cet exemple très particulier concernant un calcul ayant Sirius pour objet mériterait de s'y arrêter longuement, mais ce sera au cours d'une note.[27] L'intéressant ici était de montrer, et de démontrer, la facilité des calculs concernant une recherche de date, fût-elle antérieure de deux millénaires comme ici. Mais revenons à l'ère du Taureau, qui vit son apothéose lors de l'unification de l'Égypte à la date précise de la conjonction Soleil-Sirius. Non seulement Ousir-Osiris ressuscitait une nouvelle fois par l'esprit comme Ahâ l'Aîné,

---

[27] Voir la note numéro 2 à la fin du livre.

mais il était glorifié partout et en toutes choses, de telle façon que nul être humain n'oublie plus jamais ni la colère divine ni le rachat de l'humanité par ce Fils devenu le Taureau Céleste. D'où une complexité en hiéroglyphique à ce propos, qui n'est qu'apparente avec un peu d'attention pour nos esprits pragmatiques, mais qui coulait de source littéralement, même pour les enfants en bas âge vivant à cette époque.

Le Taureau s'appelait « Hapy ». Lorsqu'Ousir monta au ciel, la Voie Lactée, le Fleuve Céleste, devint également Hapy. Lorsque les survivants parvinrent sur les bords du Nil, reflet exact de la Voie Lactée sur la Terre, celui-ci devint à son tour Hapy. Chacun d'eux étant symbolisé par un taureau hiéroglyphisé. C'est de cet Hapy que les Grecs firent Apis... le bœuf ! Mais la phonétisation est bonne. D'où une triple dénomination avec une seule écriture pour les trois noms. Pour les vivants, même en bas âge, il n'y avait aucune difficulté dans le contexte d'une phrase d'en comprendre la signification exacte. Mais pour les étrangers n'ayant auprès d'eux aucun prêtre pour leur servir de traducteur, l'énigme restait complète !

L'exemple typique d'aujourd'hui pourrait en être ce bâton dont un bout est incandescent, et qui est barré par deux traits rouges. Dans le métro, le train, ou n'importe quel lieu public, même un enfant sait à cette vue qu'il y a une interdiction de fumer ! Mais dans deux mille ans, lorsque l'usage du tabac sera oublié, que voudra dire ce panneau avec une cigarette fumante rayée de rouge ? Ceux qui verront ce « hiéroglyphe » ne le comprendront plus ; et Dieu seul pourrait dire aujourd'hui l'interprétation qu'en feront alors les futurs « francologues », s'il en existe un jour !

Mais l'exemple le plus frappant de cette divinisation du taureau parce que représentation terrestre d'Osiris vient de Saqqarah, près du Caire. Depuis les premières fouilles effectuées par A. Mariette et son équipe, qui ont permis de mettre au jour le Sérapéum, ou mieux la nécropole des taureaux, soixante-quatre tombes grandioses ont été mises au jour, racontant l'histoire pharaonique non sur une période de quelques décennies, mais de plusieurs siècles.

C'est ainsi qu'à chaque mort d'un taureau, non seulement de grandes festivités étaient organisées pour ses funérailles, mais des milliers de jeunes bêtes, en provenance de tout le pays, arrivaient en grandes formations à Saqqarah, telles que cela est abondamment expliqué sur plusieurs sites funéraires. Ci-dessous, celui de Beni-Hassan, où un scribe annote scrupuleusement les caractéristiques de chaque taureau.

Si j'avais une suggestion à faire à propos de l'ère du Taureau, c'est que la tradition plurimillénaire de l'animal transformé en idole, vivante image d'Osiris, remonte bien avant l'époque du présent Sérapéum. Il est donc fort probable que là aussi, enfoui dans le sable, *sous l'actuelle nécropole des taureaux*, s'en trouve encore une bien plus antique. Saqqarah est entièrement recouvert du sable du désert. Il a fallu creuser à 83 mètres de profondeur pour retrouver le tombeau de Djoser. Il faudrait bien forer une trentaine de mètres sous le Sérapéum pour retrouver l'antique nécropole dont plusieurs textes parlent.

Mais l'essentiel du message d'Ousir, retransmis aux Cadets des nouvelles générations destinées à croître et à se multiplier en Ath-Kâ-Ptah, durant le règne céleste du Taureau, est mal passé, ou a été à tout le moins déformé et transformé. Ce monothéisme rigoureux et intangible par son Grand Dogme est devenu, dès la IIe dynastie, une espèce de zoolâtrie qui était réservée jusque-là à ceux de Set. Dès le roi Djéser et la période de Saqqarah avec la IIIe et la IVe dynastie, les Per-Ahâ Suivants d'Horus se sont crus obligés d'introduire le taureau en tant qu'idole et comme objet de culte vivant avant de le momifier mort ! Et si, au premier abord, il était difficile de se rendre compte du sacrilège commis envers Ptah et son fils Ousir, la suite des événements devait grandement dévoiler ce qui n'était plus en fait qu'un polythéisme créé à l'usage du seul Pharaon devenu divinité !

Là aussi, il serait aisé d'établir un corollaire avec notre fin de christianisme où le nombre des saints hommes, certes martyrs, mais élevés au rang de dieux protecteurs, font de Jésus la base d'un christianisme devenu polythéiste à mille pour cent, comme cela sera vu en détail dans le livre C-1 qui traitera de son historique. Mais peut-être convient-il, ici comme dans l'antiquité, d'avoir cette multiplicité de divinités pour tenter de garder le peuple de plus en plus incroyant dans les voies tracées originellement par l'Éternel Tout-Puissant. Ainsi firent les Descendants de Thoth, l'Hermès Trismégiste trois fois grand, pour inspirer la crainte du Taureau Céleste dès le rétablissement du calendrier en 4244 avant notre ère. Puis, cela ne suffisant plus, il convenait de créer un sentiment d'insécurité de l'âme avec une véritable peur en un châtiment exemplaire contre toute désobéissance. Il en fut ainsi durant les deux millénaires d'antagonisme larvé avec les Rebelles de Set, afin que le Dieu-Un règne sous le seul nom de Ptah.

Il en alla ainsi du premier temple de Dendérah, dédié en réalité à Nout, la dernière reine d'Ahâ-Men-Ptah, qui fut la mère d'Osiris certes, mais aussi de Set et des Jumelles Isis et Nephtys, afin que l'unification sous le signe du Taureau Céleste ne reste pas un vain mot. Et le hiéroglyphe du ciel fut symbolisé par Nout faisant le pont entre le royaume englouti et le « Deuxième-Cœur ». Les générations passèrent ainsi que les pharaons, et la troisième reconstruction effectuée par Khoufou fut dédiée à Isis qui se substitua involontairement à sa mère à partir de cette IVe dynastie. Le « Divin Potier » commençait de perdre l'argile nécessaire à son modelage, ainsi que le remarqua l'un des Pontifes, sur les murs de son tombeau de la Colline Sacrée !

Ce fut donc sous prétexte de rendre plus populaire le monothéisme des Anciens qu'aucune hésitation n'intervint lors de la substitution au langage éternel de la Parole d'un certain Verbe plus imagé, plein de métaphores subtiles et à double sens, dont le fond et la forme, sans cesse évolutifs, devinrent subversifs. Ce fut ce compromis entre le Ptah-Un et le bélier solaire qui permit à la grande décadence pharaonique de s'instaurer à la fin de cette ère du Taureau Céleste. Elle fut reléguée dans l'ombre et l'oubli de l'ère du Bélier toute-puissante, montant vers son apogée avec Séthi Ier et la longue lignée des Ramsès. Ainsi naquit Moïse, que Dieu investit de l'autorité nécessaire pour emmener avec lui vers une autre Terre promise son peuple d'opprimés, composé de juifs et d'Égyptiens confondus.[28]

Le monothéisme, s'il ne se plaçait plus dans la grâce divine, devait toutefois se conserver dans son intégralité passée. Le Cercle d'Or en reste la matérialité par la Loi de la Création. C'est en elle que devait se placer la sauvegarde des Écrits sacrés. La structure de l'univers et le mécanisme des rouages qui la composent démontrent largement l'autorité incontestable du Créateur sur toutes les choses et sur tous les êtres.

---

[28] Lire ou relire B-1 : *Moïse l'Égyptien*.

12

L'ÈRE DU BÉLIER : MOÏSE LE REBELLE

> *Car le soin du troupeau est aussi un exercice préparatoire à la royauté pour qui doit prendre la tête du troupeau des hommes, le premier de tous, de même que la chasse l'est pour les natures qui se destinent à la guerre.*
> Philon d'Alexandrie (La Vie de Moïse)

> *Tu n'auras pas l'Égyptien en abomination car tu as été un résident dans son pays. Les fils qui lui naîtront à la troisième génération, auront accès à l'assemblée de Yahvé.*
> Ancien Testament (Deutéronome, XXIII-8/9)

Aucun pays, nulle part au monde, n'a connu une longévité et une durée de stabilité historique dans sa vénération monothéiste tel qu'Ath-Kâ-Ptah. Siècle après siècle, millénaire après millénaire, dynastie après dynastie, qu'elles aient été memphites, thébaines, saïtiques éthiopiennes, hycksos ou ptolémaïques, seule l'Égypte survécut tant que le culte de Ptah symbolisa le pays en même temps que sa création, qui provenait du Créateur unique de tout ce qui s'y trouvait.

Cette indestructibilité dura le temps de la croyance monothéiste. C'est la démonstration évidente de l'histoire de l'Égypte qui prouve, si besoin est, que les civilisations les plus avancées meurent de leur impiété avant toute autre considération. Il faut s'imprégner de cette vérité fondamentale !... Et elle était flagrante au moment de la naissance de Moïse, qui nous amène au XVIe siècle avant Jésus-Christ.

La chronologie officielle, dite courte, ne diffère plus ici que d'un siècle, bien qu'il y ait un changement de dynastie. Elle donne la naissance de Moïse sous Ramsès II. Or, nulle part dans la Bible le nom est cité, mais seulement « Pharaon ». Ensuite, si l'on admet la thèse de la mort de ce Roi dans la mer Rouge, il ne peut s'agir d'aucun des souverains de la XIXe dynastie, puisque tout ce qui concerne leur décès est connu. Il n'en va pas de même avec le pharaon Thoutmôsis II, de la XVIIIe dynastie, dont les annales ont disparu sciemment et délibérément, et dont les textes gravés ont été martelés.

Il a été expliqué dans l'ouvrage sur Moïse l'Égyptien comment le règne d'Aménophis Ier débuta en 1555, celui de Thoutmôsis Ier en 1532, et celui de Thoutmôsis II s'étala de 1520 à 1500, pour s'achever de façon brutale, restée inexpliquée parce que effacée des tablettes par la reine Hatchepsout qui lui succéda.

Voici (ci-après), pour une meilleure compréhension, cette partie de la chronologie.

1500 est donc la date essentielle de l'histoire de Moïse, puisqu'elle situe avec exactitude le passage de la mer Rouge.

La datation de l'événement en est aisée, toujours grâce à des repères astronomiques. Toutes les erreurs commises à ce sujet jusqu'à nos jours proviennent d'une tentative d'interprétation des textes de Manéthon. D'après ce prêtre sybarite, ce fut sous un roi de la XVIIIe dynastie qu'eut lieu l'insurrection. Celle des juifs, certes, mais aussi celle de tous les fellahs opprimés également par les usurpateurs. Or, ce fut bien Amosis qui mit les Hyksos hors du pays, et ce fut un Thoutmôsis qui poursuivit Moïse.

Mais les auteurs grecs antiques qui compilèrent Manéthon sont tombés sur plusieurs méprises dans ces textes, comme dans tant d'autres papyrus ! Ils transcrivirent Aménophis au lieu d'Amosis, et, lisant de gauche à droite au lieu du contraire, ils placèrent l'Aménophis comme libérateur de Moïse, et un Thoutmôsis comme poursuivant les Hyksos !...

Ce qui fait que Théophile et l'Africain, évaluant une chronologie de Manéthon d'après l'énumération transcrite par Flavius Josèphe, s'embarquèrent dans des calculs prouvant que, cela étant impossible, il s'agissait plutôt de Séti et de Ramsès de la XIXe dynastie ! Cela a évidemment faussé les données bibliques compulsées par les pères de l'Église qui furent obligés de restreindre encore un peu plus l'antiquité des temps.

	Noms HIÉROGLYPHIQUES	Noms GRECS	Durée Règne	Datation (avant J.-C.)	Fait marquant du RÈGNE
	XVIIIᵉ DYNASTIE				
171		AMOSIS	25	1580-1555	Naissance de Moïse
172		AMENOPHIS I	23	1558-1532	Fut co-régent trois ans.
173		THOUTMOSIS I	12	1532-1520	
174		THOUTMOSIS II	20	1522-1500	Mort du Pharaon dans la Mer Rouge
175		HATCHEPSOUT	23	1500-1477	C'est l'Amenset de Manéthon et de Champollion
176		THOUTMOSIS III	30	1477-1447	
177		AMENOPHIS II	35	1447-1412	
178		THOUTMOSIS IV	9	1412-1403	
179		AMENOPHIS III	36	1403-1367	
180		AMENOPHIS IV	16	1367-1351	Transforma son nom en Akhenaton

Du point de vue du calendrier astronomique, que savons-nous de précis ? Clément d'Alexandrie, qui avait en main tous les éléments originaux conservés dans la bibliothèque d'Alexandrie dont il était le conservateur, assurait que l'Exode des juifs survint deux siècles après le renouvellement de l'année caniculaire retranchée de 22. Cela est d'une limpidité très pure pour quiconque a étudié les révolutions de Sirius, l'Année du Chien, dont nous avons amplement développé le processus de calcul précédemment. Ce furent les Grecs qui imagèrent ainsi Anubis, le Gardien des Âmes Pures. Il s'agit donc de la révolution céleste de cette étoile, son début ayant eu lieu en l'an 139 de notre ère, sa fin intervenant en 1322 avant notre ère. Si l'on retranche encore les 178 années écoulées après son renouvellement, il est obtenu 1500, très précisément... soit l'année de la mort de Thoutmôsis II, sans que les Annales ne disent ni comment ni par qui. Pourquoi cette obscurité, voulue semble-t-il ?

Reportons-nous au règne de Thoutmôsis Ier, le père de celui qui nous intéresse. Il eut trois fils et une fille. Les deux fils aînés étant décédés jeunes, il reporta toute son affection sur sa fille, la délicieuse Hatchepsout, semblant ignorer totalement son dernier fils, le cadet. Mais de santé délicate, Thoutmôsis Ier mourut dans la douzième année de son règne (en 1520) et ce fut naturellement le fils cadet qui fut déclaré roi sous le nom de Djhathimes, ou Thoutmôsis II, pour suivre la phonétisation manéthonienne.

Or, la mère de celui-ci n'était qu'une concubine de Thoutmôsis Ier, alors que la princesse Hatchepsout était la fille d'Hemtenphout, fille d'Amosis, et demi-sœur du Pharaon.

Hatchepsout était donc incontestablement de sang bien plus noble... mais elle restait une délicieuse jeune fille de quinze ans d'âge ! Et à son grand dépit, alors que la reine mère voulait faire d'elle la porteuse du Sceptre, elle fut obligée par les prêtres de se marier avec son demi-frère, Thoutmôsis II, âgé quant à lui de vingt ans, devenant ainsi, pour le meilleur et pour le pire, uniquement la reine consort.

Faible de caractère devant son épouse aigrie de ne jouer qu'un rôle secondaire, il est bien évident que l'amour ne régna pas chez ce couple. Néanmoins, deux années plus tard, naquit une fille, Nefrouret. Ensuite le ménage cessa de vivre en communauté, et chacun vécut de son côté pour un temps assez long ! Ce Thoutmôsis fut alors peu à peu repoussé de tous au profit de son épouse : une « forte tête », dont les revendications constantes contre la faiblesse de son époux portaient leurs fruits. Et il s'en fallut de très peu pour qu'elle ne réussisse son coup lors de la dix-septième année du règne de Thoutmôsis, qui était la date de son jubilé. Mais le mari averti du complot et montrant une force inhabituelle, Hatchepsout fit contre mauvaise fortune bonne mine, en se réconciliant avec son époux. Cette entente amena la naissance d'un enfant qui fut malheureusement une autre fille ! Et la mésentente revint dans le ménage.

À ce moment même, un fils qu'il avait eu d'une concubine au moment de la première séparation atteignit ses seize ans. Il faisait son noviciat dans la Maison-de-Vie des prêtres d'Amon lorsque son père le désigna comme corégent à son côté, en signe d'opprobre contre Hatchepsout. Une juste colère la secoua, et il est probable que ce fut elle qui le poussa, par l'entremise du Conseil des Nobles à sa solde, à poursuivre les juifs qui s'enfuyaient d'Égypte, mais en entraînant avec eux tous les Égyptiens monothéistes de Ptah-Un. Ceux-ci ne pouvaient plus supporter la montée impie d'Amon à l'azur de ce « cœur » donné par Dieu à ses créatures. C'était donc à la fois un aime de lèse-majesté et la dernière espérance de la reine consort de souhaiter la mort du pharaon. Celle-ci survint brutalement lors de la poursuite, et nul ne fit mention nulle part de la façon dont elle se produisit, et pour cause !

Thoutmôsis III monta alors sur le trône. L'architecte royal, dans sa notice biographique, écrivit :

« Thoutmôsis III devint le Per-Ahâ sur le trône de son père. La reine consort Hatchepsout gouverna cependant l'Égypte à cause de ses capacités. »

Ce fut donc elle qui ordonna de ne point parler de la fin du précédent pharaon. Les capacités d'Hatchepsout étaient telles que durant la neuvième année du règne de Thoutmôsis III, elle réussit enfin à se faire proclamer pharaon en titre, sous le nom de Maatkara.

Il est donc certain d'affirmer que ce fut en l'an 1500 avant Christ que Moïse franchit la mer Rouge avec son peuple (juifs et Égyptiens confondus sous son auréole du prince d'Égypte). Ils étaient poursuivis par l'armée de Thoutmôsis II. Ce fut au cours de cette campagne que mourut le pharaon, subitement. Et Ramsès, qui ne naîtra que deux siècles plus tard, n'aura rien à voir dans l'histoire ! Seule la nouvelle « Année de Dieu », débutant en 1322, en fera le pharaon qu'il deviendra. Revenons plutôt à Moïse et à l'ère du Bélier qui, sans aucun doute, inspira sa rébellion contre le culte d'Amon-Râ.

Son éducation dans les Maisons-de-Vie des temples égyptiens en avait fait un initié à part entière : un sage doublé d'un grand-prêtre. Mais comme Moïse était aussi prince héritier du trône, l'art de la guerre appris en même temps que tous les moyens de conserver intact le royaume de Dieu, il avait acquis dès son plus jeune âge la conscience de la vanité de certains principes érigés en dogmes !

Avant qu'il naisse et qu'Amosis prenne le Sceptre pour refaire une unité d'Ath-Kâ-Ptah, la décadence avait profondément bouleversé le pays occupé par les Hyksos, ces rois pasteurs venus de l'est. L'oubli du passé prestigieux dû à Ptah avait modifié les rites, les idées et la vie particulière de chaque être, et ce d'autant plus facilement que cela fut prôné par les trois siècles de cette occupation étrangère. Comme une affinité zoolâtre reliait les Adorateurs du Soleil, dont le Bélier était l'idole, aux Hyksos, Thèbes prit une prédominance totale par rapport aux autres capitales et cultes des bords du Nil.

À la mort d'Amosis, à la suite d'un traquenard fomenté contre l'héritier, ce fut Aménophis Ier qui monta sur le trône, et Moïse dut s'enfuir. Ce fut durant cette époque que le dur labeur des ouvriers se transforma en un esclavage pur et simple, qui comprenait les juifs et les Égyptiens qui n'étaient pas des disciples d'Amon-Râ. Dès ce moment, Dendérah entra pour deux siècles dans l'oubli, jusqu'à la grande fête de 1322 ouvrant la « Nouvelle Année » de Sirius.

En attendant, Thoutmôsis Ier remplaça Aménophis, portant sous sa bannière, loin à l'extérieur, la renommée de l'Égypte. Mais les campagnes militaires portèrent à son comble l'esclavage interne de tout le peuple, c'est-à-dire : Égyptiens et juifs confondus.

Ce Per-Ahâ ne garda le sceptre que douze ans. Son dernier fils vivant monta sur le trône sous le nom de Thoutmôsis II, avec la tâche difficile d'assurer la stabilité du nouvel empire reconstitué. Il entreprit de grands travaux qui accablèrent la population déjà misérable. Les juifs étaient tellement mêlés à la vie quotidienne que leur qualificatif de « nomades » était périmé ! Ils étaient bel et bien devenus des autochtones à part entière.

La fameuse fresque de Thèbes, reproduite en noir et blanc dans tous les manuels, et sur laquelle sont dessinés les « esclaves juifs » occupés à la fabrication de briques sous la surveillance de gardes, a comme beaucoup d'autres interprétations aidé à colporter cette légende dénuée de tout fondement.

En effet, il est facile de relire des centaines de commentaires de savants exégètes à la vue de la reproduction en noir et blanc de cette scène, pour comprendre l'origine de cette grotesque affabulation. Voici par exemple le texte de l'un de ces érudits les plus éminents du siècle dernier : le cardinal Meignan, archevêque de

Châlons, tiré de son ouvrage sur l'Ancien Testament, De l'Eden à Moïse :

> *Les peintures des tombeaux égyptiens, et divers passages des papyrus retrouvés dans les nécropoles retracent des scènes de travaux forcés. On voit des ouvriers de race sémitique mouler des briques et élever des murailles sous les coups de fouet des surveillants !*

Or, toutes les reproductions originales des peintures des hypogées de la région thébaine furent effectuées en polychromie par M. Cailliaud, selon les couleurs exactes qu'il avait sous les yeux dans les tombes. Et ce sont les teintes mêmes des hommes et de leurs cheveux qui donnent une vue exacte de la situation. Non seulement les profils sont très nettement différenciés entre Sémites, Égyptiens et captifs, mais leurs chevelures montrent la preuve formelle que tous étaient confondus sous la même domination. Les Sémites ont leurs cheveux peints en jaune, les fellahs les ont en noir, et les prisonniers de guerre les ont en blanc. Les gardiens égyptiens, ceux qui ont un bâton ou un fouet en main, ont leurs chevelures noires, bien évidemment.

Cette vérité rétablie, à savoir que le peuple mosaïque était composé indifféremment de juifs et d'Égyptiens, sera la base angulaire de l'avènement de Moïse. Son envolée vers une gloire éternelle n'a été possible que parce que « son » peuple, celui qu'il emmena à travers le Sinaï, était issu de tous les opprimés vivant sur les deux rives du Nil. Il ne faut pas oublier que Moïse était non seulement prince héritier de l'Égypte, mais qu'il avait été « élevé dans toute la sagesse » de ce pays. « Son » peuple était celui qui croyait dans le monothéisme des « Aînés », qu'ils soient nés d'Abraham ou d'Osiris, car ils avaient tous le même Dieu-Un.

Ainsi, donc, Moïse grandit durant cette période fort troublée de l'après-invasion des Hyksos, où les adorateurs du Soleil, ceux du Bélier-Amon, étaient vainqueurs, mais où les suivants d'Horus étaient encore les plus nombreux. Quant aux Sémites, pour la première fois, ils se sentaient étrangers sur cette terre qui les avait accueillis si fraternellement durant des millénaires, sans discontinuer.

Bien avant l'arrivée d'Abraham et de sa femme sur les rives du Nil, l'Égypte était bien connue des habitants des territoires limitrophes. Non seulement pour sa terre noire extrêmement fertile par le limon qui en était le don divin à son peuple fidèle, ce qui permettait à tous de manger à leur faim, mais parce que des invasions incessantes, dans un sens ou dans l'autre, avaient fait un énorme brassage des populations.

De nombreuses preuves en attestent la véracité, tel dans le Sinaï, où des gravures rupestres narrent l'arrivée des troupes de Snéfrou ou de Khéops, il y a donc plus de cinq mille ans, pour forer des mines de cuivre et d'or avec l'aide des populations asservies. Ce qui favorisa les mélanges entre les conquérants et les femmes autochtones.

Depuis ce temps-là, les mélanges entre Sémites et Égyptiens furent incessants, comme le démontrent l'histoire et la chronologie. Que ce soit avec les incursions continuelles en Palestine, en Assyrie, ou chez les Hittites ; que ce soit par les famines perpétuelles qui précipitaient les tribus nomades de Chanaan sur les bords accueillants du Nil ; que ce soit enfin, durant cette occupation sémite de l'Égypte, qui dura près de trois siècles, avec les rois Hyksos.

Aussi, avec le départ de ces derniers, lorsqu'Amosis, au nom d'Amon, prit le sceptre, le peuple vénérant Ptah ainsi que les juifs devenus leurs frères consanguins subirent le joug des « Impies » après celui des « Maudits » ! Et cette nouvelle dynastie, niant Dieu pour n'adorer que le Bélier, fut vulnérable spirituellement jusqu'au roi Thoutmôsis II.

La vie de Moïse, telle que je l'ai rétablie en partant des textes les plus anciens mis à ma disposition par la bibliothèque de Chantilly et ceux compilés à Jérusalem, concorde également avec la chronologie de Manéthon et les annales historiques de l'Égypte. Je la conserve d'autant mieux que les quatre pharaons cités par cet historien vécurent sous la XVIIIe dynastie, quel que soit l'Aménophis pris en compte, ou les Thoutmôsis concernés. Mais je le répète, le seul dont les annales furent supprimées est le second, et de son règne découlent ceux qui précédèrent.

Pour mieux comprendre la vie en Égypte au temps de Moïse, il convient de remonter quelques décennies auparavant, c'est-à-dire en pleine décadence de la XVIIe dynastie, peu de temps avant que ne débute la suivante, et avec elle ce que tous les historiens ont dénommé le « Nouvel Empire ».

Cette XVIIe dynastie, dont Manéthon énumère l'impressionnante liste des rois, comprenait en fait ceux de tous les roitelets qui tinrent un gouvernement quelconque dans un ou plusieurs nomes, ou provinces, sous leur seule autorité, dans une Égypte déchirée. Il y eut donc incontestablement, dès le départ des envahisseurs Hyksos, plusieurs règnes simultanés dans diverses parties de ce qui avait été un vaste empire.

Il y avait tout d'abord les chefs « collaborateurs », encore très puissants pour sauvegarder ce qu'ils considéraient comme leur propre patrimoine ; puis les adorateurs du Bélier-Amon, ceux de Set ; et enfin ceux qui envers et contre tout continuaient de vénérer Ptah, ceux d'Osiris. Ce fut donc dans la confusion la plus totale qu'eurent lieu les règlements de comptes qui achevèrent cette XVIIIe dynastie, où le chaos ne fut évité qu'à l'ultime seconde !

La lutte d'un Apépi, ou Apophis, contre un « collaborateur » des Hyksos vaincus, et ce à propos d'un hippopotame, et l'acharnement qu'ont eu les troupes du premier sur le corps même du chef des seconds en est le témoignage le plus flagrant !

Et si, dans cette guerre aussi acharnée que sanguinaire pour la détention du pouvoir, Apépi n'eut pas le dernier mot malgré l'assassinat de Sekenen-Râ dans une embuscade, ce fut par Kâmenset, ou Kamôse, ou Kamès, son jeune fils plébiscité comme chef des armées en un premier temps, que les hordes sémites furent poursuivies jusque devant leur citadelle-capitale d'Avaris. Les textes de ce temps abondent en relations épiques sur les hauts faits d'armes de certains soldats valeureux proches de Kâmenset. Le nombre des mains coupées aux « Immondes » pour décompter le nombre des tués était impressionnant !

Mais l'issue de ce combat ne fut pas non plus contemplée par ce jeune chef des armées et roi, puisqu'il mourut lui aussi dans une embuscade dressée sur la nouvelle frontière de l'Égypte, établie dans le désert du Fayoum, située à plus de cent kilomètres au-delà de celle qui constituait la borne du Moyen-Empire.

Ce ne fut qu'avec la succession du jeune Nek-Iâmet, le « Descendant de Nek-Bet », la Nephtys des Grecs, donc avec celui qui était né d'une « étoile », que la situation évolua très vite de la façon la plus favorable pour ce Deuxième-Cœur qui en avait grandement besoin !

Ce fut pourquoi Iâmet, phonétisé Ahmès par les Grecs, et Amosis par Manéthon, fut considéré par ce dernier comme le premier pharaon de la XVIIIe dynastie. Et le sceptre lui fut donné très exactement le seizième jour du mois de Choïak de l'an 1580 avant notre ère.

Le plus important, et qui n'est pas écrit dans cette chronologie manéthonienne, est que cette même année naquit une « enveloppe charnelle » du sexe masculin, qui n'eut aucune appellation connue pour sceller l'entrée de sa « parcelle divine » dans ce corps. Cependant, trois mois plus tard, le nom de Moses lui sera donné par la belle et jeune Thermoutis qui l'avait trouvé dans les roseaux proches de la plage du palais d'été, là où elle se baignait en compagnie de ses suivantes. Car la jeune et jolie Thermoutis était la fille aînée de l'ancien pharaon, et la sœur aînée, du même père sinon de la même mère, de ce Iâmet ou Amosis. Mais, comme elle était stérile, elle n'avait pas été mariée avec lui, faute de pouvoir assurer la succession pharaonique.

Cet événement eut évidemment lieu dans l'indifférence générale des grands du palais, et ce pour deux raisons tout aussi primordiales. Tout d'abord parce que la plupart des puissants du royaume étaient sur le champ de bataille en compagnie d'Amosis, et ensuite parce que la divine épouse royale, Néfertari, attendait son premier enfant. Il ne faut d'ailleurs pas confondre le nom de cette reine avec celui de Néfertiti, comme cela a été bien souvent le cas, cette dernière ayant été, elle, l'épouse d'Akhénaton, ou Aménophis IV.

Laissons donc encore un instant la vie de Moses en suspens, afin de retracer brièvement son environnement futur car, entre sa naissance et sa fuite dans le désert du Sinaï, quatre pharaons se succédèrent à la tête de ce qui devint le plus grand empire du monde : Amosis, qui tint le sceptre de 1580 à 1555 avant Jésus-Christ ; Aménophis 1er, qui régna de 1555 à 1532 ; Thoutmôsis 1er, de 1532 à 1520 ; et Thoutmôsis II, de 1520 à 1500 tout juste.

Quelques mois avant que le législateur des juifs vienne au monde, Amosis accéda à la royauté en épousant Néfertari, la « Belle Compagne ». Ce très jeune mais fougueux 171e pharaon inspira dès son avènement un grand espoir pour tous les citoyens du pays. En effet, son nom lui-même, « Né de l'Étoile », était un appel à la neutralité entre ceux du Soleil et ceux de Ptah, afin de trouver un terrain d'entente pour achever de bouter hors d'Égypte les derniers Hyksos, ces envahisseurs impies.

L'ardeur des combattants était d'ailleurs sublimée par les légions nubiennes, ces troupes à la peau noire qui faisaient partie intégrante de l'armée égyptienne depuis que les territoires du Sud avaient été annexés au « Deuxième-Cœur ». Et l'épilogue de ce long conflit eut lieu à Avaris, ou Abaris, qui était l'ultime retraite fortifiée des Hyksos. Ils furent jusqu'au bout les envahisseurs, et ceux qui les avaient aidés furent les « collaborateurs ».

Tout se recoupant admirablement, il est donc faux de prétendre, et d'écrire, comme l'ont fait de multiples égyptologues, que les Égyptiens se représentaient les Hébreux comme des pestiférés et des esclaves, car ils ont confondu ces « Ebers » et le « Peuple » que Moïse emmena presque un siècle plus tard en exode, celui qui comprenait tous les opprimés, juifs et Égyptiens confondus.

Le malheur ou le bonheur, suivant que l'on se place dans le contexte israélite ou égyptien, voulut qu'Aménophis n'eut aucun enfant. Ce fut ce fait primordial qui déchaîna contre Moïse la toute-puissance des prêtres d'Amon qui ne voulaient en aucun cas d'un pharaon élevé dans la vénération de Ptah. Aussi organisèrent-ils un véritable traquenard à son encontre afin de le discréditer honteusement auprès de la faction importante du peuple fidèle dans ses affections traditionnelles envers la princesse Thermoutis et son fils adoptif. La réussite de ce plan fut presque totale puisque Moïse dut s'enfuir. N'étant pas mort dans cet odieux attentat où il était impliqué, il put, de ce fait machiavélique, prendre la tournure d'esprit nécessaire à l'organisation de l'exode de son peuple et en devenir le législateur terrestre, tel que Dieu l'avait voulu en lui imprégnant dès sa naissance, par les « Combinaisons-Mathématiques-Divines », les coordonnées de sa vie. Il devint le rebelle classique en entrant en lutte, d'abord clandestine, contre ceux du Bélier.

Ainsi, à la mort d'Aménophis, quelque temps après sa fuite qualifiée de honteuse, le sceptre fut donné à un demi-frère éloigné du précédent pharaon, qui était entièrement sous la volonté des prêtres d'Amon, à Thèbes. Le nom de Thoutmôsis Ier devint le sien : « Fils de Têta », donc de Thot, ce qui laissait sous-entendre qu'il était destiné à revenir aux traditions ancestrales.

Mais son règne, qui dura vingt-cinq années, fut assombri par de nombreux décès familiaux qui précipitèrent sa fin. Il y eut d'abord la reine mère qui mourut, puis son épouse, et simultanément ses deux fils aînés, ceux qui étaient toute sa fierté bien que de mères différentes.

Thoutmôsis avait d'ailleurs bien d'autres problèmes à résoudre, dont celui de sa succession. Il lui restait deux enfants légitimes : un garçon et une fille. Curieusement, ce fut vers cette dernière qu'il reporta toute son affection. Peut-être parce qu'elle était née du ventre de son épouse divine, fille elle-même d'un descendant illustre de Set, alors que le fils cadet n'avait été qu'issu d'une concubine sans aucune goutte de sang noble. Peut-être aussi parce qu'Amenset, celle qui deviendrait la célèbre Hatchepsout, avait déjà une forte personnalité, alors que son demi-frère cadet était maladif et sans volonté. Toujours est-il que le décès de Thoutmôsis Ier laissa quelques semaines la dynastie en suspens devant des intérêts opposés. Amenset revendiquait le trône à son usage exclusif, et les prêtres d'Amon lui préféraient son frère. Ce fut lui qui, finalement, fut déclaré pharaon sous le nom de Thoutmôsis II, pour ses seize ans. Amenset, âgée de dix-huit années, malgré son dépit, fut obligée de l'épouser pour ne devenir que la « Grande Épouse Royale. »

Ce fut durant cette période trouble que Moïse revint sur la terre d'Égypte. Et ses pourparlers avec les chefs des familles d'Israël passèrent inaperçus ou jugés sans importance. Le pharaon avait d'autres préoccupations avec les plaies qui s'abattaient les unes après les autres sur le pays. Il y avait aussi l'éducation de son fils, élevé dans la plus importante Maison-de-Vie des temples d'Amon, à Thèbes. Et dès que le jeune prince eut seize ans, il fut jugé apte à seconder son père comme corégent du royaume. Un décret le désigna formellement à ce titre en opprobre contre Amenset, toujours reine-consort.

La violente colère qui secoua celle-ci commanda très certainement la suite des événements, le prince héritier rendant l'âme à ce moment-là. Car Moïse, préparant le départ de son peuple, juifs et Égyptiens confondus en une seule famille d'opprimés, était reçu en audience ultime par Thoutmôsis II déjà vaincu par le sort et par Amenset.

La reine suivait attentivement les événements, et intervenait par conseillers interposés à sa solde. Son époux voulant refuser le départ, elle le pressa de se débarrasser des importuns qu'elle accusait de mettre le pays à feu et à sang. Puis le roi cédant, elle lui insuffla l'idée de les poursuivre pour les exterminer. La partie était facile à jouer pour la reine, car en plus des juifs, toute une part de la population s'enfuyait en leur compagnie : celle des partisans du monothéisme de Ptah. Ils refusaient de se plier à la volonté du pharaon et d'Amon, et devaient être jugés comme impies d'une même rébellion ! Il s'agissait véritablement d'un crime de lèse-majesté qui ne pouvait rester impuni. Et comme c'était bien la dernière chance pour la future Hatchepsout de détenir le sceptre du royaume, elle fomenta la mort de son époux de cette façon en aidant les hasards de cette guerre sainte à sa discrétion. Il est donc possible d'affirmer que c'est Thoutmôsis II qui mourut bien cette année-là, en 1500, tout juste avant notre ère chrétienne, en traversant la mer Rouge.

Les premières années qui suivirent furent très confuses. Un jeune prince né d'une concubine, soutenu par les prêtres, refusant de se laisser déposséder, se fit nommer roi en tant que Thoutmôsis III. Il céda d'abord le pouvoir à Amenset, qui devint alors le « pharaon ». Puis il reprit le pouvoir après une révolte de palais et la mort d'Hatchepsout fomentée par lui. De là également le martelage, concernant le règne de Thoutmôsis II par Hatchepsout, afin d'effacer les traces de sa fin tragique en mer Rouge !

Ainsi, la vie de Moïse reconstituée autant avec l'aide des faits historiques troublés de ce temps que par les écrits contenus dans le deuxième livre de l'Ancien Testament, désigné selon l'antique coutume juive par le mot : *Chémôt*, ou « les noms », que les traducteurs grecs ont rendu par Exodos.

Mais en ce deuxième élément capital, la concordance n'est pas complète, loin s'en faut, avec le premier. Il faut reconnaître que les textes bibliques, recueillis oralement, ont été mis par écrit, pour l'essentiel, quatre siècles après la mort de Moïse par les prêtres lévites, les plus fidèles à l'esprit mosaïque. Mais la crainte d'en laisser perdre quelque bribe véridique vitale a conduit les rédacteurs du texte définitif à y inclure certains récits en double, ou des variantes sujettes à caution, d'autant que cela se place au Ve siècle avant Jésus-Christ, soit presque mille ans après Moïse ! C'est pourquoi ce fond spirituel du monothéisme, qui remonte de la nuit des temps, doit être lu au travers des pensées qui animaient les prêtres juifs rédacteurs du VIe et du Ve siècle, correspondant à la déportation en Babylonie, aux longues années d'exil, et au retour avec la reconstruction du temple de Jérusalem. Il est impensable que les longues méditations à l'étranger n'aient pas influencé la rédaction du texte d'un exode vieux d'un millénaire, qui rappelait étrangement l'aveuglement et la décadence d'un autre peuple primitivement élu du même Dieu, dont l'origine égyptienne remontait aux temps les plus reculés.

Le document sur l'exode a donc été composé dans le but unique d'apporter des enseignements stricts, copiés sur les commandements originaux, afin qu'Israël survive en un premier temps, puis vive selon des préceptes rigoureux, en accord avec les Tables de la Loi et l'érection du temple monumental prévu.

C'est cette déformation lévite que j'ai tenté de laisser délibérément de côté, dans le livre B1, Toute la vie de Moïse y est amplement narrée, aussi est-il inutile de la détailler ici. Le large éventail des critiques favorables, allant du *Figaro* au *Provençal* de M. Gaston Deferre, ainsi que du Centre de documentation juive à l'Office chrétien du livre, dont le comité de lecture regroupe des pasteurs et des prêtres, m'est allé droit au cœur ! En effet, si certains passages, où Moïse épouse en premières noces une princesse de Saba, ou bien que l'Exode vers la Terre Promise comprenait autant de juifs que d'Égyptiens, ne devaient pas être trop contestés, je pensais que celui du futur législateur d'Israël au mont Sinaï susciterait bien des reproches. Or, curieusement, il n'en a rien été !

Pour le fond, j'ai apporté dans les notes jointes au livre assez de preuves que les Dix Commandements existaient déjà des siècles et des siècles avant que Moïse quitte les bords du Nil et, qu'en tant que grand-prêtre, il en connaissait la teneur par cœur. Mais pour la forme, il est nécessaire que je m'explique plus longuement, car ce n'est qu'après maintes hésitations, et un séjour au Sinaï, que j'ai écrit ce chapitre vital de cette façon. J'ai passé trois jours et deux nuits au sommet, seul, afin de me replonger, si faire se pouvait, dans l'espace et dans le temps où Moïse, le Rebelle épris de Dieu, s'y trouvait. La lecture m'a aussi beaucoup aidé.

Dans la somme des livres lus, celui très savant de Jean Salvador, intitulé *Les Institutions de Moïse*, en deux tomes, édité en 1881, m'avait fortement impressionné. Non seulement par l'érudition déployée, mais également par une quantité de commentaires judicieux, dont je me suis souvent servi pour affermir ma manière de voir le processus suivi par Moïse. L'un de ces passages était incontestablement marqué du bon sens, et prouvait que les Commandements avaient bien été amenés d'Égypte :

Moïse, élevé parmi les prêtres égyptiens, savait tout de leur science. Si donc les Hébreux emportèrent leurs vêtements, des vases d'or et d'argent, des instruments pour dresser leurs tentes, Moïse emporta aussi de quoi écrire, ainsi que les lois écrites sur des rouleaux de papyrus conservés dans les sanctuaires d'Égypte.

Moïse, prince d'Égypte et grand-prêtre instruit de toute la Connaissance des Per-Ahâ, avait sans conteste appris par cœur les Commandements de la Loi. En montant vers le sommet du Sinaï, ils se tenaient au fond de sa mémoire, prêts à en ressortir à la première occasion. Lorsque le patriarche annonça à son peuple son départ pour la Montagne sacrée, il ne connaissait pas encore ce qu'il en redescendrait ! Mais il savait que Dieu l'inspirerait, même s'il n'apparaissait pas devant lui, car il ne pouvait pas en être autrement après tous les malheurs qu'il avait eus, et qui l'avaient conduit en ce lieu comme Guide d'un nouveau peuple. Inconsciemment, pour parler, il utilisa des mots et des phrases apprises en Égypte, que tous comprenaient puisqu'ils arrivaient de ce pays qui avait été toute leur vie jusqu'à présent. Il en allait de même pour le nom de Yahvé qui existait bien avant qu'ils parviennent là. Voici le discours que Moïse prononça en ce matin-là, à peu de paroles près, car en toute logique, et en simple vérité, rien d'autre ne pouvait être dit :

« Demain, j'irai prendre les ordres de Yahvé sur la Montagne, afin que ceux-ci vous fassent vivre éternellement en paix sur la terre. La Loi qui en est la base est celle qui fut observée par les premiers habitants qui la suivirent aveuglément sous peine de ne voir aucune postérité leur survivre. Tant qu'ils lui obéirent, ils vécurent heureux. Lorsqu'ils l'oublièrent, ils perdirent leur Paradis, et les rescapés de la colère divine durent s'enfuir vers une autre patrie, un autre Cœur. Aussi, sous peine de tout reperdre à votre tour dans la terre promise que nous aborderons, vous devrez accepter d'obéir aux préceptes des commandements pour préserver les avantages acquis. Yahvé, qui est le nom sous lequel nous honorerons Dieu, aura pour le moment un temple portatif et un tabernacle provisoire, mais nos ouvriers vont tenter de tisser, de tailler, de modeler, avec tout l'amour possible, les éléments qui en feront un lieu saint à l'image de notre foi et de notre confiance en les bienfaits que Yahvé nous accordera. Les forgerons et les orfèvres cisèlent en ce moment les ornements et les bijoux qui pareront le lieu sacré. Lorsque nous serons parvenus à l'endroit où se dressera la grande cité de la Terre promise, nous bâtirons un vrai et grand temple, mille fois plus splendide que ceux que vous avez pu voir en Ath-Kâ-Ptah et qui n'étaient plus consacrés qu'à des idoles comme le Bélier. »

Et les pensées de Moïse, de ce Rebelle du Bélier érigé en idole, donc en faux dieu, tout en poursuivant son ascension vers le sommet très saint, ne pouvaient être que celles-ci : ses nombreuses années continueraient-elles de le supporter jusqu'à l'aboutissement de sa tâche. Il réfléchissait à ce qu'il devrait faire, se demandant s'il n'aurait pas été plus facile de réaliser ses Tables de la Loi divine au pied de la Montagne sacrée, aux yeux de tous, au lieu de se retrancher derrière une barrière trop sainte peut-être pour être comprise des générations à venir. Il avait abandonné une foi antérieure, celle de Ptah, non pas parce que Ptah était un faux dieu, mais parce que ceux qui avaient lutté contre, pour accéder au pouvoir et le conserver, avaient érigé une idole pour abattre Ptah. Ceux-ci étaient des faux hommes voués à la destruction. Ainsi, avec Yahvé, il permettait à tous les opprimés de ces faux hommes de prendre leur succession en un nouveau lieu.

Parvenu au faîte de la montagne, chancelant, dans un état d'épuisement extrême, le patriarche eut enfin la révélation de ce qu'il devait accomplir. Étant presque mystique, de par sa formation spirituelle et les malheurs innombrables qu'il avait endurés jusqu'à ce jour, il est incontestable que son esprit était apte à percevoir toutes les ondes célestes en réponse aux questions mentales qu'il émettait. Un véritable dialogue s'instaura pendant son sommeil entre sa « Parcelle Divine » et le Dieu-Un.

Quoique n'ayant rien perçu de semblable durant mes deux nuits de solitude au sommet, j'admets bien volontiers cette possibilité. J'avais beau être fort handicapé et exténué moi-même à l'extrême, je n'ai rien ressenti là-haut, tout au moins sous cette forme. Mais peut-être ai-je reçu là le complément de forces nécessaires qui me manquaient pour persévérer dans ma tâche et accomplir l'œuvre commencée à la suite de mon terrible accident. Ce but est atteint, mais il m'a amené à comprendre que tout n'était qu'un perpétuel mouvement de recommencement dans un monde éternel, où les rebondissements n'arrivent que pour démontrer la vanité humaine par rapport à la mécanique inspirée par Dieu. Je sais que la question de l'authenticité divine de ce Décalogue a fait couler beaucoup d'encre depuis les compositions successives des livres qui ont fait la Bible. Il n'est pas question ici de rouvrir une polémique qui se perpétue en un état déjà endémique, mais de démontrer simplement que les Dix Commandements de la Loi du Dieu-Un existaient déjà bien avant que Moïse les remette d'actualité dans le Sinaï ; leur authenticité venant de Dieu lui-même ne fait aucun doute.

Cette règle unifiée au sein d'une éthique rigoureuse avait toujours été la forme la plus authentique, et la seule sur laquelle reposait l'édifice monothéiste, repris par Moïse. Si la sortie d'Égypte est l'événement libérateur de toute une population juive et égyptienne confondue en une même fuite vers la liberté, la recherche de l'ancien Dieu oublié était le fait capital, afin de signer une nouvelle alliance avec Lui. Nouvelle, car la première l'avait été après la résurrection d'Osiris, venu pour sauver la multitude à naître d'un nouveau désastre, en lui accordant un « Second-Cœur » : Ath-Kâ-Ptah, ou Égypte.

C'est pourquoi Moïse, instruit de toute la Sagesse égyptienne, s'est aperçu, durant cette tranche de vie passée au Sinaï avant de continuer vers une autre Terre promise qu'il n'atteindrait pas, qu'il revivait un cauchemar « déjà vécu » des millénaires auparavant, après une célèbre « Colère Divine » ! Or, voici qu'après avoir été fuyard et rebelle, un étranger sans nom et sans patrie, un concours de circonstances extraordinaire l'avait obligé à réfléchir tout d'abord sur ce qui lui arrivait, puis sur ce que les autres attendaient de lui, avant de se décider à tenter d'engager le mémorable dialogue du Sinaï et la descente des Dix Commandements qui allaient changer la face du monde une nouvelle fois. La Palestine ouvrait toutes grandes ses frontières pour permettre à une sève humaine de s'enraciner sur cette terre prospère d'où jailliraient le lait et le miel ! Douze tribus vivraient en paix avec le reste de l'univers... Un peuple élu de Yahvé naissait alors que lui mourait sur le mont Nébo !

Étant également monté sur ce sommet sacré, j'y ai contemplé la Galilée et le Jourdain argenté sur un fond de brouillard au soleil couchant. Cette fin triste de l'homme qui mourut là, solitaire, reste le symbole du Bélier renaissant sous sa forme non idolâtre en Palestine. Et le sacrifice du bélier annuel en restera l'acte le plus fervent jusqu'à la venue du Messie au début de l'ère des Poissons.

Il était temps de tirer Moïse de l'affabulation dans laquelle les premiers chapitres de l'Ancien Testament l'avait situé, pour lui redonner sa véritable dimension humaine, à la taille de la fraternité de sang qui unit étroitement juifs et Égyptiens en un même monothéisme originel, donc au-delà de tous les mouvements politiques fanatiques.

13

DIEU OUBLIA L'ÉGYPTE :
CAMBYSE LE FOU

Le traitement que Cambyse fit subir au cadavre d'Amosis était une punition de l'injure sanglante qu'il avait reçue de ce pharaon.
A.-J. Letronne (La Civilisation égyptienne)

À en juger par tous ses actes, il est clair que Cambyse avait complètement perdu la raison. Sans quoi il n'aurait pas passé son temps à tourner en dérision les choses les plus sacrées.
Hérodote (Livre III-38)

Il est assez caractéristique de remarquer qu'à peine le dernier quart de la navigation solaire le long du « Grand Fleuve Céleste » en Bélier fut-il commencé, qu'Israël et l'Égypte perdirent leur identité dans le même temps ! Les Hébreux furent déportés en Babylonie, et les Perses transférèrent 500 000 prisonniers égyptiens vers leur pays, où très peu arrivèrent vivants. Ainsi, les principaux défenseurs de l'ère du Bélier furent balayés du sol de leurs deux mères patries. Moïse et Akhénaton n'avaient pas réalisé leur rêve d'un monothéisme défenseur des droits de chaque être humain à vivre dans la paix de Dieu sur Terre.

Les cinq siècles restant à s'accomplir jusqu'à l'entrée du Soleil dans la constellation des Poissons virent donc un énorme brassage de population dans ce Proche-Orient au courant de toutes les prophéties devant s'accomplir avant l'ère nouvelle. Chaque pays faisait donc tout pour influer sur les événements afin qu'ils tournent en faveur du plus fort ou du plus malin. Dénombrer les mouvements entre la Grèce et l'Égypte, la Perse et l'Égypte, et tous les petits royaumes s'imbriquant entre ces trois nations et Israël nécessiterait un autre ouvrage que celui-ci.

Le troisième livre de Manéthon, qui comporte l'énoncé des noms et titres des 66 derniers pharaons, présente une division remarquable des dynasties pour la période que nous allons voir tout au long de ce chapitre. Quant au récit des « hauts faits » ayant marqué le règne de Cambyse, nous en connaissons les grandes lignes par le récit d'Hérodote, relaté dans son *Voyage en Égypte*.

Il apparaît clairement que l'impiété s'implantant de plus en plus chez les autochtones, et une nouvelle idolâtrie étant introduite par les Grecs appelés en renfort pour la défense du pharaon Amosis amenèrent les Perses à agir rapidement. C'est pourquoi, les temps s'accomplissant, Dieu oublia l'Égypte pour punir tout ce méchant monde ! Il ne faut pas oublier que les Perses, avec Zoroastre, leurs Mages et leurs Prophètes, connaissaient pertinemment l'attente anxieuse dans laquelle vivaient les Égyptiens. Ceux-ci savaient leur fin prochaine inéluctable ! Les Combinaisons-Mathématiques-Divines en avaient décidé ainsi ! Comme dans les temps les plus reculés d'Ahâ-Men-Ptah, les Maîtres de la Mesure et du Nombre l'avaient assuré. Les Perses, de leur côté, le reconnaissaient formellement. Leurs prêtres profitèrent de l'occasion inespérée d'un Cambyse, qui était un esprit faible dans un corps malade, chez qui la violence des idées l'emportait dans son désir de tout soumettre à sa volonté, pour l'influencer vers une guerre sainte. Or, il y avait certitude que les Égyptiens se laisseraient tuer sur place plutôt que de se défendre devant la fatalité... Et l'armée, avec à sa tête Cambyse, fonça vers la conquête des zoolâtres en une guerre religieuse, destinée en fait à anéantir le Taureau Apis !

Car les Mages persans étaient certains que si Amon-Râ arrivait à la fin de son ère du Bélier, il n'en allait pas de même de ceux qui vénéraient le Dieu-Un, sous la forme de son fils symbolisé par un taureau vivant. C'est cet Osiris qui leur faisait peur ! Il leur fallait détruire cette entité dans le même temps que les idolâtres s'ils voulaient conserver en Perse leur puissance religieuse. L'antique conception pharaonique du monothéisme ne devait sous aucun prétexte pénétrer en Perse ! À l'origine, c'était donc une guerre où le fanatisme religieux des sectataires de Zoroastre avait la prépondérance. La destruction des vestiges millénaires d'une autre vénération portant préjudice à leur fétichisme. Cela est plus qu'une opinion personnelle, car elle découle de tous les textes relatifs à l'histoire de cette époque. Mais aucun de ces « Mages » n'avait prévu que Cambyse deviendrait complètement fou, et ferait échouer en définitive ce pourquoi il était parti à la conquête de l'Égypte.

Le lecteur sera peut-être étonné de voir combien cette période m'est bien connue, mais cela est dû à Pythagore dont j'ai étudié la vie pour préparer ma thèse. Or, il était en 525 av. J.-C. à Dendérah, année de l'invasion persane. Le Grand Sage fut fait prisonnier et emmené en Perse en position privilégiée car il était grec, donc en paix avec les envahisseurs. Mais ce fut cependant sa qualité de Sage possesseur de toute la Connaissance antique qui le protégea le plus efficacement. Le premier tome de *La Vie Extraordinaire de Pythagore* parut en 1979. J'ai reçu depuis un important courrier demandant pourquoi le second tome ne paraissait pas. C'est tout simplement parce qu'à ce moment-là l'Ayatollah Khomeiny retourna en Iran et qu'il me devint impossible de me rendre à Hamadan, Suse et Persépolis comme je désirais le faire pour étudier sur place à ma manière. Chaque chose devant se faire au moment voulu, il convient de garder son sang-froid et la patience nécessaire à l'attente. Cela m'a d'ailleurs permis de terminer la traduction de l'ouvrage pythagoricien fondamental : le *Biblion*, qui est le livre des Lois Morales et Politiques de son temps. L'écrit permet de comprendre admirablement la vie des Grecs et de leurs voisins au moment où les Égyptiens vécurent l'invasion des Perses.

Revenons donc sur les bords du delta du Nil, là où habitait Amosis, peu avant qu'il ne meure et que Psammétique prenne sa place pour six mois seulement, tué à ce moment-là d'horrible façon, des mains même de Cambyse. Ajoutons que nous sommes ici sous la XXVIe dynastie, dite « Saïte », comprenant 9 pharaons qui régnèrent de 702 à 525 avant notre ère, date où Cambyse se conduisit tel un fou sanguinaire qui tenta de détruire tout ce que l'Égypte contenait de spiritualité. Voici la visualisation de cette période par le tableau suivant.

Noms HIÉROGLYPHIQUES	Noms GRECS	Durée Règne	Datation (avant J.-C.)	Fait marquant du RÈGNE
XXVIᵉ DYNASTIE (suite)				
234	OUAHIBRIPSEM	54	664-610	Rénovateur de l'antique religion de Ptah
235	NÉKAO II	15	609-595	
236	NEFERIBREPSEM	18	594-588	Psammétique II
237	HÁIBRIA	19	588-569	Apriès en Grec
238	KHNOU-IAMET	44	569-525	Amosis en Grec
239	ANKHREPSEM	6 mois	525	Fut étranglé par Cambyse peu après son accession au trône.
XXVIIᵉ DYNASTIE (Perse)				
240	CAMBYSE	1 1/2	525-523	Termina fou, perdu dans le désert.
241	DARIUS 1ᵉʳ	37	523-486	
242	XERXÈS 1ᵉʳ	20	486-466	
243	ARTAXERXÈS	41	466-425	
244	DARIUS 2ᵉ	19	425-405	

Sans remonter au temps des Raméssides, les annales démontrent que l'implantation hellène dans le delta du Nil débuta sous Ouahibripsem, ou Psammétique 1er, qui détint le Sceptre de 664 à 610 avant notre ère, soit durant plus d'un demi-siècle ! Ce roitelet, chef d'une province dans une branche du delta du Nil, avait de graves problèmes à résoudre pour se maintenir à son poste. Un jour, alors qu'il allait être dépossédé de ses prérogatives, il fut prévenu de l'accostage inopiné d'un groupe d'ioniens venants « explorer » les terres, ce qui ne s'était encore jamais vu ! Ceux-ci aidèrent Psammétique non seulement à asseoir son autorité, mais à la grandir en luttant à son côté pour conquérir le Sceptre souverain, puis de le conserver durant plus de cinquante ans d'un règne où le renouveau fut à l'honneur.

Ce fut durant cette longue période que des concessions furent accordées en remerciement aux Ioniens, puis à des Cariens, à des Samiens et à des Milésiens arrivés en masse avec leurs familles pour défendre le pharaon, puis commercer ensuite largement entre l'Égypte et toutes les cités de la grande Grèce. Mais le plus important fut la découverte pour les Grecs de cette civilisation bien plus antique que la leur ! Là, ils trouvaient un monde légendaire que leur génie sut s'approprier. Les érudits suivirent les commerçants, s'éparpillant dans toute l'Égypte à la recherche des sciences et des connaissances qu'ils ignoraient. Ce fut en ce temps-là que Solon, le Sage des Sages, pénétra en Haute-Égypte où il vécut dans une oasis à l'Ouest de Thèbes, chez des Samiens. Avec l'aide d'un prêtre de Ptah, il y apprit la hiéroglyphique en quatre ans. C'est à cet érudit que nous devons la première étude sur Ahâ-Men-Ptah, qu'un siècle et demi plus tard Platon devait reprendre sous le nom d'Atlantide !

Psammétique fut non seulement un fin diplomate et un commerçant avisé, mais également un rénovateur des us et coutumes des Aînés de son antiquité. Il est indéniable que l'admiration que lui montraient les savants grecs pour l'ancienneté de l'histoire égyptienne y était pour quelque chose. Toujours est-il qu'il y eut une formidable renaissance des arts et un retour général aux canons spirituels des IIIe et IVe dynasties ! On vit revivre les formes les plus anciennes de l'écriture hiéroglyphique qui remirent en honneur les services divins de Ptah et les liturgies manifestement tombées dans l'oubli. Mais ce furent surtout les érudits étrangers qui en profitèrent.

Ces colonies grecques de la branche pélusiaque du delta proliférèrent tant et plus par la suite, protégées qu'elles étaient par les successeurs de Psammétique. Jusqu'à Ahâ-Iabra, le prédécesseur d'Amosis, qui avouait avoir un corps d'élite de soldats grecs de 30 000 hommes, il en fut ainsi.

Ce règne est fort bien connu, car la Bible le retranscrit par Ophra et les Grecs par Apriès. En effet, en 586, Sédécias, roi de Juda, lui demanda de lui envoyer son armée pour combattre Nabuchodonosor en Syrie. Mais ce fut un grave échec, car des deux côtés se trouvaient des mercenaires grecs. Aussi, quand l'armée se retira pour rejoindre sa base égyptienne, Jérusalem fut prise et mise à sac. Le prophète Jérémie était parti avec les troupes d'Apriès et il resta en Égypte dans la forteresse de Tachpanès où il fut accueilli fraternellement. Cela nous vaut un des plus beaux passages bibliques du prophète Jérémie, au chapitre XLVI, où il tourne en dérision l'Égypte dont il ne restera plus une pierre sur l'autre qu'une adoration à la « génisse » par des taureaux grecs :

« Ô fille d'Égypte, en vain tu multiplies les remèdes ; il n'y a point de guérison pour toi ! Les nations apprennent ta honte, et tes cris remplissent la terre, car les guerriers chancellent l'un sur l'autre pour tomber tous ensemble. Pharaon, roi d'Égypte, ce n'est plus qu'un bruit qui a laissé passer le moment. L'Égypte est une très belle génisse, mais la destruction approche par le Nord. Ses mercenaires sont au milieu d'elle comme des veaux engraissés, et eux aussi ils tournent le dos, ils fuient tous sans se retourner. Car le jour du malheur fond sur eux pour accomplir le temps du châtiment ! »

Et en effet, ce qui devait se produire un jour survint : les Libyens demandèrent de l'aide à Apriès contre les Doriens de Cyrène qui les avaient dépossédés de plusieurs portions de territoire. Les troupes grecques venues à la rescousse tombèrent dans une embuscade et furent massacrées par leurs frères doriens. D'où une véritable émeute déclenchée entre mercenaires qui prit la forme d'une terrible révolution militaire.

Afin d'éviter le pire qui s'annonçait, Apriès envoya son général de confiance, Amosis, pour traiter avec les rebelles. Cet Amosis était célèbre pour son ivrognerie et ses manières déplaisantes, ce qui lui avait permis de monter en grade à la force de ses poignets, et qui l'avait rendu très populaire parmi tous les soldats. Aussi, lorsque les rebelles offrirent de faire de lui le pharaon de l'Égypte s'il ralliait à leur cause le restant de l'armée, il accepta tout simplement de passer de leur côté et de prendre la direction des opérations.

En quelques semaines, Amosis déposait Apriès et se faisait couronner pharaon ! Deux ans plus tard, aidé par quelques fidèles jaloux du nouveau monarque, Apriès s'évadait et tentait de reconquérir son royaume, mais ses partisans furent écrasés et lui-même fut assassiné sur le bateau dans lequel il tentait de s'enfuir. Pour faire bonne mesure, le tout était coulé au fond du Nil...

Amosis restait seul maître, et il devint un véritable tyran qui s'attacha à correspondre et à entretenir des relations de bon voisinage avec tous les petits potentats grecs. Tel Polycrate, le tyran de Samos, qui lui envoya Pythagore à titre amical pour l'initier à la Sagesse antique. Tel Thalès de Milet, avec qui il eut de cordiales relations. Il fut en outre très perspicace, en rassemblant tous les Grecs dans une même ville : Nautacris, où ils eurent le droit non seulement de s'administrer par eux-mêmes, mais aussi de construire des temples pour honorer leurs dieux. En fait, son long règne, près de cinquante ans, fut très prospère pour l'Égypte, qui retrouvait un esprit nationaliste. Cependant, la ferveur religieuse était délibérément laissée de côté par ce pharaon aimant le bon vin, la bonne chère et ses concubines ! Les prêtres n'avaient point l'entrée au Palais Royal de Sais, et Amosis ne tenait aucun compte des prophéties qui se disaient à propos de l'ère du Bélier et de la fin de l'Égypte.

Ils allèrent même jusqu'à lui présenter la stèle des présages, qui figure actuellement au musée de Palerme, en Sicile, et qui avait dû être retrouvée dans les ruines de Sais, plus tard, après le passage des Perses. C'était en quelque sorte le présage annonçant la fin des derniers pharaons précédant le dernier quart de l'ère du Bélier (voir l'illustration qui suit).

Pourtant Amosis aurait dû écouter les prophéties, car une nouvelle puissance se levait à l'est du Nil. Et non seulement l'Égypte allait retentir de lamentations après Jérusalem, mais la Grèce en éprouverait elle-même l'effroi et le passage au fil des épées persanes. Car durant le règne d'Amosis, Cyrus le Grand vainquit Babylone et toute l'Asie Mineure, avant de songer à pénétrer en Égypte.

En 527, Cyrus envoya des ambassadeurs à Saïs pour proposer un « traité de bon voisinage ». Amosis, fou de rage, les fit assassiner sans même vouloir les recevoir. Aussi, lorsque deux ans plus tard, après la mort d'Amosis et de Cyrus, chacun dans leur pays respectif, leurs successeurs en viendront aux mains, les plus terribles outrages seront commis...

Cambyse déclara la guerre à Psammétique en 525, sans plus attendre, autant pour bénéficier d'un effet de surprise que pour agir selon les configurations célestes bénéfiques prédites par les Mages. Une seule bataille décida du sort de l'Égypte, car le jeune pharaon n'avait pas du tout la carrure militaire d'Amosis. Il y eut quelques centuries de mercenaires qui firent leur soumission à Cambyse, alors que les autres s'enfuyaient. Et les Perses traversèrent le delta sans coup férir pour pénétrer à Memphis et à Sais où ils n'étaient pas attendus. Les troupes dévastèrent Memphis, l'Ath-Kâ-Ptah antique de Ménès se rendit lui-même à Sais pour assurer une revanche posthume.

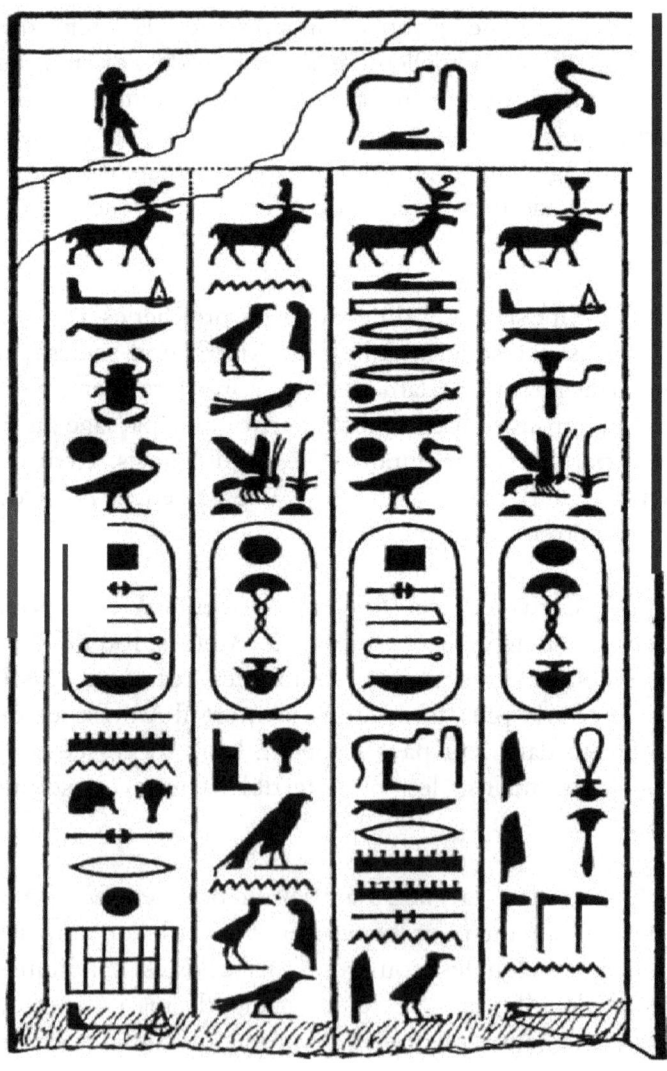

Cette période est fort bien connue grâce aux écrits des Grecs qui se trouvaient là à cette époque, dont Hérodote, qui raconte à sa manière la folie de Cambyse, mais qui n'est pas loin de la vérité. Dans son livre II, l'historien grec écrit :

« Cambyse se rendit à Saïs avec, en tête, une idée bien arrêtée qu'il s'empressa de mettre à exécution : à peine arrivé au palais royal, il fit retirer de son sarcophage la momie d'Amosis et la fit fouetter, percer à coups d'aiguillon, lui fit arracher les cheveux ; bref, il s'acharna sur elle de toutes les façons possibles. Et quand ses hommes, épuisés, durent abandonner (car le cadavre embaumé leur résistait encore), Cambyse le fit brûler. Cet ordre sacrilège contrevenait aux traditions des deux peuples, à celles des Perses, d'abord, qui considèrent le feu comme un dieu et trouvent qu'un cadavre humain est une nourriture indigne d'un dieu ; à celles des Égyptiens, ensuite, pour lesquels le feu est une créature vivante qui se dévore elle-même avec sa propre proie. En Égypte, on ne donne jamais de cadavre à dévorer à aucune créature vivante ; c'est même pour cette raison qu'on momifie les morts, afin qu'ils ne soient pas dévorés sous terre par les vers. Ainsi l'ordre de Cambyse choquait-il les usages des deux peuples. Mais les Égyptiens affirment que la momie sur laquelle s'escrima le Perse n'était pas celle d'Amosis : "C'était celle d'un autre homme du même âge, me dirent-ils, car Amosis avait été averti par un oracle du sort qui l'attendait après sa mort. Aussi, pour parer à la menace, fit-il ensevelir près de l'entrée, dans sa propre chambre funéraire, l'homme qui fut fouetté à sa place. Et il recommanda à son fils de prendre soin de le placer tout au fond du sépulcre." Je suis persuadé, pour ma part, que jamais Amosis ne prit de pareilles précautions, et que toute cette histoire est une invention des Égyptiens, destinée à sauver la face. »

Quant à ce qui se passa à Memphis, la citadelle pieuse du Dieu-Un, la narration d'Hérodote ne cadre non seulement pas avec la réalité, mais elle prête au roi des Perses des idées de noblesse qu'il n'avait absolument pas, et que sa folie lui aurait d'ailleurs interdit de toute façon, comme l'assure l'historien grec en d'autres passages !

L'affront commis contre les ambassadeurs perses deux années auparavant par Amosis ne pouvait être effacé que par le sang, et la vengeance allait être terrible ! Lorsque le Palais Royal avait été investi toute la famille pharaonique avait été amenée à Memphis pour y attendre les décisions de Cambyse. Là se trouvaient déjà les familles princières et la haute noblesse égyptienne. Toutes les femmes et jeunes filles, quel que soit leur âge, avaient été données aux soldats victorieux. Quant aux deux mille hommes, ils avaient été tous attachés les uns aux autres par le cou, à peine libres d'assurer leur respiration pour ne pas mourir asphyxiés ou étranglés. Ils avaient attendu, ainsi harnachés, parqués durant quatre jours, que Cambyse se décide à les faire comparaître devant lui.

Cela se passa dans la grande cour du temple d'Ath-Kâ-Ptah, reconstruit sur l'ordre d'Amosis, toujours autant abhorré de Cambyse, bien qu'il eût assouvi cette vengeance sur la momie à Sais. Il avait fait sortir le trône du pontife, et c'est avec un reniflement de dégoût qu'il vint s'y asseoir lorsque les 2 000 hommes puant dans leurs immondices furent tous agenouillés en l'attente de sa sentence. Au pied du trône, étalés de tout leur corps, Psammétique, son épouse, son fils et ses trois filles, tous dénudés entièrement, attendaient dans l'angoisse et dans l'impossibilité de se retourner pour voir ce qui se passait, étant allongés depuis plusieurs heures dans cette position, avant même l'arrivée des 2 000 hommes enchaînés par le cou les uns aux autres !

Pour parvenir à son siège, Cambyse piétina sauvagement les corps du pharaon et de sa progéniture, puis il leur donna l'ordre de se redresser et de s'agenouiller. Ce qu'ils firent, à l'exception de Ladicée, l'épouse de Psammétique, qui s'évanouit fort à propos en retombant sur le sol. Le pharaon et son fils, à genoux, nus sous le soleil éclatant, durent regarder leurs deux mille plus fidèles compagnons passer au fil de l'épée, les uns après les autres, avant d'avoir la tête tranchée ! Il fallut cinq heures pour que cesse la boucherie ! Cambyse avait suivi d'un œil fiévreux et le souffle haletant tout l'abominable carnage. Et depuis longtemps les trois filles de Psammétique étaient tombées évanouies près de leur mère.

Mais Cambyse n'était pas satisfait, il fit signe à l'un des bourreaux de s'emparer du fils du roi pour qu'il subisse le même sort que ses compagnons. Et il eut la tête tranchée qui retomba dans une véritable mer de sang. Après quoi, Cambyse descendit de son siège en ricanant, et il souleva Psammétique par les cheveux jusqu'à ce qu'il fût à sa hauteur, avant de le lâcher d'un geste vif et de l'attraper par le cou pour l'étrangler de ses doigts puissants. Ce fut ce moment que choisit la douce Ladicée pour reprendre conscience. Elle poussa de tels hurlements devant la vision qui se présentait à elle qu'elle en devint manifestement folle. Excédé, Cambyse lui enfonça son poignard dans le sein gauche afin de ne plus l'entendre. Cette mort valut sans doute mieux pour elle, car ses filles furent données en pâture aux trois chefs des armées d'invasion qui les emportèrent sur leurs épaules en courant et en s'esclaffant de leur bonne étoile !

À partir de ce jour, les folies de Cambyse allèrent *crescendo*. Hérodote conte sa seconde exaction, toujours à Memphis, quelques semaines plus tard. La cour du temple avait été nettoyée et, ô surprise, un taureau répondant aux normes de la divinité céleste avait enfin été trouvé pour remplacer celui mort depuis vingt-six mois, et dont la mort avait été rendue responsable des atrocités commises, plus aucun protecteur d'Ath-Kâ-Ptah ne veillant sur ses créatures. Tous les prêtres tombèrent donc en adoration devant le nouvel Apis, résurrection vivante d'Osiris, qui allait les sauver tous du désastre malgré les prophéties sinistres.

Hérodote raconte cela avec force détails, toujours dans son livre deuxième :

« Lorsque Cambyse fut de retour à Memphis, le dieu Apis (que les Grecs appellent Epaphos) se manifesta aux Égyptiens. Tout le pays revêtit aussitôt ses habits de fête et célébra l'événement. Mais Cambyse, convaincu qu'ils se réjouissaient en réalité de ses défaites, convoqua les notables de la ville : « Pourquoi, leur demanda-t-il, le peuple ne s'est-il livré à aucune manifestation lors de mon premier passage, et donne-t-il libre cours à sa joie juste au moment où j'y reviens après avoir subi tant de pertes ? — Le dieu Apis vient de se manifester, répondirent-ils, et, comme cet événement se produit très rarement, tout le monde a l'habitude de le célébrer par des fêtes. » Cambyse ne crut pas un mot de cette explication et condamna à mort les notables pour lui avoir menti.

Les notables une fois exécutés, ce fut au tour des prêtres de comparaître devant Cambyse. Ils lui tinrent exactement le même langage, et Cambyse ordonna d'aller chercher Apis. « On va bien voir, dit-il, ce que va faire ce dieu, prétendument apparu aux Égyptiens. » Cet Apis (ou cet Epaphos) doit être, selon la tradition, un taureau né d'une vache qui soit incapable de vêler à nouveau. Les Égyptiens disent qu'il est conçu par un éclair qui tombe du ciel sur cette vache et la féconde. On reconnaît Apis aux signes suivants : il est noir avec un triangle blanc sur le front, le dessin d'un aigle sur l'échine, une queue pourvue d'un nombre double de poils et, sous la langue, le dessin d'un scarabée.

Les prêtres amenèrent donc Apis, et Cambyse, pris de folie furieuse, tira son poignard, visa la bête au ventre, et l'atteignit finalement à la cuisse. Et il jeta aux prêtres en éclatant de rire : « Entêtés, avez-vous déjà vu des dieux de chair et de sang qui saignent quand on les frappe ? Il est bien digne de vous, ce dieu ! En tout cas, vous ne vous moquerez pas de moi ! » Et il ordonna de faire fouetter les prêtres jusqu'au sang, et d'arrêter tout Égyptien qu'on surprendrait à célébrer la fête. Les prêtres furent fouettés, les réjouissances s'interrompirent net. Apis, blessé à la cuisse, perdit son sang et acheva de mourir dans son sanctuaire. Les prêtres l'ensevelirent à l'insu de Cambyse.

Cette folie fut suivie par beaucoup d'autres. Mais, entre-temps, une idée fixe prenait corps dans l'esprit fêlé du roi des Perses : « S'il venait à mourir, qu'en adviendrait-il de lui ? » Il ne croyait plus depuis longtemps dans la valeur des Mages persans, pas plus que dans leurs dieux. Par contre, il avait pu se rendre compte de la foi des prêtres égyptiens qui se laissaient tous pourfendre sans crier ni se défendre, en priant simplement leur Dieu Osiris de les recevoir à son côté. Son dépit de ne pas connaître le grand secret ne dura point, car il apprit de l'un des dissidents grecs passés sous son commandement que le grand temple de ce Dieu de l'Égypte était au sud du pays, et non dans le nord : tout près de Thèbes.

Cambyse prit une nouvelle fois la tête de ses troupes et, malgré la soumission totale de la Haute-Égypte, il se conduisit en envahisseur omnipotent, mettant Thèbes à feu et à sang, détruisant, pillant, volant et violant tout ce qui se présentait. Il criait et riait en un délire incessant :

« Cassez-moi tous ces béliers ! Fini le temps des béliers ! C'est le taureau Apis qui est le Dieu ! Je veux honorer Osiris dans son Royaume... »

Ce fut pendant que le roi des Perses partait à Dendérah que Pythagore, qui en venait, était fait prisonnier devant Thèbes. Cette scène, décrite dans *La Vie Extraordinaire de Pythagore* est totalement exacte dans son contexte, tout comme le dialogue entre le chirurgien perse et le Sage grec, que je reproduis ci-dessous pour ceux qui n'ont pas encore lu ce livre. Pythagore, blessé et évanoui, se réveille :

— Ma faiblesse devrait me dispenser en ce moment d'un dialogue valant une dissertation, toi qui dois être un médecin érudit. Puis-je m'enquérir à mon tour de l'endroit où je suis, et qui tu es ?

— Je suis Naboniram, le deuxième médecin de notre roi, Cambyse ; je suis celui qui coupe les membres... ou les rafistole selon les cas et le grade des blessés ! L'anatomie et les os du squelette sont mon domaine. Ton esclave ayant assez hurlé dès que tu es tombé à terre, que tu étais grec, pour être entendu non seulement de la troupe, mais des chefs de nos armées, tu as été amené sous ma tente avec une bonne escorte. Tu avais la jambe droite cassée à mi-cuisse, et la cassure était bien nette. Tu étais sans connaissance, mais ton cœur battait normalement, ce qui m'a permis d'utiliser une technique que j'avais apprise dans notre capitale, d'un médecin arrivé d'Asie.

— Que m'avez-vous fait ? Ma jambe est-elle coupée ? Je ne la sens plus.

— Tu as eu beaucoup de chance, Pitagoras ! Tu as toujours ta jambe, et tu remarcheras bientôt.

— Comment cela est-il possible ?

— Tu as beaucoup de chance, je te l'ai dit. N'ayant pas à craindre que tu remues et t'agites, j'ai coupé les chairs et remis très exactement les deux morceaux d'os l'un s'emboîtant dans l'autre. Après quoi, utilisant la méthode préconisée par mon ami jaune, j'ai placé et solidement maintenu deux lamelles d'or fin à la cassure. Puis j'ai refermé les chairs sur le tout en plaçant tout autour un matelas d'herbes spéciales pour éviter toute inflammation. Enfin, deux planches maintiennent ta jambe totalement immobile, car un tissu blanc entoure le tout solidement.

— Mais comment pourrai-je marcher ?
— Dans une lunaison, j'ôterai tes pansements, et petit à petit, tes jambes reprendront leurs fonctions, je peux te l'assurer.
— Je t'en remercie, Naboniram ; ma vie est à toi tout entière. D'autant que cela n'a pas dû être facile de te procurer cet or...

Le médecin éclata de rire :

— Quand je disais que tu avais eu beaucoup de chance, c'était aussi pour l'or ! Car ici, à Thèbes, il y en avait tellement et tellement partout, que personne n'a élevé la plus petite protestation lorsque j'ai prélevé ces deux lamelles en or d'un pagne de leur dieu-bélier, qui se trouvait au sommet d'un tas impressionnant de métaux précieux et de pierreries !...

Ouaset !... Ouaset !... Que restait-il de ta splendeur et de ta culture ? Le Pontife avait raison. Mais pour répondre au médecin, ma voix n'avait pas la chaleur souhaitée :

— Oui ! J'ai eu beaucoup de chance...
— Et comme dans ta cuisse, tu as de l'or d'un dieu, tu as aussi la chance de devenir toi-même dès maintenant un dieu !... Tu es « Pitagoras Cuisse d'Or !... » Ce sera ton nom en notre langue perse durant ton séjour dans notre pays.
— En Perse ?

— Eh oui, Pitagoras Cuisse d'Or ! J'ai été chargé de te recoudre afin que tu puisses rejoindre nos savants dans un premier temps à Ecbatane, où se trouve un observatoire du ciel.

— Je suis donc prisonnier, malgré l'amitié que vous portez aux Grecs ?

— Euh, non, étranger. Tu seras notre invité d'honneur durant quelque temps. Pas notre prisonnier ! Les Égyptiens, eux, en troupeaux enchaînés, sont partis à pied, à travers le désert brûlant, par centaines de milliers. Toi, tu iras en Perse avec nous, assis sur un âne, ou sur un chariot, lorsque ta jambe sera libérée de son pansement.

Mais cela ne laisse pas entrevoir la réalité, car déjà les médecins avaient un statut différent. Il n'en allait pas de même avec les soldats. Quelques pages plus loin, le jeune prêtre qui avait sauvé Pythagore lui raconta plus tard ce qui s'était passé à Thèbes :

— J'ai vu des groupes innombrables assemblés ici, à Thèbes ! Tous ceux qui n'ont pas été tués lors de l'invasion, ou qui n'ont pas eu le temps de se cacher, ont été faits prisonniers. Mais les trois jours où ils ont été réunis ici ont été les plus horribles que j'aie vécus ! J'ai vu les assassins perses tuer tous les enfants en bas âge, afin qu'ils n'encombrent pas les colonnes de prisonniers et ne retardent leur avance. Les femmes étaient laissées la nuit aux soldats, et rejetées le matin, hurlantes, désespérées et nues, auprès des hommes. Durant les trois journées, je n'ai vu qu'une fois apporter de la nourriture ! Inutile de te décrire les scènes affreuses qui se sont déroulées pour obtenir quelques miettes !... Ce matin, tous les groupes sont partis, à pied, escortés par les sauvages armés d'un poignard et d'une hache d'armes ; ceints d'un bouclier et porteurs d'une lance. Les hommes étaient enchaînés aux pieds les uns aux autres, et les femmes fouettées pour marcher aussi vite que leurs compagnons sous les rires et les quolibets des gardiens. Mais ici, ce sont par centaines, par milliers que les corps étendus, morts ou mourants, ont été donnés aux bêtes rugissantes afin qu'elles les dévorent.

Quant à Cambyse, dans le même temps, avec une petite troupe « d'élite » à sa dévotion, il parvenait devant le pylône d'entrée du temple d'Isis à Dendérah. Le collège des prêtres était déjà assemblé dans la grande cour, à l'entrée de la salle hypostyle, afin de recevoir le roi des Perses, sans montrer apparemment la moindre crainte.

Quelque peu désarçonné par ce calme et le silence ambiant, Cambyse trépigna d'impatience, après avoir fixé quelques instants le sourire d'Isis qui se reflétait de pilier en pilier, semblant le narguer. Il interpella le pontife Khan-Fé, seul devant l'attroupement des grands prêtres, dans sa longue tunique blanche, en une violente diatribe. Un interprète s'empressa de reprendre les phrases dans le langage populaire de l'Égypte :

—Je suis désormais le roi de ce pays. Tout m'appartient, même le titre de Per-Ahâ. C'est pourquoi je veux que tu me conduises là où réside Osiris, ton Dieu. Je veux lui parler !

Le pontife réprima un sourire de dédain avant de répondre en langue persane :

— Tu es bien le maître d'Ath-Kâ-Ptah, Cambyse ; mais Osiris n'est perceptible que par ceux qui ont un cœur pur...

Cambyse trépigna de plus belle.

— Eh bien, quoi ! n'ai-je pas un cœur pur ?

Le pontife ne répondant pas à cette question aberrante, le roi des Perses s'approcha, soulevant une main sous le nez de Khan-Fé :

— J'ai détruit les temples du Soleil de Thèbes, tes ennemis. J'ai fait tuer leurs prêtres et j'ai amassé leur or à mon profit. Mais je veux bien en remettre une partie à ton Dieu en gage de bonne foi.

— Tu as trop de sang sur les mains, Cambyse !
— Je peux y ajouter le tien, et celui de tous tes prêtres !

Conduis-moi auprès d'Osiris sans plus tarder !

— Tu peux ne pas en revenir, car tu n'as point un cœur pur.
— Tu avoues que cet endroit existe, pontife ! Ne pousse pas ma patience à bout, dépêche-toi d'obéir.

Après un court instant de réflexion, le pontife décida :

— Je vais te conduire au lieu où repose notre Aîné. Mais je ne peux obliger Osiris à se manifester à toi s'il ne le désire pas, ou à t'épargner si tu veux survivre au péché que tu commets.
— Il me parlera, je le veux, allons !
— Tu peux abattre nos temples, tuer nos prêtres, mais tu n'obligeras jamais Osiris à te parler. Ou alors, crains sa colère, car elle sera à la mesure de tes fautes qui sont impardonnables !

Cambyse leva le poing vers le visage du pontife qui ne recula pas d'un millimètre. Le roi des Perses, la bave aux lèvres, se retint à temps. Il bafouilla :

— Conduis-moi, conduis-moi vers ton Dieu... vite, avant que je ne t'écrase !

— Soit, Cambyse, mais tu n'es pas préparé pour cette rencontre.

Le pontife se retourna pour entrer dans le temple sans se préoccuper si le roi des Perses le suivait. Les grands-prêtres ouvrirent un passage pour le laisser passer. Cambyse suivit précipitamment, accompagné d'une vingtaine de soldats. Mais parvenu devant le petit escalier descendant vers la crypte de la résurrection d'Osiris, le pontife s'arrêta pour faire signe aux militaires de ne pas aller plus loin. Ceux-ci s'arrêtèrent, manifestement satisfaits de ne pas descendre vers l'inconnu qui les remplissait d'effroi. Un prêtre tendit à son chef religieux une torchère embrasée et les deux hommes descendirent pendant que la voix du pontife résonnait étrangement :

— Tu veux voir le lieu où demeure le Fils Aîné de Dieu : nous y allons ! Il y a douze cryptes comme celle-ci, tout autour du temple. Chacune personnifie l'un des douze « Cœurs » du ciel, qui forment la grande ceinture qui régit toutes les Combinaisons-Divines. La demeure d'Osiris est celle de l'Âme du Monde, car chacune des Parcelles de cette âme est implantée dans les corps humains à leur naissance.

Tout au long de leur marche dans le couloir, les formes gravées semblaient prendre vie sous les reflets changeants de la lueur des flammes. Cambyse sentit une sueur froide lui étreindre le dos, mais il voulait aller jusqu'au bout afin de parvenir à la vie éternelle. Il était devenu le pharaon, donc l'égal d'Osiris : il ne devrait pas avoir peur ! Peur de quoi ?...

Lorsqu'ils pénétrèrent dans la crypte, Cambyse fut soulagé de voir qu'elle était assez grande et spacieuse. Tout un mur était occupé par une gravure étrange : un homme était étendu sur son lit mortuaire, veillé par deux femmes agenouillées. Le roi des Perses éclata d'un long rire, suivi de hoquets :

— Eh quoi ? Est-ce là ton Dieu ? Mais il est mort !...
— Il était mort, mais il est ressuscité. Son épouse et sa sœur ont rappelé sa Parcelle Divine du centre de l'Âme du Monde, où elle était repartie, afin qu'il soit parmi nous, pour juger les vivants et les morts !
— Je ne te crois pas, pontife ! Ceci est une histoire pour faire peur au peuple et le pressurer pour vous engraisser tous ! Je veux une meilleure preuve que celle-là : qu'il me juge en chair et en os, s'il est ressuscité !...

Le pontife tendit sa torche vers la scène, tout en parlant d'une voix forte :

— Regarde, Cambyse, regarde avec tes yeux ouverts, si ton esprit reste fermé. Tu veux parler à Osiris : le voici ! Agenouille-toi et demande pardon pour toutes les horreurs que tu as commises. Si tu ne meurs pas foudroyé et si ton âme n'est pas réduite en cendres sans espoir de renaître dans l'éternité de l'Au-delà de la vie terrestre, alors c'est moi qui périrai, car Osiris ne peut tolérer pareilles infamies ! Agenouille-toi, Cambyse, et attends la mort éternelle !

Le roi éleva ses deux mains, comme pour éloigner la vision du mur et il cria :

— Non ! Non ! Ramène-moi au soleil ! Le soleil, vite, vite...

Je brûle, je brûle !...

Le pontife repoussa d'un geste de mépris le roi qui s'agrippait à son bras, enflammant ainsi sa tunique sans s'en apercevoir :

— Arrière, Cambyse, je t'avais prévenu ! Retournons à l'air libre, mais il est trop tard pour sauver ton âme !

La vengeance de Cambyse fut terrible, puisqu'il fit tuer tous les prêtres et détruire le temple qui ne fut reconstruit que trois siècles plus tard sous les Ptolémées. Le roi des Perses poursuivit de sa folie tous les lieux de culte en Égypte. Ce fut devant le Sérapéum de Saqqarah qu'il devint totalement fou ! La chronique rapporte qu'après avoir ordonné la destruction de tous les sarcophages contenant les corps des taureaux momifiés, puis d'entasser ceux-ci et de les brûler, il ôta soudain son casque, son bouclier et se précipita en hurlant dans le désert en criant qu'il brûlait !... Ce fut ainsi que le fou sanguinaire disparut de l'histoire. Si les 64 Apis furent ainsi sauvés, il ne restait plus grand-chose de la spiritualité de l'antique Ath-Kâ-Ptah.

Pourtant, durant l'occupation gréco-romaine qui suivit celle des Perses et avant l'entrée du Soleil dans la constellation des Poissons, le grand Alexandre, tombé amoureux de l'Égypte, commença la restauration des lieux du culte. Mais ce fut un ultime sursaut. Les véritables monothéistes s'assemblèrent en une population spirituelle différente, qui garda le patronyme de « Cœur-de-Dieu » : Kâ-Ptah, qui devint Koptos en grec et copte en français.

Leur signe de ralliement fut un poisson gravé sur un scarabée dans l'œil d'Isis, pour tromper ceux qui voulaient leur perte en les empêchant de se réunir. À l'entrée de l'ère des Poissons, le Messie apparut. Et le poisson devint alors le symbole des premiers chrétiens.

14

L'ÈRE DES POISSONS : JÉSUS LE CHRIST

> *Mes frères, observez les jours de fête, et en premier lieu celui de la Nativité, que vous devez célébrer le vingt-cinquième jour du neuvième mois ; après cette fête, vous donnerez la plus grande solennité au jour de l'Épiphanie, dans lequel le Seigneur nous a manifesté sa divinité ; or cette fête doit avoir lieu le sixième jour du dixième mois.*
>
> Constitutions apostoliques (Livre V, 13)

> *Ici commence proprement le drame de la passion dont les luttes des jours précédents n'étaient que le prologue. Ce drame déchirant, les évangélistes le racontent d'un ton impassible qui nous déconcerte.*
>
> Ferdinand Prat s.j, (Jésus-Christ II, 320)

Des questions chronologiques, inévitablement, vont interférer tout rappel de la vie de Jésus, car le point capital en est évidemment la date précise de sa naissance. Il est facile de la recalculer très exactement dans le contexte historique entre les années qui précédèrent l'ère chrétienne avec Hérode, puis les années qui suivirent avec Ponce Pilate. En annexe au présent chapitre sera inclus le grand calendrier afin que le lecteur s'y retrouve plus facilement. Un exemple précis, avant d'entrer dans le vif du sujet, permettra de juger du bien-fondé de ce retour chronologique dans le temps astronomique : celui qui concerne *le jour même de la naissance de Jésus*. Les textes les plus anciens ont été relevés dans les

« Constitutions Apostoliques » (livre V, page 13). Il n'y a point à douter de cette authenticité, car elle est approuvée par la savante et magistrale démonstration effectuée par Siméon de Magistris, déjà reproduite dans les *Patrologies* de Migne (pages 523 et suivantes) qui ne réfute que quelques altérations additives de Paul de Samosate, et prouve que saint Clément, pape et disciple des Apôtres, tout autant que de saint Hippolyte, a conservé la stricte vérité. Or, pour bien comprendre le passage de ces « Constitutions », cité en exergue du présent chapitre, il faut dire que toutes les dates, jour et mois, y sont décomptés par *le calendrier hébreu*, seul valable en ce temps des Apôtres presque tous d'origine juive, qui ne connaissaient rien d'autre ! Et l'année sainte débutait alors le jour du retour du printemps. Par conséquent, les premiers chrétiens nommaient le mois d'avril le premier de l'année ecclésiastique. Partant de cet axiome érigé en loi, le 25e jour du 9e mois se trouvait être le 25 décembre de l'année civile romaine et païenne. Quant à l'Épiphanie, le 6e jour du 10e mois était donc le 6 janvier.

Il n'y a pas besoin d'être docteur ès religion, ni grand clerc, pour comprendre cela. Le reste de l'imposant ouvrage des « Constitutions » règle tout avec ce calendrier qui ne fut changé que durant le règne de Charles IX en France. Mais cela suffit à prouver ici que ces deux fêtes remontent bien aux temps apostoliques, car il est certain que la composition des textes est fort peu éloignée de l'époque où vivaient les Apôtres. La manière et le ton démontrent totalement que ces dates existaient en tant que telles, pour rappeler l'obligation de les célébrer. Et en ce temps-là, il y aurait eu dans l'Église, comme chez ceux qui persécutaient les chrétiens, un tollé de protestations ou des éclats de rire sarcastiques contre l'annonce de ces deux dates, si elles avaient été fausses. À aucun moment, nul n'a élevé la voix, ou écrit pour ou contre la réalité. Or, les plus âgés vivaient encore cette période. Quant aux plus jeunes, leurs parents ayant confirmé les assertions, ils les retenaient comme exactes.

Il existe d'autre part, dans les livres saints cette fois, trois points de repère qui permettent de cerner cette date ; dans saint Matthieu et saint Luc :

a) Jésus est né avant la mort d'Hérode Ier, dit le Grand.
b) Trois événements intervinrent entre la naissance de Jésus et la mort d'Hérode : l'adoration des Mages, la fuite en Égypte, et son retour après la mort d'Hérode.
c) La naissance de Jésus coïncida avec un dénombrement général des habitants de l'Empire romain.

La mort d'Hérode étant survenue en l'an 4 *avant* notre ère, et les traces du passage de Jésus à Jérusalem pour y célébrer la Pâque juive en l'an 7 où il est alors âgé de douze ans étant historiquement prouvées, il est aisé d'avoir également l'année de naissance du Messie.

Jésus est donc né, en notre calendrier actuel, le 25 décembre de l'an 5 *avant notre ère*. Le calendrier de la fin du chapitre fournit l'explication du choix de cette année précise. Ajoutons que les Kâ-Ptahs (Coptes) à la suite de saint Clément d'Alexandrie qui disait, au début du IIe siècle donc, que le baptême de Jésus était déjà célébré au onzième jour du mois de Tybi, mois égyptien correspondant au 6 janvier.[29]

Cette nouvelle preuve tangible suffit ici, afin de ne point allonger l'inutile dans ce trop court chapitre, les lecteurs pouvant se reporter bientôt au *Jésus le Christ* pour toutes les précisions complémentaires.

Nous sommes donc en l'année 751 de Rome, durant le règne d'Auguste, qui correspond à celle de la naissance de Jésus. L'Empire romain était tout-puissant. C'était le rassemblement sous un seul sceptre de presque tous les

---

[29] Clément d'Alexandrie, *Stromates*, livre premier, 21.

peuples d'Europe, d'Asie et d'Afrique, la plus grande force de conquête et d'organisation politique que le monde ait jamais vue. La Grèce et l'Italie, les îles et les côtes de la Méditerranée, l'Asie Mineure et l'Asie intérieure, la Syrie et la Phénicie, l'Égypte et l'Afrique septentrionale, l'Espagne et les Gaules, la Germanie, du Danube au Rhin : Rome avait tout vaincu et tout conquis. Ses légions, ses généraux et ses gouverneurs couvraient la terre. Les voies stratégiques partant du Forum rayonnaient au nord jusqu'à l'Écosse, à l'Ouest jusqu'à la Lusitanie et l'Océan, au midi jusque par-delà la Thébaïde, à l'est jusqu'au désert de l'Arabie.

Partout l'autorité venait du peuple romain, ainsi que son droit, sa langue et ses mœurs. Le reste du monde, la Germanie du Nord, l'Arménie, le royaume des Parthes, l'Inde et la Chine, l'Arabie et l'Éthiopie formaient les frontières du colossal empire.

Auguste régnait, concentrant dans ses mains toutes les forces et tous les pouvoirs. Il était tribun et proconsul, préfet de mœurs et grand-prêtre, « Imperator » enfin. Il portait un nom réservé aux dieux. Il envoyait des géomètres pour mesurer le monde, des censeurs pour inventorier ses richesses et compter ses sujets. Il perçait des routes, bâtissait des aqueducs, des temples et des villes, donnait à son peuple, à satiété, du pain, des jeux et des fêtes.

Mais ce pain à satiété et ces fêtes continuelles se passaient à Rome. À la naissance de Jésus, Hérode était le maître de la Judée pour le compte d'Auguste ! Il était le fils d'Antipater, un demi-bédouin nomade d'Edom, et il supprima tous ceux qui lui semblèrent dangereux avant de saisir finalement le pouvoir. Ce ne fut qu'ensuite qu'il chercha à gagner les faveurs du peuple juif avant celles d'Auguste, le César de l'Empire romain.

Ce fut dans cette atmosphère tumultueuse autant que propice que naquit le Messie, le 25 décembre de l'an moins cinq, à Bethléem, petite bourgade située non loin de Jérusalem, au Sud, là même où se tenait le complexe administratif d'Hérode. Là s'effectuaient notamment tous les recensements. C'était donc une étape importante vers laquelle confluaient toutes les caravanes, mais qui ne faisaient que passer après une halte dans cette cuvette montagneuse qui domine la plaine de Jezraël. Beaucoup de grottes à flanc de colline facilitaient l'hébergement des caravaniers en mal de logis.

Peu auparavant, naquit Zacharie, dans les jours où Hérode était le roi de la Judée. Il appartenait à « la classe d'Abia », c'est-à-dire la classe de prêtres qui, par tirage au sort, devait accomplir une semaine de service par an, au temple de Jérusalem.

Le reste du temps, comme il y avait trop de prêtres, il officiait dans les montagnes de Juda, non loin d'Aïn-Karim où il vivait avec sa femme Élisabeth, elle-même de la race sacerdotale d'Aaron, c'est-à-dire d'origine égyptienne lointaine. C'est pourquoi ce jeune prêtre avait une vie singulière qui l'isolait quelque peu des communautés juives, bien que prêtre lui-même. Peut-être était-ce pour cela qu'au début la question instinctive des croyants fut : « Qui a péché pour que le couple n'ait point d'enfants : lui ou elle ? » Car le Temps avait passé, et bien que fort respecté, le ménage était tenu éloigné pour cette disgrâce de manque d'une progéniture, l'idée restant que Dieu ne voulait point car il y avait un péché secret, sinon chez Zacharie, tout au moins chez Élisabeth l'Égyptienne ! Mais les années s'écoulèrent paisiblement pour les deux !

Or, il advint qu'au premier jour du Sabbat, un vendredi, Zacharie, après avoir déposé des grains d'encens sur la braise du sanctuaire, se prosterna pour adorer Yahvé, à droite de l'autel des parfums, tout près du candélabre à sept branches. Une grande frayeur le secoua lorsqu'il se redressa, car un ange le regardait avec bienveillance. Les textes saints rapportent :

« Ne crains pas Zacharie ! car ta prière a été exaucée. Ta femme Élisabeth t'enfantera un fils et tu lui donneras le nom de Jean. Il sera pour toi un sujet de joie et d'allégresse, mais beaucoup d'autres aussi se réjouiront de sa naissance. Car il sera grand devant Dieu. Il ne boira ni vin ni rien qui enivre, et il sera rempli du Saint-Esprit dès le sein de sa mère. Il ramènera beaucoup d'enfants d'Israël au Seigneur, leur Dieu. C'est lui qui marchera devant le Seigneur, dans l'esprit et la force d'Élie, pour ramener les cœurs des pères vers leurs enfants et inspirer aux indociles les sentiments des justes et ainsi procurer au Seigneur un peuple bien préparé. »

Nul ne peut dire si Zacharie avait prié pour l'obtention de ce fils, ou si Élisabeth était restée la pieuse enfant de l'antique Égypte, mais après la période de neuf mois naquit Jean, dans ce petit village de Karem, devenu Aïn-Karim. Ce fut lui qui baptisa plus tard Jésus.

À partir de ce point précis, il convient de faire quelques remarques sur ce qui va suivre. En effet, de même que pour la naissance d'Osiris, né de sa mère Nout engendrée par Ptah sous le sycomore sacré, le croyant, au temps pharaonique, renouvelait sa foi à chaque lecture de ce passage des Écrits sacrés, ceux de Râ haussaient les épaules en ricanant, car pour eux, c'était Râ, le Soleil, qui avait enfanté le premier humain.

Cela n'empêcha nullement le grand Ramsès, idolâtre du Soleil s'il en fut, et dont le seul nom est une insulte à Ptah, de faire tout de même accepter sa titulature par Isis, dans une célèbre gravure, où la divine déesse du Ciel, placée sous le sycomore sacré, lui donne naissance, afin qu'il puisse s'appeler « Per-Ahâ », ou pharaon, c'est-à-dire « Fils-de-Dieu » ! (voir l'illustration qui suit).

De nos jours, les athées haussent les épaules à la lecture des textes du Nouveau Testament, alors que ceux qui croient en cette naissance divine de Jésus y retrouvent un regain d'espérance en pensant que Dieu peut tout, à condition de vivre dans la pureté et selon les commandements de l'Éternel-Un. Mais il suffit d'une grande sécheresse ou d'un tremblement de terre pour que même les incroyants se retrouvent à l'église pour demander clémence ! On ne sait jamais...

Alors pourquoi ne pas accepter ce fait, sans vouloir de preuves formelles, de la conception divine de Marie engendrée par Dieu ?

Aussi ne ferai-je ici qu'un simple rappel de ce qui survint à Marie qui était la cousine d'Élisabeth, et qui se passa six mois après la conception de celui qui deviendrait Jean-Baptiste. L'ange vint visiter Marie pour lui apprendre qu'elle était bénie entre toutes les femmes, ayant trouvée grâce devant Dieu. « Tu concevras et tu enfanteras un Fils dont le nom sera Jésus. C'est pourquoi l'être Saint qui naîtra s'appellera Fils de Dieu. »

Comme l'ange avait ajouté, en preuve de cette possibilité unique, qu'il avait visité six mois plus tôt la vieille Élisabeth et qu'elle enfanterait un fils de son époux Zacharie, malgré l'âge avancé des deux époux, Marie rendit visite à sa cousine Élisabeth. La suite est bien connue de tous pour ne pas en parler ici, y compris le splendide cantique de Marie et son dialogue avec Élisabeth. De même pour la naissance de Jean-Baptiste et la mésaventure de Joseph le fiancé. Venons-en plutôt aux trois Mages...

Le livre de Daniel était plein de la succession des empires pour supputer le temps de la venue du Messie. Tous les prophètes et les Mages avaient également effectué leurs calculs à ce sujet, cela ne fait aucun doute. Cela était faisable pour ceux qui connaissaient les mouvements des Combinaisons-Mathématiques-Divines, avec leurs divers rouages précessionnels amenant le Soleil à l'entrée de la constellation des Poissons pour y faire naître un « Pêcheur d'hommes ». Trois d'entre eux fixèrent un point précis : Jérusalem, pour lequel ils se mirent en route. Leurs caravanes, riches et brillantes, éveillèrent la curiosité et bien des convoitises. Ils s'informèrent en maints endroits de la ville du lieu où le plus grand homme de ce nouveau temps devait être en train de naître, car, assuraient-ils, « nous avons vu son étoile se lever depuis l'Orient et nous venons l'adorer ».

Nous ne sommes pas en France, mais au Proche-Orient, où le ciel est semblable à celui de l'Égypte. La nuit étoilée est d'une beauté presque indescriptible. Ce n'est pas une sorte de voile opaque comme sur l'Europe : les étoiles scintillent, vibrent, respirent à leurs rythmes, car l'on peut reconnaître leurs pulsations différentes dans leur scintillement aux couleurs particulières. La Voie Lactée est, là aussi, un énorme fleuve céleste de lumière, et non un nuage pâlot, comme dans notre ciel occidental. Et chacun peut suivre l'apparition, la montée dans le ciel, puis la disparition des groupes stellaires, ou constellations, qui bordent cette rivière de diamants. De même pour les grosses étoiles qui les entourent, comme ce fut le cas pour les Mages parfaitement renseignés sur celle qu'ils devaient regarder.

Nul doute que cette étoile fut Sirius, donc Isis chez les Égyptiens antiques, dont les reflets, à certaines époques, atteignent une acuité aveuglante, plus forte que celle de Vénus, par exemple, visible toujours la première. Ainsi, cette année, du 18 février au 20 mars 1981, Sirius était 17 fois plus brillante que Vénus à son apparition ! Or, avec le déplacement annuel de l'étoile par rapport au mouvement de recul précessionnel de la terre, Sirius se trouvait en position de première grandeur, justement en décembre du début de notre ère.

Mais revenons aux questions des trois Mages, qui parvinrent aux oreilles d'Hérode, lequel s'émut de la naissance d'un « Futur Roi ». Celui-ci, inquiet, convoqua aussitôt les chefs religieux et les docteurs, et s'enquit auprès d'eux du lieu où le Christ devait naître. Tous lui répondirent : « À Bethléem de Juda. » Les écritures étaient formelles, la tradition unanime : et un prophète avait dit, sans équivoque : « Et toi, Bethléem, terre de Juda, non, tu n'es pas la plus petite des villes de Juda, car de toi sortira le Chef qui gouvernera mon peuple Israël. »

Le vieux tyran avisé fit appeler en secret les Mages, et s'informa du temps précis où l'étoile leur était apparue, et de ce que signifiaient leurs investigations. La réponse le satisfit mais ne le rassura point. Hérode, après un moment de réflexion leur dit :

« Allez à Bethléem, car il n'est ni à Jérusalem ni dans un autre village près de la ville. Cherchez-y cet enfant. Et quand vous l'aurez trouvé, venez me rendre compte, afin que j'aille l'adorer moi aussi. »

Il ne sembla pas que les Mages aient percé la ruse dans les paroles hypocrites du despote sanguinaire qui, au courant des prophéties, œuvrait pour se faire passer, lui, comme le Messie ! Et pour comprendre le fil des événements qui suivirent, il faut s'imprégner de la topographie des lieux. Jérusalem et Bethléem ne sont éloignés que par deux heures de marche pédestre. Lorsque l'on quitte la montagne de la ville elle-même par la porte de Jaffa, et que l'on a traversé les ravins profondément encaissés, l'aspect du paysage change et l'on découvre tout de suite le territoire de Bethléem, bien que l'agglomération ne soit pas toute proche. Ce qui explique la connaissance de ce lieu par Hérode est que son palais était proche de la porte de Jaffa. À chacune de ses sorties, il traverse Bethléem. En la fameuse nuit du meurtre des enfants, personne ne s'inquiétera à Jérusalem de la sortie des soldats d'Hérode, ceux-ci n'ayant pas traversé la ville, mais franchi directement la fameuse porte de Jaffa. À plusieurs reprises, de passage à Jérusalem, j'ai traversé cette porte célèbre pour me remettre en mémoire cette atroce scène. J'étais d'ailleurs en compagnie d'une autre Élisabeth, qui m'assistait et me facilitait beaucoup la tâche, ce qui m'a permis de ne rien oublier de ces promenades panoramiques qui nous ramenaient presque 2 000 ans en arrière !

Enfin si cette nuit sanglante fut possible, ce fut à cause du recensement. Là encore, les athées, ou les ignorants de l'histoire antique peuvent penser à une affabulation, car on voit mal, en ce temps-là, comment toute une population pouvait se déplacer ainsi, uniquement pour déclarer son état civil. Mais l'Empire romain était tout-puissant et tyrannique. Auguste avait décidé ce recensement général car il avait peu confiance en Hérode. Il ne s'agissait pas seulement de décliner son identité devant les scribes de Rome, mais d'effectuer aussi un relevé des ressources réelles de la Palestine ainsi qu'un établissement général du cadastre. Rome préparait là la transformation du pays en une de ses provinces, et elle disposait à cet effet de tous les fonctionnaires qualifiés pour le faire.

Un exemple frappant, que j'ai récupéré en Égypte à la même époque, alors que ce pays était déjà sous la domination de Rome et que les recensements avaient lieu tous les 14 ans, est un « Apographé ». Il s'agit du document établi justement pour édicter un recensement similaire, qui se fit jusque dans les plus petites bourgades de la Thébaïde, et dont l'un d'eux fut conservé et retrouvé :

> *Moi, Gaius Vibius Maximus, gouverneur d'Égypte, fait connaître : Le recensement des familles étant imminent, il est nécessaire d'ordonner à tous ceux qui, pour un motif quelconque, se trouvent hors de leur lieu de naissance, de rentrer dans leur foyer originaire pour participer à l'exécution du recensement usuel.*

Les ordres durent être à peu près identiques en Palestine, bien que ce fût le premier recensement qui précéda l'annexion du pays. Les Mages, quant à eux, après avoir retrouvé le bébé, et l'avoir adoré, repartirent directement chez eux. Ils étaient fatigués, et cela leur aurait fait faire un grand détour que de retourner à Jérusalem, puisque ce n'était pas leur route.

Hérode entra alors en grande fureur, et donna l'ordre du massacre. Vu la mentalité d'Hérode, cela s'explique facilement, et je l'ai fait longuement dans mon *Jésus le Christ*. Ajoutons ici que cela ne servit à rien puisque Joseph, Marie et le nouveau-né avaient déjà fui vers l'Égypte. Il fallut six journées pour effectuer ce périple à dos d'âne par le désert, où n'importe qui disparaît encore aujourd'hui sans laisser de traces ! Or, ce fut ce laps de temps qu'attendit Hérode avant d'envoyer ses sbires à Bethléem, tellement il était sûr de revoir les Mages. Dans sa fureur, il ordonna le meurtre de tous les garçons de deux ans et moins !

Durant le séjour égyptien de la Sainte Famille, la Palestine vécut pratiquement en état de siège. Toutes les réunions étaient interdites dans tout le pays, et même le fait de marcher en groupe était défendu, sous peine d'arrestation immédiate. Et quiconque était amené à la prison Hyrcania y disparaissait à tout jamais ! Mais Hérode était de plus en plus malade. Quand le peuple fut certain qu'il ne se rétablirait pas, il se souleva, mené par les deux rabbis Judas et Mathias, et fit disparaître de l'entrée du temple l'aigle d'or, insigne de Rome. Le moribond cependant eut encore la force de faire arrêter les meneurs et de les regarder brûler vifs avant de mourir lui-même ! Son cadavre fut transporté en grande pompe dans la forteresse d'Hérodium, au sud de Bethléem, pour y être enseveli avec un faste inouï.

Durant ce temps, la Sainte Famille se reposait sur les bords du Nil, attendant patiemment l'ordre de retour. Près d'Héliopolis, à Matarieh, l'on montre encore les restes vénérables du sycomore baptisé « l'arbre de la Vierge », sous lequel, assure la tradition orale, se reposait Marie pour allaiter Jésus. Ce qui est certain, c'est cette fuite en Égypte, et ce séjour au calme en attendant que la tempête s'apaise. Si l'Égypte n'avait pas accueilli Jésus à sa naissance, le Christ n'aurait pu exister ensuite, puisque le bébé serait mort dans le bain de sang qui inonda Bethléem. Et ici aussi, l'Égypte a joué un très grand rôle dans l'origine du christianisme, bien qu'il fût épisodique. Les Coptes en restent très conscients encore aujourd'hui.

Il faut en effet ouvrir une autre parenthèse à ce propos, car les monastères coptes du désert du Fayoum possèdent une multitude de manuscrits et de papyrus totalement inédits, non seulement recopiés en copte du IVe au IXe siècle de notre ère, depuis des papyrus plus antiques, mais également des manuscrits abyssins, syriaques, araméens, etc.

Il existe ainsi des copies d'évangiles dits apocryphes, dont l'*Évangile de Nicodème*, que Sozomène et bien d'autres rapporteurs des premiers siècles relatent dans leur Histoire Ecclésiastique, en grec ou en latin. Or, dans cet évangile connu et reconnu de l'Église, l'épisode de Matarieh et du sycomore y est rapporté, ajoutant même qu'à l'endroit où l'ombre de l'arbre saint s'arrêtait, une source jaillit afin que Marie puisse laver la tunique du petit Jésus. Si plusieurs auteurs du XVIIIe siècle rapportent encore la présence de cette fontaine en plein désert, elle a disparu aujourd'hui.

L'évangile de Nicodème raconte le séjour en Égypte de la Sainte Famille, qui visita huit villes, dont la première fut Men-Nefer, ou Memphis en grec. Ensuite l'ange ordonna à Joseph de retourner à Nazareth.

Il est quand même troublant de lire ces textes des premiers siècles, écrits à des distances considérables les uns des autres, et qui tous, à peu de chose près, narrent les mêmes événements. C'est sur ce problème-là que j'attire la méditation du lecteur, car il est impossible à tant de scribes d'inventer *la même histoire*. Il est obligatoire que cela ait eu lieu !

Certains lecteurs, peut-être trop fervents inconditionnels du catholicisme de cette fin de notre ère, diront que je suis, quant à moi, trop tenté de tout faire remonter à l'Égypte en matière de Dieu-Un ! C'est vrai, certes, mais parce que cela est la réalité démontrée par chaque acte monothéiste de Ménès à nos jours, soit durant 6 000 ans !

Lorsque j'étais à Chantilly, il y a trois ans, un Synode des pères du Saint-Esprit y réunit quelque cent vingt prélats de cet ordre, venus du monde entier. Un soir, il me fut demandé de parler devant eux, pour expliquer mon attribution du monothéisme originel aux pharaons, et à la réminiscence existante entre Osiris et Jésus, entre la Triade Divine et la Sainte Famille. La discussion s'enfiévra fort et dura jusqu'après 2 heures du matin ! Excédé des atermoiements et des contestations basées sur des formes et non sur le fond même, je répliquai pour conclure qu'à la limite, si la Sainte Famille ne s'était pas réfugiée en Égypte, il n'y aurait jamais eu d'ère chrétienne, et qu'eux-mêmes seraient ailleurs, bûcherons ou cultivateurs, mais certainement pas des évêques distingués ! J'ai certes eu tort de me laisser emporter, mais l'Égypte originelle assure la liaison entre l'Ahâ, le premier Adam, le Fils Aîné de Ptah, qui peupla l'Éden ; Ahâ-Men-Ptah, que la colère divine engloutit. Les terres qui bordent le Nil sont la résurgence de cette disparition. Tous les monuments et tous les textes en sont la criante explication.

Mais revenons à Joseph et Marie qui ramènent Jésus à Nazareth... Après la naissance, c'est la mort qui est importante, le reste n'étant qu'à peine une seconde d'éternité dans les voies combinatoires calculées par Dieu. Ce qui vient avec la mort, et après, avec l'Au-delà de la vie terrestre, correspond aux deux millénaires du cycle des Poissons, qui introduiront l'ère du Verseau.

Jésus, en tant que Christ, connaissait non seulement l'heure de sa fin terrestre, mais également la façon, atroce pour un humain, dont elle se produirait. Déjà, depuis la rupture avec le peuple de Galilée, sa vie devint un voyage sans répit, ni repos moral, loin de Capharnaüm et du lac, en traversant des villes et des bourgades où il s'efforça de demeurer inconnu. Il parcourut ainsi la frontière des pays de Tyr et de Sidon, ainsi que de la Décapole avant de poursuivre sa route avec ses disciples, vers Césarée, à la recherche d'une solitude encore plus profonde. Jésus savait que sa fin approchait, et il voulut s'y préparer comme il le fallait, afin que l'histoire divine se poursuive selon les désirs célestes.

Ce fut ce fameux soir-là qu'il posa à ses amis la question de confiance : « Que dit-on que je suis ? »

S'il posa cette question, ce ne fut pas interrogativement, mais pour obliger ses disciples à proclamer tout haut, en opposition avec les assertions populaires, ce qu'ils pensaient de sa personne. Et ceux-ci répondirent suivant les Textes Sacrés : « Les uns disent que vous êtes Jean-Baptiste, d'autres Elie, d'autres encore Jérémie, ou quelque autre ressuscité parmi les anciens prophètes. »

Par l'intermédiaire de Pierre et des autres, ce témoignage reflète alors exactement l'opinion du peuple juif, qui ne voit plus en Jésus le Messie prophétisé. *Il redevint à leurs yeux l'un des prophètes avant-coureurs du vrai Messie !* C'était le moment du désastre. Pourtant, ce même soir devint celui de la Transfiguration. Devant tous les disciples, dont chacun racontera la splendeur sans se contredire, apparut enfin le Messie. Ce fut à ce moment que pour tous les disciples, Jésus devint définitivement « le Christ », dans toute la majesté du Royaume, qui sera celui de l'Au-delà de la vie terrestre. Aussi, le jour fatal arrivé, mais non funeste, Jésus lassa les émissaires du Sanhédrin, les divins docteurs des écoles juives venus l'interroger. Il savait que ceux-ci ne lui pardonneraient pas de s'être appelé « Fils de Dieu », mais sa sagesse, qui inspirait de l'effroi à ses juges, lui valut alors les applaudissements du peuple qui reconnut alors en lui le Messie. Aussi, lorsque Jésus fut conduit devant Pilate, savait-il à quoi s'en tenir. Ponce Pilate était alors gouverneur de la Syrie et de la Palestine, un des postes les plus importants de l'Empire romain, car ces deux pays, situés entre le Nil et l'Euphrate, faisaient le pont, en un poste militaire clé, entre les antiques centres de la civilisation asiatique et le pouvoir romain.

Pilate, comme les militaires en renom de son temps, était fort mal disposé envers les juifs. De plus, cela se passait sous le joug ministériel de Séjan, qui régna de l'an 23 à 31, c'est-à-dire encore deux années après la mort de Jésus. Et ce Séjan était hostile aux juifs, tout comme l'empereur Tibère lui-même. Aussi, dès l'arrivée de Ponce Pilate, en l'an 26, celui-ci montra à tous que le vent changeait et qu'il n'était plus question de ménager les juifs. Les soulèvements furent réprimés dans des bains de sang, qu'il est inutile de rappeler ici. Mais les idées « agnostiques » de Pilate étant bien connues, Jésus rencontra lors de son arrivée devant le gouverneur un « incroyant moderne », qu'il affronta sereinement.

Des objections ont été élevées contre le caractère historique de ce procès évangélique, la coexistence de deux tribunaux de droit aussi différents que le tribunal juif et le tribunal romain ne pouvant s'interférer tels que les récits bibliques nous les ont transmis. Là encore je me porte en faux, car en dehors des textes, il existe des documents égyptiens du temps même de Christ qui rapportent les mêmes minutes de ces deux procès aberrants.

Peu avant le début de l'interrogatoire, Pilate avait reçu la nouvelle qu'un prisonnier lui était amené du Sanhédrin. Comme il avait entendu parler de ce Jésus paisible, mais fier, qui se prenait pour le Fils de Dieu, il avait écouté le rapport du centurion ayant pris part à l'arrestation. Ce fut pourquoi, d'entrée, il demanda sur un ton le plus officiel aux rabbins : « Quel grief avez-vous contre cet homme ? » La réponse l'embarrassa, car il comprit que c'était en fait pour des questions d'hérésies religieuses que le jugement lui était demandé. Aussi retourna-t-il plus aimablement le problème en disant : « Jugez-le vous-mêmes d'après vos lois. »

La réplique fut immédiate, et sans appel de leur part : « Cet homme mérite la mort, et il ne nous est pas permis de mettre quelqu'un à mort ! Car en soulevant le peuple, il lui défendait de payer le tribut à César. »

Pilate fut ainsi mis dans l'obligation de procéder lui-même à l'interrogatoire de Jésus, sous peine de voir le Sanhédrin envoyer une dénonciation à Rome qui montrerait la légèreté avec laquelle le gouvernement considérait une si grave accusation ! Cela aurait été pour lui, à tout le moins, la disgrâce !

Tertullien raconte parfaitement cette scène (Apol., XXI) :

« Les docteurs, et les premiers d'entre les juifs, révoltés contre la doctrine de Jésus qui les confondait, et furieux de voir le peuple courir en foule sur ses pas, forcèrent Pilate, commandant en Judée pour les Romains, de le leur abandonner, pour le crucifier. Lui-même, il l'avait prédit. Ce n'est pas assez : les Prophètes l'avaient prédit longtemps auparavant. »

Ces paroles s'accordent parfaitement avec le récit évangélique, où l'on voit qu'il n'y a point eu de jugement rendu dans le Prétoire, mais qu'il n'y eut que violences de la part des juifs, contrainte pour Pilate et souffrances pour Jésus. Car il est très vrai que les docteurs juifs contraignirent Pilate à le leur abandonner, et qu'ils forcèrent le gouverneur à agir contre l'intime conviction où il était, touchant l'innocence de Jésus.

À propos du « Prétoire », dont parle Tertullien, qui se trouvait dans le palais de Ponce Pilate, celui-ci était décoré d'un pavé mosaïque, ou *Lithostrote*, qui était le symbolisme de l'élévation, en hébreu, et que les juifs appelaient *Gabbatha*.

C'est donc à nouveau un véritable symbole voulu par Dieu, afin que Jésus soit jugé comme un criminel dans ce lieu élevé, qualifié de « Prétoire » pour la cause.

De même Lactance, mais plus tard (276/311), écrivit dans le même sens que Tertullien, dans ses *Institutions* (livre IV-18) :

> « Les Juifs, ayant saisi Jésus, le présentèrent à Ponce Pilate, lequel, en sa qualité de délégué de l'empire, gouvernait alors la Syrie. Ils lui demandèrent de l'attacher à la croix, ne reprochant à Jésus rien autre chose que de s'être dit le Fils de Dieu et le Roi des Juifs. Pilate, ayant entendu ces accusations, et voyant que Jésus ne disait rien pour se défendre, déclara qu'il ne trouvait rien en lui qui fut digne de mort. Mais ces injustes accusateurs, de concert avec le

peuple qu'ils avaient excité, se mirent à crier et à demander opiniâtrement son crucifiement, par des cris violents et menaçants. Alors Pondus fut vaincu par ces clameurs et par les instances du tétrarque Hérode qui craignait d'être détrôné. Néanmoins il ne prononça point de sentence ; mais il le livra aux Juifs, pour qu'ils le jugeassent selon leur loi. »

Le drame réel de ce « jugement dans le Prétoire » de Pilate réside dans le fait que les juifs, accusateurs devant le gouverneur romain, ne se montrèrent pas tels des défenseurs de la religion juive outragée, mais bien comme des délateurs occupés par l'idée de perdre Jésus par n'importe quel procédé ! C'est pourquoi, cessant d'être juifs, ils commirent l'infamie de défendre les intérêts de Rome en accusant le Christ de soulever le peuple, et de lui demander de ne plus payer les impôts à l'oppresseur occupant la Palestine.

Il existe d'ailleurs la preuve judiciaire et légale que Jésus fut condamné à mort pour un crime politique, et non un crime religieux de blasphème ou de sacrilège, et encore moins pour avoir prêché un nouveau culte en contradiction avec la loi mosaïque. En effet, cette preuve est le procès-verbal même de la sentence prononcée par Ponce Pilate, en vertu de laquelle Jésus fut conduit au supplice par les soldats romains.

Il existait à Rome un usage qui a été emprunté depuis par la jurisprudence française, qui est de présenter devant les condamnés un écriteau rapportant un extrait de leur condamnation afin que le public sache pour quel crime la mort fut requise. Or, Pilate fit placer au haut de la croix un écriteau sur lequel étaient tracés quatre mots : *Jésus Nazaremus Rex Juderum*, qui depuis ont été reproduits partout par l'abréviatif I.N.R.I.

La cause de cette condamnation était ainsi marquée : Jésus devait mourir car il était le « roi des juifs ». Et ce qui prouve la politisation de cette crucifixion fut la conduite des princes des prêtres. Leur haine, le mot n'est pas trop fort, ne négligeait pas le plus petit détail. Craignant que ne fussent pris à la lettre les quatre mots, ils demandèrent à Pilate de ne pas mettre cette mention, mais « I.N. s'est dit R.I. » : Jésus le Nazaréen s'est dit le roi des juifs ! Et Ponce Pilate, agacé de l'hypocrisie de ceux qui l'avaient obligé à cette fin horrible, leur répliqua vertement : *Quod scripsi, scripsi*, autrement dit : « Ce qui est écrit, est écrit ! »

À ce propos, un échange de correspondance entre Théodore et Pilate existe, dont voici les deux extraits se rapportant à ce jugement, et qui le confirment. Tout d'abord celui de Théodore à Pilate :

« Qui était l'homme contre lequel on t'avait porté une accusation et qui a été crucifié par le peuple de Palestine ? Si un grand nombre d'entre eux portaient cette accusation avec justice, pourquoi ne leur as-tu pas accordé leur juste demande ? Et s'ils le demandaient injustement pourquoi as-tu transgressé la loi et ordonné quelque chose qui était loin d'être juste ? »

Pilate répondit : « Je ne voulais pas le crucifier parce qu'il faisait des signes ; mais je l'ai fait crucifier parce que ses accusateurs dirent : "Il prétend être Roi !" »

Mais la lettre la plus importante fut celle adressée par Ponce Pilate à Hérode Antipas, en réponse à une missive qu'il en avait reçue.

Ce précieux document figure parmi les apocryphes officiels, recopié en syriaque, du IIe siècle, et qui est repris du Codex Thilo. Le voici retranscrit en français, intégralement :

Pilate à Hérode le Tétrarque, salut !

« Sache et considère que le jour où tu m'as livré Jésus, j'ai eu pitié de moi-même et j'ai témoigné, en me lavant les mains, que j'étais innocent du sang de Celui qui est sorti du tombeau après trois jours ; mais j'ai accompli sur lui ton bon plaisir puisque tu désirais que je me joignisse à toi pour le crucifier. Mais, maintenant, j'ai appris par ses bourreaux et par les soldats qui veillaient sur son tombeau qu'il est ressuscité de la tombe : et par-dessus tout je me suis assuré de la vérité de ce qu'on m'avait dit, qu'on l'avait vu vivant en Galilée avec la même forme, la même voix, les mêmes doctrines et les mêmes disciples, n'ayant changé en rien, prêchant ouvertement sa résurrection et le Royaume éternel. Et voici que le ciel et la terre étaient dans la joie et voici que ma femme Procla croyait en Lui à cause des visions qu'elle avait eues lorsque tu m'envoyas un mot pour me dire de livrer Jésus au peuple d'Israël à cause de sa mauvaise intention à son égard. Puis, quand ma femme Procla apprit que Jésus était ressuscité et qu'on l'avait vu en Galilée, elle prit avec elle Longinus le centurion et les douze soldats qui gardaient le tombeau et partit comme à un grand spectacle voir l'arrivée du Messie. Et elle le vit suivi de ses disciples. Et pendant qu'ils le regardaient avec étonnement, il les fixa du regard et leur dit : "Qu'est-ce ? Croyez-vous en moi ? Sache, Procla, que dans le testament que Dieu a donné aux patriarches, il est dit que tous ceux qui avaient péri revivraient par ma mort que vous avez vue. Et maintenant vous voyez que je suis vivant, moi que vous aviez crucifié ; et j'ai bien enduré des choses avant d'être mis au tombeau. Aujourd'hui écoutez-moi et croyez en Dieu mon Père, qui est avec moi. Car j'ai brisé les liens de la mort, et j'ai enfoncé les portes du Sheol et c'est mon avènement qui viendra ensuite." Et quand ma femme Procla et les soldats entendirent ces choses, ils vinrent et me les dirent en pleurant, parce que eux aussi avaient été contre Lui quand ils complotaient les mauvais traitements qu'ils Lui ont fait subir, de sorte que moi aussi je suis affligé sur mon lit et j'ai mis des vêtements de deuil et j'ai pris avec moi cinquante soldats et ma femme et je suis allé en Galilée. Et tout en marchant sur la route, je témoignais qu'Hérode avait fait ces choses avec moi, qu'il les avait arrangées avec moi et qu'il m'avait forcé d'armer mon bras contre Lui et de juger le Juge de tous et de flageller le Juste, le Seigneur des Justes. Et quand nous arrivâmes près de Lui, ô Hérode, on entendit une voix formidable venant du ciel et un tonnerre terrible et la terre tremblait et laissait échapper un doux parfum ; rien de semblable n'avait jamais été vu dans le temple de Jérusalem. Quand je m'arrêtai sur la route, Notre-Seigneur me vit, il était lui-même arrêté et parlait à ses disciples.

Mais je priai dans mon cœur, car je reconnus que c'était Lui que tu m'avais livré et qu'il était le Seigneur de toutes les choses créées et le Créateur de tout. Mais nous, quand nous le vîmes, nous tombâmes tous à ses pieds la face contre terre. Et je disais à haute voix : "J'ai péché, Seigneur, parce que j'ai présidé le tribunal qui t'a jugé, toi qui venges tout avec justice. Et hélas ! je sais que tu es Dieu, le Fils de Dieu et j'ai vu ton Humanité mais non ta Divinité. Hérode avec les enfants d'Israël m'a forcé de te torturer. Aie donc pitié de moi, ô Dieu d'Israël." »

Cette lettre fut l'un des motifs de l'arrestation de Ponce Pilate à Rome, l'autre étant évidemment le tremblement de terre et les ténèbres qui s'ensuivirent un instant sur toute la surface de l'empire. L'ordre d'arrêt signé de Tibère fut donc lancé, édictant de le charger de chaînes et de le ramener en Italie.

Ce fut en siégeant au Panthéon, en séance plénière devant le Sénat assemblé, que l'empereur fit comparaître Pilate. Le premier interrogatoire contre l'ancien gouverneur de la Palestine fut pour « avoir exposé l'empire à une destruction complète par sa négligence et son incapacité ».

Il n'entre pas dans le cadre de cet écrit de faire le procès de Pilate, qui se poursuivit ensuite au Capitole, et qui obligea Tibère à prendre de nouvelles décisions plus dures à rencontre des juifs de Palestine. Mais en compulsant les minutes des ordres données à Licianus, le successeur de Pilate à Jérusalem, il est facile de s'en faire une juste opinion.

Les cris de l'immense foule juive, à Jérusalem, étaient loin de Rome et de l'atmosphère particulière de cet autre procès ! Mais Pilate devait encore en entendre les hurlements à ses oreilles : « À mort ! À mort... » Cette masse furieuse et hurlante continuait de crier « À mort ! À mort ! », lorsqu'il avait demandé à un esclave de lui tenir la cuvette dans laquelle il avait fait verser de l'eau sur ses doigts. Les juifs connaissaient cette cérémonie de longue date de la part du gouverneur. Aussi un grand silence se fit-il dans la multitude, qui comprit qu'elle avait gagné. Lorsque la voix de Pilate s'éleva pour dire : « Je me lave les mains de votre décision et je reste innocent du sang de cette victime. C'est vous tous qui en répondrez. » La foule unanime endossa l'accusation : « Oui ! Oui ! Que son sang retombe sur nous et nos enfants ! »...

Si Ponce Pilate fut tout de même le premier à en pâtir, les juifs en supportèrent depuis une grande part, sans que ceux-ci ne parlent de cause à effet. Que Jésus fut ou non le Fils de Dieu, l'origine du mal date du jour de la crucifixion ! La mort sur la croix était la plus douloureuse qui soit, et les circonstances qui l'accompagnaient la rendaient plus infamante. Avec cette forme de supplice mortel, et bien qu'aucun organe vital ne soit touché, le condamné mourait très lentement, par l'épuisement de ses forces physiques et morales, de la souffrance terrible qu'il endurait par l'attache des longs clous ! De plus, cette douleur humaine infinie, dans toute son horreur, était livrée, mais à vif, à la curiosité malsaine ou à la vindicte haineuse des passants assemblés. Au moindre cri poussé par la victime, au moindre mouvement déchaîné dans le corps par un trait de douleur plus aigu, répondaient les hurlements joyeux de la foule en délire ! Sans parler des essaims de mouches et de moustiques qui s'agglutinaient aux endroits des mains et des pieds où le sang coulait...

Tout cela revenait certainement à la mémoire de Ponce Pilate tandis qu'il attendait lui-même son arrêt de mort ! Mais s'il connaissait parfaitement le processus de désintégration du corps humain pour avoir souvent observé minutieusement le supplice enduré par les condamnés à mort, il imaginait moins la souffrance préalable que fut la durée de la route suivie pour aller du palais au Golgotha, et que tout le monde connaît sous le nom de « Via Dolorosa » : le Chemin de la Croix !

Il n'est pas question ici d'ouvrir le débat pour savoir d'où est parti Jésus pour monter à son calvaire : d'Antonia ou de la forteresse d'Hérode. La distance du Golgotha par rapport aux deux forteresses est la même, ainsi que l'altitude. Le Golgotha est à 755 mètres ; Antonia à 750 mètres ; et le palais d'Hérode à 755 mètres. Cependant le cheminement avec le port de la croix est beaucoup plus dur depuis Antonia, une dénivellation importante suivie d'une remontée identique entravant le chemin. Mais ce fut du Palais d'Hérode que le triste cortège partit.

La foule était nombreuse et indisciplinée, et le spectacle des soldats romains utilisant des fouets pour se frayer un chemin n'a rien d'extraordinaire dans le contexte de cette journée qui marqua la vie du monde pour plus de deux millénaires !

Voici le plan de Jérusalem de ce jour-là. Il est facile d'y reconnaître la forteresse d'Antonia, tout en haut du second rempart, et le Palais d'Hérode juste à l'ouest avec le Golgotha, hors les murs et entre les deux, marqué d'une croix (voir carte suivante).

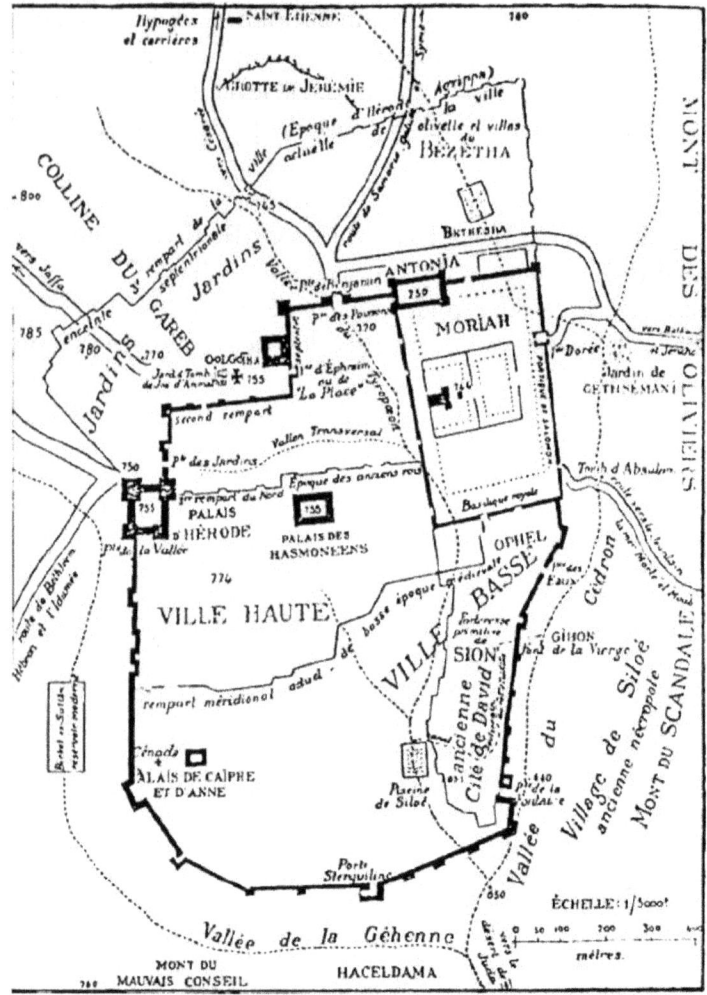

La porte de l'Ouest, ou porte des Jardins, juste au Nord du palais d'Hérode, ouvrait non seulement sur la route de Jaffa, mais surtout sur les splendides jardins du mont Gareb ; cette porte ne devint celle de Jaffa que onze siècles plus tard.

Ainsi, Golgotha, qui signifie en hébreu « le lieu du crâne », restera éternellement le lieu de renoncement pour sauver l'âme du monde !

Mais quel autre chemin cette croix a-t-elle parcouru jusqu'à nos jours !... Je me trouvais à Pâques 1976 à Jérusalem, « attendant » pour pénétrer au Saint-Sépulcre. Sans parler de l'horreur même de la bâtisse appelée « lieu saint », celle-ci était fermée à l'aide d'un grand verrou, à l'extérieur, pour empêcher à quiconque d'y pénétrer durant les 45 minutes accordées à la Congrégation qui s'y trouvait pour célébrer « sa » messe selon « sa » conception de ce jour pascal ! Il fallait éviter tout incident de dogmatique.

Sur l'esplanade, je dominais la foule depuis le haut, entre deux soldats israéliens armés de mitraillettes, stationnés là pour protéger la foule d'éventuels terroristes prêts à lâcher une bombe. Et cette masse grouillante, gesticulante, porteuse de grandes croix semblables à celle de Jésus le Christ, se battait littéralement pour des questions de dogmes ou de préséance. Elle en était venue aux mains, à la plus grande joie des soldats, mais à ma plus grande honte ! Comment cela était-il encore possible après deux millénaires de chrétienté ?...

Quel plus malheureux exemple concret conclurait-il mieux cette fin d'une ère où le Poisson déchu symbolisa le commencement ?...

RESTITUTION DU CALENDRIER HÉBRAÏQUE (4726-4744)

ÈRE CHRÉTIENNE	PÉRIODE JULIENNE	Lettre dominicale	NISAN NÉOMÉNIE VRAIE	NISAN NÉOMÉNIE MOYENNE	NISAN 1er du mois	PÂQUE LÉGALE
av. l'ère chr. 7	4707	D	31 mars, 4 h. 15'	31 mars, 0 h. 31'	31 mars	Mardi 11 avril
6	4708	C	20 mars, 5 h. 45'	20 mars, 9 h. 19'	20 mars	Samedi 3 avril
5	4709	BA	7 avril, 1 h. 45'	7 avril, 6 h. 52'	7 avril	Jeudi 23 mars
4	4710	G	27 mars, 11 h.40'	27 mars, 15 h.41'	28 mars	Mercredi 11 avril
3	4711	F	15 avril, 11 h. 29'	15 avril, 13 h.13'	15 avril	Dimanche 31 mars
2	4712	E	5 avril, 4 h. 27'	4 avril, 22 h. 2'	5 avril	Jeudi 20 mars
1	4713	DC	24 mars, 19 h.45'	24 mars, 6 h. 51'	24 mars	Mercredi 7 avril
apr. l'ère chr. 1	4714	B	12 avril, 17 h.10'	12 avril, 4 h. 23'	12 avril	Lundi 28 mars
2	4715	A	1 avril, 22 h.52'	1 avril, 13 h.12'	1 avril	Dimanche 16 avril
3	4716	G	21 mars, 23 h.28'	21 mars, 22 h. 1'	22 mars	Jeudi 5 avril
4	4717	FE	8 avril, 16 h.48'	8 avril, 19 h.34'	9 avril	Lundi 24 mars
5	4718	D	28 mars, 22 h.20'	29 mars, 4 h. 22'	29 mars	Dimanche 12 avril
6	4719	C	16 avril, 20 h.30'	17 avril, 1 h. 55'	17 avril	Vendredi 2 avril
7	4720	B	6 avril, 11 h.16'	6 avril, 10 h.44'	6 avril	Mardi 22 mars
8	4721	AG	26 mars, 4 h. 28'	25 mars, 19 h.32'	26 mars	Lundi 9 avril
9	4722	F	14 avril, 4 h. 2'	13 avril, 17 h. 5'	14 avril	Vendredi 29 mars
10	4723	E	3 avril, 14 h.56'	3 avril, 1 h. 54'	3 avril	Jeudi 17 avril
11	4724	D	23 mars, 18 h.37'	23 mars, 10 h.42'	23 mars	Lundi 6 avril
12	4725	CB	10 avril, 11 h. 0'	10 avril, 8 h. 15'	10 avril	Samedi 26 mars

- 8 (4 706) Recensement des citoyens romains.
- 6 (4 708) Le 25 mars (le 25 décembre) : nativité.
- 5 (4 709) Au commencement de l'année : adoration des Mages.
- 4 (4 710) Mort d'Hérode.
- 3 (4 711) Retour d'Égypte de la Sainte Famille.

+ 6 (4 719) La Judée devient province romaine.
+ 7 (4 720) Jésus, âgé de douze ans, arrive à Jérusalem pour la Pâque.
+ 29 (4 742) Jésus est baptisé par Jean-Baptiste.

15

CE QUE J'AI VU ET COMPRIS

Si tu veux te sauver, la porte est ouverte, il ne tient qu'à toi de connaître le Fils de Dieu, de devenir parfait, et d'être heureux.
Justin (Dialogues, VIII, 1 -42)

Mes passions terrestres ont été crucifiées, le feu des désirs matériels n'est plus en moi, Mais une eau vive murmure en moi, Qui me dit dans l'intimité : « Viens vers le Père ! »
Ignace D'Antioche (Aux Romains, VII -An 1 02 a.c.)

Selon Descartes, l'étendue est l'essence des corps. Je ne suis pas cartésien, et mon corps maladif ne m'intéresse que dans la mesure où il permet à ma Parcelle Divine d'agir dans le sens où je désire aller. Aussi dirai-je, quant à moi, que l'âme possède l'insondable densité de l'espace qui l'a propulsée dans l'enveloppe charnelle, restant sa détentrice durant le séjour terrestre.

Il n'est pas dans mes intentions de philosopher ici, mais simplement de raconter ce que j'ai vu, et qui m'a donc permis de comprendre l'ensemble de la réalité cosmique, sinon ses détails. Pas plus que de parler interminablement des accidents presque mortels qui ont développé certaines facultés mentales et spirituelles. Mais plutôt de partir de cet instant primordial, au sortir du dernier coma, celui où j'ai découvert la lueur qui me manquait pour faire la jonction entre tous les éléments épars de la compréhension trouvée, que j'avais déjà emmagasinés. Ce n'avait été en fait qu'un simple entendement jusque-là. Après, ce fut le début de la Connaissance.

Cette lumière vint avec la confirmation de l'exactitude de la géométrie combinatoire qui préside à toutes les naissances naturelles, que ce soit des choses ou des êtres : à savoir de l'existence bien réelle de la Loi de la Création, L'apparence que la réalité est grossière dans sa généralité, et que seule l'idée que l'on s'en fait permet de déceler la vérité, donc la pureté, prend alors toute sa valeur. L'exemple fourni par la suite des générations qui ne veulent pas comprendre la mentalité de leurs Aînés, et ce, quel qu'en soit le cycle, est typique de ce fait. L'éternel recommencement dans un autre espace de temps, au début de chaque ère, devrait imprégner tous ceux qui cherchent à comprendre. De plus, admettre que l'éternité de cette combinaison Espace-Temps est le seul fait du vouloir divin revient à ceux qui ont enfin compris. Ces lecteurs-là ne s'étonneront pas du paradoxe apparent entre celui qui peut comprendre, et celui qui le veut et qui y parvient. La différence réside uniquement dans le pouvoir puissant détenu par la Parcelle, l'Âme, sur l'esprit qui n'est que raison raisonnable. C'était d'ailleurs ma sentence proverbiale personnelle dans le tome 2 de la Trilogie des Origines : *Les Survivants de l'Atlantide : La raison humaine ne possède aucun raisonnement raisonnable dans sa conception de Dieu.*

Il ne s'agit pas là, par la simple raison, d'obliger à une convention protocolaire d'adorer Dieu pour sa création et les commandements qui en découlent. Adorer quelque chose, quelqu'un, ou Dieu, est à la portée du plus simple humain qui consent à plier le genou pour cela. Chacun parvient à le faire à la vue de tous ou d'une façon déguisée plus ou moins hypocrite à l'église. Il faut bien être en règle avec la société, bien que cela se perde aujourd'hui. Mais la raison dont je parle est celle de l'âme, celle qui est tramée dès sa naissance pour vivre en harmonie avec les décisions célestes. Il fera le bien lorsqu'il le faudra, et il s'abstiendra de toute volonté personnelle lorsque les configurations célestes combinatoires lui seront néfastes. Tout d'abord, il faut un certain tâtonnement pour s'habituer à ce calcul cérébral qui ne dépend d'aucune formulation religieuse contemporaine, pas plus chrétienne que néo-troïste, théosophique que spirite, si tant est que cette dernière secte soit douée d'une véritable spiritualité.

Car l'abstinence de toute volonté devant Dieu ne signifie pas qu'il faut abdiquer la propre personnalité reçue à sa naissance, Philon d'Alexandrie disait que le sommeil caractérisait et symbolisait les ignorants, ces aveugles qui se plongeaient hors du monde matériel de cette façon, afin d'ignorer la vérité.

Un document copte primordial (encore un !) de l'an 148 de notre ère, retrouvé en 1945 près de Nag-Hamadi, à mi-chemin du Caire à Dendérah, mais déjà en Haute-Égypte, a été authentifié depuis comme un cinquième Évangile par tous les savants et érudits mondiaux : l'*Évangilium Veritatis*, ou plus simplement l'Évangile de Vérité.

Là encore, la copie copte a été faite par un scribe en partant d'un texte grec de l'École alexandrine, mais nul ne peut dire en quelle langue et par qui l'original a été écrit. Si j'en parle ici, c'est à propos de la vérité seulement, car je reprendrai plus en détail cet évangile durant le dernier chapitre de cet ouvrage.

En effet, ce texte précieux de la moitié du IIe siècle parle de cette dualité étrangement ressentie par l'homme désireux de connaître « l'impensable », « l'insaisissable », et « l'incompréhensible ». Le feuillet 17 annonce que le désir de connaître n'est pas une ivresse des sens, mais « une recherche de Celui dont il est sorti : ce tout qui est en lui-même ». C'est cette méconnaissance qui produit l'impuissance, l'angoisse et la crainte. Ce qui a affirmé l'oubli, puis le Mensonge, alors que la Connaissance engendre la Vérité, stable, inébranlable, inaltérable, parfaitement belle.

L'ignorance ne vient donc pas du sommeil, mais au contraire du refus d'ouvrir les yeux sur cette beauté très simple et pourtant suffisamment compliquée pour qu'elle soit la cause du sommeil agité des soubresauts de l'angoisse et de la terreur.

Tout cela, je l'ai connu durant mes hospitalisations prolongées. J'avais le temps d'ouvrir ou de fermer les yeux, de réfléchir, de voir les lumières, ou de rester plongé dans les ténèbres. Je recherchais la Lumière et elle venait à moi, petit à petit, à force de réfléchir.

Dans cette Égypte fascinante, j'avais longuement médité, mais la présence agglutinante de la masse imposante des touristes, même la nuit, faisait que je ne pouvais pas me recueillir comme je le désirais, hormis à Dendérah. Je ne pouvais cependant pas rester enfermé avec Isis dans le noir, ou avec un seul lumignon comme éclairage. Il convenait de mettre noir sur blanc le résultat de mes réflexions, et faire développer les centaines de diapos que je prenais, pour en étudier attentivement la hiéroglyphique. Car tout était là, gravé, dessiné, reproduit en signe d'avertissement destiné au futur. Rien d'autre n'était possible !

Ma compréhension globale des faits m'avait déjà permis de discerner le principe communautaire de ces antiques qui ne voyaient que deux classes : celle de leur peuple et celle des étrangers. Eux, ils comprenaient pratiquement sans études le besoin de se mettre sous la protection de Dieu. C'était inné chez tous les natifs de cette terre seconde. Les autres, ceux qui vivaient ailleurs, leur étaient indifférents, et ils restaient pour cela dans l'ignorance. Ils ne cherchaient pas à répandre la bonne parole, ceux qu'elle intéressait n'avaient qu'à venir s'établir sur les bords du Nil. Les autres devenant ainsi les infidèles de Ptah, mais non des ennemis ; ils restaient des étrangers indignes d'être instruits.

Leur grande crainte provenait du fait, prévisible, que leurs générations futures, celles de leurs cadets, oublient les leçons du Passé, et deviennent des étrangers sur ce sol béni une seconde fois de Ptah : Ath-Kâ-Ptah, le « Second Cœur de Dieu ». Là, était la raison majeure de l'enseignement indestructible gravé sur les murs de pierre, partout dans le temple de Dendérah. Là était la raison de ces énormes blocs étagés pour soutenir cette écriture sacrée destinée à défier le temps, pour être retrouvée plus tard, si Ptah décidait d'oublier l'Égypte aux temps prévus.

Le peuple formait une seule et réelle entité. Du Pharaon au plus humble des laboureurs, tous étaient égaux devant le Juge Ultime qui pesait les âmes lors de l'entrée dans l'Au-delà de la vie terrestre ! L'égalité n'était pas un vain mot, puisque chacun mangeait à sa faim et se vêtait sans problème. C'était en somme un socialisme intégral avant terme ! La différence, toujours valable de nos jours, résidait dans une conception parallèle provenant de quelques recoins des âmes, dites populaires. Celles-ci ne pénétraient pas le monde cosmique, car il dépassait le stade accordé à leur compréhension.

Il ne faut donc voir aucun mépris de la part des prêtres, ni aucune initiation spécifique pour parvenir à la Connaissance du Créateur et de sa création. Il n'y a eu aucune prétention de vouloir cacher quoi que ce soit par des « Mystères », en des paraboles hermétiques, mais le vouloir de laisser la hiéroglyphique à ceux capables de la comprendre un jour, si celle-ci venait à ne plus être lue par ceux qui en avaient la capacité.

Tout cela est très bien explicité dans des textes qui ont été indûment ajoutés au livre dit « des Morts », dont j'ai extrait l'intégralité du chapitre XVII, qui est en réalité une grande partie de la théologie tentyrite. D'autres confirment, rien que par leurs titres, la réalité de ce qui précède. Un chapitre toujours fameux, parce qu'apparemment obscur, dit que ce « livre se transmettra ainsi de génération en génération, sans accident », alors qu'il est très simple à déchiffrer pour celui qui admet la valeur de ce monothéisme original où le Per-Ahâ, ou pharaon, jouait le rôle justicier et équitable de Fils de Dieu. Dans ce même chapitre CXXV, l'interdiction de le laisser lire à aucun homme « sauf par ses fils » veut bien dire ce qu'il édicté.

Celui qui est possesseur du papyrus en est obligatoirement digne. De ce fait, il ne doit le montrer qu'à ses Cadets, qui le transmettront de même.

Plus explicite encore est cette mise en garde du chapitre CXLVIII :

Ce livre qui est la vérité, nul autre que celui qui est pur ne le connaît, nulle part, jamais, dans toute l'éternité passée ou à venir. Tu le lis en ce moment, mais jamais, nulle part, un autre œil impur ne l'interprétera à sa façon, afin qu'aucune oreille impie ne l'entende. Qu'il ne soit lu que par toi, et entendu par celui à qui tu l'enseigneras.

C'est pourquoi, lors de l'afflux des Grecs aux VIIe et VIe siècles avant notre ère dans le delta du Nil, tous les temples tissèrent une espèce de voile décrétant l'obscurantisme par un mystère systématiquement introduit. Lorsque des érudits interrogeaient les prêtres, ceux-ci se retranchaient derrière l'autorité absolue des textes sacrés... à peine travestis ! Ainsi, les hiéroglyphes incompréhensibles des Hellènes devenaient les phrases suivantes : « Ce que dit ce livre, ne le raconte pas car les dieux se mettraient en colère. C'est pourquoi il doit rester le plus grand des mystères. » Ou bien encore : « Ne raconte jamais ce livre, car ce serait une abomination de le faire connaître aux hommes. » Ici, seul le mot « étranger » a été remplacé par « homme », et ce pieux message devait faire sourire le prêtre car, pour lui, un homme ne pouvait pas être un étranger, mais un de ses semblables du peuple élu par Ptah pour posséder la Connaissance de sa Création. C'est probablement de cette restriction que sont parties toutes les affabulations des auteurs grecs. Hérodote raconte son irritation de curieux remis à sa place par un prêtre de Saïs : « Si je te confiais pourquoi les animaux sacrés sont ainsi momifiés, tu pénétrerais jusqu'aux choses divines, dont je ne peux rien te dire. Et s'il m'est arrivé, un jour, d'effleurer ce sujet, je ne l'ai point fait sans y être contraint par la nécessité. »

Diodore de Sicile a été encore plus explicite :

« Les Égyptiens pratiquent en l'honneur des animaux sacrés beaucoup de cérémonies incroyables dont il nous est impossible de donner l'explication et l'origine, car les prêtres conservent ces doctrines secrètes et il leur est défendu d'en parler. »

C'était un devoir, une véritable obéissance aux préceptes de Ptah que de ne rien dévoiler aux étrangers de ce qui formait le « Cœur » même de ce pays béni. Et cette conception du devoir de chaque instant amena de plus en plus, au fur et à mesure de l'écoulement du temps, une lutte à l'intérieur de l'âme des érudits en possession des clés des Textes sacrés. L'instinct de la conservation devant la fin prochaine enclencha des prodiges de systèmes de préservation des écrits ! Jamais la crainte ou la peur ne poussa l'un d'eux à trahir le pacte mental qui reliait sa Parcelle Divine au Dieu-Un. Et cela était déjà valable bien avant notre ère !

Le mythe de Prométhée, par exemple, qui est un des plus beaux fleurons d'Hésiode, prophétise Christ ! Il m'avait fasciné par les réminiscences indéniables, là encore, émanant des traditions originelles et du début du christianisme. Voici en gros le rappel de cette histoire de Prométhée, dont un de ses protagonistes : Chiron le Centaure, est mis en vedette par Nostradamus ![30]

Prométhée était le fils d'un Titan, Japet, et donc un Titan lui-même et père de Deucalion et Hellen, Au temps où il vivait, Jupiter venait de détrôner Saturne, qui se trouva donc le roi des dieux, présidant l'Olympe. Pour se venger du désintéressement humain à sa nouvelle gloire, Jupiter cacha la nourriture aux hommes, les obligeant ainsi à un travail pénible pour s'en procurer, et subsister. Ce qui dégénéra par la suite en une dispute mémorable entre les divers dieux et les créatures de la Terre au sujet de la part revenant à l'Olympe, et du sacrifice que cela occasionnait aux mortels.

C'est à ce moment que Prométhée intervint. Pour arbitrer justement le différend, il partagea un bœuf en deux morceaux, plaçant d'un côté tous les os recouverts de la graisse de l'animal, et de l'autre les chairs sous la peau entière du bœuf. Jupiter, roi des dieux, feignit de s'y laisser prendre, et il choisit exprès les os couverts de graisse. Et pour punir Prométhée de sa rébellion, il cacha le feu aux hommes. Mais par son habileté le Titan le retrouva et l'introduisit auprès des mortels. Nouvelle vengeance de Jupiter : ce fut Pandore, la première femme fabriquée du limon par Vulcain sur l'ordre du roi des Dieux, afin de séduire Epiméthée, le frère Titan de Prométhée. Ce fut elle dont la curiosité punit toute la Terre, car elle ouvrit l'amphore d'où sortirent tous les

---

[30] Voir page 63 du livre, *Nostradamus trahi* d'Élisabeth Bellecour, éditions Laffont, 1981.

maux de l'humanité ! Et Prométhée fut lié à une colonne où un aigle arrivait chaque jour pour dévorer son foie immortel, et ce indéfiniment. Ce fut Hercule, le propre fils de Jupiter et d'Alcmène, qui délivra Prométhée, qui en perdit ainsi son immortalité. Ce ne sera qu'ensuite, grâce à Chiron le Centaure, qu'il la retrouvera. Ici, l'important consiste dans les ressemblances entre ce mythe et la colère divine contre l'humanité suivie de la rédemption des rescapés. Incontestablement, Hésiode, suivi par Eschyle, narre une tradition orale égyptienne déformée, elle-même reprise par les Hébreux, avant de devenir le fondement traditionnel chrétien.

Les antiques Égyptiens ayant lancé la tradition, il n'y a rien d'étonnant à ce que les Grecs aient été à la recherche d'un idéal de beaucoup supérieur à celui qui était né de leur mythologie, c'est certain. Mais que leur déception de ne point y être parvenus, ait déclenché en eux cet esprit destructeur de ce qu'ils renonçaient à comprendre faute d'avoir voulu *s'intégrer* au peuple égyptien, c'est cela qui fut le début de leur décadence !

Car l'idéal recherché est celui de tout homme possédant une âme et un cœur. Mais pour les antiques descendants d'Ahâ-Men-Ptah, l'unique humanité était celle du peuple de Ptah. Pour accéder à cet idéal, il fallait accepter de ne plus être un étranger, mais un *résident* dans ce pays : un homme à part entière !

Ce fut la première lueur, l'étincelle qui finit par engendrer la flamme et la lumière. J'avais vu cette petite clarté à l'hôpital, avant même d'entrer en convalescence, en dialoguant avec un prêtre à propos de Moïse et de l'Égypte. C'est en cette observation que le religieux, sortant sa Bible de sa poche, me lut le passage qui déclencha le commencement de ma perception : « Tu n'auras pas l'Égyptien en abomination, car tu as été un résident dans son pays. Les fils qui lui naîtront à la troisième génération auront accès à l'assemblée de Yahvé. »

Cela est dans l'Ancien Testament, au Deutéronome XXIII-8 et 9.

Si les juifs admettaient que les Égyptiens deviennent leurs *alter ego*, les descendants d'une seule origine populaire, c'était que, malgré les divergences d'opinions, ils étaient frères. Ils servaient ensemble le même idéal de Dieu, qu'il se nomme Ptah ou Yahvé. Cet idéal se retrouve d'ailleurs sous une forme admirable chez Lamartine. Un ami m'avait adressé, pour mieux méditer à mon chevet de convalescent, les *Méditations poétiques*. Dans la première, on peut lire cet extrait que je conserve précieusement au fond du cœur :

> *Mais peut-être au-delà des bornes de sa sphère,*
> *Lieux où le vrai soleil éclaire d'autres deux,*
> *Si je pouvais laisser ma dépouille à la terre,*
> *Ce que j'ai tant rêvé paraîtrait à mes yeux.*
> *Là je m'enivrerais à la source où j'aspire,*
> *Là je retrouverais et l'espoir et l'amour,*
> *Et ce bien idéal que toute âme aspire,*
> *Et qui n'a pas de nom au terrestre séjour.*

Les Égyptiens et les juifs avaient débuté une action que juifs et chrétiens auraient dû perpétuer par Jésus. J'avais eu tout le temps de voir, avant mon accident, puis de lire durant ma convalescence, et soudain je comprenais l'enchaînement de ce monothéisme transmis intégralement d'Osiris à Moïse, puis de Moïse à Jésus, tout comme il le fut d'Atêta (Thoth-Hermès) à Akhénaton, d'Akhénaton à Pythagore, de Pythagore à Galilée. *Le Christianisme des Poissons est la suite logique de la religion juive du Bélier comme cette dernière l'est de celle d'Osiris le Taureau !* Non seulement la suite, mais la continuation du monothéisme le plus antique de l'humanité.

Tout un monde hypocrite a refusé d'admettre cette Vérité, malgré des tentatives timides faites à titre de ballons d'essai destinés à lever le voile. Toutes ont échoué et pour cause ! L'étonnement qui fut le mien, je le retrouvai dans un livre de Raymond Weill sur *Les Transmissions littéraires d'Égypte à Israël* :

« D'où vient qu'un fait aussi flagrant et aussi simple n'ait pas été perçu et noté de longue date ? Comme d'autres lacunes d'observation du même ordre, celle-là paraît tenir à ce que l'effort égyptologique, longuement appliqué à la traduction et à l'explication des textes, visait ensuite à recueillir et enregistrer leurs témoignages plutôt qu'à les discuter, dans l'intention d'une utilisation historique directe, et comme sous l'empire d'un sentiment de réserve très fort qui empêchait la recherche de se tourner vers les considérations de la critique documentaire. Dans le domaine des rapprochements de la sagesse égyptienne avec celle des livres bibliques, voici, premier de tous sans doute, Chabas, qui dès 1857, étudiant le Ptahhotep du papyrus Prisse, et notant l'analogie que le livre présente en général avec les Proverbes, consigne ensuite, pas à pas, les nombreuses correspondances qu'on relève entre l'égyptien d'une part et, du côté biblique, principalement Proverbes, mais aussi Job, Isaïe, Psaumes, Ecclésiaste et Sagesse ; qu'arrive-t-il à en conclure ? — Les sentiments qui commandent toutes ces œuvres sont naturels à l'homme ; nous ne devrons pas nous étonner de trouver dans le texte que je viens de traduire des maximes que l'Écriture a répétées plus tard, sans avoir besoin de les emprunter à la sagesse égyptienne. Un trouble persiste, toutefois : Il est cependant assez intéressant de voir le philosophe égyptien promettre au fils respectueux une longue existence sur la terre, en termes à peu près identiques à ceux que le doigt de Dieu grava sur les tables de pierre du Décalogue... L'analyse attentive et le mouvement de surprise non dissimulé décèlent l'éclair de génie chez le précurseur, trop mal armé encore pour suivre les faits, réduit à se défendre contre les faits, et les observant avec soin parce qu'il a l'intention très nette du phénomène qu'ils traduisent. »

La vérité, comme on voit, est serrée de près ; elle serait extraite si Chabas ne se tenait à son point de vue central d'une indépendance évidente des élaborations d'idées chez les deux peuples. Et c'est ce principe, malheureusement, qui prévaut désormais. Un autre égyptologue, du même temps, allemand quant à lui, Brugsch, parlant de la morale et des traités de sagesse des Égyptiens, trouvera seulement à dire :

« Ces nombreux exemples nous apprennent que la charité universelle n'est point du tout une acquisition de nos temps modernes. »

Raymond Weill, de son côté, reprend son admirable tableau chronologique descriptif quant aux « ressemblances » :

« On peut considérer que les remarques incidentes de Wiedemann en 1903 et d'Erman en 1906 ont été le germe du bref, substantiel et très remarquable mémoire dans lequel Gunkel, en 1909, tente pour la première fois de dresser un tableau des correspondances égyptiennes à l'Ancien Testament. Il passe en revue les mythes et légendes, les hymnes aux dieux, les chants d'amour, reconnaissant que depuis Erman, on a commencé de chercher dans la poésie amoureuse des Égyptiens l'explication de celle de la Bible ; il observe, à la même place, que l'exhortation à jouir de la vie matérielle que l'auteur de la Sagesse de Salomon met dans la bouche de l'impie, est reproduite d'un vieux thème familier de la poésie égyptienne.

Sur cette voie excellente, Gunkel trouve aisément à enrichir ses notes ; en 1912 il signale à l'attention du grand public les analogies des hymnes aux dieux en Égypte et des hymnes des Psaumes. De manière générale, toutefois, et comme elle se présente à ce moment, la question semble avoir atteint tout le développement possible dans les conditions des renseignements documentaires, et en fait, on ne la voit guère avancer jusqu'à l'heure de l'éclatante surprise que devait apporter la révélation du livre égyptien d'Amenemope, publié en 1923. »

Quoi qu'il en soit, dès 1924, ce papyrus prit et garda la place d'un objet central dans le tableau des correspondances de la littérature de la sagesse d'Israël et de l'Égypte. Les parallélismes des Proverbes avec le livre égyptien sont enregistrés en détail, une fois de plus, par Gressmann, dans un utile et clair ouvrage dont on regrette la brièveté, en raison de l'intention, manifestée pour la première fois, de présenter la sagesse sapientale d'Israël, généralement, dans ses rapports avec la littérature universelle. Ce livre se rattache directement à l'excellent essai de Gunkel datant de 1909, le prolongeant et souvent le répétant, notamment en ce qui concerne la satire des métiers dans la littérature égyptienne et chez Sirach ; Job, de même, est fort bien caractérisé.

En pleine époque romaine, au livre judéo-grec de la Sagesse, on voit paraître une transposition des thèmes égyptiens, toute différente d'esprit de celles qui avaient trouvé place aux compositions israélites des siècles antérieurs. Cette fois, la thèse épicurienne de la vie et de la mort n'est plus présentée comme recommandable, mais à cette fin que son caractère odieux et impie soit mis en lumière, et qu'on puisse la faire suivre de réfutations du point de vue de la croyance à l'immortalité et aux sanctions divines. C'est exactement, comme on voit, le plan du composé dans lequel la vieille thèse matérialiste, en Égypte, avait été enrobée, dès le nouvel empire, par des novateurs épris de gravité religieuse et d'orthodoxie ; forme complexe dont quelques apparitions se manifestent dans les documents égyptiens ultérieurs et qui sort en pleine lumière, dans la Sagesse judéo-alexandrine, avec une force et une franchise très significatives lorsqu'on n'oublie pas qu'à cette heure même Israël, sous les influences du monde égyptien et gréco-oriental dans lesquelles il baignait, arrivait à accepter la nécessité de la vie éternelle avec ses châtiments et ses récompenses.

Voilà ce que j'ai vu et compris dans mon lit de douleur : c'est la connivence de fait, spirituellement parlant, entre toutes les théologies hébraïques, chrétiennes, et même grecques, mais partant d'un seul monothéisme : celui immergé avec l'Ahâ-Men-Ptah, retransmis par ses survivants jusqu'en Ath-Kâ-Ptah.

D'où, pendant vingt-six mois de convalescence, une étude de chaque instant, jour et nuit, des textes des Combinaisons-Mathématiques-Divines. Je ne dormais que deux à trois heures par nuit, ne voulant pas prendre de somnifères pour ne pas abaisser mon taux de compréhension des textes encore abstraits, mais qui s'éclaircissaient rapidement.

Ce n'était qu'une lueur, encore fort éloignée du phare éclairant la porte. Je ne me sentais pas encore maître de mes forces, tant au propre qu'au figuré. Ma faiblesse toute physique nécessitait une longue convalescence, et surtout une réadaptation de la musculature déficiente de chaque instant. Ma volonté était encore tendue vers cette fonction essentiellement laborieuse. La lecture des textes antiques consistant alors en une détente, qui me permettait cependant de mémoriser ce qu'il fallait que je retienne dans mon inconscient.

Tout prouvait ma faiblesse alors, et nul ne donnait cher de ma peau. J'étais épouvanté au fond de moi-même par le peu que je représentais, alors que tout s'arrangeait dans le même temps, non seulement pour m'épargner, mais pour me faire prendre pied solidement, dans un monde nouveau.

À chaque seconde qui s'écoulait, des forces nouvelles me pénétraient, les unes s'opposant à mes désirs, les autres à ma volonté, y brisant la moindre des résistances à ce qui devait se faire d'autre.

Une conviction absolue m'avait pénétré : pour entrer dans le Saint des Saints d'Osiris à Dendérah, afin de devenir à mon tour un « résident », même s'il n'était que symbolique, vu mon état, je devais forcer encore un peu plus ma volonté vers la possibilité de retourner en Égypte. Je dus cependant me rendre auparavant une année entière au Maroc pour parfaire ma convalescence, mais ce fut l'occasion d'augmenter mes connaissances sur le périple des rescapés d'Ahâ-Men-Ptah, sujet que j'ai amplement développé dans *Les Survivants de l'Atlantide*. Ce ne fut qu'après ce long temps de patience, d'endurance physique, et d'études sur le terrain même de la « Voie Sacrée des gravures rupestres », que je pus me rendre auprès de ceux qui étaient encore capables de m'assurer la liaison entre ce que je savais déjà et ce qui me manquait. Pour remonter à cette filière de l'origine de l'humanité divine et de son univers terrestre, il convenait de démontrer par avance que le Dieu-Un n'avait plus de secret pour moi, quant à la Loi qu'il avait instaurée pour permettre de scruter la destinée des créatures, dans l'avenir, et devenir ainsi non pas l'égal du Créateur, mais sa véritable image terrestre.

J'interprétais déjà les Combinaisons-Mathématiques-Divines s'interpénétrant, les unes dans les autres, dans mon intellect, obnubilé alors par la rééducation des membres gauches de mon corps. Mais la puissance inéluctable des

Souffles bénéfiques s'exerça dès lors en une action aussi lente que salutaire. L'absurdité de tout autre élément à cette espèce de résurrection s'était ancrée définitivement en moi le jour où l'on me retira le plâtre qui m'emprisonnait le torse, et qui dans le même temps me rendait la liberté de mes mouvements, auxquels se joignirent mes réflexes ! Les deux années de souffrance dans le plâtre, alité, avaient passé d'une façon extraordinaire, hors de ma volonté, tout comme mon séjour de convalescence au Maroc ! J'avais eu non seulement le temps d'effectuer des voyages réputés impossibles pour un invalide, mais aussi la capacité de dévorer plusieurs centaines de textes, dont tout ce qu'il me fallait retenir était intégré dans les replis de ma mémoire : le ciel, la terre, les astres, le jour et la nuit s'imbriquèrent ainsi, méthodiquement et logiquement, comme les véritables grains nourriciers de l'Égypte antique. Ce sont eux qui permirent aux Cadets de croître afin que leurs destinées prévues s'accomplissent. Et là, l'esprit invisible et la matière palpable se rencontrèrent pour manifester d'une façon tangible et triomphale la primauté du Créateur sur la création de ses créatures. J'étais prêt à retourner à Dendérah, non plus pour voir seulement, mais surtout pour comprendre.

Bien sûr, trois êtres extraordinaires m'aidèrent sur place dans cette vie. J'ai déjà parlé du bon médecin en chef de l'hôpital de Louxor, aujourd'hui à la retraite, mais je ne peux dévoiler pour l'instant l'identité des deux autres personnes, qui sont des savants coptes, et qui ne veulent pas être remerciés d'une façon ou d'une autre. Il n'y a ni timidité ni peur chez eux, mais ce qu'ils savent du monothéisme antique est trop dangereux pour leur vie actuellement, alors qu'ils doivent survivre pour retransmettre, le moment venu, ce qui est en leur possession.

Un concours de circonstances, dû aux Combinaisons-Mathématiques-Divines très favorables à ce moment, est intervenu en ma faveur. J'étais en état de faiblesse, avec la lueur fiévreuse dans les yeux qui me donnait un air de mysticisme hors du temps ! J'avais besoin de cette aide précieuse, et je l'ai eue, car ces deux âmes presque divines se sont aperçues que je pouvais être l'un de ces fragiles fils susceptibles, le jour venu, d'écrire à l'usage des Cadets à venir le texte du monothéisme originel. C'est pourquoi j'ai procédé sous cette forme inhabituelle pour communiquer l'ensemble de la Connaissance acquise : une première trilogie sous forme populaire tronquée, prise la plupart du temps comme un roman. La seconde, plus conséquente, avec Moïse et Akhénaton, comprenant des notes historiques et exégétiques. La troisième avec Jésus et la fin de cette ère des Poissons, prévisible depuis l'Origine, grâce aux Combinaisons-Mathématiques-Divines.

Les gravures qui forment l'environnement des tombeaux et des sarcophages auraient dû démontrer la valeur intellectuelle et spirituelle de ce peuple déchu par l'oubli de son origine.

Les plus anciens monuments montrent la famille constituée, le père en étant le chef. Il commandait dans la maison, dirigeait les travaux, se faisant obéir de tous. Dans les peintures des mastabas, sa taille, deux ou trois fois plus grande que celle des personnages voisins, symbolisait sa primauté. Mais là encore il ne s'agissait que d'un symbolisme évident, car le confort de sa femme et de ses enfants était son premier souci. C'était l'épouse qui gouvernait la maison. Il élevait ses enfants, les instruisait, leur inculquait ses idées et ses connaissances, les établissait, les mariait, s'efforçait d'en faire les continuateurs de sa personnalité. Ainsi la famille se fondait à la fois sur l'autorité et sur l'affection. Le fils réjouissait le cœur des aînés disparus, il se montrait fidèle envers son père comme envers Ptah et envers son fils terrestre : le pharaon. Il était aimé de son père, qui le lui rendait bien. De même, il cherchait à mériter également les louanges et l'affection de sa mère, de ses frères et sœurs, et même de ses serviteurs, de ses voisins, de tous ses compatriotes. Ainsi se situait le contexte familial durant les premières dynasties. Chacune des tombes retrace cette épopée familiale paisible et naturelle que nous devrions encore leur envier.

Sans doute, il y eut toujours chez ces antiques enfants de Dieu, plus ou moins, des gens indélicats, des voleurs, des brigands. Des procès-verbaux administratifs, relatifs à des détournements de fonds par des administrateurs, en font foi. D'autres pièces font état du pillage organisé des nécropoles. Mais c'étaient là des crimes réprouvés au nom de l'honnêteté publique. Les grands se vantaient d'avoir pourchassé les brigands, arrêté les voleurs, garanti la sécurité aux paysans et aux voyageurs. Les petits professaient n'avoir jamais nui à autrui, jamais dérobé de poissons aux étangs des dieux, jamais fraudé sur la balance ou son poids. Tous haïssaient la violence : les uns s'en abstenaient, les autres la combattaient.

Quant à ce qui concerne les corvées : que n'a-t-on pas dit !... Les Hébreux gardèrent rancune à l'Égypte de la construction de villes nouvelles. Sans doute ! Cependant ils conservèrent bon souvenir des oignons et des vivres distribués aux travailleurs puisqu'ils se mettaient déjà en grève lorsqu'il y avait du retard dans cet approvisionnement si friand. Un procès-verbal du temps de Khoufou nous apprend même que l'intendant Royal a été décapité pour avoir failli à cette tâche ! Que de souffrances, disent certains modernes, suppose l'érection des Pyramides ! Ils oublient cet épisode de l'intendant Royal ! Du labeur et de la discipline, oui ; mais pourquoi plus de souffrances qu'aucun travail en nul autre pays ?

Ces relations, autant pascales que funéraires, permettent de retracer les actions à observer, sa vie terrestre durant, pour accéder à la vie éternelle. Elles devraient mettre le lecteur en état de grâce, afin de lui faire admettre la véracité de la fonction originelle de Dendérah ! Étant seul pour effectuer cet immense travail, je me réfère pour y parvenir à tous ceux qui m'ont précédé, qui ne sont pas des moindres : Auguste Mariette, dans sa description du grand temple, ne s'était pas caché de la valeur spirituelle et secrète de Dendérah. Maspero, quant à lui, tournait les difficultés rencontrées en narrant à sa façon les questions soulevées par le temple de la déesse Hathor :

« Les inscriptions enseignent d'ailleurs que, la chambre secrète une fois établie, on prenait toutes les précautions pour qu'elle demeurât ignorée non seulement des visiteurs, mais du bas sacerdoce. " Point ne la connaissent les profanes, la porte ; si on la cherche, personne ne la trouve, excepté les prophètes de la déesse." Comme l'architecte, ces prophètes de Dendérah savaient comment pénétrer dans un réduit encombré de métaux et d'objets précieux, et ils étaient seuls à le savoir. Une pierre levée, que rien ne signalait au vulgaire, ils apercevaient l'orifice d'un couloir : ils s'y engageaient en rampant et ils arrivaient après quelques instants au milieu de trésor. Le bloc remis sur son lit, l'œil le mieux exercé ne pouvait plus distinguer l'endroit précis où le passage débouchait. »

Pour conclure ce que j'ai vu et compris, en traduisant une des plus vieilles histoires du monde, puisqu'elle remonte au temps de l'Ahâ-Khéops, ou Khoufou, de la IVe dynastie, soit il y a plus de cinq millénaires !... Il s'agit de : *Le Grand Roi et les Magiciens.*

Dans cette narration, un vieux prophète de cent vingt ans connaît le nombre des coffrets à écrits, en bois de sycomore, renfermés dans la crypte d'Atêta, qui y avait classé lui-même ses manuscrits contenant les noms, la hiérarchie, les qualités de tout ce qui formulait l'univers dans le Cercle d'Or. Non seulement le nombre qui s'y trouve, mais l'endroit !

Au temps de Khéops, qui avait fait démolir le temple d'Isis pour retrouver l'entrée perdue du souterrain donnant accès au Cercle d'Or, il y avait là un symbole facile à comprendre. Car quiconque pouvait lire les livres de cette bibliothèque et les comprendre (ou se les faire expliquer) deviendrait aussi puissant que le fut cet Atêta, ou Thot, ou Hermès le trois fois grand : il pourrait se considérer comme le Maître réel de l'Univers. Mais Khéops échoua dans cette tentative, ce qui l'obligea d'effectuer une troisième reconstruction du temple de la bonne « Dame du Ciel », encore plus resplendissant, et selon les plans exacts conservés sur peau de gazelle, tracés par le Grand Architecte au temps lointain des rois prédynastiques. C'était le seul moyen par lui de se faire pardonner son blasphème et de tenter de récupérer son entrée dans l'Au-delà de la vie terrestre pour l'Éternité. Comme quoi le Noir du Mal peut devenir le prélude d'un renouvellement du Bien. Et comme quoi voir ne signifie pas forcément comprendre !

16

L'ÉTERNITÉ N'APPARTIENT QU'À DIEU

> *Se mêlant, aux cendres brûlantes, les flots coulaient à même les rues. Et l'un de ces torrents avait déferlé avec rage à l'endroit même où les prêtres d'Isis s'étaient rassemblés autour des autels.*
> George B. Lytton (Les derniers jours de Pompéi)

> *Le disque solaire ne brillera plus, et les nuages le feront disparaître. La nuit régnera éternellement et les hommes abasourdis par cette absence ne pourront plus vivre.*
> Papyrus hiératique N° 1116 Ms du musée de Léningrad
> (Le conte prophétique)

Il existe des récits prophétiques (et non des contes !) du temps des premiers pharaons. Ils ont tous été authentifiés, et il n'y a là aucune supercherie. Les prophètes existaient, et ils étaient des conseillers fort écoutés des Aînés. La noirceur des tableaux qu'ils dressent de l'avenir de l'humanité n'a rien à envier à celle d'Isaïe, de saint Jean... ou de Nostradamus ! C'est à l'aide d'un récit très particulier que je veux clore cette rapide étude de ma vie et du travail qui a été le mien depuis plus de quinze ans. Il s'agit de : *Le Grand Roi et les Magiciens*.

Bien entendu, la narration que je vais traduire ici du texte original a été reproduite de nombreuses fois comme un conte à dormir debout ! Mais encore une fois, nul des éminents égyptologues ne conteste l'authenticité du document original qui remonte à 5 000 ans. Or, à cette époque, nos propres ancêtres vivaient nus dans des grottes enfumées ! Et encore, je ne sais pas s'ils possédaient le feu pour cuire la viande qu'ils dévoraient à même la carcasse en luttant entre eux pour récupérer les meilleurs morceaux. Les sauvages ne pouvaient en aucun cas être ceux qui écrivaient des récits prophétisant ce qui se produirait des millénaires plus tard. Il faut cesser, une fois pour toutes, de considérer ces antiques sages comme des sauvages ; alors que c'est nous qui le sommes encore avec notre course insensée aux armements ! C'est le seul moyen de comprendre l'obscurantisme dans lequel nous nous enfonçons de plus en plus, et qui risque de faire glisser notre planète dans le noir absolu.

Il convient de lire pour comprendre ! Voici donc ce texte qui remonte à la nuit des temps, tel que je l'ai traduit, et qui met en scène Khoufou, le Khéops des Grecs, qui s'attribua la Grande Pyramide et fit reconstruire pour la troisième fois le temple de la Dame du Ciel, à Dendérah :

Il arriva de grandes choses au temps où Sa Majesté Khoufou régnait sur les Deux-Pays. Apprends cela, ô toi qui lis les paroles que trace le Scribe Râbsenir, mais conserve-les par-devers toi, car ce serait une malédiction pour toute ta famille et un très grand malheur pour toi, si tu les propageais auprès d'étrangers ! Ainsi tu apprendras la Sagesse du Pharaon, à Lui longue Vie, Force et Santé ! Khoufou fut le bienfaiteur de la terre entière qui s'étend de celle du Couchant, où reposent les Bienheureux Endormis, à sa capitale Men-Nefer, d'où je prépare mes calames pour noircir ces rouleaux de papyrus étalés sur ma palette. Car ici est le Cœur d'Ath-Ka-Ptah.

Or, un matin que les Conseillers Intimes de Pharaon, à Lui très longue Vie, Force et une grande Santé, en avaient terminé avec leur délibération quotidienne et s'étaient retirés comme à l'accoutumée pour vaquer à leurs nombreuses et importantes occupations, Khoufou, pris d'une inspiration subite, ordonna à son grand Chambellan qui ne quittait jamais le trône tant que Sa Majesté s'y tenait séant : "Cours après mes Conseillers Intimes, même s'ils ont déjà quitté le Palais, car je désire les entretenir de nouveau, sur-le-champ ! Va et ramène-les ! J'en ai terminé." Le grand Chambellan n'en attend pas plus, court hors les murs, vole jusqu'aux Conseillers, les ramène tremblants, se demandant en quoi ils s'étaient attiré le courroux de Pharaon, à *Lui L.V.F.S.*, et ce qui les attendait ! À peine devant le trône de Sa Majesté, tout le monde se jette à terre, plein d'effroi, s'attendant à une terrible sentence, dans un silence complet.

Mais le silence dure, car le Pharaon, à *Lui L.V.F.S.*, s'étonne de cette peur qu'il sent s'échapper par toute la peau de ses Conseillers Intimes ! Khoufou ne peut parler que d'une voix sereine, neutre et impérative, car sa requête est la conclusion d'un rêve qu'Ousir, à *Lui la Vie éternelle éternellement*, lui a inspiré : demander à un Mage la révélation du Grand Secret !

Sa Majesté, ayant repris l'entier contrôle de sa voix, l'éleva avec une nuance d'irritation : *"Eh quoi ? Mes fidèles Conseillers se prosternent comme des esclaves ? Qu'ont-ils fait pour mériter mon courroux ?"*

Les quatre Conseillers Intimes et le grand Chambellan se redressent péniblement, se demandant par quel heureux hasard il ne leur est rien reproché. Ce fut Khafriré, le fils royal, qui répondit au nom de tous, à son père le pharaon, à *Lui L.V.F.S.* : *"Il est inhabituel que Ta Majesté rappelle ainsi ses Conseillers pour délibérer une seconde fois : Nous craignions avoir offensé en quelque manière ton auguste personne Divine, ô Khoufou, à Toi longue Vie, grande Vigueur et Santé éternelle."* Alors Sa Majesté, excédée, parla ainsi à Khafriré, son fils : *"Eh quoi ? Ton état est-il semblable à celui de la pleine vieillesse, que tu ne saches discerner l'opprobre d'une demande urgente d'un conseil ? Aurais-tu si mauvaise conscience, Khafriré ? Mes Conseillers me mentent-ils en quelque chose pour craindre à ce point mon courroux ?..."* Khoufou, à *Lui L.V.F.S.*, ne se rendait pas compte qu'ayant droit de vie et de mort sur tous ses sujets, chacun d'eux craignait de l'offenser en quoi que ce soit, y compris son fils, le Prince Khafriré. Aussi celui-ci répondit-il : *"Que Ta Majesté me pardonne ce manque en ton divin jugement. Rien n'aurait dû perturber nos Parcelles Divines, puisque nul sujet susceptible de t'irriter ne les entache."*

Tendant les deux bras devant lui en signe d'allégeance, suivi en cela par les trois autres Conseillers Intimes et le grand Chambellan qui firent le même geste séculier, le prince Khafriré conclut sa phrase ainsi : *"Nous écoutons attentivement l'urgence que Ta Majesté veut nous faire entendre. Telles nos enveloppes charnelles altérées de bonnes paroles, nos oreilles s'ouvrent grandes à l'entrée de Ta Voix Juste. Parle..."*

Le pharaon, à Lui L.V.F.S., parla : *"Cette nuit, la Divine Voix s'est fait entendre à moi, en une suite de couleurs et d'obscurités. Tout était lumineux, doré, éblouissant, puis soudain, c'était le noir total, absolu, et je pensais être devenu aveugle bien que je susse cela impossible. Cela s'est reproduit huit fois de suite, avec les mêmes alternances et les mêmes paroles. Que veut dire ce songe ? Vous qui êtes mes Conseillers devez avoir une explication à cela. Est-ce un funeste présage ou une prophétie bénéfique ?... répondez-moi en toute franchise."*

Devant le silence du prince Khafriré, le pontife d'An du Nord, le vénéré Amemkâ, le conseiller royal pour les questions religieuses, prit la parole : Tu es le descendant de Râ, Seigneur de l'Éternité toute-puissante, ô Khoufou. Que ses rayons te divinisent pour des millions et des millions de vies à venir ! Ton songe n'est pas tout à fait un présage, ni uniquement une prophétie. C'est la marque royale de ta toute-puissance. Djoser, ton ancêtre divin, à Lui la Vie Éternelle, qui éleva si grandement un temple du Soleil à Sakârâ avant de se construire un tombeau presque aussi fastueux que celui qui deviendra le tien à la fin de ta vie terrestre, a eu, à plusieurs reprises, des visions semblables à celle qui fut la tienne cette nuit. Les scribes royaux de sa Cour en attestent dans leurs rapports journaliers.

Le pharaon, à Lui L.V.F.S., hocha la tête, comme pour approuver l'existence antique d'un rêve identique, avant de demander : *"Ceci est Vrai, ô Amenkâ, rappelle-moi donc la valeur accordée par les Mages de cette époque lointaine au rêve pareil au mien de mon ancêtre le grand*

Ver-Ahâ Djoser, à Lui la Vie Éternelle, éternellement." Amenkâ répondit à cette requête sans marquer la moindre hésitation : *"Les alternances de clarté aveuglante et d'obscurité totale, huit fois de suite, sont la preuve de l'influence divine de Râ sur toute la Terre. Sa présence illumine et dispense la Vie ; sa disparition aveugle et sème la Mort. Aussi les Mages préconisèrent-ils au grand Djoser, ton ancêtre, à Lui la Vie éternelle, d'ordonner la construction du plus beau temple dédié au Soleil, tel qu'aucun roi n'eût jamais construit. Ce qu'il fit, ô puissant Khoufou, et sa minute d'éternité sur le sol de notre Deuxième-Cœur dura plus longtemps qu'habituellement..."*

Le silence méditatif du pharaon, à Lui L.V.F.S., ne dura que le temps d'un soupir, et Sa Majesté à la voix juste dit : "Cela est parfaitement vrai, ô Amenkâ, qu'on porte sur l'autel du Fer-Ahâ Djoser, à Lui La Vie Éternelle, une offrande de mille pains, de cent cruches de bière, de dix coupelles d'encens, ainsi que du taureau découpé selon nos rites ancestraux déterminés par Seth, à Lui le pouvoir éternel grâce à la toute-puissance de Râ. Fais de même placer sur l'autel de son Khaï-habi une bonne ration de viande pure, une pinte de bière, une galette et une coupelle d'encens, afin qu'il continue de glorifier éternellement la grandeur d'âme de son Per-Ahâ, au pays des Bienheureux Endormis."

Amemkâ répondit : "Qu'il en soit fait conformément à la volonté de Ta Majesté." Et le pontife s'inclina, avant d'aller s'asseoir à sa place habituelle, sur un petit tabouret d'ébène, un peu en retrait de celui du prince Khafriré. Ce fut lui, le fils de Khoufou, qui se leva pour venir jusque devant Sa Majesté. Il dit à son tour : « Le Roi Djoser a certes mérité d'accéder à l'éternité de la vie céleste à la suite de la ferveur avec laquelle il favorisa l'accomplissement des désirs de Râ introduits durant les nuits de ses présages. Cependant, les Per-Ahâ se suivent, mais leurs rêves ne se ressemblent pas. Son suivant, le Roi Nebkâ, à Lui toute l'Éternité, a été possédé par les mêmes visions que celles du Roi Djoser et identiquement à celles de Ta Majesté. Mais son Magicien lui indiqua que cette alternance, d'une grande clarté et d'un noir total était le signe du grand équilibre universel, ce qui était le signe que cette Majesté-là serait le plus grand Roi à la Voix juste depuis le début des temps, ce que fut Nebkâ durant sa longue vie terrestre. Il rendit la Justice avec une telle équité qu'au moment du Jugement Ultime, son entrée dans l'Au-delà de la Vie Terrestre ne suscita que des louanges !"

Le pharaon, à Lui L.V.P.S., approuva et demanda : "Peux-tu me citer un exemple de cette lumière qui l'éclairait ?" Khafriré hocha la tête : "Sa Justice était telle qu'elle passait pour accomplir des prodiges ! Un jour, donc, que le Roi Nebkâ, à Lui la Vie Éternelle, se rendait au temple de Ptah de la si belle capitale dont les Murs Blancs resplendissent aujourd'hui par ta présence. Or, à ta différence, à chaque fois qu'il se rendait au temple de Ptah, le roi Nebkâ, à Lui la Vie Éternelle, se faisait précéder par son chef du protocole, le Khaï-habi Oubaousir, afin que celui-ci ménage les emplacements de la suite royale durant la cérémonie religieuse dédicatoire à Ptah. Cependant, l'épouse d'Oubaousir était perfide, car dans la suite royale, il existait un vassal qui, dès l'heure où elle l'avait aperçu pour la première fois, lui fit oublier l'endroit du monde où se trouvait son foyer. Car, à chaque fois qu'Oubaousir rejoignait le roi pour une longue cérémonie dans le temple, elle envoyait sa servante, chaque fois avec de nouveaux présents sous forme de vêtements. Et le riche vassal quittait sa tunique de Cour pour se parer des habits de fête et se rendre auprès de l'épouse d'Oubaousir, dans la vaste propriété de celui-ci, en bordure du grand fleuve Hapy. Ils passaient ainsi tous les deux des heures d'ivresse dans le plaisir des sens, sur la couche d'un petit kiosque situé sur la presqu'île qui achevait le jardin devant le fleuve. Après quoi, ils se baignaient tous les deux afin qu'il ne reste plus trace de leurs fatigues. Or, un jour que le vassal n'eut pas remercié comme à son habitude le jardinier, celui-ci s'en alla trouver son maître le Khaï-habi, pour lui raconter toute l'affaire. Alors Oubaousir lui demanda de lui apporter sa cassette d'ébène incrustée d'or, celle où il conservait son recueil des recettes antiques pour maudire le Malin. Et il conçut un crocodile de cire, long de sept pouces selon le rituel, afin que la malédiction agisse efficacement. Oubaousir savait qu'il ne suffisait pas de jeter un homme chanceux comme ce vassal pour le noyer ; même dans le grand fleuve, il serait capable de remonter à la surface avec un beau poisson entre les dents !... Aussi lut-il avec conviction, sur le crocodile, la formule écrite sur le grimoire sacré en ajoutant : "Et Divin Oumbou, dès que le vassal traître à son serment se baignera près de mon kiosque, entraîne-le jusqu'au fond du grand fleuve et garde-le jusqu'à ce que je te le réclame. Fais-ce que je te demande, au nom de Khoum !"

Alors il remit le crocodile de cire au jardinier et lui dit : "Dès que le vassal, pour laver le résultat de son méfait, se sera plongé dans les eaux du grand fleuve, jette ce crocodile à sa suite." Ce qui se produisit dès le lendemain, lorsque, Oubaousir absent, le vassal accouru, se baigna avant de repartir. Et le crocodile de sept pouces en cire se changea en un crocodile de sept coudées qui emporta immédiatement le vassal sous l'eau. Durant ce temps Oubaousir parlait au Roi Nebkâ, à Lui la Vie Éternelle : "Plaise à Ta Majesté de venir voir le prodige qui s'est produit chez moi, à cause de l'horrible conduite de ton vassal avec mon épouse."

Le Roi suivit donc Oubaousir chez lui et le regarda parler aux eaux du grand fleuve : "Apporte le vassal hors de l'eau, ô Oumbou !" Et le crocodile de sept coudées jaillit de l'eau, tenant le vassal à moitié étouffé. Sa Majesté Nebkâ, à Lui une très très longue Vie dans l'Éternité, ne fut nullement effrayé à cette vision. Sa Voix Juste frémit seulement un peu pour dire au crocodile : "Cette enveloppe charnelle n'a plus de Parcelle Divine, elle est tienne, garde-la !" Le crocodile de sept coudées plongea aussitôt avec sa proie au fond du grand fleuve, et nul ne sut ce qu'il advint, ni de l'un ni de l'autre. Quant au roi Nebkâ, à la Voix Juste pour l'Éternité, il fit conduire l'épouse d'Oubaousir sur la face nord du tertre royal, où elle fut brûlée vive avant que ses cendres ne fussent jetées dans le fleuve. Ainsi la lueur des flammes régénéra le noir des sentiments qui avaient animé cette femme, triste représentante humaine de l'espèce que le Per-Ahâ, à Lui longue Vie, Force et grande Santé, avait enfantée. "Voilà, ô Puissant Taureau qui règne sur Tes Fils comme sur ceux des Deux-Pays, la signification de la lumière et des ténèbres de ton rêve."

Le silence méditatif du Pharaon, à Lui L.V.F.S., ne dura pas plus longtemps que pour la précédente narration. Khoufou ne soupira que l'espace d'un souffle avant de convenir en lui-même que la Justesse de Nebkâ ne valait pas plus que la Noblesse de Djoser par rapport à

Sa Majesté Khoufou, c'est-à-dire lui-même. Il dit cependant : "Cela est bien vrai, Khafriré ; qu'on porte sur l'autel du Per-Ahâ Nebkâ, à Lui la Vie éternelle, une offrande de mille pains, de cent cruches de bière, de dix coupelles d'encens, ainsi que d'un taureau découpé rituellement selon les principes du Grand Ptah qui protégea Ousir durant le règne du Roi Nebkâ, à Lui l'éternelle Éternité ! Fais de même placer sur l'autel de son Khaï-habi, Oubaousir, une bonne ration de viande pure, une pinte de bière, une galette et une coupelle d'encens."

Khafriré répondit : "Qu'il en soit fait conformément à la volonté de Ta Majesté." Le prince s'inclina devant son père le pharaon, à Lui L.V.F.S., avant de retourner s'asseoir auprès du pontife Amenkâ. Le troisième Conseiller Intime, déjà levé, s'approchait de Khoufou. C'était un noble descendant de la famille Zamankhou, dont le propre père avait été le Kaï-habi du grand Snéfrou, à Lui longue Vie dans l'Éternité où il était entré depuis peu d'années, pleuré par les nombreuses femmes et concubines qui l'avaient doté d'une florissante progéniture, de laquelle, justement, provenait Khoufou, à Lui L.V.S.F., et qui avait pris à ce moment-là le sceptre des mains du roi endormi.

Aussi Zamankhou, le Conseiller Intime de Khoufou, avait-il choisi d'éclairer le songe de son roi par celui qu'avait vécu Snéfrou en compagnie de son père, le Kaï-habi. Et il commença ainsi de parler : "Ceci est un des prodiges vécu par ton père, le grand Snéfrou, à Lui la Vie éternelle, à la suite d'un rêve identique au tien, ô Puissant Taureau qui règne sur les Deux-Pays." Ce matin-là, Sa Majesté fit appeler mon père, le Kaï-habi, pour lui demander des explications sur son rêve. Après un moment de réflexion, Zamankhou comprit le sens de la vision, et s'en expliqua à Snéfrou : "Tu es triste, ô grand roi de la Terre, car ton cœur est lourd de tous les péchés commis par les Cadets, tes sujets. Tout s'obscurcit et tout se noircira totalement si tu n'y remédies point. Pour t'éclairer, tu dois partir en croisière sur le grand fleuve, et celui qui a inspiré ton rêve t'illuminera alors de sa splendeur pour t'indiquer la Vérité." Le pharaon, à Lui la Gloire éternelle, fit la moue, car une promenade sur Hapy avec des rameurs prisonniers ne l'enchantait guère. Comme s'il avait perçu le fil des pensées de son

Maître, Zamankhou ajouta : "Tu ordonneras de l'armer avec des belles filles de ton harem royal, et non avec des prisonniers. Ton cœur s'allégera à leur vue, et la campagne qui borde les rives du grand fleuve t'en paraîtra plus belle ! Fais donc apporter vingt rames en bois d'ébène incrusté d'or, dont les pales seront faites de cœur de bois de sycomore pour être sous la protection de la divine Isis. Et puis ordonne la venue des vingt plus belles nouvelles arrivantes dans ton harem, de celles qui ont beaux corps, belles chevelures, et point encore d'enfants, vêtues de la seule fine résille au-dessus de leur nudité. Et quelque chose se produira qui fera cesser tes sombres pensées pour te protéger dans l'ineffable clarté." Ainsi fut fait lorsque le temps de la croisière fut venu. Les belles filles du harem ramaient en cadence, calées sur leur banc, les muscles tendant les jolies peaux sous l'effort ; et le cœur de Sa Majesté se réjouissait à les voir aller et venir au gré des mouvements, chantant à pleine voix pour se donner la force de tirer sur les rames. Le cœur de Sa Majesté était près de chanter pareillement, lorsque soudain un des bois, ayant raté l'eau, rebondit ; et, passant pardessus la chevelure de la rameuse du banc précédent, balaya le poisson de malachite qui y était planté. De désespoir, la jeune fille se tut et cessa de ramer. Ce que cessèrent pareillement les autres belles filles.

Sa Majesté, qui avait suivi la scène, s'approcha de la rameuse qui avait cessé la première ses évolutions sportives, et lui demanda pourquoi elle avait cessé de ramer, car il n'avait pas vu la disparition du poisson de malachite. Elle expliqua pourquoi au Roi Snéfrou. Sa Majesté lui répondit de ne point pleurer et de recommencer à ramer parce qu'il lui en donnerait un autre tout aussi beau. La belle fille répondit que ce n'était pas un autre poisson de malachite qu'elle voulait, mais c'était retrouver celui qu'elle avait perdu !

C'est alors que le pharaon, à Lui L.V.F.S., dépêcha deux coursiers des plus rapides afin que mon père Zamankhou arrive jusqu'à lui sans délai, parce que son cœur qui était près de s'alléger selon ce qui avait été prédit s'alourdissait présentement au point de sombrer ! Mon père fit célérité pour parvenir auprès de Snéfrou avant le désastre. Il récita la formulation des grimoires antiques pour refouler les eaux du grand fleuve au loin. Et les douze coudées d'épaisseur de l'eau montèrent plus loin sur les douze coudées normales du reste de l'eau, pour vider l'endroit où était tombé le poisson de malachite de la belle fille du harem royal. Zamankhou descendit le prendre à pied sec et le remit à Snéfrou avant de réciter la fin de la formule du grimoire pour que l'eau du fleuve Hapy reprenne son cours normal. Sa Majesté rendit le poisson de malachite à la belle rameuse qui se remit ensuite au travail, tout comme ses autres compagnes. Ce fut une journée mémorable pour tous, mais elle s'acheva cette nuit-là dans la chambre royale pour la jeune et belle porteuse du poisson de malachite, dont la jolie chevelure resplendissait de clarté. De toutes les bonnes choses qui s'ensuivirent, la plus importante fut la naissance de la splendeur des Deux-Pays d'aujourd'hui : Sa Majesté Khoufou !... La lumière éblouissante avait triomphé du sombre gouffre des eaux, pour que soit assurée la gloire rayonnante du Deuxième-Cœur !

Le pharaon, à Lui L.V.F.S., cette fois, médita plus longuement, car il connaissait ce signe divin de sa naissance, et il se sentait soudain le besoin de se rendre lui-même au harem. Mais il surprit un regard furieux de son fils Khafriré, et il préféra temporiser en écoutant son quatrième et dernier Conseiller Intime. Et comme celui-ci était le plus secret et le moins prolifique en paroles, il se dit que ce ne serait pas une mauvaise idée. Il dit donc à Zamankhou, qui attendait debout et immobile le bon vouloir de sa royale personne : "Tu as très bien parlé de Sa Majesté Snéfrou, à lui l'Éternité de l'éternelle Paix bienheureuse des Justes ! Porte sur son autel une offrande digne de sa virilité, dépose deux mille pains, cinq cents cruches de bière, dix coupelles d'encens, un taureau noir rituellement tranché selon les préceptes chers à Ousir, ainsi qu'un taureau blanc découpé selon les rites traditionnels des fils de notre Seth vénéré. Ainsi puisera-t-il un supplément de force éternelle dont je pourrai profiter. Quant à ton père, le Kaï-habi, fais porter sur son autel privé, de la part de ma Majesté, une coupelle d'encens que tu entoureras des galettes et des pintes de bière que tu jugeras convenable. Va ! J'ai dit."

Zamankhou s'inclina respectueusement et retourna s'asseoir, cependant que le dernier Conseiller Intime, le grand voyant Senenpthah, s'approchait de son roi, qui le regardait avancer d'un œil de plus en plus scrutateur. Senenpthah venait de la lointaine Haute-Égypte, de cette Thébaïde où Khoufou n'avait pas encore eu l'occasion de se rendre. Dans son traité de paix et de fraternité avec cette importante région, son gouverneur avait inclus la présence amicale d'un conseiller. Était-ce un espion, était-ce un conseiller ? Un peu des deux à ce qu'il semblait au pharaon, à Lui L.V.F.S. Et afin que Senenpthah ne puisse lire ses pensées, Sa Majesté s'empressa de lui demander : "Et toi, que penses-tu de mon présage et de ce qu'en ont dit tes collègues Conseillers ?..."

Le grand voyant, qui n'était pas dupe, ni des pensées ni des intentions cachées de Khoufou, lui répondit : "Pour te répondre, ô grand roi des Deux-Pays, je vais faire appel à mon double Dadoukhourou." Sa Majesté s'étonna : "Pourquoi ce double dont le nom veut dire ; qui connaît le passé et l'avenir ? Tu ne m'en as jamais parlé et tu ne l'as jamais amené devant moi..." Senenpthah répondit d'un air triste : "Le moment n'en était pas encore venu, ô toi le Tout-Puissant détenteur du sceptre des Deux-Pays. Devant ton rêve de la nuit passée, il est temps de faire appel à lui, car le noir de l'avenir qu'il laisse présager me préoccupe." Pharaon, à Lui L.V.F.S., s'assombrit encore plus à cette phrase. Il dit : "Pourquoi parler ici de noir, alors que j'ai aussi vu la Lumière ? Il ne peut pas faire noir ! mais soit : présente-moi vite ce Dadoukhourou. Fais-le venir, toi qui es mon Conseiller, afin que je sache tout." Senenpthah répondit sans sourire : "Il est en moi, ô grand Khoufou, je le questionne sur le passé ou sur l'avenir, et il me répond, et je transmets sa réponse par ma voix." Khoufou fut surpris mais ne le montra point, il demanda : "Pourquoi ne parle-t-il pas aussi du présent ?" Senenpthah répondit : "Parce que le passé est écoulé, et que chacun pouvant en raconter sa propre perception depuis derrière le miroir du temps, Dadoukhourou connaît la vérité du Bien et du Mal passés. Tes trois autres Conseillers ont décrit ton rêve d'après des présages passés, chacun à leur façon, te présentant ainsi trois facettes différentes et acceptables de ta vision. Il est impossible d'en parler au présent, puisque à la seconde même où je parle, le futur devient le passé sans que le présent ne subsiste ! Même après que tu auras entendu mes paroles, tu ne pourras les utiliser dans le présent, mais préparer seulement le futur avec..."

Pharaon, à Lui L.V.F.S., fronça les sourcils sous un effort de compréhension inhabituel, avant de redemander : "Que comptes-tu m'apprendre de nouveau sur mon rêve, Senepthah ? Parle en toute franchise." Le grand voyant se redressa un peu plus, pour dire d'un ton un peu méprisant : *"Jusqu'à présent, les Conseillers de Ta Majesté ont parlé des prodiges réalisés par tes Ancêtres plus ou moins lointains à propos de rêves symboliques apparemment identiques au tien de cette nuit. Ils sont connus par les actes écrits de Scribes royaux, mais le symbolisme de certains faits, comme la transformation du crocodile de cire en un vrai, ou du découpage des eaux du Grand Fleuve en deux parties pour repêcher la malachite de la fille du harem, ne peuvent être garantis comme véridiques de cette façon concrète. Je ne dis pas qu'il y a supercherie, mais transformation de la vérité pour expliquer un passé prophétique qui s'est réalisé, tel celui de ta naissance. Et c'est ce que je te propose : faire connaître à Ta Majesté, Dadoukhourou, mon double intérieur, que tu ne connais pas, bien qu'il soit éternellement dans le présent pour ne te parler que de l'avenir !"*

Pharaon, à Lui L.V.P.S., demanda de nouveau : "Comment cela est-il possible, Senenpthah ?" Le grand voyant lui répondit en haussant les épaules : *"Je ne le sais pas exactement. Ce que je peux te dire c'est qu'il est entré en moi en même temps que ma Parcelle Divine, et que présentement, il a plus de 120 ans. Mais il vivait déjà au temps du Grand Cataclysme où le Soleil avançait au lieu de reculer dans le Lion. Il s'est battu avec le bœuf Hapy et va souvent en ma compagnie dans le grand fleuve y répandre des forces nouvelles. Il a surtout assisté Atêta le trois fois béni, dans son œuvre salvatrice des rescapés du peuple élu, en aidant ce pharaon, à Lui la Vie éternelle à la droite de Ptah, à réintroduire la marche du Temps, la poursuite de la Vie, et la Connaissance de l'Éternité du Créateur !"*

Khoufou soupira tout haut malgré lui. *L'histoire d'Atêta dont l'Éternité était assurée lui rappelait pareillement celle du roi Mêna, Vie éternelle à l'Unificateur également, constructeur du temple de Men-Nefer certes, mais aussi du Cercle d'Or de l'An-du-Sud, bâti sur le tombeau même de Mêna. Ah ! Cet An-du-Sud dans lequel se trouvaient des montagnes et des montagnes d'or et de pierreries !...*

Parvenir à cette richesse incommensurable qui brillait devant ses yeux, pire que l'éblouissement qu'il avait eu dans son rêve nocturne, pharaon, à Lui L.V.F.S., fut soudain certain que c'était la connaissance du Cercle d'Or qui lui avait été annoncée !... Aussi ferma-t-il les paupières un instant pour reprendre le contrôle de lui-même et ne rien laisser paraître de ses sentiments devant le grand voyant. D'une voix plus neutre, Khoufou dit : "Atêta, Gloire éternelle à son nom trois fois grand, fut le grand rénovateur de toute notre littérature sacrée ! N'a-t-il pas écrit lui-même tous les textes ?" Senenpthah répondit : "Non seulement il savait recoudre les têtes sur les épaules et parler aux astres, mais il a écrit lui-même les quarante-deux livres avant de les enfermer dans leurs coffrets à écrits, qu'il a descendus dans la crypte réservée à cet effet dans le Cercle d'Or protégé par Isis !"

À ces mots Khoufou ne put s'empêcher de tressaillir, et il posa sa suivante question sans regarder Senenpthah : "Ne peux-tu donc en faire une copie pour mon tombeau, que j'emmènerai avec moi dans l'Au-delà de la vie terrestre ?" Il dit à Sa Majesté : "Je ne peux pas interroger Dadoukhourou sur le passé, il ne me répond pas. Mais je peux l'interroger sur l'avenir." Le pharaon, à Lui L.V.F.S., retint à grand-peine un mouvement de dépit. Il dit : "L'avenir m'importe peu à ce sujet. Interroge-le sur ce passé précis." Senenpthah secoua la tête : "Il ne répondra pas. À son grand âge, il est à l'abri des requêtes de ce genre. Il ne se prépare plus qu'à sa mise en bandelettes et à son retour auprès de son Créateur. Mais il y a tout de même une possibilité de l'interroger à ce sujet." Sa Majesté dit : "Vite, dis-moi laquelle." Le grand voyant répondit : "Je vais m'étendre à terre et ordonner à Dadoukhourou de m'endormir et de se servir de mon corps pour répondre à tes questions. Interroge-le sur les rois du futur qui tenteront de pénétrer dans le Cercle d'Or pour s'y emparer du grand trésor originel, il te parlera peut-être alors de l'emplacement des coffrets à livres et du moyen d'en obtenir une copie pour ton tombeau." Khoufou approuva : "Cela est bien, Senenpthah, demande donc à ton Dadoukhourou de t'endormir et je lui parlerai." Ce qui fut rapidement fait. Lorsque le grand voyant n'eut plus que l'aspect rigide d'une enveloppe charnelle sans âme, le pharaon, à Lui L.V.F.S., se dressa sur son trône et descendit auprès de l'être inerte étendu. Khoufou se pencha et dit : "Qu'est-ce cela, Dadoukhourou, que je ne t'ai encore jamais vu ?" Une autre voix, beaucoup plus grave, sortit du corps de Senepthah pour répondre : "Parce que je suis une âme errante sans corps dans cette vie. Tu ne peux me voir, mais je t'entends et je te réponds, ô Roi." Khoufou dit de nouveau : "Le grand voyant prétend que tu sais recoudre les têtes." La voix répondit : "Je le peux, ô roi. Casse une tête et je la réparerai !" Sa Majesté se redressa et ordonna au grand Chambellan : "Qu'on amène ici devant moi un prisonnier, de ceux dont la condamnation est prononcée, sur l'heure !" Le grand Chambellan se précipita vers les prisons de la cave du palais avec des soldats et un geôlier, et il ramena un prisonnier fort comme un taureau, chargé de chaînes, qui avait tué un soir d'ivresse deux soldats de la garde royale, uniquement avec ses mains nues ! Les soldats l'obligèrent à se prosterner devant le pharaon, à Lui L.V.F.S., la tête posée sur un tabouret d'ébène où était assis auparavant Senepthah. Et un soldat armé d'une massue abattit celle-ci soudainement sur le crâne du prisonnier, le fracassant, en même temps que le tabouret. Et Khoufou dit au corps toujours rigide du grand voyant : "À toi de faire voir si ce que tu prétends est vrai, Dadoukhourou : recouds-moi ce crâne-là." Lentement, le corps de Senepthah se releva. Dès qu'il fut debout, très rapidement, il entreprit d'ôter des outils des replis de sa tunique et se mit en devoir de raser la chevelure, couper la peau, ôter des morceaux d'os, d'éponger le sang, et de remettre les peaux en place. Après quoi il se retourna vers Khoufou et lui dit de la même voix grave : "Le prisonnier va reprendre connaissance et il vivra. Maintenant laisse-moi en paix, ô Roi !" Sa Majesté dit vivement : "Attends, Dadoukhourou. J'ai une requête importante à t'adresser." La voix grave répondit dans le corps debout : "Je t'écoute." Khoufou dit : "Senepthah prétend que tu connais l'endroit où se trouvent les coffrets à écrits, ceux d'Atêta, à Lui l'Éternité éternelle de l'Au-delà. Est-ce vrai Dadoukhourou ?" La voix grave dans le corps immobile debout répondit : "C'est exact, ô Roi, derrière la grande pierre en grès qui forme l'accès à la Salle des Archives de la Chambre des Rôles dans l'An-du-Sud." Sa Majesté dit alors d'une voix émue : "Peux-tu m'y conduire ?" La voix grave répondit : "Je ne le peux pas car je n'ai aucun souvenir du passé." Khoufou reprit d'une voix attristée : "Alors je partirai pour l'Au-delà sans que des copies de ces textes sacrés n'entrent dans mon tombeau.

N'y a-t-il aucun moyen pour que j'en obtienne, Dadoukhourou ?" La voix grave répondit : "Il en existe un, Ô Roi. Prévois une requête dans ton tombeau, destinée à tes petits-enfants, car l'un d'eux tentera d'entrer dans le Cercle d'Or, et s'il n'en ressort pas, sa suite trouvera une cachette où sont déjà entreposées des copies du contenu des coffrets à écrits !"

La déception de pharaon, à Lui L.V.F.S., était grande. Mais il ne désespérait pas d'apprendre le secret de l'entrée du souterrain donnant accès au Cercle d'Or en questionnant plus avant Dadoukhourou. Sa Majesté dit : "Soit, j'agirai ainsi. Mais puisque tu sais lire dans l'avenir, réponds à ceci : Qui pénétrera le secret du Cercle d'Or, aujourd'hui perdu ?" La voix grave sortit du corps toujours immobile et debout, pour dire : "Ce ne sera que dans cinq millénaires, une fois venus les temps prescrits pour un nouveau cycle des Combinaisons-Mathématiques-Divines, que le Cercle d'Or livrera son contenu aux Cadets de cette époque-là, pas avant !" Khoufou dit : "Que deviendront ceux qui tenteront de pénétrer dans le Cercle d'Or, Dadoukh'ourou ?" Et la voix grave donna un arrêt sans appel : "Tous ceux qui tenteront de percer le secret avant le temps prescrit périront ! Cela est irrévocable, ô Roi."

Pharaon, à Lui L.V.F.S., était très déçu car il avait déjà formé le vœu d'aller lui-même sur place à la recherche du grand trésor. Sa Majesté dit encore : "Ces rois ne pourraient-ils pas se racheter de leur curiosité, Dadoukhourou ?" Et la voix grave répondit : "Si, en dépensant sans compter le reste de leur cassette royale pour reconstruire un temple à Isis, encore plus beau que celui qu'ils auront profané sans succès ! Maintenant je me repose, pour que Senenpthah récupère son corps." Khoufou dit vivement : "Attends ! attends ! par le Dieu qui t'a créé tel que tu es, attends ! Senenpthah a le temps." La voix grave répondit : "Le grand voyant n'est pas content, il a peur que tu en apprennes trop." Sa Majesté s'impatienta : "Que m'importe Senenpthah ! réponds-moi à ceci : Quels seront les rois du futur qui tenteront de percer le secret du Cercle d'Or ? le sais-tu ?..." La voix grave répondit : "Je le sais, o roi, mais cela ne t'avancera en rien car je ne peux te répondre que sous la forme de paraboles prophétiques. Voici ce que les Combinaisons-Mathématiques-Divines annoncent : *Du ciel descendront trois princes maudits, nés de la branche fratricide du vieux Lion, mort du jeune ! Leur naissance fut tellement difficile qu'Isis, Nephtys et Khnoum durent unir leurs efforts lors de chaque enfantement, devant se faire aider qui, de son sistre, qui de son bâton, qui de ses najas. Ainsi vinrent au monde les trois pestiférés. Le premier enfant avait un gros ventre, le deuxième avait la bouche forte, le troisième, bien que plus normal, était désigné par ses cheveux en lapis-lazuli. Voilà le détail précis des trois curieux à naître, qui mourront tous dans des douleurs justes, à la hauteur de leurs crimes de lèse-divinité. Je me repose maintenant."*

Vivement, Pharaon, à Lui L.V.F.S., dit : *"Donne-moi d'abord leurs noms !"* La voix grave dit : *"Je me repose maintenant."* Khoufou l'en empêcha en le retenant. Il dit : *"Donne-moi les noms des trois futurs rois. Je suis ton Aîné, je le veux."* Le corps immobile resta un instant sans voix, et Sa Majesté crut avoir perdu le contact. Mais la gravité vocale hésitante et plus lointaine dit : *"Le troisième, le plus scélérat pour le Cercle d'Or, viendra de l'étranger. Il s'appellera Khambénoui le sanguinaire, mais le premier, qui débutera la série sera nommé Rakâoui le ténébreux. J'en ai fini, il est trop tard, pour assurer mes bandelettes !..."*

Sa Majesté, excédé, ne comprit pas le sens terrible de ces paroles.

Khoufou retint le corps qui se penchait par la tunique, mais celle-ci lui resta entre les mains. L'enveloppe charnelle fondait. La matière se réduisait en cendres, en un petit monticule que le roi regarda d'un air consterné. Et Senepthah et Dadoukhourou étaient réduits à néant ! Un intermède survint avec le prisonnier qui revenait à la vie, et à qui le pharaon, à Lui L.V.F.S., rendit la liberté, avant d'ordonner : *"Qu'on mette ces restes dans une urne et qu'on la porte près de l'autel du temple de Ptah avec cent bottes d'échalotes et cent bottes d'ail. Ils ne méritent pas autre chose pour avoir disparu avant de me révéler la Vérité... Le Ténébreux ! qui peut me parler de Rakâoui le Ténébreux ?..."*

Aucun des trois Conseillers Intimes restants ne put résoudre cette énigme. Et comme Pharaon, à Lui la longue Vie, la Force et la Santé, savait qu'il ne faisait pas partie des trois maudits, il décida de se rendre dans ce lointain Sakhibou, cette Thébaïde détentrice, par Isis et Atêta, de si terribles secrets, mais aussi d'immenses trésors ! Et s'il échouait, il ferait reconstruire un temple splendide en l'honneur de la Bonne Mère du Ciel, afin de continuer à régner sur les Deux-Pays, en toute clarté terrestre, et donc loin de toute obscurité céleste.

Cette page énigmatique et hermétique mériterait à elle seule un ouvrage complet, car une multitude d'annotations serait nécessaire afin de tenter d'expliquer chaque mot formant le contexte d'une phrase. J'avais écrit, justement dans une note de la page 174 de mon *Et Dieu ressuscita à Dendérah*, que je me réservais d'écrire ultérieurement un livre sur la vie de Khoufou. Malheureusement, plus le temps passe, et plus je m'aperçois de la difficulté d'insérer un tel ouvrage dans mes publications avant... une vingtaine d'années ! J'ajoute simplement ici, pour la bonne compréhension, l'explication des abréviations L.V.F.S., qui étaient celles employées par les scribes antiques eux-mêmes, afin de prendre moins de place dans leurs textes écrits, car il était protocolaire et partout obligatoire, d'adjoindre à la suite de « Pharaon », la formule Longue Vie, Force et Santé. Et les scribes avaient remarqué qu'en mettant seulement L.V.F.S., dont les hiéroglyphes sont, selon les manuscrits, ou :

Force, Vie, Santé, pour l'Aimé du Soleil ;

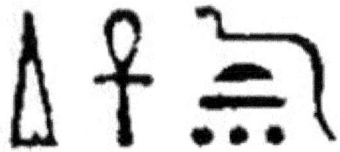

Force, Vie, dispensées par l'Éternel des Cieux.

Le symbolisme originel étant « Ankh » (la Vie).

Nonobstant ces considérations, voici un passage de la vie de Khéops où celui-ci, par un nouveau décret, ordonne la troisième reconstruction du temple d'Isis, à Dendérah :

« Le Soleil apparut à l'horizon oriental, juste à l'endroit vers lequel des centaines de paires d'yeux l'attendaient. Il sembla balancer, son or fusionnant devant les paupières clignotantes et, très vite, il nuança le site complet de Dendérah des couleurs les plus vives. Le manteau de la nuit s'était évaporé, pour céder la place à une très belle journée qui s'annonçait sous de bons auspices.

Car les ruines de ce lieu allaient renaître du sacrilège qui avait été commis par Un roi maudit — et non un vrai Per-Ahâ — d'un mysticisme outrancier avait, au nom de son idolâtrie solaire, ordonné de mettre bas les temples de Ptah dans tout le pays, dans le nord à Men-Nefer, comme ici à Dendérah ! Vingt années de basse dictature avaient passé, accentuant la misère du peuple élu de Dieu, et alourdissant une atmosphère déjà naturellement étouffante. Le roi Khoufou, s'il ne s'assagissait pas sur le tard, semblait rechercher la bienveillance de Ptah pour tout le mal qu'il lui avait fait, en recherchant l'entrée du Cercle d'Or et en tentant d'en accaparer les grandes richesses. Il en avait été maudit et son règne ne tarderait pas de s'achever lamentablement ! Cherchant à s'attirer toutes les grâces célestes pour son arrivée dans l'Au-delà de la vie, il avait donné l'ordre de rétablir la liberté des cultes, dans tout le royaume, et même dans les deux terres : Ath-Kâ-Ptah, et Ahâ-Men-Ptah.

Le pontife Khânepou sourit amèrement à cette pensée puisque l'Amenta était la terre des Bienheureux Endormis, et que ceux-ci, sans nul doute, se moquaient éperdument des décrets bassement terrestres de cet adorateur du Soleil ! Mais l'ordre était parvenu la veille, émanant de Sa Majesté elle-même, d'entreprendre la reconstruction du Temple de Nout, la Déesse Mère des Deux-Frères, selon les plans originaux dressés par les Suivants d'Horus, il y avait bien longtemps. C'était son propre fils, Djedef-Râ, son cadet et son héritier, depuis la mort du prince Khafriré, qui avait apporté le papyrus du décret royal. Il était corégent et, à ce titre, il assistait en cette aube exceptionnelle à la prière de purification de l'aire du temple, là où se dresserait à nouveau l'édifice saint, identique au précédent.

Sorti d'une retraite prolongée, le pontife avait accueilli ce prince héritier usurpateur, et sa suite nombreuse, comme il le devait en cette circonstance. La méditation silencieuse qui les tenait tous en dialogues extérieurs avec leur « kâ » ressemblait à une glorification externe au Soleil, mais la plupart, comme l'An-Un, devaient remercier Ptah de leur accorder cette revanche spirituelle, pour permettre à cet endroit sacré de renaître de ses cendres. »

Inexorablement, l'histoire et les prophéties s'enchevêtreront dans la longueur démesurée du temps terrestre, pour s'accomplir selon les prédictions. Le Cercle d'Or réapparaîtra sans nul doute au moment propice, voulu par les Combinaisons-Mathématiques-Divines. Nul doute aussi que ceux qui « prédisent » le retour de l'Atlantide par un nouveau bouleversement cataclysmique en 1983 ou 1984 se trompent ! Non pas par le sens même des prophéties, mais encore une fois par l'interprétation qu'ils donnent aux Textes sacrés. Ceux-ci disent en effet qu'Ahâ-Men-Ptah resurgira de ses propres cendres en une certaine configuration céleste de l'année 1983, seule possible pour cela. Mais ne peut-on dire plutôt que les documents originaux, tous les écrits sacrés des premiers jours d'Ath-Kâ-Ptah, retraçant l'histoire complète d'Ahâ-Men-Ptah, seront mis au jour à ce moment-là dans le Cercle d'Or ? Ce serait une telle révélation que l'Atlantide resurgira véritablement de ses cendres ! Car l'Éternité seule est au pouvoir de Dieu... C'est pourquoi je me contente d'enregistrer les données prophétiques sans les divulguer.

EN GUISE DE CONCLUSION

POUR NOTRE TEMPS

*J'ai vu sous le soleil l'impiété dans le lieu du Jugement
et l'iniquité dans le lieu de la Justice.
Et j'ai dit dans mon cœur : — Dieu jugera le juste et
l'injuste ;
alors ce sera le temps de toutes choses.*
                    Ancien Testament (Ecclésiaste, III, 1 6 -1 7)

*Interroge les générations passées,
Écoute la Sagesse de leurs pères ;
Car nous sommes d'hier et ne savons rien.
Nos jours passent comme l'ombre sur la terre :
Mais eux vont te parler et t'instruire,
Ils puiseront ces leçons dans leur cœur.*
                    Ancien Testament (Job, VIII, 8-1 0.)

En guise de conclusion très provisoire, voici quelques points concrets qui permettront à chacun de réfléchir et de méditer sur la nécessité du destin et de la connaissance de l'avenir.

Parmi les plus éminents prophètes, les vrais visionnaires des temps héroïques furent les juifs non canoniques des siècles bibliques de l'École alexandrine la plus célèbre, c'est-à-dire entre 150 avant Jésus-Christ et 150 après le début de l'ère chrétienne. Ils ont créé non seulement la véritable pensée juive non talmudique, mais nous leur devons la conservation de l'histoire orthodoxe du peuple juif de ce temps. Énoch fut l'un d'eux, et peut-être le plus célèbre, puisque non seulement Tertullien, Celse, Eusèbe et Césarée en font état, mais également Origène, saint Irénée et Clément d'Alexandrie parlent de son texte original grec, qui disparut ensuite. Mais jusqu'en 1877, Oxford possédait un manuscrit d'Énoch en sa version éthiopienne découverte en Abyssinie, sur laquelle tous les pays travaillèrent. Depuis, une version copte d'Énoch a été trouvée en Égypte, dans un monastère perdu dans le désert du Fayoum. Celle-ci a été publiée par l'École française du Caire. En voici un premier extrait troublant, car il allie « l'Ancien », Osiris, à « Fils de l'Homme », Jésus :

« Là je vis l'Ancien des jours, dont la tête était comme de la laine blanche, et avec lui un autre, qui avait la figure d'un homme. Cette figure était pleine de grâce, comme celle d'un des saints anges. Alors j'interrogeai un des anges qui était avec moi et qui m'expliquait tous les mystères qui se rapportent au Fils de l'Homme. Je lui demandai qui il était, d'où il venait et pourquoi il accompagnait l'Ancien des jours. Il me répondit : Celui-là est le Fils de l'Homme, à qui toute justice se rapporte, avec qui elle habite, et qui tient la clé de tous les trésors cachés. Car le Seigneur des esprits l'a choisi de préférence, et il lui a donné une gloire au-dessus de toutes les créatures. Le Fils de l'Homme arrachera les rois et les puissants de leur couche voluptueuse ; il mettra un frein aux puissants ; il brisera les dents des pécheurs, XLVI, 1-4. »

Le second extrait ci-dessous précise encore plus les relations alexandrines d'Énoch et tous les papyrus hiéroglyphiques qu'il eut en main. Sa description du Taureau céleste en est la preuve formelle :

« J'eus une vision dans mon lit. Voici un taureau sortant de terre et ce taureau était blanc. Puis sortit une génisse, et avec elle deux jeunes veaux, dont l'un était noir, et l'autre rouge. Le noir frappa le rouge... Je levai encore les yeux, et je vis le ciel au-dessus de ma tête, et voici qu'une étoile tomba du ciel, et elle se dressait au milieu de ces taureaux, LXXXIV. »

Il n'est pas question de disséquer le livre écrit par Énoch dont la première partie forme un résumé visionnaire de la mécanique combinatoire céleste ; la seconde, l'Apocalypse proprement dite ; et la troisième sa vision historique des événements. Je désire simplement attirer l'attention des lecteurs sur ce prophète et sa véritable mission, car il a indéniablement écrit à l'usage des générations futures.

Un autre prophète, de la même classe, fut Esdras. Le contenu de son « Quatrième Livre » en fait foi. Il est cité par les mêmes auteurs et pères de l'Église que pour Énoch. Il est tout aussi important. Il existe plusieurs versions de cette œuvre, dont l'original en araméen. Des copies hébraïques, arméniennes, éthiopiennes, syriaques et coptes ont été découvertes depuis, et qui ne comportent pas de grandes différences. La Vulgate a même publié une version latine. Tout comme saint Jean, mais plusieurs siècles auparavant, Esdras eut sept visions qui, dans la publication originale, sont précédées d'une introduction.

Esdras affecte, dans ses visions, la forme dialoguée avec l'ange Uriel et lui-même exilé à Babylone. Pourquoi Israël, le peuple élu de Dieu, est-il devenu le plus malheureux des peuples alors qu'il était le plus juste ? Et Uriel tout en prophétisant répond que si les desseins de Dieu sont impénétrables, l'esprit humain est borné et aveuglé. Après l'annonce du Messie et des Cultes qui s'ensuivront, l'intéressant, historiquement parlant, ce sont les chapitres apocalyptiques XI et XII qui symbolisent énigmatiquement mais de manière réelle l'Empire romain avec plusieurs siècles d'avance :

> *Un aigle immense (le symbole de l'Empire romain) étend ses ailes sur toute la terre et la tient dans ses serres. Il a six paires de grandes ailes, quatre paires d'ailerons et trois têtes. Les six paires de grandes ailes sont six empereurs. Le second d'entre eux règne si longtemps qu'aucun de ceux qui lui succèdent n'arrive à la moitié du nombre d'années qui lui a été départi.*

Il s'agit, sans qu'aucune confusion ne soit possible, d'Auguste, et les six empereurs dont il s'agit sont les six empereurs de la maison des Jules : César, Auguste, Tibère, Caligula, Claude et Néron. Les quatre ailerons sont les quatre usurpateurs ou anti-Césars, Galba, Othon, Vitellius et Nerva, qui, selon l'auteur, ne doivent pas être considérés comme de vrais empereurs. Les trois têtes sont les Flaviens, qui dévorent les ailerons. La tête du milieu, la plus grande, est Vespasien, elle meurt. Les deux autres, Titus et Domitien, règnent ; mais la tête de droite dévore celle de gauche, allusion à l'opinion populaire sur le fratricide de Domitien, et elle est tuée à son tour. C'est alors le règne de la dernière paire d'ailerons, Nerva. Le règne de cet usurpateur est court et plein de troubles.

Plusieurs dizaines de prophètes juifs égrenèrent ainsi de leurs visions apocalyptiques les premiers temps avant que se substituent à eux les prophètes chrétiens, bien que d'origine judaïsante eux-mêmes. Jean-Baptiste reste le premier de ceux-ci. Le monde entier connaît également ses sept visions, et il n'y a qu'à lire la Bible pour se les remettre en mémoire. Je passe bien entendu sur tous les Nostradamus moyenâgeux pour arriver aux 111 devises papales de saint Malachie, à partir du pape Célestin II (1143) jusqu'au dernier à venir. Le 110e étant Jean-Paul II (1978) avec la devise : *De labore Solis*, expliquée de diverses manières déjà par plusieurs contemporains qui ont judicieusement exploité les événements pour le faire ! Mais logiquement, la seule explication valable... est la traduction latine littérale effectuée depuis des siècles : *Le travail du Soleil*, car ce pape, Jean-Paul II, est le dernier à précéder celui de la *fin de l'ère solaire de notre cycle chrétien des Poissons*. Ce qui, d'après les Combinaisons-Mathématiques-Divines, pose d'énormes problèmes fonctionnels. Le IIIe et dernier pape à être intronisé au Vatican a pour devise malachienne : *Gloria olivae*, ou *La Gloire de l'olivier*. Cela rappelle trop le Golgotha et le mont des Oliviers pour ne pas comprendre que le dernier pape, celui qui viendra après Jean-Paul II, subira un sort semblable à celui du Christ au Golgotha, même s'il ne s'agit pas réellement d'une croix.

Il a été vu dans le chapitre concernant Jésus le Christ dans l'ère des Poissons combien sa fin avait suscité d'interprétations symboliques et ce qu'elle pouvait encore faire faire aujourd'hui, si l'on prend le Congrès du centenaire eucharistique qui s'est déroulé à Lourdes durant la deuxième quinzaine de juillet 1981. En effet, là où le Pain et le Vin ont été prônés comme Esprit et Sang de Christ, l'Esprit même du Christ est intervenu afin que Jean-Paul II ne soit pas parmi les quelque cent mille pèlerins au sein desquels se trouvait un assassin en puissance qui aurait bouleversé l'ordre chronologique de la liste de saint Malachie. Car le dernier pape devra être obligatoirement celui de la fin du christianisme, et le temps n'en est pas encore venu.

Certains auteurs en mal de copie ont tout tablé sur le fait que le mont des Oliviers symbolisait l'origine juive du futur dernier pape, qui serait ainsi semblable dans la forme sinon dans le fond à Christ. Si cela se révèle exact, il n'y a pas là de quoi en faire « six colonnes à la Une », car le problème du futur Saint-Père ne sera pas dans sa naissance, mais *dans sa fin !* Car elle sera celle de l'ère des Poissons et du symbole représenté, au propre comme au figuré. Le troisième « secret » de Fatima, dont Paul VI a eu connaissance, et dont la révélation fut alors repoussée à une date ultérieure, suscita aussi plusieurs volumes interprétatifs, mais qui ne seront pas, et de loin, le reflet de la Vérité. Cette fin de la chrétienté s'achèvera comme le judaïsme au temps de la chute du temple de Jérusalem, mais comme le monothéisme hébreu, ce ne sera pas la fin du monothéisme trinitaire.

Saint Malachie achève d'ailleurs son énumération :

In persecutione extremâ S.R.E. sedebit Petrus Rom. qui pascet oves in multis tribulationibus ; quibus transactis, civitas septicollis diruëtur, et Judex tremendus judicabit populum suum.

Finis.

Ce qui signifie en français : « Pendant la dernière persécution que souffrira la Sainte Église Romaine siégera un Pierre le Romain. Il paîtra les brebis au sein des lamentations générales. Celles-ci terminées, la cité aux sept collines sera détruite, et un Juge redoutable jugera le peuple : le sien. »

Alors, laissons de côté toutes ces prophéties, pour en venir au temps *mathématique* de la fin de notre ère qui déterminera l'achèvement du reste. Le Zodiaque de Dendérah nous montre la Constellation des Poissons au zénith de son tracé. Il domine le ciel avec une évidence criante telle que cela ne devrait pas nécessiter de grandes explications. De surcroît, entre les deux vertébrés aquatiques, nettement inscrit dans un cadre rectangulaire, se trouve le hiéroglyphe des fortes inondations composé de trois lignes brisées en dents de scie, enfermées dans un cadre symbolique, comme pour lui donner un nom propre, semblable à celui inscrit dans un cartouche, ainsi qu'il est aisé de le voir dans l'illustration suivante.

Ainsi, il y a six millénaires au moins, les Maîtres de la Mesure et du Nombre portaient déjà à la connaissance de leurs élèves les futurs grands-prêtres l'état dans lequel parviendrait le globe terrestre à la fin du cycle des Poissons pour entrer dans celui du Verse-Eau.

Mais n'anticipons pas, et voyons plus en détail cette ère qui est près de s'achever, et dans une confusion semblable à celle qui a vu la fin du Taureau et du Bélier. La Constellation des Poissons mesure 28° dans l'Espace, ce qui revient à dire que dans le temps, elle a une durée égale à 2 016 années (soit 28 x 72 ans).

Tous nos calculs de base ayant tenu compte des différences calendériques survenues au fil des règnes, la fin de cette période se situe en l'année 2016. Ce sera la fin d'UN monde, et non du monde, tel que les antiques nous l'ont légué, en même temps que leur savoir. Ce que je vais développer tout au long de ces lignes est le non-sens des prédictions, afin de faire cesser cette « peur effroyable » concernant l'arrivée de l'an 2000 et des « affreux cataclysmes » qui commencent à déferler sur notre monde en prélude à cette date fatidique !...

Les « petits prophètes » de notre temps, en mal de copie, de notoriété, et surtout d'argent, abreuvent littéralement le public, par leurs écrits et leurs conférences sur cette fin. Une secte pseudo-religieuse suit le mouvement et s'y prépare pour tenter de survivre dans des abris creusés en des sites soigneusement choisis ! C'est pour 1982, assurent les uns ; pour 1984, rétorquent d'autres ; pas du tout assurent les troisièmes, c'est pour 1999, ainsi que l'a prédit Nostradamus ! Eh bien, non ! Deux mille fois non !... La situation en cette fin d'ère des Poissons est toute différente, et de plus dépend des hommes eux-mêmes, comme je vais le démontrer ci-après.

Dans mon *Astronomie selon les Égyptiens*, l'étude stricte des Combinaisons-Mathématiques-Divines a amené nos antiques maîtres à prévoir les mouvements astraux de l'an zéro à 2016 de notre ère, et à en développer les rythmes en « Pulsations Harmoniques Célestes », que voici :

PULSATIONS HARMONIQUES CÉLESTES

1° CYCLES RYTHMIQUES DE 36 ANS :

Saturne	1 à 36	253 à 288	.../...	1765 à 1800
Vénus	37 à 72	289 à 324	.../...	1801 à 1836
Jupiter	73 à 108	325 à 360	.../...	1837 à 1872
Mercure	109 à 144	361 à 396	.../...	1873 à 1908
Mars	145 à 180	397 à 432	.../...	1909 à 1945
Lune	181 à 216	433 à 468	.../...	1946 à 1980
Soleil	217 à 252	469 à 504	.../...	1981 à 2016

2° CYCLES ASTRAUX DE 5 ANS :

(Année 1980 neutre pour essor du libre arbitre humain)

Soleil	1981	1988	1995	2002	2009
Vénus	1982	1989	1996	2003	2010
Mercure	1983	1990	1997	2004	2011
Lune	1984	1991	1998	2005	2012
Saturne	1985	1992	1999	2006	2013
Jupiter	1986	1993	2000	2007	2014
Mars	1987	1994	2001	2008	2015

(Année 2016 neutre pour essor du libre arbitre humain)

Comme il est aisé de le remarquer à la seule vue du tableau qui précède, l'énoncé est un raccourci saisissant de la totalité de l'ère des Poissons ! Le premier calcul, celui qui porte sur les tranches de trente-six années définissant les influx des pulsations rythmiques célestes, anime la Terre depuis l'an un de notre époque chrétienne, ne le terminant qu'avec l'an 2016 inclus. Il présente simplement tous les éléments prévisionnels cycliques pour chacune des sept Errantes durant 36 années. Cette portion chiffrée n'a pas été choisie au hasard. Elle a fait l'objet de recherches et d'études poussées, où l'observation a joué un grand rôle dans cette antiquité reculée de l'Égypte. Ce « Deuxième-Cœur de Dieu », dans lequel rien ne pouvait être fondamentalement dû au hasard, avait justement remarqué que le ciel, lui aussi, vivait. L'univers possédait une espèce de cœur aux battements gigantesques, semblables à ceux de l'humanité, mais bien évidemment à une autre échelle. Et cela a donné une inspiration de 34 ans, suivie et précédée d'un temps neutre d'une année, soit un total de : 1 + 34 + 1 = 36 ans. Cela subissant en outre l'influence supplémentaire de l'une des sept Errantes durant une période de 36 révolutions solaires.

Cela donne une tranche complète tous les 252 ans (36 x 7). Ainsi, l'influence saturnienne sur une période a été de l'an un à 36, avant de reprendre de l'an 253 à 288 ; et ce jusqu'en l'an 1765, où Saturne a entamé sa dernière portion jusqu'en l'an 1800 pour terminer son pouvoir nocif en notre ère des Poissons.

Comme on peut le lire sur le premier tableau, 1980 a été la dernière année, donc la neutre, en puissance de la Lune. Et 1981, est, elle, la première année, tout aussi neutre par conséquent, sous la domination solaire, qui achèvera l'ère en 2016. À quoi correspond cette neutralité en fait ? Il s'agit des temps morts durant lesquels les inspirations et expirations d'air dans le cœur stoppent un court instant avant de prendre un rythme inversé. Les anciens avaient donc remarqué qu'à l'échelle cosmique, ces « temps morts » étaient en quelque sorte identiques, sauf qu'au lieu de durer un dixième de seconde avant que reprenne le mouvement respiratoire inverse, celui-ci restait en suspens une année complète. Pendant ces 365 journées, aucune influence spécifique ne dépendait des Fixes, ni par conséquent des Errantes. C'était l'Humanité tout entière, qui, par son comportement global en cette année-là, « pré-destinait » en quelque sorte les fluctuations combinatoires célestes de son propre « à-venir » pour les 34 années futures.

Chacun des faits et gestes remarquables en bien ou en mal était collationné quelque part dans le ciel, en une espèce de courbe et de trame qui traçait ainsi la route bénéfique ou maléfique, et à tout le moins fort complexe au sein de laquelle chemineraient les influx des Douze, délimitant les Combinaisons-Mathématiques-Divines. De sorte que pour prendre un exemple contemporain, l'année 1980 ayant terminé le cycle lunaire, et l'année 1981 ayant commencé la pulsion solaire, le lecteur intéressé pourra examiner en détail tous les aspects physiques et politiques de ces deux révolutions annuelles, pour prévoir en gros les fluctuations à venir durant les 34 suivantes.

Ce qui amène à la compréhension du deuxième tableau, qui sectionne la première période à nouveau en sept tranches planétaires, mais de cinq années chacune. La dernière année étant doublement neutre bien qu'étant placée sous la tutelle de Mars en 2016. Il est ainsi parfaitement visible que 1981 sera sous la dominance du Soleil neutralisant les influx solaires, l'astre du jour commençant son périple de 36 ans. 1982 sera dominée par Vénus, ce qui contredit formellement ceux qui « prédisent » de terribles catastrophes pour cette année-là à cause des configurations astrologiques exceptionnelles qui se produiront au-dessus de nos têtes ! Or, de tous temps, les cataclysmes se sont produits sous une voûte céleste sereine et exempte de toute complication combinatoire. Sans entrer dans les détails sordides de telles interprétations publicitaires, rappelons ici que tous les amas planétaires, de siècle en siècle, ont fait l'objet de prévisions alarmantes ! Toutes ont été démenties, alors que les grands cataclysmes n'ont jamais été prévus à l'avance par personne.

Les exemples célèbres de ces pratiques foisonnent. Afin de ne choquer aucun astrologue français, je ne citerai qu'un Allemand fort connu du XVe siècle : l'astrologue Johan Lichtenberger, qui, dans son écrit : *Prognosticatio*, fit trembler de frayeur son peuple en annonçant de terribles catastrophes au moment des « kolossales » (*sic*) conjonctions Saturne, Mars, Jupiter et Mercure, qui s'entremêlaient dans la constellation du Taureau pour amener les pires calamités sur la terre !... Rien ne se produisit, et mal finit ce « voyant », puisque le roi de Prusse, en représailles, décida de lui faire trancher le col...

Mais aujourd'hui, les « prophètes » en mal de prévisions ne prennent plus leurs lecteurs pour des analphabètes ! Leurs annonces sont effectuées de telle façon que tout en semant le trouble, et même la peur dans les esprits, ils conservent une échappatoire qui laisse planer un doute dans une phrase passée inaperçue sur le moment, mais qui leur permet de retomber sur une proposition antérieure favorable.

Il en ira de même pour l'année 1984, où rien de cataclysmique ne se produira encore. Si l'on suit les textes antiques de l'Égypte, ce ne sera que l'an 2016 qui décidera de la suite logique du mouvement de notre globe terrestre. Tout se lisait dans les configurations combinatoires célestes dont la forme géométrique est applicable à tous les temps, d'après les tables bien précises émanant du Cercle d'Or lui-même et reproduites à l'envi, au hasard des cryptes et des souterrains. Des tableaux (A et B) permettront de mieux comprendre l'hermétisme qui existe entre les deux formulations. La première est celle des 36 décans utilisés pour définir les longueurs « trouvées » par leurs promoteurs, ainsi que la phonétisation généralement admise dans le langage grec par ceux qui utilisèrent ces astérismes :

LISTE DES 36 DÉCANS « ÉGYPTIENS »

selon FIRMICUS	selon phonétique	selon SCALIGER	Planètes	Décans
SENATOR	Asicta	ASICCAN	Mars	1
SANACHER	Sentafora	SENACHER	Soleil	2
SENTACHER	Asentacer	ASENTACER	Venus	3
SUO	Asicat	ASICATH	Mercure	4
ARYO	Asou	VIROASO	Lune	5
ROMANAE	Arfi	AHARPH	Saturne	6
THESOGAR	Tesossar	THESOGAR	Jupiter	7
VER	Asue	VERASUS	Mars	8
TEPIS	Atosoae	TEPISATOSOA	Soleil	9
SOTHIS	Socius	SOTHIS	Vénus	10
SIT	Seth	SYTH	Mercure	11
THIUMIS	Thumus	THUIMIS	Lune	12
CRAUMONIS	Africis	APHRUIMIS	Saturne	13
CICK	Siccer	SITHACER	Jupiter	14
FUTILE	Futie	PHUNISIE	Mars	15
THINIS	Thinnis	THUMUS	Soleil	16
TOPHICUS	Tropicus	THOTHIPUS	Vénus	17
APHUI	Asout	APHUT	Mercure	18
SECHUI	Senichut	SERUCUTH	Lune	19
SEPISENT	Atebenus	ATERECHINIS	Saturne	20
SENTA	Atecent	ARPIEN	Jupiter	21
SENTACER	Asente	SENTACER	Mars	22
TEPISEN	Asentatir	TEPISEUTH	Soleil	23
SENTINEU	Atercen	SENCINER	Vénus	24
EREGUBO	Erghob	EREGUBO	Mercure	25
SAGON	Sagen	SAGEN	Lune	26
CHENENE	Chenem	CHENEN	Saturne	27
THEMESO	Themedo	THEMESO	Jupiter	28
EPIMU	Epremou	EPIMA	Mars	29
OMOT	Omor	HOMOTH	Soleil	30
OROTH	Orosoer	OROMOTH	Vénus	31
CRATERO	Asturo	ASTIRO	Mercure	32
TEPIS	Amapero	TEPISATRAS	Lune	33
ACHATE	Athapiat	ARCHATATRAS	Saturne	34
TEPIBUT	Tepabiu	THOTHPIBU	Jupiter	35
UIU	Atexbut	ATEMBUI	Mars	36

TABLEAU A

Par contre, dans le tableau B ci-dessous, se trouve l'exacte formulation des 64 khents, ou décans réels.

TABLEAU DES 64 KHENTS D'ATÊTÂ

Dans la salle hypostyle du grand temple, l'autre Zodiaque, autour de la gravure astrale qui est rectangulaire, voit énumérer la procession des Khents figurant le même total de soixante-douze dessins, telle une partie de ceux-ci :

Il y a donc soixante-douze symboles, tels que les papyrus de la Maison-de-Vie de Dendérah nous les apprennent. Huit d'entre eux sont des intercalaires consacrés à diriger les influx secondaires ne dépendant pas des quatre points vitaux de l'univers. (Nous dirions aujourd'hui : les quatre points cardinaux.)

Il en est de même dans la liste du tableau B, où les intercalaires qui neutralisaient sont les numéros vingt *bis* et vingt *ter*, les trente *bis* et les trente *ter*, les quarante *bis* et les quarante *ter*, et enfin les cinquante-cinq *bis* et cinquante-cinq *ter*. Ainsi les 64 Khents, plus les 8 neutres, donnent les 72 parties de 5 degrés chacune qui forment les 360° de l'écliptique zodiacale.

Il serait trop long d'énumérer ici toute la symbolique des 8 fois 8 positions célestes. Là encore une confusion due à l'incompréhension des textes a induit en erreur les distingués égyptologues qui se sont occupés de ce problème. Les scribes ont été taxés de fautes grossières, ce qui est un comble, mais une excuse pour l'inconscience des lettrés du XIXe siècle. En effet, la cité à laquelle fut donnée le nom d'Hermopolis Magma s'écrivait en hiéroglyphique :

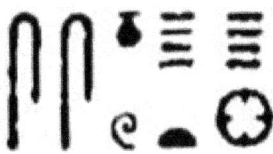

ce qui signifie « Gardienne des Huit Lieux Célestes », et n'a rien à voir avec le nom d'une ville terrestre, puisqu'il symbolise le Cercle d'Or.

L'explication de cet imbroglio est longuement développée dans *L'Astronomie selon les Égyptiens*, qui paraîtra dans quelques mois. Je ne me sens vraiment plus le courage de lutter contre les moulins à vent, ainsi que l'ont fait Don Quichotte, Galilée, et tant d'autres.

Étant moi-même à un très grave tournant de mon existence, je veux voir jusqu'au bout la lueur qui sauvera le monde, et qui seule est susceptible en cette fin d'ère des Poissons de faire retrouver à l'humanité sa conscience ; la FOI. Et par Foi je n'entends nullement le christianisme générique, mais l'entendement d'un Dieu Créateur ayant engendré des Fils, des Messies, des Prophètes et l'Humanité que nous formons tous aujourd'hui, quelle que soit la couleur de la peau. C'est ce qu'ont assuré tous les philosophes et patriarches depuis des millénaires. C'est ce qu'a dû se dire Galilée qui est mort quatre ans après être devenu aveugle ! Car on oublie que du jour où il a maladroitement renié ce qui était la simple vérité, à savoir que c'était la Terre qui tournait autour du Soleil et non le contraire, il a perdu la Foi et l'étincelle de clarté qui s'accrochait à sa Parcelle Divine ! Il fallut attendre mars 1980 pour voir le Vatican rouvrir le dossier en réhabilitation de Galilée et assurer que c'était un brave homme qui n'avait pas menti en disant que la Terre était ronde et tournait bien autour du Soleil !

S'il faut deux siècles pour s'assurer et dire que je n'écris que la Vérité, ce n'est pas mon problème, car j'aurai fait ce que je devais en transmettant le flambeau de Dendérah ! Mais là encore, le Cercle d'Or restera-t-il dans le noir complet avant que la nouvelle ère ne l'efface de la surface du globe ? Se trouvera-t-il enfin une équipe aux yeux très grands ouvert pour bien comprendre le cycle éternel de l'Éternité Divine ?...

NOTE NUMÉRO 1

DATES CHRONOLOGIQUES D'APRÈS SIRIUS

Comment rétablir la datation antique de la chronologie ? Il existe des points de repère. Celui le plus communément admis, très valable, est fourni par l'historien latin Censorinus. Il relève, dans son XXIe chapitre, que juste un siècle avant qu'il n'écrive son texte, le premier jour de Thot du calendrier égyptien tombait « au jour extraordinaire du lever de la canicule en Égypte », soit l'équivalent de notre 19 juillet de l'année 139 de notre ère.

Autre élément capital porté à la contribution de la compilation chronologique, fut la découverte, en 1865, du texte du « Décret de Canope ». Il y est dit, en préface, que « en l'an 9 du règne de Ptolémée III Evergète, le lever de Sothis avait eu lieu le 1er de Payni, soit le premier jour du 10e mois de l'année ».

Le Décret fut le suivant :

Afin que les mois suivent une règle absolue, conformément à l'ordre naturel du monde, et qu'il n'arrive plus que certaines fêtes solennelles célébrées en hiver le soient en été, la marche de l'astre avançant d'un jour tous les quatre ans, et que d'autres fêtes parmi celles qui sont maintenant célébrées en été le soient plus tard en hiver comme cela est déjà arrivé auparavant, et arriverait encore si l'année demeurait composée de 360 jours et de 5 journées instituées sous le nom d'épagomènes, désormais, on ajoutera un jour...

Un exemple concret de la valeur chronologique de cette source astronomique est celui de la datation du début du règne d'Aménophis 1er, de la XVIIIe dynastie, qui fut le fondateur de la famille dont Akhénaton fut le quatrième pharaon régnant ; le plus contestataire ! Un autre papyrus, découvert celui-là par l'égyptologue allemand G. Ebers, dit : « En l'an 9 du règne de Sa Majesté Amonhotep, Santé et Vie Éternelle à celui qui a la Voix Juste, et plus précisément au Jour de l'an du lever de Sep'ti le 9e jour du 3e mois de Shemou, le Roi a... »

Le calcul de la date précise est ici capital, car elle fournit mathématiquement et sans aucune controverse possible la date du début du règne d'Aménophis 1er, et partant de là, le début même de la XVIIIe dynastie puisque celle-ci n'eut que le fameux Iahmès, ou Amosis, comme prédécesseur à Aménophis.

Le retard pris, entre le 1er jour de Thot de l'an 139 de Censorinus, et le 9e jour du 3e mois de Shemou, qui est le 11e mois de l'année, est de 56 jours. Or, comme il y a eu un cycle « caniculaire » complet en plus, il y a eu un décalage supplémentaire de 365 jours un quart pour les 1 461 ans. Ce qui donne : $56 + 365\ 1/4 = 421$ jours $1/4$, soit un écoulement de temps de 1 685 ans, cela obtenu en multipliant par quatre pour le recul d'une journée tous les quatre ans de Sothis dans l'Espace.

Partant donc de l'an 139 de notre ère, en rétrogradant de 1685 ans, on obtient la date de l'année 1546 avant notre ère, la neuvième année du règne d'Aménophis 1er. Donc, le Pharaon a été sacré en l'an 1555, datation mathématique irréfutable.

Étant donné que là aussi, tous les égyptologues précités donnent des dates différentes, il y a matière à réflexion ! Car enfin, même pour ceux qui n'auraient pas eu connaissance du papyrus Ebers, la clé astronomique était offerte à tous par les deux « classiques » connus du monde entier ; le Décret de Canope et la datation de Censorin.

Le calcul est des plus simples :

Le Décret annonce le premier jour du lever de Sirius pour le 1er Payni de l'an 238 avant Christ, et Censorin pour le 1er Thot de l'an 139 de notre ère, soit en 377 années, un décalage de :

29 jours pour le mois de Payni,
30 jours pour celui d'Epiphi,
30 jours pour celui de Mésori,
5 jours épagomènes pour revenir au 1er de Thot, soit 94 jours de décalage.

Or, 94 jours de décalage à raison d'un tous les 4 ans, donnent bien (94 x 4) les 376 années séparant 238 avant du début de 139 après.

De même, le calcul du départ de la chronologie est aisé, Athothis ayant rétabli la hiéroglyphique le jour de la conjonction Soleil-Sirius, après deux années de règne.

En partant du 1er jour de Thot 139, à reculons, de 3 x 1 461 ans, on obtient 4 383 ans. Il faut en ôter 139 pour que la date parte d'avant Christ, soit : le 1er jour de Thot 4 244. Son règne débuta donc deux ans plus tôt à la mort de l'Unificateur Ménès, en 4 246 avant notre ère.

Voici donc le début de cette « Chronologie d'Ath-Kâ-Ptah », que le lecteur a retrouvée dans la Trilogie des origines au fur et à mesure de l'édition des trois livres :

Noms HIÉROGLYPHIQUES	Noms GRECS	Durée Règne	Datation (avant J.-C.)	Fait marquant du RÈGNE
Ire DYNASTIE				
1	MENES	62	4308-4246	Fut l'unificateur des Deux-Clans fratricides.
2	ATHOTHIS	55	4248-4191	Restaurateur de la Hiéroglyphique. Dès 4244 lors de la conjonction Soleil-Sirus
3	ATHOTHIS II	31	4195-4160	(1)
4	HENEPHTYS	19	4160-4141	Fut la première Reine. Elle eut à combattre une très grave famine.
5	OUANEPHES	23	4141-4118	
6	OUSIRPHERES	20	4118-4098	
7	MIEVIS	26	4098-4072	Quitta sa capitale Thinis, pour aller dans le Delta.
8	SEMEMPSIS	18	4073-4054	Une peste violente tua 1/3 du peuple.
9	BINOCHIS	26	4054-4028	

1. Les différences de dates entre la fin d'un règne et le début d'un autre proviennent d'années de corégence avec le Pharaon précédent.

NOTE N° 2

THÉON D'ALEXANDRIE ET SIRIUS

Pour bien comprendre la règle de calcul de Théon pour le lever héliaque du Chien, donc de Sirius, il faut en étudier successivement les diverses parties, et chercher le principe sur lequel chacune d'elles est fondée. D'abord, puisque l'auteur grec prescrit de compter les années depuis Ménophrès, jusqu'à la fin d'Auguste, et qu'il y ajoute tout de suite les années de Dioclétien, pour en faire une somme totale, il est évident que toutes ces années se suivent immédiatement, et qu'ainsi ces expressions, le commencement de Ménophrès, la fin d'Auguste, les années de Dioclétien, doivent s'entendre non pas de la naissance ou de la mort de ces princes, mais de l'origine des ères appelées de leur nom. C'est ainsi que, lorsqu'on dit la centième année de Nabonassar, cela signifie la centième année à partir de l'époque où l'ère de Nabonassar commence.

Secondement, puisque l'auteur grec ajoute ensemble ces diverses sortes d'années, il est évident qu'il les considère, au moins dans ce premier calcul, comme étant de même durée. Or, nous savons que les années d'Auguste et de Dioclétien étaient des années de 365 jours soumises à l'intercalation quadriennale ; ou, en d'autres termes, des années moyennes de cette forme, que l'auteur grec exprime l'intervalle écoulé depuis le commencement de Ménophrès jusqu'à la fin d'Auguste.

Maintenant on sait que l'ère alexandrine d'Auguste commence 24 ans avant l'ère chrétienne, et 21 ans après la réforme prescrite par Jules César. Le premier jour du Thot vague coïncida alors avec le 29 août julien. Depuis cette époque, les Alexandrins rendirent leur année fixe, en intercalant un jour tous les quatre ans, selon la méthode julienne ; et ainsi le premier jour du Thot fixe se trouva toujours depuis répondre au 29 août, dans les années communes, au 30, dans les bissextiles. On sait encore que cette ère d'Auguste subsista jusqu'au 29 août de l'année 284 après l'ère chrétienne, époque à laquelle l'ère de Dioclétien commence. Pour présenter ces éléments de calcul d'une manière commode par sa continuité, je rapporterai ici leur place dans la période julienne de Scaliger, en y joignant aussi celle de l'ère chrétienne :

Réforme de l'année par Jules César : 4 669 -1er janvier
Fixation de l'année chez les Alexandrins : 4 690 -29 août
Ère chrétienne : 4 714 -1er janvier
Fin de l'ère alexandrine d'Auguste, et commencement de l'ère de Dioclétien : 4 998 -29 août

Avec ces données, nous pouvons d'abord rapporter à l'ère chrétienne l'origine inconnue à laquelle l'auteur grec donne le nom de Ménophrès. Car la somme des années de Ménophrès et d'Auguste, faisant, selon lui, 1 605 ans, qu'il emploie dans ce calcul comme des années juliennes moyennes, il suffit de retrancher les années complètement révolues depuis l'ère chrétienne jusqu'à la fin d'Auguste, c'est-à-dire 283, et le reste, 1322, exprimera le rang de l'année julienne antérieure à l'ère chrétienne, dans laquelle les années de Ménophrès commencent. Or, nous avons vu plus haut, tant par le calcul astronomique, que par le témoignage de Censorinus, qu'en effet cette année 1322 est celle du premier renouvellement du cycle caniculaire avant 1ère chrétienne, c'est-à-dire, que le lever héliaque de Sirius, en Égypte, s'est trouvé alors coïncider avec le premier jour du Thot vague. C'est donc ce premier renouvellement de la période que la règle de Théon assigne comme l'origine de son Ménophrès.

Maintenant, l'intervalle des levers héliaques consécutifs de Sirius en Égypte, ayant dû être de 365 jours 1/4, c'est-à-dire, précisément égal à une année julienne moyenne, il s'ensuit que l'époque de ce phénomène était fixe dans cette forme d'année. Mais elle ne l'était point dans l'année vague de 365 jours. Si l'on imagine deux séries, l'une d'années vagues égyptiennes, l'autre d'années fixes alexandrines, ayant l'une et l'autre pour origine un même jour physique, un jour où le lever héliaque de Sirius coïncide avec le premier de Thot, quand il se sera écoulé quatre années alexandrines complètes, et que l'addition du jour intercalaire faite à la quatrième y aura maintenu le lever héliaque de Sirius au premier de Thot, on comptera quatre années vagues, plus un jour ; et par conséquent le lever héliaque de Sirius s'opérera le deuxième jour de Thot dans cette forme particulière d'année.

De même, quand il se sera écoulé huit années juliennes, dont deux bissextiles, on comptera huit années vagues, plus deux jours, et ainsi ce sera le troisième jour de Thot que le lever héliaque de Sirius aura lieu. D'où l'on voit qu'en général, pour connaître le nombre de jours dont le lever héliaque se sera déplacé dans l'année vague, à partir du premier de Thot, il suffit de diviser le nombre d'années juliennes écoulées par 4, ou d'en prendre le quart. C'est aussi ce que fait l'auteur grec, et il trouve ainsi 1 705 : 4 ou 426 en se bornant aux nombres entiers. Conséquemment, si l'on supposait que les deux séries correspondantes d'années vagues et d'années fixes, que nous imaginions tout à l'heure, se sont continuées pendant 1 705 années juliennes, le déplacement du lever héliaque dans les années vagues serait 426 jours ou une année vague entière plus 61 jours, c'est-à-dire que ce phénomène aurait parcouru une fois toute l'année vague, serait revenu ainsi au premier Thot et l'aurait déjà dépassé de 61 jours entiers.

Toutefois, ce résultat ne peut s'appliquer qu'au parallèle terrestre pour lequel l'origine de la période a été primitivement établie, c'est-à-dire pour celui où le lever héliaque coïncidait avec le premier de Thot, à l'époque prise pour point de départ ; et, si l'on voulait obtenir la date du phénomène pour une autre latitude, il faudrait ajouter ou ôter un certain nombre de jours fixes dépendant de la différence des latitudes. C'est ce que l'auteur grec nous paraît faire en ajoutant 5 jours aux 426 trouvés plus haut, ce qui lui donne en tout 431. Et, comme sa correction est additive, on voit qu'il fait son calcul pour un parallèle plus boréal que celui auquel la période est censée primitivement s'appliquer.

On peut même dire quel est ce parallèle primitif ; car en ajoutant ainsi 5 jours, l'auteur grec trouve définitivement le 29 épiphi fixe, ou le 23 juillet pour l'époque du lever héliaque, ce qui répond assez bien à la latitude d'Alexandrie, puisque Ptolémée indique le 28 épiphi, ou le 22 juillet, pour le parallèle de quatorze heures qui passe un peu au sud de cette ville. Ainsi, sans l'addition de ces cinq jours, l'on trouverait le 24 épiphi au lieu du 29, c'est-à-dire, le 18 juillet au lieu du 23. Or, Ptolémée assigne le 22 épiphi pour le parallèle où le plus long jour est de 13 heures 1/4, ce qui répond à la latitude 23°51', et il assigne le 28 pour le parallèle où le plus long jour est de 14 heures, ce qui répond à la latitude de 30°22' : la différence moyenne est donc ainsi de 6°31' de latitude pour 6 jours de différence, ou 1°5' par jour, ce qui donne pour deux jours 2° 10'. Ajoutant donc cette différence à la première latitude 23°51', qui correspond au 22 épiphi on aura 26° pour la latitude du parallèle où le lever héliaque de Sirius arrivait le 24 épiphi fixe, et pour lequel la règle de Théon suppose l'origine de la période primitivement établie. Il est remarquable que cette latitude, un peu plus boréale que celle de Thèbes, soit précisément celle des temples de Dendérah et d'Esné.

Les calculs précédents sont faits dans la supposition que la série des années vagues se continue sans interruption pendant tout le cours des 1 705 années juliennes. Mais tel n'a pas été le cas réel à Alexandrie ; car l'année, en conservant sa forme, y est devenue fixe 21 ans après la réforme julienne, lorsque le premier de Thot coïncida avec le 29 août julien. Ainsi, depuis ce jour jusqu'à la centième année de Dioclétien, à laquelle notre calcul s'applique, il s'est écoulé un certain nombre d'années, pendant lesquelles le Thot ne s'est plus déplacé. Pour connaître ce nombre nous n'avons qu'à prendre d'abord le nombre d'années écoulées depuis la fixation du Thot jusqu'à la fin de l'ère d'Auguste, nombre qui, d'après les dates rapportées tout à l'heure, se trouve être de 308 ans ; puis, en y ajoutant les 100 années de Dioclétien, qui conduisent jusqu'à l'époque pour laquelle nous faisons notre calcul, nous aurons pour somme 408 ans pendant lesquels le Thot n'a plus varié.

Or, ces 408 ans étant divisés par 4 donnent pour quotient 102 ; ce qui fait 102 jours de variation du Thot que nous avions comptés en trop dans notre premier calcul. Il faut donc les retrancher de 431 pour avoir la variation véritable qui se trouve alors exprimée par le reste 329. Voilà aussi précisément ce que fait l'auteur grec, lorsque, après avoir trouvé les 431 jours de déplacement du Thot, tant pour l'intervalle de temps donné, que pour le changement de parallèle, il prescrit d'en retrancher ce qu'il y avait alors de tétraétérides, en laissant de côté le nombre 21 ; car ces tétraétérides ne sont pas autre chose que les périodes quadriennales écoulées depuis la fixation du Thot alexandrin ; et elles doivent se calculer d'après le nombre total des années écoulées depuis la réforme julienne, diminué de 21 années, parce que le Thot alexandrin ne devint fixe que 21 ans après cette réforme, et qu'ainsi il continua de se déplacer dans l'année solaire pendant ces 21 ans.

Ayant trouvé ainsi 329 jours pour le déplacement effectif du Thot vague depuis Ménophrès, l'auteur grec prescrit de répartir ce nombre à partir du premier de Thot, en comptant 30 jours pour chaque mois, ce qui lui donne d'abord 10 mois avec 29 jours de reste ; et le conduit ainsi au 29e jour du onzième mois, c'est-à-dire au 29 épiphi de l'année vague égyptienne. Toutefois, d'après le raisonnement sur lequel le calcul des jours de variation se fonde, il semble que leur répartition doit se faire en comptant le premier d'entre eux comme coïncidant avec le deux de Thot, ce qui conduirait au 30 épiphi au lieu du 29.

Du reste, la différence d'un jour est de peu de conséquence pour la date d'un phénomène soumis à tant d'incertitudes physiques, et il se peut que, par cette raison, l'auteur grec se soit borné à présenter la répartition à partir du premier de Thot comme étant plus simple. Toutefois, il aurait pu simplifier bien davantage encore l'exposé de sa règle en distinguant les levers héliaques antérieurs, et les levers héliaques postérieurs, à la fixation du Thot alexandrin. Car, pour les premiers, le quart du nombre d'années écoulées depuis Ménophrès donne le déplacement total du phénomène sans qu'il soit besoin d'y faire aucune correction, de tétraétérides ; et pour les autres, la date du phénomène reste fixe au même jour d'épiphi où il avait lieu dans l'année de la fixation du Thot.

BIBLIOGRAPHIE

A) AU TEMPS DE L'ORIGINE

TEXTES ET REVUES :

Description de l'Égypte. -Recueil des observations et des recherches qui ont été faites durant l'expédition de l'armée française, 1re éd., 9 vol. de textes et 12 vol. d'atlas et documents dessinés (1809 à 1813).

Bibliothèque de l'École des Hautes Études. -Maspero : *Genre épistolaire*, 1872 ; Grébaut : *Hymnes à Amon-Râ, 1875* ; Virey : *Papyrus Prisse, 1887* ; Jéquier : *L'Hadès, 1894. Annales du musée Guimet*. -Lefébure : *Hypogées royaux, 1886* ; Amélineau : *Gnosticisme, 1887* ; Mahler : *Calendrier, 1907*.

Bibliothèque égyptologique. -Œuvres des égyptologues français : Leroux : deux volumes, 1893 ; Maspero : *Mythologie*, 1894 ; Devéria : *Mémoires*, 1904 ; Chabas : *Œuvres*, 1905 ; de Rouge : *Œuvres*, 1909.

Archéological Survey. -Griffith : *Hieroglyphs*, 1895 ; Davies : *Ptahhetep*, 1897 ; Crowfoot : *Meroé*, 1911.

Altertumskunde Aegyptens. -Sethe : *Horusdiener*, 1903 ; Schaeffer : *Mysterien des Osiris*, 1904.

Egypt Exploration Fund. -Naville : *Pithom*, 1885 ; Petrie : *Dendérah*, 1900.

Études égyptologiques. -Lefébure : *Mythe Osirien*, 1874 ; Révillout : *Chrestomathie*, 1880.

AUTEURS

Amelineau E. : Étude sur le papyrus de Boulacq, I.F.A.O., Le Caire, 1892.

Amelineau E. : Le culte des rois prédynastiques, Journal des Savants, Paris, 1906.

Ampère J.-J. : Transmission des professions dans l'Ancienne Égypte, Paris, 1848.

Baillet A. : Fonctions du Grand-Prêtre d'Amon, Paris, 1865.

Bergmann A. : Hieroglyphs Inschrifften, Munich, 1879.

Birch S. : Select Papyri of Britisch Muséum, Londres, 1841.

Brugsch E. : Le Livre des Rois, Berlin, 1887.

Brugsch E. : Le dictionnaire géographique ancien, Berlin, 1877.

Budge W. : Papyrus d'Ani, Oxford, 1895.

Bürton J. : Excerpta hieroglyphica, Londres, 1825.

Capart J. : La fête de frapper les Annou, Bruxelles, 1901.

Chabas F. : Le papyrus Harris, Paris, 1860.

Chassinat E. : Dendérah (6 vol.), I.F.A.O., Le Caire, 1911.

Davis C. : Le Livre des Morts, Londres, 1894.

Deveria Th. : Papyrus de Nebqeb, Paris, 1872.

Devilliers : Dendérah, Paris, 1812.

Ebers G. : Papyrus Ebers, Londres, 1875.

Einselohr A. : Avant le règne de Ramsès III, Berlin, 1872.

Erman A. ; Aegypten Leben im Alterthum geschildert, Berlin, 1885.

Erman A. : Grammaire Égyptienne, Berlin, 1894.

Frazer J.-G. : Totémisme, New York, 1887.

Gaillard C. : Le Bélier de Mendès, Paris, 1901.

Gardiner A. : Papyrus de Berlin, Londres, 1908.

Gardiner A. : The Admonitions of an Egyptian Sage, Londres, 1909.

Gardiner A. : Textes hiératiques (pap. Anastasi et Koller), Londres, 1911.

Gayet A. : La Civilisation pharaonique, Paris, 1907.

Golenitscheff W. : Papyrus n° 1 de Saint-Pétersbourg, Saint-Pétersbourg, 1876.

Golenitscheff W. ; Papyrus hiératique n0 15, Saint-Pétersbourg, 1906.

Grevaut E. : Les deux yeux du disque solaire, Paris, 1879.

Grenfell B. : The Amherst Papyri, Londres, 1891.

Griffith : Two Papyri hiérogliph from Tanis, Oxford, 1889.

Groff W. : Le nom de Jacob et Joseph en égyptien, Londres, 1885.

Groff W. : Papyrus d'Orbiney, Londres, 1888.

Guieysse P. : Hymne au Nil, Paris, 1890.

Horrack Ph. J. (de). : Les Lamentations d'Isis et de Nephtys, Paris, 1866.

Horrack Ph. J. (de). : Le Livre des Respirations, Paris, 1877.

Jollois J.-B. : Dendérah, Paris, 1814.

Lanzone Rod. : Le domicile des Esprits, Paris, 1879.

Lauth Fr. : Pharaon Méneptah, Paris, 1867.

Lenormand Fr. : Les premières civilisations, Paris, 1874.

Le Page-Renouf P. : Religion of Ancien Egypt, Londres, 1880.

Lieblein J. : Recherches sur la chronologie égyptienne, Paris, 1873.

Lieblein J. : Papyri hiératiques du musée de Turin, Paris, 1868.

Lieblein J. : Dictionnaire des noms hiéroglyphiques, Paris, 1871.

Lieblein Dr J. : Recherches sur la civilisation de l'ancienne Égypte, Paris, 1910.

Loret V. : Rituel des fêtes d'Osiris à Dendérah, Paris, 1895.

Loret V. : Manuel de la langue égyptienne, Paris, 1896.

Mariette A. : Description du Grand Temple de Dendérah, Paris, 1875.

Martin T. : Opinion de Manéthon sur sa chronologie, Paris, 1960.

Maspero G. : Littérature religieuse des anciens Égyptiens, Paris, 1872.

Moret A. : Le rituel du culte divin, Paris, 1902.

Moret A. : Rois et Dieux, Paris, 1911.

Moret A. : Mystères égyptiens, Paris, 1911.

Morgan J. (de) : Recherches sur les origines de l'Égypte, Paris, 1897.

Naville E. : La litanie du Soleil, Genève, 1875.

Naville E. : La religion des anciens Égyptiens, Genève, 1906.

Petrie W. Flinders : Religion of ancien Egypt, Londres, 1906.

Pierret P. : Horus sur les crocodiles, Paris, 1869.

Pierret P. : Vocabulaire hiéroglyphique, Paris, 1875.

Reinach A. J. : l'Égypte préhistorique, Paris, 1908,

Revillout E. : Chronique contemporaine de Manéthon, Paris, 1876.

Rouge Emm. (de) : Origines de la race égyptienne, Paris, 1895.

Sharpe S. : History of Egypt, Londres, 1870.

Virey P. : Religion de l'ancienne Égypte, Paris, 1909.

Young T. : Hieroglyphics, Londres, 1823.

B) AU TEMPS DE MOÏSE

TEXTES

La Sainte Bible, trad. École Biblique de Jérusalem, 1955.

Le Coran, trad. F. Rouhani, 1959.

Le Talmud de Jérusalem, trad. M. Schwab, 1960.

AUTEURS

Abecassis Armand : La Mystique du Talmud, Paris, 1977.

Aharûni Yohanan : The McMillan Bible Atlas, Londres, 1968.

Albright William F. : Yahveh and the Gods of Canaan, Londres, 1970.

Auzou Georges : Étude du livre de l'Exode, Paris, 1968.

Barrois A. G. : Manuel d'archéologie biblique (2 vol.), Paris, 1939.

Basile De Cesaree : Homélies sur l'Hexameron, Paris, 1976.

Bayle J.-B. : Saint Basile, Paris, 1958.

Beegle Dewey : Moïse, serviteur de Yaweh, Michigan, 1972.

Bridel J.-L. : Traité sur L'Année juive ancienne, Tours, 1818.

Bright John : An history of Israël, Philadelphie, 1972.

Bryant Jacques : Analyse de la mythologie ancienne, Londres, 1773.

Buber Martin : Moïse, Paris, 1957,

Buis Pierre : Notion d'alliance dans L'Ancien Testament, Paris, 1976.

Buxtorf A. : Moré Néboukim, Hambourg, 1674.

Cazelles Henri : Étude sur le code de L'Alliance, Paris, 1946.

Cazelles Henri : À la recherche de Moïse, Paris, 1979.

Childs Breward S. : La Naissance de Moïse, New York, 1965.

Choisy Maryse : Moïse, Genève, 1966.

Clément d'Alexandrie : Les Stromates, Paris, 1932.

Congar Yves : Le Mystère du Temple, Paris, 1958.

Coote Robert : Meaning of the name : Israël, Harvard, 1972.

Danielou Jacques : Platonisme et théologie mystique, Paris, 1964.

Denys L'Aeropagyte : La Hiérarchie céleste, Paris, 1882.

Doresse Jean : Les Livres des gnostiques d'Égypte, Paris, 1958.

Du Burr F.-M. : Caïn et ses fils Qénites, Paris, 1970.

Dupont-Sommer : Écrits esséniens de la mer Morte, Paris, 1959.

Duvfrnoy Claude : Moïse, Paris, 1977.

Eliade Mircea : Le Mythe de l'éternel retour, Paris, 1952.

Epsteïn Isidore : Le Judaïsme, Paris, 1970.

Feuler F.-X. : Biographie universelle (en 9 vol.), Paris, 1844.

Festugiere A. J. : Les Révélations d'Hermès Trismégiste, Paris, 1952.

Flavius Joseph : Antiquités judaïques, trad. Buchon, Paris, 1841.

Fleg Edmond : Moïse, Paris, 1928.

Fohrer Georg : Histoire de la religion Israélite, Nashville, 1972.

Frankfort H. : Les Rois et les Dieux, Paris, 1954.

Gaubert Henry : Moïse face à l'Éternel, Paris, 1965.

Glueck Nelson : De l'autre côté du Jourdain, Newhaven, 1940,

Grayzel Salomon : Histoire des Juifs, Paris, 1974.

Greeberg Moshé : Comprendre l'Exode, New York, 1969.

Grégoire de Nysse : La Vie de Moïse, Paris, 1954.

Gressmann H. : Moïse et son temps, Gottingen, 1913.

Gugenheim G. : Le Judaïsme dans la vie quotidienne, Paris, 1978.

Guillàbert Emile : Moïse phénomène judéo-chrétien, Paris, 1976.

Gunneweg Antoine : Moïse en Madian, Munich, 1964.

Hamel Edouard : Les Dix Paroles, Bruxelles, 1969.

Harrington Wilfrid : Nouvelle introduction à la Bible, Paris, 1971.

Herrmann Siegfried : Moïse, Leyde, 1969.

Hyatt J. Philip : Commentaire sur l'Exode, Londres, 1971.

Jean D'Alexandrie : Sur la création du monde, Paris, 1954.

Lenormant François : Histoire ancienne de l'Orient, Paris, 1909.

Lestienne Michel : Comment la Bible a été écrite, Paris, 1976.

LODS Adolph : Israël, Paris, 1972.

Maignan (Cardinal) : De l'Éden à Moïse, Paris, 1883.

Maïmonides Moïse : Le Livre des égarés, Leyde, 1806.

Malka Victor : Le Judaïsme, Paris, 1976.

Martines de Pasqually : Traité de la réincarnation, Rennes, 1977.

Meyer Eduard : Histoire de l'Antiquité, Paris, 1912.

Michaeli Frank : Textes de l'ancien Orient, Neuchâtel, 1961.

Michaud Robert : Moïse : histoire et théologie, Paris, 1978.

Monloubou Louis : Prophète ; qui es-tu ? Paris, 1968.

Moret Alexandre : Au temps des Pharaons, Paris, 1941.

Moret Alexandre : Histoire de l'Orient ancien, Paris, 1936.

Muller Edouard : Histoire de la mystique juive, Paris, 1950.

Nehler André : Moïse et la vocation juive, Paris, 1957.

Nicholson E. : L'Origine de la tradition de l'Exode, Londres, 1976.

Noth Martin : Histoire d'Israël, Paris, 1970.

Origene : Homélies sur l'Exode, Paris, 1884.

Parroy André : Abraham et son temps, Paris, 1973.

Philon d'Alexandrie : La Vie de Moïse, Paris, 1883.

Pittazzoni Roberto : Formation du monothéisme, Turin, 1931.

RAGD Gherart : La Genèse, Genève, 1968.

Renan Ernest : Histoire du peuple d'Israël, Paris, 1956.

Roth Cecil : Histoire du peuple juif, Paris, 1977.

Rothemberg B. : Un temple égyptien dans la Arabah, Paris, 1970.

Rowley H. H. : De Joseph à Joshua, Oxford, 1970.

Salvador Jean : Les Institutions de Moïse, Paris, 1862.

Scholem G. : Grands courants de la mystique juive, Paris, 1950.

Seale Morris : Le Désert de la Bible, Londres, 1974.

Toussaint Gabriel : Origines de la religion d'Israël, Paris, 1931.

Vaux Robert (de) : Histoire ancienne d'Israël, Paris, 1971.

Vaux Roland (de) : Bible et Orient, Paris, 1967.

Velikovski Isidore : Mondes en collision, Paris, 1967.

Vigouroux François : Dictionnaire de la Bible (6 vol.), Paris, 1904.

Vincent Louis : Chanaan d'après l'exploration, Paris, 1907.

Weigall Arthur : Histoire de l'Égypte ancienne, Paris, 1935.

Weill Raymond : Séjour des Israélites au désert, Paris, 1909.

C) AU TEMPS DE JÉSUS

TEXTES ET REVUES

The Catholic Encyclopédia (16 vol.), New York, 1917.

Dictionnaire des Antiquités gréco-romaines (9 vol.), Paris, 1877.

Dictionnaire d'archéologie chrétienne (11 vol.), Paris, 1933.

Dictionnaire de la Bible (6 vol.), Paris, 1888,

Proceedings of Biblical Archeology. Muse on.

Revue Biblique.

Revue des Études juives.

Revue de l'histoire des Religions.

AUTEURS

Bacon B. W. : Story of St, Paul, Boston, 1904,

Bacon B. W. : Jésus and Paul, New York, 1921.

Boissier G. : La fin du paganisme (2 vol.), Paris, 1899.

Bouche-Leclerc A. : L'Astrologie grecque, Paris, 1899.

Brassac A. ; Manuel Biblique (2 vol.), Paris, 1908.

Brehier E. ; Idées Philosophiques de Philon d'Alexandrie, Paris, 1925.

Père Bruckberger R. L. : Jésus-Christ (Réimp.), Paris, 1965.

Causse A. : Les Dispersés d'Israël, Paris, 1929.

Dechamps V. : Christ et les Antéchrist (2 vol.), Paris, 1858.

Père Dibon : Jésus-Christ (2 vol.), Paris, 1891.

Doresse J. : Les Livres des Gnostiques d'Égypte (2 vol.), Paris, 1959.

Duchesne L. : Histoire ancienne de l'Église (4 vol.), Paris, 1906.

Mgr Dupanloup : Jésus-Christ, Paris, 1870.

Duval R. : La littérature syriaque, Paris, 1899.

De Faye E. : Origine des Églises de l'âge apostolique, Paris, 1909.

De Faye E. : Clément d'Alexandrie, Paris, 1899.

Goguel M. : Jésus de Nazareth, Paris, 1925.

Comperz Th. : Les penseurs de la Grèce (3. vol.), Paris, 1910.

Père Grandmaison L. (de) : Jésus-Christ, Paris, 1928.

Guignebert Ch. : Tertullien, Paris, 1901.

Guignebert Ch. : Le monde juif au temps de Jésus, Paris, 1933.

Herriot E. : Philon le Juif, Paris, 1898,

Klein F. : La Vie de Jésus-Christ, Paris, 1946.

Père Lamennais (de) : Imitation de Jésus-Christ, Paris, 1921.

Lazarus B. : Les idées religieuses de Plutarque, Paris, 1920.

Père Le Camus : La vie de Jésus-Christ, Paris, 1883.

Loisy A. : La naissance du Christianisme, Paris, 1933.

Père Maistre A. : La Passion du Christ, Paris, 1876.

Père Marin : Jésus-Christ et son règne, Paris, 1886.

Menard Jacques E. : L'évangile de vérité, Paris, 1962.

Menard Jacques E. : l'évangile selon Philippe, Paris, 1969.

Menard L. : Les Livres d'Hermès Trismégiste, Paris, 1866.

Montefiore C. G. : Judaïsm and St, Paul, Londres, 1914.

Moore G. F. : Judaïsm in the first Centuries (3 vol.), Cambridge, 1927.

Père Motais A. : Salomon et l'Ecclésiaste (2 vol.), Paris, 1876.

Père Ollivier M. : Les amitiés de Jésus, Paris, 1895,

Oursler F. : La vie du Galiléen, Paris, 1955.

Pradines M. : Esprit de la Religion, Paris, 1945.

Père Prat F. : Jésus-Christ (2 vol.), Paris, 1933.

Püech A. : Histoire de la littérature gréco-chrétienne (3 vol.), Paris, 1928.

Radin P. : La religion primitive, Paris, 1941.

Renan E. : Origines du Christianisme, Paris, 1891.

Renan E. : Histoire du peuple d'Israël (3 vol.), Paris, 1887.

Reville J. : Le quatrième Évangile, Paris, 1901.

Rougier L. : L'origine astronomique, Le Caire, 1933.

Scott W. : Corpus Hermeticum, Oxford, 1934.

Père Variot J. : Les Évangiles Apocryphes, Paris, 1878.

Venard L. : Les origines chrétiennes, Paris, 1911.

Père Vigouroux F. : Les Livres Saints (4 vol.), Paris, 1890.

Dr William F.-M. : La vie de Jésus, Mulhouse, 1934.

Sur l'œuvre d'Albert Slosman

C'est en appliquant sa méthode de traduction des textes gravés dans les cryptes du temple de Dendérah qu'Albert Slosman a découvert et livré au public le récit de l'origine de la civilisation européenne.

Le Progrès du Caire

À la lumière des textes d'Albert Slosman, le récit fantaisiste de Plutarque s'écroule ! Isis, Osiris et Horus n'apparaissent plus comme des divinités, mais comme des êtres humains.

Le Courrier de l'Égypte

On n'a pas encore mesuré l'importance des recherches que poursuit Albert Slosman dans le domaine de l'égyptologie, ni quelle révolution s'annonce dans la compréhension de l'histoire de l'Égypte.

Le Courrier de Genève

À la lumière de la théorie de Slosman, beaucoup d'interrogations disparaissent : en particulier celle sur la naissance d'une idée qui fera son chemin : le monothéisme !

C'est l'élément central du livre !

Le Monde

La construction qui s'accomplit devant nous est peut-être un des événements de notre temps. Des historiens commencent à se pencher sur les travaux d'Albert Slosman.

Le Figaro

S'appuyant sur des textes, sur des découvertes récentes, sur une ligne logique, Slosman montre comment se forme, en Égypte, le berceau du monothéisme. Un livre passionnant, et qui porte à réfléchir.

Le Méridional-Dimanche

www.ingramcontent.com/pod-product-compliance
Lightning Source LLC
Chambersburg PA
CBHW050119170426
43197CB00011B/1640